PLANEJAMENTO TRIBUTÁRIO
TEORIA E PRÁTICA

SILVIO CREPALDI

PLANEJAMENTO TRIBUTÁRIO

TEORIA E PRÁTICA

5ª edição

saraiva *uni*

Av. Paulista, 901, Edifício CYK, 4º andar
Bela Vista – São Paulo – SP – CEP 01310-100

SAC sac.sets@saraivaeducacao.com.br

Diretoria executiva	Flávia Alves Bravin
Diretoria editorial	Ana Paula Santos Matos
Gerência de produção e projetos	Fernando Penteado
Gerenciamento de catálogo	Neto Bach
Edição	Neto Bach
Design e produção	Daniele Debora de Souza (coord.)
	Rosana Peroni Fazolari
	Camilla Felix Cianelli Chaves
	Deborah Mattos
	Lais Soriano
	Tiago Dela Rosa
Planejamento e projetos	Cintia Aparecida dos Santos
	Daniela Maria Chaves Carvalho
	Emily Larissa Ferreira da Silva
	Kelli Priscila Pinto
Diagramação	Rafael Cancio Padovan
Revisão	Bárbara Padovan
Capa	Desenho Editorial
Produção gráfica	Marli Rampim
	Sergio Luiz Pereira Lopes
Impressão e acabamento	Gráfica Paym

DADOS INTERNACIONAIS DE CATALOGAÇÃO NA PUBLICAÇÃO (CIP)
VAGNER RODOLFO DA SILVA - CRB-8/9410

C917p   Crepaldi, Silvio Aparecido
       Planejamento Tributário: Teoria e Prática / Silvio Aparecido Crepaldi. - 5. ed. - São Paulo : Saraiva Uni, 2023.
       408 p.
       ISBN 978-85-7144-142-2 (impresso)
       1. Direito. 2. Direito tributário. 3. Planejamento Tributário. I. Título.

2022-3428   CDD 341.39
                                      CDU 34:336.2

Índices para catálogo sistemático:
1. Direito tributário   341.39
2. Direito tributário   34:336.2

Copyright © 2023
2023 Saraiva Educação
Todos os direitos reservados.

5ª edição

Dúvidas? Acesse www.saraivaeducacao.com.br

Nenhuma parte desta publicação poderá ser reproduzida por qualquer meio ou forma sem a prévia autorização da Saraiva Educação. A violação dos direitos autorais é crime estabelecido na Lei n. 9.610/98 e punido pelo art. 184 do Código Penal.

CÓD. OBRA 15719   CL 651982   CAE 818273

Os ventos e as ondas estão sempre a favor dos navegadores mais hábeis.
Edward Gibbon

Feliz o homem que põe sua esperança no Senhor.
Salmos 40:4

Não tenha medo da mudança. Ela assusta, mas pode ser a chave daquela porta que você tanto almeja abrir.
Autor desconhecido

Quando admitirmos que nossa vida não é tudo o que poderia ser, que não temos todas as respostas e que realmente desejamos mudar, poderemos começar a progredir.
Autor desconhecido

Aos meus pais, Silvio (*in memoriam*) e Maria Terezinha (*in memoriam*), exemplos sólidos de vida, pelo eterno incentivo aos estudos, com quem aprendi que é preciso ter sonhos, acreditar neles e ter coragem suficiente para realizá-los.

Aos meus filhos, Cynthia, Guilherme e Silvia, e à minha esposa, Solange, que me deram amor, carinho e são exemplos de honestidade por lutarem incansavelmente pelo meu sucesso. Sem essa compreensão, colaboração e estímulo, esta obra jamais teria sido concretizada.

Aos meus netos, Helena, Gustavo, Luiza e Bruno.

Agradecimentos

Agradeço ao grande Criador pelo dom da vida.

À minha família, que sempre com amor me estimulou, compreendendo as longas horas em que estive ausente, mesmo quando estava no lar.

Sou grato também aos meus alunos dos cursos de graduação e pós-graduação que testaram o material, apontaram as falhas iniciais e deram a sua colaboração.

Enfim, agradeço a Deus constantemente por me dar forças suficientes para o desenvolvimento do trabalho e a todos os que, de uma forma ou de outra, me ajudaram.

Sobre o autor

Silvio Aparecido Crepaldi é doutorando em Direito com especialidade em Ciências Jurídicas pela Universidade Autónoma de Lisboa, Portugal (UAL); mestre em Administração pela Universidade Federal de Lavras (Ufla); graduado em Direito pela Universidade José do Rosário Vellano (Unifenas/Alfenas-MG) e em Ciências Contábeis e Administração pela Faculdade de Administração e Ciências Contábeis de Varginha (Faceca/Varginha-MG).

Docente do MBA do Instituto de Pós-Graduação e Graduação IPOG e do MBA da Dalmass – Escola de Líderes, do Centro de Capacitação Profissional (Cenofisco), do Instituto de Especialização do Amazonas (ESP) e instrutor da Catho *e-Learning* nos cursos de Auditoria Contábil e Contabilidade Financeira e Gerencial. É avaliador de cursos de graduação de Administração, Ciências Contábeis e Direito, e avaliador de instituições de ensino superior do Instituto Nacional de Estudos e Pesquisas Educacionais (Inep-MEC).

Atua como perito do Juiz do Poder Judiciário do Estado de Minas Gerais e da Justiça Federal – Subseção Judiciária de Uberlândia-MG; como representante docente do Instituto Brasileiro de Planejamento Tributário; como parecerista *ad hoc* e avaliador da *Revista CEJ*, do Centro de Estudos Judiciários do Conselho da Justiça Federal; como parecerista e avaliador de artigos da revista *Direito GV Law Review* e do *Guia do Estudante* (Editora Abril); e é membro do Conselho Editorial de diversas revistas nas áreas de Contabilidade, Direito e Negócios. É integrante do banco de palestrantes cadastrados do Conselho Federal de Contabilidade (CFC) e do Conselho Regional de Contabilidade do Piauí (CRC-PI). É avaliador *ad hoc* de artigos para o Congresso Brasileiro de Contabilidade (CBC).

Pela Editora Saraiva, é também autor das obras *Auditoria fiscal e tributária*, *Orçamento público*, *Contabilidade fiscal e tributária* e *Manual de perícia contábil*.

Prefácio à 5ª edição

A sociedade de hoje desenvolve-se de forma globalizada, fazendo com que as informações se tornem mais rápidas em qualquer lugar do planeta. Seja para o bem ou para o mal, a velocidade com que a tecnologia se propaga é a mais rápida da história. As empresas, por sua vez, seguem o caminho previsto por essa rapidez evolutiva. Entretanto, o planejamento, em todos os setores de uma organização, é um fator-chave na sua motivação para o sucesso. É economicamente relevante, no sentido do seu significado em relação à arrecadação tributária e ao perfil do impacto da tributação junto aos contribuintes, apontar para realidades marcantes. Na perspectiva do Direito, existem dois temas relevantes: a isonomia, pois pode ser quebrada não apenas quando se cobra tributo de quem não deveria ser cobrado; e a concorrência, pois o ideal é que a tributação seja um piso único, a partir do qual todos os concorrentes passem a agir. A isonomia na Constituição é incontestável. A relevância da concorrência, ao lado da liberdade de iniciativa, também é inegável, conforme previsão constitucional.

As empresas constantemente implementam estratégias táticas e operacionais para criar valores para os seus acionistas; assim, tentam reduzir ao máximo os custos operacionais e o impacto dos impostos nos resultados líquidos.

A conciliação dos fatores de produção com outros fatores, a fim de criar valores (nomeadamente por meio do planejamento fiscal), faz com que a expectativa de lucro aumente e, consequentemente, atraia mais acionistas. Para uma empresa em um mercado global, a criação de valores e a capacidade de manter os acionistas satisfeitos são muito importantes.

Assim, o sistema fiscal brasileiro, de modo a compreender como o planejamento fiscal é aceito pelas legislações, demonstra que é possível estar dentro da lei e escolher uma forma menos dispendiosa de pagar impostos e fazer da cobrança um instrumento administrativo no planejamento a longo prazo, atingindo um saldo mais baixo dos impostos a pagar no final do mês – uma despesa fiscal mais baixa significa maior margem de lucro e mais competitividade.

Ao estudar o planeamento fiscal, percebe-se que a realidade tributária brasileira se tornou notoriamente complexa, trazendo um enorme custo financeiro às empresas e causando insegurança constante aos empresários, que não têm a certeza de estar em conformidade com as obrigações exigidas pelo Fisco. Saber se o que a sociedade empresária está recolhendo de impostos é o justo e se há oportunidades de economia pode auxiliar na gestão de crescimento da exploração da atividade econômica.

O planejamento tributário, também conhecido como *elisão fiscal*, *evasão fiscal lícita* ou *elisão* é um ato preventivo que, no âmbito da rigorosa observação da legislação brasileira em vigor, procura encontrar mecanismos para reduzir o desembolso financeiro com o pagamento de impostos, tornando-se algo latente nas administrações empresariais. Seu objetivo é evitar a incidência tributária, de forma a evitar a ocorrência do fato gerador de imposto, minimizando assim o seu montante, de forma a reduzir a taxa ou a base de cálculo. É uma atividade estritamente preventiva, que estuda os atos e fatos jurídicos visando diminuir ônus tributários mediante a escolha da melhor opção legal disponível. É anterior à ocorrência do fato gerador. Envolve uma realidade complexa, de múltiplos desdobramentos, geralmente realizada por equipe multidisciplinar: contábil e jurídica.

Esse planejamento tem sido objeto de numerosas discussões e reflexões, porque algumas premissas que lhe davam suporte sofreram alguma flexibilização e alteraram os contornos do que se pode entender por uma conduta legítima do contribuinte, com vista à economia de impostos. Isso porque tal entendimento foi considerado no sentido de que, tendo em conta aspectos éticos, sociais e concorrenciais, inseridos no texto constitucional, não seria razoável que o imposto fosse o diferencial nas relações concorrenciais entre empresas, para além do qual todos deveriam contribuir, dentro da sua capacidade contributiva positiva, para a realização dos fins atribuídos a um Estado Democrático de Direito. O que se percebe, portanto, embora confesse pessoalmente um certo desconforto em relação a tais ponderações, é uma mudança de paradigma relevante dos valores no planeamento fiscal.

Assim, atualmente, um empresário que conduz, por exemplo, a reorganização societária, não vedada na lei, com o propósito exclusivo de reduzir impostos, pode ser questionado pelo Fisco? A resposta, em geral, tem sido afirmativa, uma vez que é possível realizar condutas com o propósito exclusivo de reduzir a carga fiscal.

O autor

Prefácio

O pessimista vê dificuldade em cada oportunidade.
O otimista, a oportunidade em cada dificuldade.

Albert Flanders (empresário norte-americano)

A efetivação de um planejamento tributário é o que permite a racionalização da carga tributária a ser suportada. No entanto, a implantação do planejamento tributário esbarra na falta de informação da classe empresarial a respeito de como a adoção de tal conduta poderia beneficiar seu empreendimento, no sentido de otimizar a aplicação dos recursos disponíveis. Ressalta-se que o planejamento, de um modo geral, é imprescindível para o alcance e a manutenção de bons resultados.

Visando realizar o referido planejamento, deve-se verificar a estrutura da empresa e o tipo de tributação que mais poderá vir a favorecê-la: se pelo lucro real, simples ou presumido. O planejamento tributário de uma empresa deve decorrer de uma análise criteriosa por parte do contador — análise das diversas opções de modalidades dos tributos federais, estaduais e municipais a serem escolhidas, de acordo com o porte da empresa, o volume de seus negócios e sua situação econômica.

Afirmamos que somente por meio de um estudo apurado poder-se-á optar pela melhor forma de pagamento dos tributos, considerando a "melhor forma" a normalidade do recolhimento dos tributos que represente menor dispêndio para a empresa.

Realizada essa análise, opta-se pela melhor alternativa, que poderá ser o Simples Nacional, o lucro presumido ou o lucro real. Não se pode, sem que se faça essa análise, definir qual das três modalidades é a melhor. Pode ser que uma microempresa encontre maior vantagem optando pelo lucro presumido em vez do Simples Nacional, ou até mesmo pelo lucro real.

Somente com a adequada apuração é que se pode eleger a modalidade tributária mais apropriada para a empresa. Vê-se que isso não é tão fácil. Há necessidade de todo um planejamento, o que envolve conhecimento e competência nas áreas contábil e fiscal.

Conhecida a empresa e a opção exercida para recolhimento dos tributos, dar-se-á continuidade ao planejamento nas atividades fiscais, que necessariamente deverá ser sempre revisado, haja vista a dinâmica e a velocidade com que as mudanças se processam nesse setor. Mensalmente, a área técnica (Contabilidade) deverá calcular e contabilizar os tributos incidentes sobre o desempenho operacional da empresa.

Esses tributos — que normalmente são recolhidos à rede bancária nos primeiros dias do mês subsequente — devem ser provisionados pelo princípio da competência, uma vez que somente serão recolhidos no mês seguinte. Os tributos já são reconhecidos como despesas, portanto, sensibilizam o patrimônio líquido da empresa, embora, financeiramente, só produzam resultados quando do efetivo recolhimento no mês subsequente.

Objetivamos analisar os efeitos da carga tributária nos negócios empresariais, bem como o gerenciamento tributário interno, noções básicas da visão da auditoria sobre o controle tributário e o planejamento tributário, com seus importantes aspectos, visando à economia de impostos.

Queremos ser admirados por nossos leitores e nos esforçaremos para conquistar sua admiração. Foi pensando em você que procuramos fazer o melhor.

O autor

Sumário

CAPÍTULO 1 **Introdução**

	Objetivos	1
1.1	Executivos tributaristas	2
1.2	Planejamento tributário	3
1.3	Eficiência da empresa do ponto de vista tributário	5
1.4	Objetivos do planejamento tributário	6
1.5	Como fazer o planejamento tributário	7
	Considerações finais	8

CAPÍTULO 2 **Sistema Tributário Nacional (STN)**

	Objetivos	9
	Introdução	10
2.1	Objeto	13
2.2	Tributo	14
	2.2.1 Origem dos tributos	14
	2.2.2 Conceito	14
	2.2.3 Obrigação *ex lege*	16
	2.2.4 Obrigação em moeda ou cujo valor nela se possa exprimir	16
	2.2.5 O tributo não se constitui em sanção por ato ilícito	17
	2.2.6 Obrigação cobrada mediante atividade administrativa plenamente vinculada	18
	2.2.7 Tributo não se reconhece pelo nome	19
	2.2.8 Critérios para classificação dos tributos	19
2.3	Código Tributário Nacional (CTN) — Lei n. 5.172/1966	21
2.4	Relações do Direito Tributário com outros ramos do Direito	22
	Considerações finais	22

CAPÍTULO 3   **Administração Tributária**

	Objetivos	23
	Introdução	24
3.1	Fiscalização	25
	3.1.1 O Regime Especial de Fiscalização (REF)	26
3.2	Auto de infração	27
	3.2.1 Fiscalização no âmbito da Administração Fazendária	29
	3.2.2 Atividades de mera constatação	29
	3.2.3 Comprovações formais	29
	3.2.4 Verificação de omissões de recolhimentos	30
	3.2.5 Medidas preparatórias da ação fiscalizadora	31
3.3	Direito ao silêncio na área tributária	32
3.4	Guarda de documentos comerciais e fiscais	33
3.5	Sigilo comercial	34
	3.5.1 Dever de informar e sigilo profissional	34
3.6	Sigilo fiscal	35
3.7	Convênios de cooperação	36
3.8	Inscrição e Dívida Ativa	36
	3.8.1 Análise do art. 203 do CTN	37
	3.8.2 Análise do art. 204 do CTN	38
3.9	Certidão negativa	38
3.10	Certidão positiva com efeito de negativa	39
3.11	Tipos de certidão	40
	3.11.1 Outras regras acerca de certidões	40
	3.11.2 Certidão falsa	40
3.12	Cadastro Informativo de Créditos não Quitados do Setor Público Federal (Cadin)	41
3.13	Contagem de prazos fixados no CTN ou na legislação tributária	41
	Considerações finais	41

CAPÍTULO 4   **O planejamento tributário e sua importância para a empresa**

	Objetivo	43
	Introdução	44
4.1	A carga tributária brasileira	48
	4.1.1 Como o planejamento tributário diminui o impacto da carga tributária	49
4.2	Classificação jurídica dos tributos	50
4.3	Impostos	51
	4.3.1 Competência dos impostos	52

4.4	Taxas	56
	4.4.1 Taxa de serviço (art. 79 do CTN)	56
	4.4.2 Taxa de polícia (art. 78 do CTN)	58
4.5	Contribuição de melhoria	59
	4.5.1 Base de cálculo e alíquota	60
	4.5.2 Competência para instituir e cobrar contribuição de melhoria	61
	4.5.3 Princípio informador da contribuição de melhoria	61
4.6	Empréstimos compulsórios	61
4.7	Contribuições parafiscais (ou sociais)	62
	4.7.1 Classificação das contribuições (art. 149 da CF)	62
4.8	Imposto de Renda Pessoa Jurídica	62
4.9	Escolha do regime de tributação do IRPJ	63
4.10	Finalidade do planejamento tributário	63
4.11	Planejamento tributário como obrigação dos administradores	65
	Considerações finais	66

CAPÍTULO 5 · O processo de planejamento tributário

	Objetivo	67
	Introdução	68
5.1	Funções e atividades da contabilidade tributária	71
5.2	Conhecimentos de contabilidade	72
5.3	Passos do planejamento	73
5.4	Benefícios do planejamento tributário	74
5.5	Resultado do planejamento tributário	75
5.6	Lucro real, presumido ou Simples?	78
5.7	Lucro real	79
	5.7.1 Lucro real anual	79
	5.7.2 Lucro real trimestral	80
5.8	Lucro presumido	80
5.9	Simples Nacional	80
5.10	Lucro arbitrado	81
	Considerações finais	82

CAPÍTULO 6 · Diferenças entre elisão e evasão fiscal

	Objetivo	85
	Introdução	86
6.1	Tipos de elisão	88

6.2	Abuso de forma	89
6.3	O direito do contribuinte de pagar somente o tributo devido	91
6.4	Estado *versus* contribuinte	93
6.5	A interpretação da LC n. 104/2001	94
6.6	Abusos da Receita Federal do Brasil (RFB)	96
	Considerações finais	97

CAPÍTULO 7   **Responsabilidade da empresa e dos sócios pelos débitos fiscais**

	Objetivo	99
	Introdução	100
7.1	Capacidade tributária ativa	100
7.2	Capacidade tributária passiva	101
7.3	Benefício de ordem	104
7.4	Efeitos da solidariedade – Art. 125 do CTN	104
7.5	Domicílio fiscal	104
7.6	Responsabilidade dos sucessores – Art. 129 do CTN	105
7.7	Responsabilidade de terceiros – Art. 134 do CTN	108
	7.7.1 Responsabilidade dos sócios e administradores pelo cumprimento das obrigações tributárias	110
7.8	Denúncia espontânea	110
7.9	Responsabilidade por infrações	111
	7.9.1 Responsabilidade por crimes tributários	111
	Considerações finais	112

CAPÍTULO 8   **Planejamento tributário no regime de tributação do lucro real**

	Objetivo	115
	Introdução	116
8.1	Data de apuração	117
8.2	Pessoas jurídicas obrigadas ao lucro real	118
8.3	Pagamento do imposto	119
	8.3.1 Documento a utilizar	119
	8.3.2 Prazo para pagamento	119
8.4	Aspectos fiscais	122
8.5	Utilização do lucro real	123
	8.5.1 Exclusões e adições ao lucro real	124
	8.5.2 PIS e Cofins – Regime não cumulativo	127
	8.5.3 Bonificação em mercadorias	128
8.6	Programa de Recuperação Fiscal (Refis) – Possibilidade de opção pelo lucro presumido	132

8.7	Lucro real trimestral	132
8.8	Vantagens e desvantagens do lucro real anual	135
	8.8.1 Vantagens e desvantagens do lucro real trimestral	135
8.9	Exemplos de cálculo do lucro no regime do lucro real	135
8.10	Elaboração do planejamento no lucro real	137
	8.10.1 Custo de aquisição do imobilizado	137
	8.10.2 Levantamento de balancetes de suspensão	138
	8.10.3 Depreciação de bens usados	139
	8.10.4 Depreciação incentivada	139
	8.10.5 A realidade contábil	141
	8.10.6 Capitais amortizáveis	143
	8.10.7 Provisão de férias	143
	8.10.8 Décimo terceiro salário	144
	8.10.9 Provisão para imposto de renda	144
	8.10.10 Provisão para perda de estoques de livros	144
	8.10.11 Programa de Alimentação do Trabalhador (PAT)	144
	8.10.12 Perdas no recebimento de créditos	145
	8.10.13 Juros sobre o capital próprio	146
	8.10.14 Limites impostos pela lei quanto à dedução	150
	8.10.15 Cálculo do IR a pagar e da CSLL antes da contabilização dos juros sobre o capital próprio	150
	8.10.16 O Conselho Superior de Recursos Fiscais (CSRF) e os juros sobre capital próprio	154
	8.10.17 Remuneração dos sócios	155
	8.10.18 Amortização do ágio e do deságio advindos de aquisição ou alienação de participações societárias	156
	8.10.19 Participação dos empregados nos lucros	157
	8.10.20 Contratos com entidades governamentais	158
	8.10.21 Vendas a longo prazo de ativo permanente	159
	8.10.22 Ganhos em desapropriação	161
	8.10.23 Resultados auferidos no exterior	162
	8.10.24 Melhor aproveitamento do capital de giro	162
8.11	Administração de um prejuízo fiscal elevado	163
	8.11.1 Compensações de prejuízos fiscais	163
8.12	Aplicação do planejamento tributário	165
8.13	Regime de tributação pelo lucro real	166
8.14	Obrigações acessórias do lucro real	167
	Considerações finais	172

CAPÍTULO 9 · **Planejamento tributário no regime de tributação do lucro presumido**

	Objetivo	173
	Introdução	174
9.1	Data de apuração	178
9.2	Pessoas jurídicas autorizadas a optar	178
9.3	Percentuais de presunção da receita bruta	179
9.4	Aspectos a considerar	181
9.5	Prazo para pagamento	182
9.6	Escrituração	182
9.7	Receitas e rendimentos não tributáveis	184
9.8	Valores diferidos no Lalur	185
9.9	Mudança do lucro real para o lucro presumido	185
9.10	Mudança do lucro presumido para o lucro real	185
9.11	Exemplos de cálculo do lucro	186
9.12	Exemplo de planejamento no lucro presumido	187
9.13	O que analisar antes de optar?	189
9.14	Avaliação de opção tributária quando há atividades distintas	190
9.15	Lucros distribuídos	192
9.16	Planejamento tributário	194
9.17	Renda relativa à locação	195
	9.17.1 Precauções: operação pode ficar sujeita ao ITBI	195
9.18	Obrigações acessórias do lucro presumido	196
9.19	Lucro Arbitrado	197
	9.19.1 Hipóteses de Arbitramento	197
	Considerações finais	203

CAPÍTULO 10 · **Planejamento tributário no regime de tributação do Simples Nacional**

	Objetivo	205
	Introdução	206
10.1	Limite de receita bruta	208
10.2	Pessoas jurídicas excluídas	210
10.3	Exclusão e modificação de enquadramento	211
	10.3.1 Efeitos da exclusão	212
10.4	Nome empresarial	212
10.5	Participação em licitações	212

10.6	Formalização da opção pelo Simples Nacional	213
10.7	Adoção de domicílio eletrônico	213
10.8	Reciprocidade social	214
10.9	Profissionais de salão de beleza e contrato de parceria	214
10.10	Bebidas alcoólicas – Produção e comércio	215
10.11	Microempreendedor Individual (MEI)	215
10.12	Redução de anexos e faixas de tributação	218
	10.12.1 Atividades do Anexo V	219
	10.12.2 Farmácias de manipulação	219
	10.12.3 Construção civil	220
10.13	Caixa ou competência	220
10.14	Alíquotas do Simples Nacional – Documento de Arrecadação Simplificada (DAS)	220
	10.14.1 Início de atividades	222
	10.14.2 Início de atividades em ano-calendário anterior ao da opção	223
	10.14.3 Início de atividades no próprio ano-calendário da opção	224
10.15	Cálculo de ICMS e ISQN	225
	10.15.1 Retenção e substituição tributária do ISQN	227
	10.15.2 Retenção no mês de início de atividades e omissão da alíquota	227
	10.15.3 Substituição tributária do ICMS	228
10.16	Tabelas de alíquotas	228
	10.16.1 Contribuição Previdenciária Patronal (CPP)	237
	10.16.2 Aplicação do Fator "r"	239
10.17	Retenção do ISQN na fonte	240
10.18	Investidor-anjo	241
	10.18.1 Nova obrigação – Escrituração Contábil Digital (ECD)	242
	10.18.2 Venda de Ativo Imobilizado	242
10.19	Ganho de capital	243
10.20	Distribuição dos lucros aos sócios	243
	10.20.1 Lucros apurados mediante a escrituração contábil	244
10.21	Fiscalização do Simples Nacional	244
	10.21.1 Omissão de receitas	245
10.22	Vantagens do regime do simples nacional	245
10.23	Desvantagens	246
10.24	Obrigações acessórias do Simples Nacional	246
	Considerações finais	247

CAPÍTULO 11   **Planejamento tributário em operações típicas**

Objetivo 251

Introdução 252

11.1   Operação de vendas pela internet 252

11.2   Reembolsos de despesas 253

     11.2.1   Reembolsos de despesas entre empresas 253

     11.2.2   Reembolsos de despesas *versus* receitas 254

     11.2.3   Reembolso de despesas de veículos de empregados 254

11.3   Brindes ou bonificação em mercadorias 255

     11.3.1   Distribuição pelo próprio adquirente 255

     11.3.2   Distribuição por intermédio de outro estabelecimento 255

     11.3.3   Entrega por conta e ordem de terceiros 256

11.4   Gastos com formação profissional 257

     11.4.1   Doação de bolsas de estudo 257

     11.4.2   Treinamento 258

     11.4.3   Remuneração de estagiário 260

11.5   Postergação do faturamento 261

11.6   Atenção no balanço para a compensação do imposto pago no exterior 262

     11.6.1   Admissão de compensação 262

     11.6.2   Proporcionalidade 263

     11.6.3   Conversão em reais 263

     11.6.4   Data-limite 263

     11.6.5   Compensação do IR retido na fonte – Remessas ao exterior 263

11.7   Crédito presumido do IPI como ressarcimento do PIS e da Cofins – Opção pelo critério mais vantajoso 263

Considerações finais 264

CAPÍTULO 12   **Planejamento tributário nas exportações**

Objetivo 265

Introdução 266

12.1   Imposto sobre Operações relativas à Circulação de Mercadorias e sobre prestações de Serviços de Transporte Interestadual, Intermunicipal e de Comunicação (ICMS) 266

12.2   Imposto sobre Produtos Industrializados (IPI) 267

12.3   Saldo credor do IPI 268

12.4   Crédito presumido 268

12.5   Saídas para terceiros 269

12.6   PIS 269

12.7	Cofins	270
12.8	Imposto Sobre Serviços de Qualquer Natureza (ISQN)	270
12.9	Imposto de Renda Pessoa Jurídica (IRPJ) e Contribuição Social sobre o Lucro Líquido (CSLL)	270
12.10	Receita de exportação	270
12.11	Contribuição previdenciária – Vendas de produtos rurais ao exterior	270
12.12	Diferenças decorrentes de alteração na taxa de câmbio	271
12.13	Prêmio sobre saque de exportação	271
12.14	Exportação sem saída física do território brasileiro	271
12.15	Notas e observações às práticas tributárias na exportação	271
12.16	Desembolsos no Programa de Recuperação Fiscal (Refis) 1 e 2	271
12.17	Exportação por meio de comercial exportadora ou da sociedade de propósito específico	273
	Considerações finais	274

CAPÍTULO 13

Planejamento tributário nas reorganizações empresariais: cisão, fusão e incorporação

	Objetivos	275
	Introdução	276
13.1	Transformação societária – Lei das Sociedades Anônimas (LSA), arts. 220 a 222	277
13.2	Cisão societária – LSA, art. 229 e ss.	278
	13.2.1 Modalidades de cisão	278
13.3	Fusão societária – Código Civil, arts. 1.119 a 1.121, e LSA, art. 228	279
13.4	Incorporação	280
13.5	Sociedades *holding*	281
13.6	Aspectos econômico-estratégicos e regulatórios	282
13.7	Aspectos societários	283
13.8	Aspectos tributários	283
13.9	Reorganização empresarial	283
13.10	Compensação de prejuízos	284
13.11	Incorporação e absorção de prejuízos pela incorporadora	284
13.12	Cisão sem apuração de ganho de capital	285
13.13	Questionamento do fundamento econômico	289
13.14	Participação extinta em fusão, incorporação ou cisão	289
13.15	Condições de diferimento	289
13.16	Realização	290
13.17	Novas reestruturações societárias no Brasil	290
	Considerações finais	291

CAPÍTULO 14 **Planejamento tributário com *offshore***

	Objetivo	293
	Introdução	294
14.1	Objetivos das *offshore*	294
14.2	A utilidade das *offshore*	295
14.3	Vantagens e desvantagens das *offshore*	296
14.4	Transferência de patrimônio	297
14.5	A lógica da economia tributária	298
14.6	Tributação no Brasil dos rendimentos e ganhos de capital dos investimentos da pessoa física no exterior	299
14.7	Tributação no Brasil pela pessoa jurídica	299
14.8	Relação de paraísos fiscais	299
14.9	Preços de transferência	300
14.9.1	Conceito	300
14.9.2	Aplicação	301
14.10	Métodos de apuração de preços parâmetro	303
14.10.1	PIC	304
14.10.2	PRL	305
14.10.3	CPL	306
14.11	Diferença entre preço praticado pela empresa e preço parâmetro	306
14.12	Hipóteses de operações de importação não sujeitas à apuração de preços parâmetro	306
14.13	Alternativas para redução da carga tributária	306
14.14	Frete não entra no preço de transferência	307
14.15	Os riscos do preço de transferência	308
14.16	A Contabilidade de Custos e o Fisco	309
	Considerações finais	311

CAPÍTULO 15 **Planejamento tributário no *trust***

	Objetivo	313
	Introdução	314
15.1	Objetivo do *trust*	315
15.2	Transferência de bens para as *offshore* sem a incidência do ITBI e do Imposto de Renda (IR)	315
15.3	Características	315
15.4	Vantagens	316
	Considerações finais	316

CAPÍTULO 16 Planejamento tributário da Contribuição de Intervenção no Domínio Econômico (Cide)/Tecnologia

Objetivo 317

Introdução 318

16.1 Contratos de fornecimento de tecnologia............................. 318

16.2 Tributação sobre o uso da propriedade intelectual 318

16.2.1 Base de cálculo 319

16.2.2 Alíquota.. 319

16.2.3 Pagamento.. 319

16.3 Crédito sobre contribuição devida a título de *royalties* 319

16.4 Destinação da Cide.. 320

16.5 A Lei n. 11.452/2007, uma norma interpretativa................ 320

Considerações finais.. 321

CAPÍTULO 17 Planejamento tributário da pessoa física

Objetivo 323

Introdução 324

17.1 Deduções para a fonte pagadora.. 324

17.2 Imposto de Renda Pessoa Física (IRPF) – Utilização de imóvel residencial para exercício de atividade profissional.............. 324

17.3 Deduções anuais.. 326

17.4 Ganho de capital isento 326

17.5 Alienação do único imóvel 326

17.6 Venda de ações e ouro – Ativo financeiro............................ 326

17.7 Venda de imóveis residenciais 327

17.7.1 Não aplicação 327

17.7.2 Alienação de mais de um imóvel............................. 327

17.7.3 Alienação em operações à prestação 328

17.7.4 Despesas de corretagem 328

17.8 Redução do ganho de capital... 328

17.9 Como reduzir impostos sobre os ganhos nos investimentos............. 328

17.10 Aplicações financeiras no exterior....................................... 329

17.11 Fator de redução – Alienações de bens imóveis 330

17.11.1 Alienação de imóvel constituído por terreno 331

17.12 Simples – Distribuição de lucros... 331

17.13 IRPF: declaração simplificada ou completa? 331

17.14 Atividade rural.. 332

17.15	Aluguéis de imóveis	333
17.16	Mesclando atividades autônomas *versus* prestação de serviços S/C	333
17.17	Evite o excesso de desconto do INSS	335
17.18	Pró-labore *versus* plano de previdência privada	336
17.19	Declaração em conjunto ou separada?	337
17.20	Planejamento tributário na previdência privada	337
17.21	Revisão do planejamento tributário e alterações na legislação	338
17.22	Terceirização e mudanças tributárias	339
	Considerações finais	340

CAPÍTULO 18

Planejamento tributário em incentivos e regimes fiscais específicos

	Objetivo	341
	Introdução	342
18.1	Incentivos à inovação tecnológica	343
18.2	Regime Especial de Aquisição de Bens de Capital para Empresas Exportadoras (Recap)	345
18.3	Regime Especial de Tributação para a Plataforma de Exportação de Serviços de Tecnologia da Informação (Repes)	346
18.4	Incentivos fiscais – Áreas de atuação das extintas Sudene e Sudam	348
18.4.1	Depreciação acelerada incentivada	348
18.4.2	Desconto do PIS e da Cofins	348
18.5	Bens de informática – Zona Franca de Manaus – Lei n. 11.077/2004	348
18.6	Programa de Apoio ao Desenvolvimento Tecnológico da Indústria de Equipamentos para a TV Digital (PATVD)	349
18.7	Programa de Apoio ao Desenvolvimento Tecnológico da Indústria de Semicondutores (Padis)	349
18.8	Regime Especial de Incentivos para o Desenvolvimento da Infraestrutura (Reidi)	349
18.8.1	Suspensão do PIS e da Cofins – Mercado interno	350
18.8.2	Suspensão do PIS e da Cofins – Importação	350
18.8.3	Procedimentos para habilitação e co-habilitação	350
18.9	Projeto de pesquisa científica e tecnológica e de inovação tecnológica	350
18.10	Empresas de TI	351
18.10.1	Exclusão no lucro real – Despesas com capacitação de pessoal	351
18.10.2	Redução do INSS	351
18.10.3	Créditos do PIS/Cofins não cumulativos – Depreciação – Aproveitamento em 12 meses	351

18.11	Lucro da exploração – Sudene e Sudam	351
18.12	IPI – Isenção – Zona Franca de Manaus	352
18.13	Redução das alíquotas da contribuição previdenciária – Serviços de TI e *call center*	352
18.14	IRPJ, CSLL, PIS e Cofins – Não incidência – Redução de multa e juros	354
18.15	Planejamento tributário no âmbito do contencioso fiscal	354
	18.15.1 Fase de diagnóstico	355
	18.15.2 Fase de solução	355
	18.15.3 Planejamento tributário e o contencioso fiscal	355
18.16	O ônus do questionamento tributário no lucro real	356
	Considerações finais	358

CAPÍTULO 19 **Planejamento tributário para a atividade rural**

	Objetivo	359
	Introdução	360
19.1	Tributação do resultado da atividade rural	361
	19.1.1 Lucro real	362
	19.1.2 Lucro presumido	363
	19.1.3 Simples Nacional	363
19.2	Operações típicas do empresário rural	364
19.3	Contabilização das atividades rurais	365
	19.3.1 Exemplo de planejamento tributário	366
19.4	Suspensão do recolhimento do PIS e da Cofins sobre venda de café verde	367
	Considerações finais	367

Respostas dos Casos práticos 369

Referências 373

CAPÍTULO 1 Introdução

Objetivos

Neste capítulo, você aprenderá:

- a identificar e conhecer as atividades dos executivos trabalhistas;
- os instrumentos preventivos e corretivos de defesa do contribuinte;
- a formação da equipe de planejamento tributário.

1.1 Executivos tributaristas

Estudar tributos pode parecer penoso no início, mas vale a pena. Um engano que administradores de empresas de todo porte cometem é tratar o recolhimento de impostos como um assunto para o contador ou para o advogado da empresa resolver na data de vencimento. Com a eficiência cada vez maior da fiscalização e o aumento da concorrência, o recolhimento de tributos não pode mais ser visto como mero cumprimento de obrigações. O tema exige dedicação e tempo para analisar e tirar o melhor proveito do que a legislação tributária oferece.

Por exemplo, é possível estar dentro da lei e optar por uma forma menos onerosa de pagar o IR e fazer do recolhimento de tributos uma ferramenta de administração no planejamento de longo prazo, chegando a um saldo menor de tributos a pagar ao final do mês — uma despesa menor com impostos significa margem de lucro maior e mais competitividade.

O objetivo é contribuir com a compreensão da gestão fiscal e do planejamento de tributos, fornecendo subsídios para aprimorar práticas de gestão empresarial e financeira.

Em razão do crescimento dos negócios e da necessidade de se adaptar e usar as mudanças da legislação fiscal a seu favor, as empresas têm procurado tornar suas áreas tributárias menos operacionais e mais estratégicas. Contudo, um engano que administradores de empresas de todo porte cometem é tratar o cumprimento da legislação fiscal como um assunto para o contador ou o advogado da empresa resolver na data de recolhimento dos tributos.

> Com a expansão dos negócios e a necessidade de se adaptar e usar as constantes mudanças da legislação a seu favor, muitas empresas estão reforçando suas áreas tributárias, tornando-as menos operacionais e mais estratégicas. Os departamentos estão inclusive ganhando autonomia e deixando o guarda-chuva do jurídico e da contabilidade. O novo perfil profissional exigido, no entanto, precisa agregar conhecimentos das duas disciplinas para atender às atuais necessidades das organizações. Praticamente todas as grandes empresas estão com posições abertas na área tributária e algumas chegam a demorar meses para conseguir preenchê-las.
>
> A demanda em relação a essas contratações deve aumentar cerca de 30%. A carga de impostos gira em torno de 40% do faturamento de uma empresa, um valor bastante expressivo. É fundamental, portanto, estudar meios para reduzir esse montante de forma legal. Afora os responsáveis pelo planejamento, a área tributária é formada por especialistas em contencioso — encarregados de discutir com o Fisco e com o judiciário a forma e a necessidade de determinados impostos — além dos que cuidam da parte operacional, envolvendo apuração, pagamento e recolhimento dos tributos. Um dos maiores desafios para os profissionais da área tributária é lidar com o uso crescente da tecnologia, que aumenta tanto a agilidade na geração de informações como o controle e o rigor da fiscalização. Isso exige um enfoque cada vez maior no trabalho de consultoria preventiva.

Fonte: SIGOLLO, R. Companhias buscam mais executivos tributaristas. *Valor Econômico*, mar. 2011. Disponível em: https://capitalhumano-fgv.com.br/area-tributaria-vem-ganhando-espaco-no-mercado. Acesso em: 02 ago. 2018.

1.2 Planejamento tributário

De acordo com Garcia,[1] a realidade fiscal tornou-se notoriamente complexa ao trazer um custo financeiro enorme às empresas e ainda causar constante insegurança aos empresários, que não têm a certeza de estarem cumprindo com as obrigações exigidas pela legislação fiscal. Ainda, segundo o autor:

> O planejamento tributário, também conhecido como elisão fiscal, é um ato preventivo que, dentro da estrita observação da legislação brasileira vigente, visa encontrar mecanismos que permitam diminuir o desembolso financeiro com pagamento de tributos, tornando-se algo latente nas administrações empresariais. Sua finalidade tem como base evitar a incidência tributária, com o intuito de prevenir a ocorrência do fato gerador do tributo, minimizando, assim, seu montante, no sentido de reduzir a alíquota ou a base de cálculo.
>
> Geralmente, as grandes empresas possuem um comitê de planejamento tributário formado por uma equipe de profissionais com conhecimentos específicos em Contabilidade, Direito, Legislação Tributária, Administração de Empresas e Economia. Essa equipe busca formas de sobreviver aos altos custos tributários existentes em nosso país, estudando claramente o perfil dos fornecedores da empresa, visando à diminuição de seu ônus. Tudo isso deve ocorrer antes mesmo da entrega da matéria-prima, dos insumos ou serviços, atentando-se aos efeitos econômicos e jurídicos e aos meios legais menos onerosos.
>
> Para realizar um planejamento tributário, é necessário que sejam diariamente analisados:
> - a legislação tributária;
> - a possibilidade de compensação de tributos;
> - se os produtos produzidos ou comercializados pela empresa têm ou não substituição tributária (ICMS, IPI, PIS e Cofins);
> - o ramo de atuação da empresa;
> - o perfil dos clientes;
> - as operações financeiras realizadas;
> - o melhor enquadramento tributário para a empresa e a possibilidade de aproveitamento de créditos tributários sobre as compras da empresa e os créditos de PIS e Cofins não cumulativos.
>
> O momento de planejar deve ocorrer diariamente ou, no máximo, mês a mês.
>
> Vale observar que um planejamento tributário indevidamente elaborado pode gerar uma evasão fiscal, em vez de elisão fiscal. A evasão fiscal também reduz a carga tributária, mas por meios ilegais, e é classificada como crime de sonegação fiscal. A distinção entre elisão fiscal (lícita) e evasão fiscal (ilícita) reside no fato de que na evasão ocorre a ocultação e o disfarce e o profissional evita que o Fisco tome conhecimento da ocorrência do fato gerador. Na elisão, o profissional busca meios legais para evitar que o fato gerador da obrigação tributária aconteça.
>
> O principal método de planejamento é aquele feito de modo personalizado para a empresa ou grupo empresarial. Essa é uma ótima opção para a redução dos custos de produção e, consequentemente, para aumentar a margem de lucro empresarial.

---

1   GARCIA, A. V. Planejamento tributário. *Portal da classe contábil*, 2007. Disponível em: https://classecontabil.com.br/planejamento-tributario-2. Acesso em: 13 abr. 2018.

Conforme afirma Galhardo,[2] a empresa deverá ter um planejamento operacional consistente com suas atividades. Será importante contemplar, inicialmente, em sua elaboração:

- previsão e destino do faturamento;
- produtos e serviços contemplados;
- orçamento das despesas operacionais;
- previsão de aquisições de produtos e insumos;
- localização dos fornecedores;
- estimativa da margem de lucros.

Em seguida, ainda como discorre Galhardo,[3] é necessário contratar uma assessoria e uma consultoria tributária, a fim de possibilitar a correta análise das atividades operacionais e elaborar um estudo comparativo entre o lucro presumido, o lucro real e o Simples Nacional. É preciso, também, analisar a legislação do Imposto sobre Operações relativas à Circulação de Mercadorias e sobre prestações de Serviços de Transporte Interestadual, Intermunicipal e de Comunicação (ICMS) e do Imposto Sobre Serviços de Qualquer Natureza (ISSQN) que incidem nas operações. Assim, será possível calcular os tributos incidentes nos produtos e serviços, além de identificar os impostos e as contribuições mais significativas na carga tributária da sociedade empresária. Alguns tributos compõem a tributação indireta e têm incidência em seu processo produtivo, com o ônus do recolhimento repassado para o consumidor final — é o que ocorre com o ICMS e o Imposto sobre Produtos Industrializados (IPI). Essa incidência tributária reflete diretamente no custo de produção. As demais contribuições e impostos serão calculados sobre o valor do faturamento e têm impacto na determinação do lucro operacional da sociedade empresária, compondo a tributação direta — são representados pelo Imposto de Renda Pessoa Jurídica (IRPJ) e pela Contribuição Social sobre o Lucro Líquido (CSLL).

O planejamento tributário é a determinação operacional de uma série de procedimentos conhecidos como formas de economia de imposto e é necessidade premente para todos os contribuintes, tanto para pessoas jurídicas como para pessoas físicas. Seu intuito é permitir a elaboração e o planejamento com bases técnicas de planos e programas, com o objetivo de avaliar a melhor forma de apurar e recolher os tributos e as contribuições. Compõe a gestão fiscal e tributária com base nas oportunidades de redução da carga tributária, atendendo à legislação da área no sentido de evitar riscos ou desembolsos desnecessários.[4]

O planejamento tributário não é apenas uma estratégia de redução da carga tributária, é também um dever previsto inclusive no Código Civil, Lei n. 10.406/2002:

> Art. 1.011. O administrador da sociedade deverá ter, no exercício de suas funções, o cuidado e a diligência que todo homem ativo e probo costuma empregar na administração de seus próprios negócios.

---

2 GALHARDO, A. Como fazer um planejamento tributário? *Exame*, São Paulo, 25 mar. 2011. Disponível em: http://exame.abril.com.br/pme/como-fazer-um-planejamento-tributario. Acesso em: fev. 2017.

3 GUALHARDO, 2011.

4 CREPALDI, S. A.; CREPALDI, G. S. *Direito tributário*: teoria e prática. 3. ed. Rio de Janeiro: Forense, 2011.

Figura 1.1 Planejamento tributário

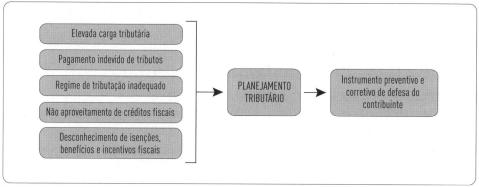

Fonte: elaborada pelo autor.

Conforme Silva,[5] pode ser aplicado no âmbito do(a):
- Empresa: por meio de ajustes e interações gerenciais e operacionais.
  Exemplo: regime de tributação do IRPJ, forma de reconhecimento da receita pelo regime de caixa ou pelo regime da competência.
- Esfera administrativa: busca de possibilidades legais para a efetiva redução dos tributos.
  Exemplo: classificação fiscal correta dos produtos para cálculo do IPI, deduções de material previstas para o ISSQN.
- Poder Judiciário: adoção de medidas que não estão autorizadas em lei, mas que baseiam-se em interpretações do Código Tributário.
  Exemplo: mandato de segurança, recursos administrativos, recursos judiciais.

1.3 Eficiência da empresa do ponto de vista tributário

Do ponto de vista tributário, a empresa eficiente seria aquela que, por meio de atividade lícita, busca identificar, com a indispensável antecedência, a alternativa legal e tributária menos onerosa para atingir determinado objetivo negocial ou patrimonial. Não é demais lembrar que, do ponto de vista dos proprietários, constitui obrigação da alta administração da empresa planejar seus negócios com vistas a aumentar suas receitas e reduzir seus custos, inclusive os tributários.

Considerando-se que há uma pressão cada vez maior e mais ágil do governo na cobrança das dívidas fiscais, cresce a preocupação dos empresários sérios em evitar as consequências danosas oriundas da dívida com impostos, tais como penhora e execução de bens da empresa, penhora de faturamento, indisponibilidade dos bens dos dirigentes, dificuldades em obter parcelamentos e financiamentos e até mesmo ameaça de prisão por apropriação indébita ou depositário infiel. O planejamento tributário possibilita boa economia fiscal ou mesmo a redução de tributos, utilizando métodos e procedimentos técnicos que permitem o estudo personalizado minucioso dos diversos setores e atividades empresariais.

---
5   SILVA, C. M. S. *Planejamento tributário*. Belo Horizonte: Fadminas, 2016.

Assim, pode-se afirmar que a sociedade empresária que reduzir de forma eficaz a incidência tributária, obter resultados operacionais crescentes e duradouros e utilizar as oportunidades que a legislação tributária apresenta será eficiente tributariamente.

1.4 Objetivos do planejamento tributário

Em termos gerais, o planejamento tributário tem os seguintes objetivos:

- Reduzir ou eliminar a carga fiscal das empresas, evitando que se concretizem operações tributáveis e/ou reduzindo-se a base imponível de tributação.
- Eliminar contingências tributárias por meio da manutenção de controles internos adequados e do conhecimento profundo das operações e da legislação tributária.
- Postergar o pagamento de tributos por meio do planejamento das datas de concretização de negócios e da administração adequada do fluxo de caixa.
- Reduzir o custo burocrático por meio da racionalização de processos e funções, bem como da padronização e informatização de procedimentos.

Um dos fatores essenciais dentro das estratégias de competitividade das empresas é o planejamento tributário. A perfeita gestão fiscal alcança a redução de custos, ocasionando reflexos positivos na situação financeira e econômica da empresa. É sabido que a tributação (impostos, taxas e contribuições) é um dos principais itens na composição do preço final de qualquer produto. A sobrevivência do negócio requer o reconhecimento, por parte do empresário, dos tributos incidentes sobre sua atividade, buscando soluções seguras e legais para a diminuição da carga tributária, além de assegurar o correto cumprimento das obrigações fiscais, evitando multas e contingências fiscais. Aspectos como a forma de constituição do empreendimento e a utilização de recursos de terceiros (empréstimos, financiamentos etc.) também compõem um planejamento adequado.

Figura 1.2 Objetivos do planejamento tributário

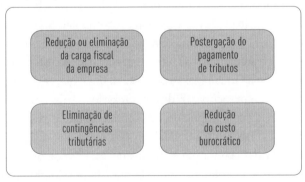

Fonte: elaborada pelo autor.

1.5 Como fazer o planejamento tributário

O primeiro passo para elaborar um planejamento tributário consiste na definição do melhor regime tributário para a empresa: lucro real, lucro presumido ou arbitrado, Simples Nacional ou valores fixos (empreendedor individual). Para saber qual o regime ideal para cada negócio, é preciso elaborar um organograma que inclua claramente as etapas de todo o processo operacional e do fluxo financeiro da empresa e, em seguida, estabelecer metas e ações para um prazo de aproximadamente cinco anos. Isso vai ajudar o empresário a comparar a previsão de redução de impostos entre diferentes regimes, bem como saber a importância de conhecer os benefícios fiscais federais, estaduais e municipais incidentes sobre os produtos ou serviços da empresa.

Uma vez escolhido o regime de tributação, o empresário deve se dedicar ao planejamento das operações da empresa em consonância com o modelo adotado e, a partir daí, determinar onde há espaço para ações de redução de custos tributários, seja pela diminuição da base de cálculo e percentuais dos impostos, encargos e taxas, seja pela recuperação dos impostos via empréstimos subsidiados.

Para realizar um planejamento tributário, é necessário que sejam diariamente analisados:

- a legislação tributária;
- a possibilidade de compensação de tributos;
- se os produtos produzidos ou comercializados pela empresa têm ou não substituição tributária (ICMS, IPI, PIS e Cofins);
- o ramo de atuação da empresa;
- o perfil dos clientes;
- as operações financeiras realizadas;
- o melhor enquadramento tributário para a empresa;
- o possível aproveitamento de créditos tributários sobre as compras da empresa e os créditos de PIS e Cofins não cumulativos.

Como reforça Young,[6] o planejamento tributário está firmado em uma gestão fiscal e tributária que exige:

- elaborar um estudo histórico da sociedade empresária, verificando a origem das operações realizadas a fim de identificar as menos onerosas;
- verificar a incidência dos fatos geradores dos tributos recolhidos, a fim de evitar pagamento maior ou cobrança indevida;
- identificar os fatos geradores prescritos com o objetivo de evitar ação fiscal;
- analisar, ao final de cada exercício social, qual é o regime tributário que proporciona economia tributária na incidência do IRPJ e da CSLL;
- realizar auditoria fiscal e tributária para verificar a existência de créditos fiscais não aproveitados.

---

6   YOUNG, L. H. B. *Planejamento tributário*. 3. ed. Curitiba: Juruá, 2008.

Conforme a Receita Federal do Brasil (RFB), o planejamento tributário é legalmente aceito, desde que contenha um propósito negocial em relação à atividade econômica da empresa.

CONSIDERAÇÕES FINAIS

O planejamento tributário é necessidade premente para todos os contribuintes, tanto pessoas jurídicas quanto pessoas físicas. Consiste na determinação operacional de uma série de procedimentos conhecidos como formas de economia de imposto. É o processo de escolha de ação, não simulada, anterior à ocorrência do fato gerador, visando direta ou indiretamente à economia de tributos.

A eficiência da empresa sob o ponto de vista tributário será obtida por meio de atividade lícita, que busca identificar, com indispensável antecedência, a alternativa legal e tributária menos onerosa para atingir determinado objetivo negocial ou patrimonial.

O art. 153 da Lei n. 6.404/1976 (Lei das S.A.) dispõe que "o administrador da companhia deve empregar, no exercício de suas funções, o cuidado e diligência que todo homem ativo e probo costuma empregar na administração dos seus próprios negócios". O art. 154 da aludida lei define que o "administrador deve exercer as atribuições que a lei e o estatuto lhe conferem para lograr os fins e o interesse da companhia, satisfeitas as exigências do bem público e da função social da empresa". A partir da análise dos textos legais, depreende-se que é um direito dos administradores da sociedade empresária reconhecer e atuar na busca da redução da carga tributária, mesmo que tais comportamentos reduzam a riqueza do Estado.

Esse direito é concedido pela Constituição da República Federativa do Brasil com base nos seguintes princípios:
- Princípio da Livre Iniciativa e Princípio da Propriedade Privada (art. 170, II), que garantem aos contribuintes o direito de organizar seus negócios da maneira que lhes convier.
- Princípio da Livre Concorrência (art. 170, IV), que afirma que admitir uma economia tributária àquele que melhor gere seus custos tributários e contribuir para o fomento da competição empresarial é salutar para o consumidor de seus produtos.

Os gestores devem utilizar os relatórios contábeis reais com a finalidade de obter dados para subsidiar sua tomada de decisão ao optarem pelo regime de tributação. A opção deverá contemplar o regime tributário no qual o recolhimento de tributos se configure como o mais econômico com respeito às exigências legais de cada modalidade de regime de tributação, compreendendo IRPJ, CSLL, PIS, Cofins, IPI, ICMS, ISSQN e Contribuição Previdenciária.

Segundo a legislação fiscal e tributária, um dos fatores mais complexos no Sistema Tributário Nacional (STN) é a apuração do PIS e da Cofins pela sistemática não cumulativa.

O planejamento tributário é um conjunto de estratégias, ações e estudos elaborados com o objetivo de garantir que a empresa recolha o mínimo de tributos possível dentro da legalidade. As principais vantagens são: diminuir as despesas com tributos e economizar; evitar erros de cálculo e, consequentemente, multas pelo Fisco por deixar de pagar ou pagar com valor indevido algum tributo obrigatório; ter à disposição mais recursos para investir em sua atividade principal graças à economia gerada.

A melhor solução é contar com um serviço de contabilidade especializado. Dessa forma, é possível garantir que a redução da carga tributária seja feita dentro da legislação ou com menor risco possível para a exploração da atividade econômica.

É uma ação fundamental para os gestores. Por meio dele, é possível desenvolver e definir metas que aprimorem o gerenciamento e o recolhimento de tributos. Outra vantagem do planejamento tributário é beneficiar a empresa com incentivos fiscais. Esse processo pode ser feito antes mesmo da constituição da empresa, todos os anos ou sempre que for necessário economizar com tributos.

CAPÍTULO 2 Sistema Tributário Nacional (STN)

Objetivos

Neste capítulo, você aprenderá:

- os princípios constitucionais tributários e outras limitações ao poder de tributar (imunidades);
- a discriminação de competências, inclusive o delineamento geral dos impostos atribuídos a cada uma das pessoas políticas;
- a repartição das receitas tributárias.

Introdução

O Estado, como sociedade política, possui um fim geral, na teoria comum a todos, constituindo-se em meio para que os indivíduos e as demais sociedades possam atingir seus respectivos fins particulares. O objetivo do Estado é o bem comum, ou seja, o conjunto de todas as condições de vida social que consistam e favoreçam o desenvolvimento integral da personalidade humana.

Por intermédio da atividade financeira, o Estado desenvolve diversos atos voltados para a obtenção, gestão e aplicação de recursos pecuniários nos fins perseguidos pelo Poder Público.

Os tributos ou exações fiscais são receitas derivadas, arrecadadas pelo Estado, para financiar a despesa pública. Caracterizam-se pelo instrumental necessário à obtenção de recursos, visando à viabilização do atendimento e à satisfação das necessidades públicas. É possível listar, entre outras, as seguintes responsabilidades estatais cujo atendimento demanda recursos pecuniários: manutenção da ordem, solução de litígios, prestação de serviços públicos, fiscalização de atividades e realização de ações sociais nos campos da saúde e da educação. Entre as atividades que o Estado desenvolve, tutelando necessidades públicas, algumas são essenciais (segurança pública, prestação jurisdicional etc.); outras são complementares, protegendo itens secundários, exercidas por meio de concessionárias.

A tributação, no Estado Democrático de Direito, constitui instrumento da sociedade. É por meio das receitas tributárias que é viabilizada a manutenção das estruturas política e administrativa do Estado e as ações de governo. No entanto, a tributação arbitrária ou excessiva pode, por si própria, ter efeitos perversos. Assim, a Constituição também cuida de definir as possibilidades e limites da tributação, fazendo-o por meio da outorga constitucional da competência tributária; quando a Constituição diz quais os tributos que podem ser instituídos e sob que forma, diz, também, implicitamente, quais os efeitos na atividade empresarial.

A tributação é válida quando exercida na forma e na medida admitidas pela Constituição Federal. A tributação que não encontra suporte no texto constitucional não constitui propriamente tributação, mas violência aos direitos individuais, arbítrio inconstitucional e ilegítimo.

Conforme Crepaldi e Crepaldi,[1] as receitas públicas podem ser divididas em:

- **Originária**: sem qualquer ato de império, usualmente proveniente dos meios próprios do Estado. Exemplos: arrendamento, aluguel ou venda de bens públicos, entre outros.
- **Derivada**: normalmente proveniente de bens e do patrimônio dos particulares, os quais são coagidos a pagar. Exemplo: impostos.

Os tributos são a principal receita financeira do Estado, classificando-se como receita derivada, porque advinda do patrimônio privado, e compulsória, uma vez que decorre de lei, independendo da vontade das pessoas de contribuírem para o custeio da atividade estatal. Parte do patrimônio de entes particulares é transferida para os domínios públicos, de forma compulsória e dentro do limite da legalidade, com o intuito de financiar o Estado.

---

1 CREPALDI, S. A.; CREPALDI, G. S. *Direito tributário*: teoria e prática. 3. ed. Rio de Janeiro: Forense, 2011.

Figura 2.1 Receita financeira do Estado

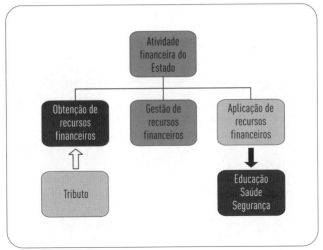

Fonte: elaborada pelo autor.

De fato, ainda que arrecadatória, essa atividade deve ser pautada estritamente na lei, com vistas a proteger o contribuinte dos excessos e desvios do Fisco.

O Sistema Tributário Nacional (STN) está tratado no Capítulo I do Título VI da CF, capítulo esse que vai do art. 145 ao art. 162 e é formado pelas normas constitucionais de Direito Tributário, que essencialmente abrangem:

- os princípios constitucionais tributários e outras limitações ao poder de tributar (imunidades);
- a discriminação de competências, inclusive o delineamento geral dos impostos atribuídos a cada uma das pessoas políticas;
- a repartição das receitas tributárias.

O Senado Federal da República tem a competência privativa para avaliar periodicamente a funcionalidade do STN quanto à sua estrutura e seus componentes, bem como verificar o desempenho das administrações tributárias, consoante o art. 52, XV, da Constituição da República Federativa do Brasil, como afirmam Crepaldi e Crepaldi.[2]

O Direito Tributário é a ciência que estuda os princípios e as normas que disciplinam a ação estatal de exigir tributos, preocupando-se com as relações jurídicas que, em decorrência da tributação, se estabelecem entre o Fisco e os contribuintes.

É o ramo do Direito Público que rege as relações jurídicas entre o Estado e os particulares, decorrentes da atividade financeira do Estado, no que se refere à obtenção de receitas derivadas (resultantes da arrecadação dos tributos). O Estado figura na condição de Poder Público, isto é, com supremacia; tem como principal característica a desigualdade jurídica, ou seja, encontra-se em uma posição juridicamente superior à do particular em uma relação de Direito Público.

---

[2] CREPALDI; CREPALDI, 2011.

Figura 2.2 Subáreas do Direito Público e do Direito Privado

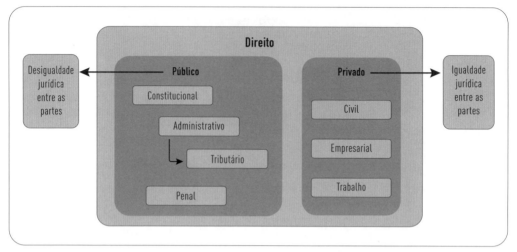

Fonte: elaborada pelo autor.

Crepaldi e Crepaldi[3] descrevem as subáreas do Direito Público e do Direito Privado da seguinte forma:
- **Direito Público:** é aquele em que o Estado age como partícipe direto da relação jurídica com o particular, oportunizando a assistência de garantias e prerrogativas próprias, com foco nos interesses da coletividade diante dos interesses do particular.
- **Direito Privado:** objetiva a relação existente entre os particulares, prevalecendo os interesses dos próprios particulares, almejando a autonomia da vontade.

Conforme Machado,[4] verifica-se que Tributário é "o ramo do Direito que se ocupa das relações entre o Fisco e as pessoas sujeitas às imposições tributárias de qualquer espécie, limitando o poder de tributar e protegendo o cidadão contra os abusos desse poder". No exercício do *poder de tributar*, ao exigir dos indivíduos o pagamento de tributos, o Estado revela sua soberania. Entretanto, a relação que se desenvolve entre Estado e contribuinte não é uma relação de poder, mas sim uma relação jurídica, devendo ser entendida como a contribuição prestada pelo indivíduo em benefício dos demais, visando ao desenvolvimento estatal. A afirmação de que é jurídica a relação estabelecida entre Fisco e contribuinte justifica-se, pois é necessário o respeito às normas e, também, a uma série de princípios jurídicos, dentre os quais se destacam os seguintes:
- legalidade;
- anterioridade;
- igualdade;
- capacidade contributiva;
- vedação de confisco.

---

3   CREPALDI; CREPALDI, 2011.
4   MACHADO, H. de B. *Curso de direito tributário*. 37. ed. São Paulo: Malheiros, 2016.

Por ser um poder, o exercício da tributação depende da existência de competência. A *competência tributária* é instituída e distribuída pela Carta Magna aos entes políticos que possuem na capacidade legislativa seu pressuposto. Assim, a Constituição Federal de 1988, em seus arts. 153 a 156, atribui a competência tributária às pessoas políticas listadas a seguir:

- União.
- Estados-membros.
- Municípios.
- Distrito Federal.[5]

O tributo é *instituto jurídico especial*, pois, sozinho, alcança os direitos fundamentais de liberdade e propriedade. O primeiro é infringido, porquanto não é dado ao contribuinte escolher se deseja ou não fazer tal pagamento. O contribuinte não tem liberdade de escolha: há imposição do tributo (obrigação *ex lege*); já o segundo direito fundamental é alcançado porque o pagamento do tributo causa uma diminuição patrimonial, uma vez que atinge o patrimônio do contribuinte, assim considerado em seu aspecto material.

O Código Tributário Nacional (CTN), em seu art. 3°, determina que o poder de tributar é ato unilateral e vinculado em decorrência constitucional da soberania estatal, impondo ao destinatário do tributo que aceite a invasão do seu patrimônio.

2.1 Objeto

O Direito Tributário é construído em torno da noção de tributo e das relações entre o Fisco e os sujeitos passivos. O seu alcance é limitado, abrangendo apenas receitas derivadas, ou seja, entradas de verbas de forma coercitiva, isto é, fruto da imposição estatal lícita baseada em sua posição de supremacia, soberania ou autoridade.

O Direito Tributário possui dois objetos, segundo Carvalho:[6]

- **Direto:** abrange o estudo da:
    - **instituição:** criação do tributo, feita somente pelo Estado, representado pela União, pelos Estados, pelo Distrito Federal e pelos municípios;
    - **arrecadação:** objeto principal do Direito Tributário;
    - **fiscalização:** verificação da compatibilidade do procedimento tributário com as normas do ordenamento jurídico, sendo possível aplicar sanções no caso de ocorrência de ilícitos tributários;
    - **extinção dos tributos:** é o desfazimento do vínculo entre o Fisco e o devedor do tributo.
- **Indireto:** abrange, igualmente, todas as normas que, de forma indireta, possam explicar o conteúdo, o sentido, o alcance e os efeitos da instituição, da arrecadação, da fiscalização e da extinção dos tributos, como a execução fiscal.

---

5 Vale ressaltar que, anteriormente, o Distrito Federal era considerado *autarquia administrativa* da União, e foi erigido à categoria de pessoa política a partir da Constituição de 1988.

6 CARVALHO, P. de B. *Curso de direito tributário.* 23. ed. São Paulo: Saraiva, 2011.

2.2 Tributo

2.2.1 Origem dos tributos

Segundo Amaro,[7] a origem dos tributos é muita antiga. As primeiras manifestações tributárias foram voluntárias e feitas em forma de presentes aos líderes tribais por seus serviços prestados à comunidade. Depois, passaram a ser compulsórios quando os derrotados nas guerras eram forçados a entregar a totalidade ou parte de seus bens aos vitoriosos. Após essa época, começou a cobrança, pelo Estado, de parte da produção dos súditos.

> Na Grécia, instituiu-se o tributo administrado pelo Estado como se conhece hoje. Em Roma, cobrava-se imposto pela importação de mercadoria (*portorium*) e pelo consumo geral de qualquer bem (*macellum*). Na Idade Média, os tributos eram cobrados como se fossem obrigações ou dádivas dos servos para com os seus senhores. Na França de Luís XIV, o povo, onerado pelas constantes majorações tributárias, acabou por reagir violentamente, na Revolução Francesa (1789). Na época colonial, Portugal cobrava o "quinto" sobre as pedrarias, as "dízimas" de todos os produtos e os "direitos alfandegários" que incidiam sobre toda mercadoria importada ou exportada.

Conforme afirma Machado,[8] o imposto mais comum surgiu no período das Capitanias Hereditárias, época em que a cobrança do Imposto de Consumo teve início. Contudo, somente com a decretação do Ato Adicional, em 12 de agosto de 1834, é que foram traçados os limites e os fundamentos do Direito Tributário Brasileiro. Na sequência histórica, sucederam-se as disposições que criaram, alteraram e suprimiram tributos, modificando as competências tributárias.

Assim, Crepaldi e Crepaldi[9] afirmam que a receita pública esteve ligada aos regimes econômicos que predominaram na história da humanidade. No capitalismo, as receitas públicas derivadas — receitas porque cobradas em decorrência da lei, e derivadas porque surgidas do poder do Estado de instituir o tributo, compreendendo os tributos e as penalidades pecuniárias — passaram a ser a principal fonte de recurso do Estado. Por outro lado, há, também, as receitas originárias, produzidas por bens e empresas de propriedade pública, com origem no patrimônio do Estado.

2.2.2 Conceito

O tributo é a receita derivada, compulsoriamente lançada e arrecadada pelo Estado, na forma da lei, em moeda corrente ou em valor que por ela se possa exprimir, sem contraprestação diretamente equivalente, cujo montante é aplicado na execução das finalidades

---

7   AMARO, L. *Direito tributário brasileiro.* 21. ed. São Paulo: Saraiva, 2016.
8   MACHADO, 2016.
9   CREPALDI; CREPALDI, 2011.

que lhe são próprias. Caracteriza-se pela compulsoriedade, pelo pagamento em dinheiro ou valor equivalente, pelo seu caráter não punitivo, pela previsão legal e por sua cobrança vinculada, sem margem de discricionariedade.

A Constituição Federal não traz em seu texto a definição de tributo, mas cuida de uma série de figuras que a ele se assemelham, em decorrência de seu caráter coativo, impositivo. Dentre elas:

- a desapropriação;
- o perdimento de bens;
- a pena privativa de liberdade;
- a pena de multa etc.

A definição doutrinária de tributo é

> relação jurídica que se estabelece entre o Fisco e o contribuinte, tendo por base a lei, em moeda igualitária e decorrente de um fato lícito qualquer. A definição técnica do que seja tributo, nos termos do art. 146, inciso III, alínea *a*, da CF, é dada por lei complementar.[10]

O conceito de tributo está previsto no art. 3° do CTN: "Tributo é toda prestação pecuniária compulsória, em moeda ou cujo valor nela se possa exprimir, que não constitua sanção de ato ilícito, instituída em lei e cobrada mediante atividade administrativa plenamente vinculada".

Conclui-se, a partir da definição anterior, que tributo é uma obrigação *ex lege* (decorrente de lei), em moeda, que não se constitui em sanção por ato ilícito e que tem por sujeito ativo (credor), normalmente, uma pessoa política, e por sujeito passivo (devedor) qualquer pessoa (apontada na lei da entidade tributante), cobrada mediante atividade administrativa vinculada.

A função básica do tributo é garantir recursos financeiros para o funcionamento do Estado — função fiscal — e também para interferir no domínio econômico, a fim de gerar estabilidade — função extrafiscal. É considerada receita derivada porque o cidadão tem a obrigação de dispor de parte de seus recursos para o custeio das atividades administrativas.

Com o contrato social, o tributo passou a ser exigido com a finalidade de custear a vida em sociedade, porque os benefícios sociais não são gratuitos e todos os cidadãos devem recolher os tributos. Tais tributos retornam à sociedade em forma dos bens e serviços públicos, tais como segurança pública, educação, justiça, sistemas de transportes etc.

Machado[11] afirma que a receita derivada tem retorno indireto para a vida social com seus efeitos na distribuição de renda, no incentivo ao desenvolvimento regional ou setorial e na regulação do comércio interno e externo.

---

10 CARRAZA, A. R. *Curso de direito constitucional tributário*. 25. ed. São Paulo: Malheiros, 2009. p. 407.
11 MACHADO, 2016.

2.2.3 Obrigação *ex lege*

"Obrigação é o vínculo abstrato, de conteúdo patrimonial, pelo qual uma pessoa (sujeito passivo) se vê compelida a dar, a fazer, a não fazer ou a suportar algo em favor de outra (sujeito ativo)."[12]

O tributo é uma obrigação *ex lege*, pois nasce direta e imediatamente da vontade da lei, que traça sua hipótese de incidência. As obrigações *ex lege* contrapõem-se às obrigações *ex voluntate* (em que a vontade das partes é prestigiada pelo Direito), pois o legislador, ao mencionar *instituída em lei*, certamente pretendeu afastar as chamadas obrigações convencionais, que teriam fulcro, invariavelmente, numa convergência de vontades. Assim, ocorrendo o fato que a lei prevê como gerador da obrigação (fato gerador *in concreto* ou fato imponível), obrigatório será o pagamento do tributo pelo contribuinte.

O pagamento do tributo é obrigatório (compulsório), não dependendo da vontade do contribuinte.

Assim, em decorrência de a obrigação ter origem em disposição legal, e não contratual, a capacidade tributária passiva independe da capacidade civil do contribuinte, ou do fato de, sendo uma pessoa jurídica, estar regularmente constituída, nos devidos termos do art. 126 do CTN. Assim, a título de exemplo, se menor impúbere é proprietário de imóvel, situado na cidade, não pode realizar atos de disposição do bem; entretanto, pode ser sujeito passivo de obrigação tributária, isto é, cobrança de Imposto sobre a Propriedade Predial e Territorial Urbana (IPTU).

2.2.4 Obrigação em moeda ou cujo valor nela se possa exprimir

O tributo pode apenas ser pago em dinheiro corrente. Com a expressão "ou cujo valor nela se possa exprimir", quer a lei dizer que, em circunstâncias extraordinárias, previstas em lei, é possível que o Fisco aceite a satisfação da obrigação tributária com a entrega de bens, cujo valor possa ser convertido em moeda. A LC n. 104/2001 acrescentou ao art. 156 do CTN o inciso XI:

> **Art. 156.** Extinguem o crédito tributário:
>
> XI — a dação em pagamento em bens imóveis, na forma e condições estabelecidas em lei.

Tal inclusão serviu para explicitar o conceito de tributo, lembrando que, em casos especiais, a lei já autorizava a extinção do crédito tributário por esse instituto.

Com efeito, deve-se afirmar que o tributo é prestação de caráter exclusivamente pecuniário, e casos como o anteriormente transcrito demonstram exceção à regra geral.

---

12 PEREIRA, F. J. de A. *Pacto federativo e guerra fiscal entre os estados*. Salto, SP: Schoba, 2010. p. 30.

Mesmo o inadimplente, quando executado, cumpre sua obrigação em moeda. Isso se dá porque os seus bens serão levados a leilão e o produto deste, a moeda, será revertido para o Fisco.

A pecúnia representa a prestação em dinheiro, moeda corrente ou cheque (art. 162, I, CTN). O caráter pecuniário é requisito inafastável para a configuração do fenômeno tributário. Pode ser expresso em moeda ou por meio de indicadores. O tributo é pago em unidades de moeda corrente (no Brasil, atualmente, em reais) e não *in natura* (em bens) ou *in labore* (em trabalho). O inciso XI do art. 156 do CTN prevê a dação em pagamento — ou cujo valor se possa exprimir em moeda — exclusivamente para bens imóveis.

2.2.5 O tributo não se constitui em sanção por ato ilícito

O tributo é obrigatório, pois deriva do "poder de império" estatal, na atividade de invasão do patrimônio. Assim, o tributo não é voluntário, facultativo, contratual. Tributo não é multa e multa não é tributo. A multa é sanção ou penalidade, devendo ser exigida quando se descumpre uma obrigação tributária.

O tributo não é penalidade decorrente da prática de ato ilícito, uma vez que o fato descrito pela lei, que gera o direito de cobrar (hipótese de incidência), será *sempre* algo lícito. Assim, a título de exemplo, mesmo que a origem da renda auferida seja ilícita, tal renda poderá ser tributada por meio de tributo específico (Imposto sobre a Renda e Proventos de Qualquer Natureza — IR).

Caso a obrigação derive de um ilícito, por exemplo, o atraso em algum pagamento, a falta de determinada escrituração contábil etc., trata-se de punição por infração, sanção, multa, mas não tributo. A sanção de caráter monetário é a multa, que é exigida em face da prática de uma ilicitude. A ela não importa a capacidade contributiva do agente: a prática do ilícito já é base suficiente para a cobrança da multa prevista como sanção. Já o tributo, em contrapartida, tem por pressuposto a prática de um fato lícito qualquer, que revela capacidade econômica ou contributiva.

Os propósitos da multa e do tributo são diversos. Enquanto este tem finalidade primordialmente arrecadatória, aquela tem utilidade preventiva e sancionatória. Assim, enquanto o Estado tributa para atingir seus fins, a multa é instituída com o objetivo de desestimular infratores.

Reafirmando, deve-se ter em conta que a lei não pode dispor, na hipótese de incidência tributária, a descrição de um fato em si mesmo ilícito, sob pena de o tributo converter em sanção, o que é vedado no *caput* do art. 3° do CTN. Portanto, a verificação a ser feita é apenas quanto à hipótese de incidência tributária, não importando, entretanto, as origens remotas do valor tributado. O desapego às origens remotas do valor tributado é denominado "teoria do *non olet*". A expressão latina *non olet* significa "não cheira", "não tem cheiro". Afirmam os doutrinadores que a teoria mencionada surgiu em Roma, onde o imperador Vespasiano, em face da escassez na arrecadação de tributos, instituiu imposto sobre o uso das latrinas (banheiros públicos). Tal atitude provocou grande descontentamento e revolta nos contribuintes. Entre os críticos do imperador estava seu filho, Tito, que, perante a corte, afirmou que não era conveniente ao império romano manter-se por força da arrecadação de valores originários de local tão sujo e repugnante. Nessa ocasião, Vespasiano pediu a Tito que buscasse um pouco do dinheiro arrecadado, e, já com o dinheiro nas mãos, determinou que o filho se aproximasse e cheirasse. Feito isso, proferiu a célebre frase: "Está vendo, filho, não tem cheiro!", querendo dizer que pouco importava a origem remota do valor arrecadado, se lícita, ilícita, moral ou imoral: bastava que as origens próximas do tributo não fossem ilícitas.

Portanto, de acordo com o exemplo mencionado, é possível examinar essa regra em relação ao Imposto de Renda, cuja hipótese de incidência é a obtenção de rendimento. Por força da teoria do *non olet*, não importa se os rendimentos obtidos tiveram sua origem em atividades ilícitas. Um exemplo seria o que ocorre com os bicheiros e contrabandistas: eles não estão isentos do pagamento do Imposto de Renda. Os rendimentos advindos do jogo do bicho e da exploração do lenocínio são tributáveis. Pode-se dizer também *"plurima praestat amor, sed sacra pecunia cuncta"*, cujo significado é "o amor faz muito, mas dinheiro faz tudo".

2.2.6 Obrigação cobrada mediante atividade administrativa plenamente vinculada

O tributo é sempre cobrado mediante atividade vinculada da Administração. Toda essa atividade, desde o lançamento do tributo até a cobrança judicial do débito, não depende de qualquer análise de conveniência e oportunidade por parte da Administração e não é discricionária, devendo ocorrer independentemente da vontade dos servidores públicos envolvidos.

A parte final do art. 3° do CTN determina que a cobrança do tributo deve seguir a determinação legal, não cabendo à autoridade administrativa preterir qualquer critério. Com efeito, não pode a autoridade optar pela cobrança ou não, quando a lei determinar que a cobrança deve ser feita. Segundo Machado,[13] nos termos que a lei determinar, assim que o tributo é devido, deverá ser cobrado; quando não é devido, não poderá ser cobrado.

Na Constituição Federal, é possível encontrar uma noção genérica de tributo, o qual deve ser entendido como a relação jurídica que se estabelece entre o Fisco e o contribuinte (pessoa abrangida pelo direito positivo), com base na lei, em moeda, igualitária e decorrente de um fato lícito qualquer.

A autoridade tributária não goza de liberdade para apreciar a conveniência ou oportunidade de cobrar o tributo, devendo ater-se à previsão legal expressa.

---

13 MACHADO, 2016.

Quadro 2.1 O que é tributo

"Toda prestação pecuniária compulsória."[14]	Todo pagamento obrigatório ao Estado.
"Em moeda ou cujo valor nela se possa exprimir."	O pagamento é efetuado em dinheiro, mas a lei poderá admitir que ele seja feito por meio de algo de valor equivalente à moeda, ou nela conversível.
"Que não constitua sanção de ato ilícito."	Tributo não é penalidade por infração; multa, sim, constitui sanção pecuniária decorrente de ato ilícito.
"Instituído em lei."	Sem lei que o institua não existe tributo: princípio da legalidade.
"Cobrado mediante atividade administrativa plenamente vinculada."	A cobrança deve ser realizada conforme determina a lei, não comportando discricionariedade do administrador público.

Fonte: elaborado pelo autor.

2.2.7 Tributo não se reconhece pelo nome

O *nomen iuris* (nome ou designação) do tributo é irrelevante para caracterizá-lo. É preciso analisar o fato gerador e a base de cálculo do tributo para concluir qual é a sua natureza jurídica (art. 4°, CTN).

A denominação não deve ser levada em consideração na análise jurídica específica do tributo, pois o que importa é a imposição tributária com os seus aspectos estabelecidos, e não o nome que, arbitrariamente, o legislador lhe dê. Do contrário, estaríamos sujeitos a violações das limitações ao poder de tributar, que constituem as garantias dos indivíduos, ou, de outro lado, a considerar inconstitucional exercício, em verdade, regular de competência tributária.

2.2.8 Critérios para classificação dos tributos

A importância de discriminar as diversas espécies tributárias e de conseguir identificar, em um caso concreto, de que espécie se trata, está no fato de que cada uma corresponde a um regime jurídico próprio.

Diversos são os critérios relevantes de classificação dos tributos para o STN, conforme se verifica nos subitens a seguir.

2.2.8.1 Quanto às espécies

Entende-se que o mais importante critério é aquele que diferencia os tributos de acordo com suas "espécies". No entanto, há controvérsias quanto a essa divisão, pois a Constituição Federal, em seu art. 145, incisos I a III, classificou o gênero tributo em três espécies diversas — impostos, taxas e contribuições de melhoria —, desenhando a norma-padrão de incidência de cada uma dessas figuras jurídicas e discriminando competências para que as

---

14 As citações dessa coluna foram retiradas do art. 3° do CTN.

pessoas políticas, querendo, viessem a instituí-las (sempre por meio de lei). Idêntica classificação é retirada do texto do art. 5° do CTN.

Não obstante isso, o Supremo Tribunal Federal (STF) entende que, na realidade, cinco são as espécies tributárias: impostos, taxas, contribuições de melhoria, contribuições sociais e empréstimos compulsórios.

Devido à posição do Pretório Excelso, é de se aceitar a divisão do tributo em cinco espécies, tendo sido superadas as divergências passadas sobre o assunto.

Para a classificação das espécies tributárias, deve-se verificar a hipótese de incidência. Se esta não for uma atividade do Estado, dizemos que o tributo é um imposto. Assim, o único tributo de fato gerador não vinculado, ou seja, que não é uma atividade estatal específica, é o imposto. Se a hipótese de incidência for alguma atividade estatal específica, ter-se-á uma taxa ou uma contribuição de melhoria. Empréstimos compulsórios e contribuições sociais são tributos não definidos pelo fato gerador, e sim pela finalidade a que se destinam. Nesse caso, não se aplica o art. 4° do CTN. Cabe à lei complementar estabelecer normas gerais, em matéria de legislação tributária, especialmente sobre a definição de tributos e de suas espécies (art. 146, III, *a*, CF).

Dessa forma, o texto constitucional considera como tributos não apenas os impostos (arts. 16 e seguintes do CTN e art. 145, I e § 1°, CF), as taxas (arts. 77 e seguintes do CTN e art. 145, II e § 2°, CF) e as contribuições de melhoria (arts. 81 e seguintes do CTN e art. 145, III, CF), mas também os empréstimos compulsórios (art. 148, CF), as contribuições sociais, as contribuições de intervenção em domínio econômico, as contribuições de interesse das categorias profissionais e também das categorias econômicas (arts. 149, 149-A e 195, CF).

2.2.8.2 Quanto à competência impositiva

Os tributos dividem-se de acordo com o ente tributante: federais, estaduais e municipais. É necessário enfatizar que o Distrito Federal acumula a competência estadual e municipal, posto que seu poder legislativo tem caráter "híbrido".

2.2.8.3 Quanto à vinculação em relação à atividade estatal

Essa classificação leva em consideração a existência ou a não existência de vínculo entre o tributo cobrado e a atividade que o Estado desenvolve.

Com efeito, os tributos podem ser *vinculados* quando seu fato gerador *in concreto* tiver relação direta com a atividade desenvolvida pelo Estado. São eles: taxas, contribuições de melhoria e contribuições sociais. A título de exemplo, tem-se o caso da taxa de água, que é cobrada em decorrência do seu fornecimento.

Já o tributo *não vinculado* dispensa a existência de uma atuação estatal para motivar sua cobrança. Encontra fundamento no poder de império da pessoa política tributante e presta-se, via de regra, à formação de fundos para o desenvolvimento de seus fins (função fiscal do tributo). O imposto é tributo não vinculado — um exemplo típico é o Imposto sobre a Propriedade de Veículos Automotores (IPVA), cobrado do contribuinte que possui veículo, não sendo necessária qualquer contraprestação do Estado.

2.2.8.4 Quanto à função

Essa classificação leva em consideração a finalidade a que se destina o tributo, o objetivo por ele perseguido. É necessário salientar que uma função não exclui a outra, podendo o tributo ter uma função principal e outra secundária.

De acordo com sua finalidade, pode o tributo ser classificado como:

- **fiscal:** objetiva a arrecadação de recursos financeiros para o ente tributante;
- **extrafiscal:** busca interferir no domínio econômico, equilibrando as relações sociais e econômicas;
- **parafiscal:** objetiva custear entidades que atuam em áreas específicas não alcançadas pela atividade estatal, como *longa manus* do Estado. Por exemplo: fiscalização do exercício de profissões, seguridade social etc.

Por fim, ainda em relação aos tributos, deve-se salientar que a Constituição Federal arrolou os "direitos fundamentais do contribuinte", denominados por alguns autores "estatuto do contribuinte", os quais devem ser respeitados quando da tributação pela União, pelos Estados, pelos municípios e pelo Distrito Federal. Essas garantias podem ser encontradas, de maneira concentrada, no art. 150 da Carta Magna.

2.3 Código Tributário Nacional (CTN) – Lei n. 5.172/1966

Codificação é a reunião de normas de um corpo único e sistematizado de disposições referentes a um mesmo setor do Direito positivo. Consiste em uma lei como qualquer outra, embora de maior importância por ser mais abrangente. A codificação visa criar um novo conjunto de normas unificado, sistemático e articulado.

A Lei n. 5.172/1966 foi publicada no *Diário Oficial da União* de 27 de outubro de 1966 e retificada em 31 de outubro de 1966 instituindo normas gerais de Direito Tributário aplicáveis à União, aos Estados, aos municípios e ao Distrito Federal. Foi recepcionada como lei complementar pela Constituição Federal de 1967 e pela Emenda n. 1/1969, as quais mudaram a sistemática tributária, pois previram a necessidade de uma lei complementar para instituir normas gerais em Direito Tributário.

Por força do art. 7° do Ato Complementar n. 36, de 13 de março de 1967, essa lei passou, incluídas as alterações posteriores, a denominar-se Código Tributário Nacional (CTN).

Com o advento da Constituição Federal de 1988, a situação foi mantida: as normas gerais em matéria tributária continuaram a ser de competência da lei complementar, nos termos do art. 146. Em vez de revogar o CTN e elaborar outra lei contendo as normas gerais tributárias de natureza complementar, o CTN foi recepcionado, ou seja, foi acolhido pela Constituição Federal naquilo que, em termos de conteúdo, era compatível com o novo texto constitucional de 1988.

O CTN é uma lei de normas gerais em matéria tributária, mas foi editado como lei ordinária. Hoje, em razão da teoria da recepção, o CTN integra o ordenamento com *status* de lei complementar. A doutrina e a jurisprudência nacionais majoritárias entendem que todos os dispositivos vigentes do CTN são normas gerais e têm *status* de lei complementar.

O CTN é uma lei ordinária, que adquiriu força de lei complementar a partir da Constituição de 1967, e que cuida de assunto agora reservado a esse tipo de lei. Podemos dizer ainda que o CTN é uma lei ordinária em sentido formal (votação e aprovação) e atualmente uma lei complementar em sentido material (cuida de matéria reservada a lei complementar), segundo o art. 7º do Ato Complementar n. 36/1967 e a EC n. 48/2005.

2.4 Relações do Direito Tributário com outros ramos do Direito

- **Direito Constitucional:** fornece os princípios básicos da tributação e da competência tributária, além das limitações constitucionais ao poder de tributar.
- **Direito Administrativo:** rege o exercício das atividades impositivas, arrecadadoras, fiscalizadoras, além do próprio funcionamento dos seus órgãos, bem como a disciplina dos seus servidores e os procedimentos tributários.
- **Direito Penal:** tipifica as infrações contra a ordem tributária.
- **Direito Internacional:** podem ser celebrados tratados e convenções internacionais de natureza tributária.
- **Direito Processual:** veículo das demandas tributárias administrativas e judiciais.
- **Direito Privado:** atua nas definições de institutos e situações, como domicílio, posse, falência e outros.
- **Direito Financeiro:** estuda a receita pública que diz respeito à relação jurídica entre o Fisco e o sujeito passivo.
- **Direito Previdenciário:** usa os conceitos tributários; o Direito Tributário é fonte subsidiária e a contribuição tem natureza tributária.
- **Direito do Trabalho:** a contribuição do FGTS tem natureza tributária e o Imposto de Renda incide sobre as verbas de natureza remuneratória.

CONSIDERAÇÕES FINAIS

Um sistema tributário é essencialmente um conjunto de tributos cuja principal função é arrecadar recursos para que o Estado possa custear atividades que lhe são inerentes, como educação, saúde, segurança, moradia e saneamento, entre outras. Essa é a função fiscal dos tributos.

Os tributos também têm funções extrafiscais. Eles são utilizados para distribuir renda e atenuar ou eliminar as desigualdades entre pessoas e regiões. Servem para proteger a economia nacional e estimular atividades produtivas, gerando empregos. Devem restringir o consumo de produtos não essenciais, de luxo ou nocivos à saúde. Podem fomentar o desenvolvimento econômico e social, promover a educação e a cultura, fortalecer a economia formal, desonerar a produção, garantir a função social da propriedade e das cidades, entre muitos outros objetivos. Tudo isso balizado pelos princípios do Direito Tributário como os da legalidade, da capacidade contributiva, do não confisco, da anterioridade, da personalização do imposto, da igualdade tributária, da irretroatividade, da imunidade, da uniformidade e da progressividade das alíquotas, para citar alguns.

Integra, ainda, o STN a vasta legislação que o disciplina, compreendendo a Constituição Federal, o Código Tributário Nacional, leis complementares, leis ordinárias, decretos-lei, decretos, portarias, resoluções, instruções e demais normas.

CAPÍTULO 3 # Administração Tributária

Objetivos

Neste capítulo, você aprenderá:

- a aplicar a legislação tributária e verificar a correção da sua aplicação por parte de terceiros;
- o conceito de fiscalização, cuja característica principal é ser um poder-dever conferido às autoridades tributantes de executar atos de verificação do cumprimento de obrigações tributárias.

Introdução

Denomina-se *Administração Tributária* o conjunto de órgãos públicos com a incumbência de aplicar a legislação tributária e verificar a correção da sua aplicação por parte de terceiros. As principais atividades são a fiscalização, a arrecadação e a cobrança (administrativa e judicial) dos tributos. Por sua inegável importância, ostenta *status* constitucional. No art. 37, inciso XVIII, da Constituição Federal de 1988, o constituinte conferiu à *Administração Fazendária* precedência, dentro de suas áreas de competência e jurisdição, sobre os demais setores administrativos, na forma da lei. Já no art. 145, § 1°, deferiu expressamente à Administração Tributária poderes, nos termos da lei, para identificação do patrimônio, dos rendimentos e das atividades econômicas do contribuinte. As administrações tributárias da União, dos Estados, do Distrito Federal e dos municípios, como *atividades essenciais ao funcionamento do Estado*, terão recursos prioritários para a realização de suas atividades, serão exercidas por servidores de carreiras específicas e atuarão de forma integrada, inclusive com o compartilhamento de cadastros e de informações fiscais, na forma da lei ou convênio.

Entre as competências do Senado Federal, encontra-se a avaliação periódica:

* da funcionalidade do Sistema Tributário Nacional (STN) — estrutura e componentes;
* do desempenho das administrações tributárias.

A Lei n. 11.457/2007 transformou a Secretaria da Receita Federal (SRF) em Secretaria da Receita Federal do Brasil (SRFB), e esta, por sua vez, incorporou também as atribuições anteriormente exercidas pela Secretaria da Receita Previdenciária (SRP). As contribuições do INSS passaram a ser inscritas em Dívida Ativa da União, que assumiu a condição de sujeito ativo das respectivas contribuições. Cabe à SRFB planejar, executar, acompanhar e avaliar as atividades relativas a tributação, fiscalização, arrecadação, cobrança e recolhimento das contribuições sociais.

Ou seja, unificou-se, na União, por meio da SRFB, a condição de sujeito ativo e a administração da quase totalidade dos tributos federais — os impostos em geral, as contribuições de seguridade social, inclusive as previdenciárias e a terceiros etc. —, à exceção de algumas poucas contribuições e taxas, como aquelas que têm o Inmetro ou o Ibama como sujeitos ativos.

Ocorre, com frequência, a confusão entre a atividade de fiscalização tributária e os seus efeitos. A fiscalização é atividade indispensável à efetividade da tributação, sendo que a ela estão sujeitas todas as pessoas. Já como resultado da fiscalização, poder-se-á ter o lançamento de créditos tributários e a aplicação de multas. Contra a fiscalização regularmente realizada, em conformidade com as leis e atos normativos, ninguém pode se colocar, tendo inclusive o dever de facilitá-la; contra eventuais lançamentos e aplicação de multas, diversamente, os sujeitos passivos têm abertas inúmeras vias, nas esferas administrativa e judicial, para deduzir eventual inconformismo.

A fiscalização consiste em um poder-dever conferido às autoridades tributantes de executar atos de verificação do cumprimento de obrigações tributárias.

Figura 3.1 Administração Tributária

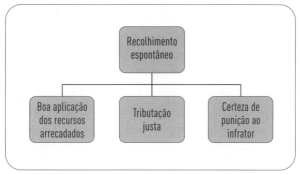

Fonte: elaborada pelo autor.

3.1 Fiscalização

Todas as pessoas, naturais ou jurídicas, contribuintes ou não, inclusive as que gozam de imunidade tributária ou de isenção de caráter pessoal, estão sujeitas à prestação de contas e à fiscalização por parte da administração tributária (art. 194 do Código Tributário Nacional — CTN). A atividade fiscalizatória, segundo expressa regra legal, atinge toda e qualquer pessoa, seja ela natural, jurídica, contribuinte, não contribuinte, isenta ou imune.

A fiscalização tributária pode lançar mão do auxílio da força pública (federal, estadual ou municipal) quando vítima de embaraço, desacato ou quando necessária para efetivar medida prevista na legislação tributária.

A autoridade administrativa que proceder ou presidir quaisquer diligências de fiscalização lavrará os termos necessários para que se documente o início do procedimento, na forma da legislação aplicável, com prazo máximo fixado para a conclusão. Os termos em questão serão lavrados, sempre que possível, em um dos livros fiscais; quando lavrados em separado, deles se entregará, à pessoa sujeita à fiscalização, cópia autenticada pela autoridade.

Nenhum dispositivo de lei pode excluir ou limitar a fiscalização tributária (art. 195, CTN). Qualquer pessoa, natural ou jurídica, ainda que não seja contribuinte, pode ser fiscalizada. Fixa-se o princípio de que a imunidade, a não incidência ou a isenção referem-se à incidência do tributo ou ao seu pagamento, e não à possibilidade de ser fiscalizado. Aliás, existem muitos casos de imunidade e isenção, por exemplo, que estão submetidos ao cumprimento de requisitos e condições. Sendo assim, compete à autoridade a fiscalização a respeito de seu fiel cumprimento. É obrigação inequívoca de qualquer pessoa jurídica dar à fiscalização tributária amplo acesso aos seus registros contábeis, bem como às mercadorias e aos documentos respectivos. De fato, a obrigação do contribuinte de exibir os livros fiscais abrange também a obrigação de apresentar todos os documentos que lhes dão sustentação. Entendimento diverso colocaria no vazio a norma, retirando-lhe toda a utilidade e contrariando os princípios de hermenêutica. Quanto a esse tema, quaisquer limitações impostas pela lei não têm validade — aplica-se o art. 1.193 do Código Civil. Ou seja, o sigilo dos negócios ou da situação financeira do empresário cede em prol do interesse público da eficaz fiscalização tributária. A exibição de livro ou documento também está prevista nos arts. 381 e 382 do Código de Processo Civil (CPC). Contudo, o Fisco não se submete àqueles procedimentos de que trata o artigo, uma vez que poderá exigir tal exibição administrativamente, sem necessidade de qualquer intervenção judicial. Havendo negativa ou mera obstaculização, por parte da pessoa sujeita à fiscalização, à exibição dos livros e documentos, pode o Fisco buscar, em juízo, acesso a eles. E tal acesso não está subordinado à existência e comprovação de alguma suspeita de irregularidade. A verificação da documentação pode ser feita até mesmo para simples conferência de valores pagos pelo contribuinte relativamente a tributos sujeitos a lançamentos por homologação. Havendo recusa por parte do contribuinte à exibição de seus livros e papéis à autoridade fiscal, será possível ensejar o lançamento por arbitramento (art. 148, CTN), sem prejuízo de incorrer em crime contra a ordem tributária (art. 1°, I, Lei n. 8.137/1990), bem como, quando for o caso, na pena do art. 330 do Código Penal. A Súmula 439 do STF também assim determina.

Os inventariantes são obrigados, mediante intimação escrita, a prestar à autoridade administrativa as informações de que disponham com relação aos bens do espólio.

É importante destacar que por legislação tributária deve-se compreender, conforme os arts. 96 a 100 do CTN, não apenas a lei em sentido estrito, mas também os tratados, as convenções internacionais, os decretos e as normas complementares.

Dessa forma, pode-se concluir que as normas que não decorram de lei não poderão impor obrigações principais, podendo tratar de simples obrigações acessórias, em face do que preconiza o dispositivo constitucional de que ninguém é obrigado a fazer ou deixar de fazer alguma coisa a não ser em virtude de lei.

3.1.1 O Regime Especial de Fiscalização (REF)

A Receita Federal do Brasil (RFB), por meio da IN n. 979/2009, regulamentou o Regime Especial de Fiscalização (REF), instituído originariamente pela Lei n. 9.430/1996.

O REF tem como missão principal aparelhar o Fisco de instrumentos de fiscalização mais eficientes sobre as atividades econômicas dos contribuintes, com o intuito de impedir a inadimplência e a sonegação fiscal.

A ideia, portanto, é permitir um regime mais rígido e ostensivo de fiscalização em situações objetivamente identificadas, adotando meios proporcionais (e que não afetem a própria atividade do contribuinte) de verificar e quantificar o volume de tributos ali devidos. Essas situações especiais se mostram presentes em virtude das próprias peculiaridades de certos setores produtivos, mais difíceis de fiscalizar, e também em decorrência de atos praticados por parte dos contribuintes, focados em inadimplir ou sonegar tributos como instrumento de estratégia mercadológica.

Nesse cenário, nenhuma censura poderia ser imputada à instituição do regime. Práticas de sonegação e de inadimplência contumaz, além de serem altamente danosas ao erário, podem provocar distúrbios concorrenciais graves, gerando ineficiência econômica e, em última análise, prejuízo ao mercado e aos consumidores, sob o risco de sofrerem reprimendas.

A preservação da livre concorrência, no entanto, não pode servir de baluarte ou justificativa para que os direitos fundamentais dos contribuintes sejam amesquinhados. Toda e qualquer fiscalização, ainda que especial, tem de se ater a um único objetivo: identificar a existência de atividades que geram a necessidade de pagamento de tributos, segundo a Constituição Federal. Fiscalizar consiste em identificar, respeitados os direitos individuais e nos termos da lei, o patrimônio, os rendimentos e as atividades econômicas do contribuinte.

A proposta central é, portanto, a de identificação da atividade econômica. Isso difere muito de uma autorização para que se empreendam atos, ainda que indiretos, de coação para pagamento da dívida que, por vezes, pode estar sendo objeto de discussão, seja na esfera administrativa, seja na judicial.

Esses pressupostos, no entanto, parecem não ter sido atendidos pela instituição do REF. Dentre os muitos dispositivos da Lei n. 9.430/1996, podem ser enunciados dois que denunciam a real intenção da decretação do referido regime: impor ao contribuinte, mediante uma fiscalização mais rígida e penosa, o pagamento de tributos considerados devidos pelo Fisco. Por isso, a lei prescreve que a RFB pode determinar regime especial para cumprimento de obrigações, seguindo para indicar que as medidas especiais de fiscalização poderão ser aplicadas isolada ou cumulativamente, por tempo suficiente à normalização do cumprimento das obrigações tributárias.

Não há que se falar em cumprimento de obrigações, sob pena de ser veladamente instituída uma força coercitiva para o pagamento de tributos, prática nomeada de sanção política e vedada pela Constituição Federal, segundo a reiterada interpretação do STF. O regime tem de servir exclusivamente para identificar a existência de débitos. Feito isso, terá cumprido seu papel.

Práticas de sonegação ou inadimplência podem gerar distúrbios concorrenciais e devem ser eficazmente enfrentadas. Identificada a existência de crédito tributário em favor do Fisco, caberá ao Estado, tão somente, adotar as medidas previstas constitucionalmente pelo Direito positivo, inscrevendo o débito em Dívida Ativa, negando a expedição de certidões de regularidade fiscal e executando o débito. Em vez de buscar meios coercitivos indiretos, a Administração Tributária deveria concentrar seus esforços na formulação de instrumentos que tornassem mais eficazes a constituição definitiva do crédito tributário e sua execução judicial.

Com isso, os direitos fundamentais dos contribuintes seriam respeitados. Os concorrentes que cumprem suas obrigações veriam os inadimplentes e sonegadores pagarem as dívidas que lhe são devidamente imputadas por meio de uma execução eficiente.

3.2 Auto de infração

O auto de infração e imposição de multa (AIIM), como o próprio nome diz, é o documento formal no qual a Administração Pública aponta o ilícito praticado pelo sujeito passivo da obrigação tributária, impondo-lhe a respectiva penalidade.

O referido documento deve ser lavrado por servidor competente, no local da verificação da infração, e conterá, obrigatoriamente: a qualificação do autuado; o local, a data e a hora da lavratura; a descrição do fato; a disposição legal infringida e a penalidade aplicável; a determinação da exigência e a intimação para cumpri-la ou impugná-la no prazo de 30 (trinta) dias; a assinatura do autuante, além da indicação de seu cargo ou função e o número de matrícula.

O auto de infração equivale ao lançamento? Tal como o lançamento, ele constitui o crédito tributário? Não, o auto de infração apenas constitui a sanção tributária, consoante Machado: "Temos um fato delituoso, caracterizado pelo descumprimento de um dever estabelecido no consequente de norma tributária".[1] No lançamento, temos "um fato lícito, em que não encontraremos violação de qualquer preceito, simplesmente uma alteração no mundo social a que o direito atribui valoração positiva".[2]

No auto de infração, nos deparamos com dois atos: um de lançamento, exigindo o tributo devido; outro de aplicação de penalidade, pela circunstância de o sujeito passivo não ter recolhido, em tempo hábil, a quantia pretendida pela Fazenda. Dá-se a conjunção em um único instrumento material, sugerindo até possibilidades híbridas. Mera aparência. Não deixam de ser duas normas jurídicas distintas postas por expedientes que, por motivos de comodidade administrativa, estão reunidos no mesmo suporte físico. Pela frequência com que ocorrem essas conjunções, falam, alguns, em "auto de infração" no sentido largo (dois atos no mesmo instrumento) e "auto de infração" *stricto sensu*, para denotar a peça portadora de norma individual e concreta de aplicação de penalidade a quem cometeu ilícito tributário. O auto de infração é um ato administrativo porque corresponde a uma manifestação objetiva da vontade do Estado enquanto parte diretamente interessada em uma relação jurídica.

Quadro 3.1 Comparação entre atos administrativos de lançamento e auto de infração

Ato administrativo	Lançamento	Auto de infração
Agente	Agente fiscal	Agente fiscal
Objeto	Formalizar o crédito tributário	Formalizar a sanção tributária
Forma	Auto de lançamento	Auto de infração
Motivo	Ter ocorrido o fato imponível (ato lícito)	Ter ocorrido o descumprimento do dever jurídico-tributário (ato ilícito)

Fonte: elaborado pelo autor.

Assim, jungidos lançamento e auto de infração, teremos:
- apuração do valor do tributo (lançamento);
- apuração do valor da multa (auto de infração propriamente dito);
- ciência ao contribuinte de que deve pagar o tributo, em determinado prazo (notificação do lançamento);
- ciência ao contribuinte de que deve pagar a multa, em determinado prazo (notificação do auto de infração).

---

1 MACHADO, H. de B. *Curso de direito tributário*. 37. ed. São Paulo: Malheiros, 2016.
2 MACHADO, 2016.

Os dispositivos legais que trazem os requisitos, os quais devem conter os autos de infração, são:
- para tributos federais — art. 10 do Decreto n. 70.235/1972;
- para tributos estaduais — legislação estadual.

3.2.1 Fiscalização no âmbito da Administração Fazendária

O termo "fiscalização", no sentido empregado pelo art. 196 do CTN, refere-se às formalidades a serem observadas pela autoridade administrativa na abertura do procedimento de investigação, no exercício do poder de Polícia Fiscal. Contudo, em sentido amplo, a Administração Tributária pratica a fiscalização constante das informações prestadas pelos contribuintes. Desde o momento em que o administrado requer algum expediente, tal como inscrição, alteração no cadastro, certidão negativa, emissão de nota fiscal avulsa ou outros serviços, é dever da repartição de Fazenda verificar se o particular está em dia com as obrigações tributárias. Portanto, as ações no âmbito interno, que tenham por objetivo o controle do cumprimento das obrigações, podem ser efetuadas tanto por fiscais como por técnicos fazendários — estes últimos nos limites de sua competência legal, já que não são investidos do poder de Polícia Fiscal.

A fiscalização cadastral é estruturada pelos controles exercidos, internamente, pela Administração Tributária. Identificam-se três subtipos de fiscalização cadastral:
1. Atividades de mera constatação.
2. Comprovações formais.
3. Verificação de omissões de recolhimentos.

3.2.2 Atividades de mera constatação

As atividades de mera constatação consistem em simples verificação do cumprimento, pelos sujeitos passivos, dos deveres de polícia de apresentar declarações, ou seja, dos deveres instrumentais de municiar o Fisco de informações. Tendo em vista o regime de recolhimento, o código de atividade econômica ou as peculiaridades do tributo, a lei poderá instituir declarações ou demonstrativos diferenciados. De fato, é por meio das declarações prestadas pelos contribuintes que a Administração Fazendária, em um primeiro momento, constata se o administrado cumpriu ou não com os seus deveres acessórios, e se entregou, na forma e no prazo estipulados, os demonstrativos exigidos pelo Fisco. Nessa primeira fase, portanto, é que são apontados os contribuintes omissos quanto à entrega de declarações.

3.2.3 Comprovações formais

Cumprida a primeira obrigação do contribuinte, qual seja a de prestar as informações exigidas, a declaração ingressa na fase de comprovações formais. Nesse momento é que serão verificadas possíveis incorreções, erros materiais ou aritméticos no documento. Utilizando-se do aparato tecnológico por meio de programas e de sistemas de informática, a Administração Tributária confere a consistência dos valores declarados e a sua coerência com os campos apropriados. Atualmente, com a transmissão de dados via internet, os sistemas eletrônicos só recepcionam a declaração consistente (a inconsistente é rejeitada).

Recepcionada, a declaração ingressa na fase das comprovações formais. No âmbito da Receita Federal, é o momento em que é feita a revisão de declarações, também conhecida como "malha fiscal ou malha fina", procedimento de revisão sistemática das declarações apresentadas pelos contribuintes, realizado internamente pelas repartições da Receita Federal do Brasil (RFB). Na revisão de declarações, quando necessário, o auditor fiscal da Receita Federal intima o contribuinte a apresentar, na RFB, documentos e informações. Eventualmente, com a finalidade de verificar a consistência das informações declaradas, o auditor fiscal da Receita Federal pode realizar diligências junto a terceiros que tenham relação com os fatos a serem examinados. A revisão de declarações diferencia-se da ação fiscal externa pelo seu escopo, delimitado a informações constantes da declaração que está sendo revista, e pela profundidade das análises que o auditor fiscal deve realizar para a conclusão do trabalho.

3.2.4 Verificação de omissões de recolhimentos

Por fim, chega-se à fase da verificação de omissões de recolhimento de tributos. Nesse momento, a Administração confronta os valores a recolher, declarados pelo contribuinte, com o efetivo recolhimento do imposto.

No caminho interno percorrido pela declaração, não há que se falar em observância das formalidades exigidas para abertura do procedimento fiscal investigatório. Não há prazos para diligências e o objeto é a própria declaração; tampouco existe a obrigatoriedade da lavratura de termos, já que a Administração Tributária, nesse momento, limita-se a trabalhar os dados remetidos pelos contribuintes por meio de declarações previamente instituídas. Portanto, o contato com o administrado, na fase de controle interno, pode se dar por meio de comunicados ou avisos — até mesmo por telefone os agentes podem exigir do contribuinte a entrega da declaração ou o pagamento do imposto omisso, bem como a complementação e o acerto de informações cadastrais. Afinal, é obrigação da Administração Tributária controlar, acompanhar e monitorar as informações prestadas pelos contribuintes, de forma impessoal, massiva e contínua, objetivando aumentar o nível de cumprimento voluntário das obrigações.

Ressalte-se que a lei complementar não definiu quem seria a "autoridade administrativa" competente (arts. 142 e 196, CTN) para a emissão dos respectivos atos. Nem poderia, já que compete ao ente tributante organizar a forma como os seus tributos serão arrecadados, fiscalizados e lançados.

De volta ao controle dos omissos de recolhimento, se o contribuinte insiste em descumprir suas obrigações, principalmente após a entrega da declaração, negando-se a recolher o tributo devido, a via adotada pela Administração não será outra senão o lançamento *ex officio*.

Exemplo: determinado contribuinte foi submetido à fiscalização por auditores fiscais federais que lavraram auto de infração, por falta de pagamento do Imposto de Renda, no montante de R$ 20.000,00, aplicando-lhe, ainda, a multa de 75% do valor do tributo devido. Nesse caso específico, a modalidade de lançamento utilizada foi de ofício (art. 149, V, CTN, e art. 44, I, Lei n. 9.430/1996).

3.2.5 Medidas preparatórias da ação fiscalizadora

As medidas preparatórias (parágrafo único do art. 173 do CTN), implementadas nos tributos para os quais existe a necessidade de prévia notificação ao sujeito passivo, antecipam o termo inicial de contagem do prazo decadencial (*caput* do art. 173) para a data em que ocorrer a mencionada notificação. O Termo de Início de Ação Fiscal (Tiaf), o Termo de Ocorrência (TO) e o Termo de Apreensão e Depósito (TAD) podem ser medidas consideradas preparatórias do lançamento, no âmbito da legislação do Imposto sobre Operações relativas à Circulação de Mercadorias e sobre prestações de Serviços de Transporte Interestadual, Intermunicipal e de Comunicação (ICMS).

Não se deve confundir termo inicial de contagem com termo final de contagem. O Tiaf, o TO e o TAD, como medidas preparatórias, são, desde que lavrados e notificados antes do primeiro dia do exercício subsequente ao da ocorrência do fato gerador, e desde que tenha ocorrido dolo, fraude ou simulação no que se refere a ICMS, marcos iniciais para contagem do prazo decadencial, não marcos finais. Quando o Tiaf for lavrado após o marco inicial do art. 173, prevalecerá a regra geral, ou seja, extingue-se o direito da Fazenda Pública, após cinco anos, contados a partir do primeiro dia do exercício subsequente.

A emissão do Tiaf, antes de decorrido o prazo previsto no art. 173 do CTN, não é fato suficiente para impedir/interromper a decadência do direito de lançar. Se assim fosse, o Fisco poderia manobrar o prazo decadencial, esticando-o de acordo com seu interesse em detrimento do contribuinte. O Termo de Início de Ação Fiscal é instrumento capaz de excluir a possibilidade de denúncia espontânea da infração, mas não contém nenhum dos elementos elencados no art. 142 do CTN. O legislador estadual estabeleceu o auto de infração como forma oficial do lançamento, atividade privativa da autoridade fiscal.

O Tiaf e o Termo de Apreensão de Mercadorias e Ocorrência (substituído pelo TAD), observando-se o período em vigor, são formalidades exigidas no procedimento de fiscalização do ICMS nos Estados, e não medidas indispensáveis ao lançamento. Contudo, para determinados efeitos, seja para antecipar a contagem do prazo decadencial, seja para impedir a possibilidade da denúncia espontânea, os referidos termos preparam o caminho para o lançamento, no curso da investigação fiscal.

A lavratura do termo de início de fiscalização pela autoridade administrativa, na forma da legislação aplicável, fixará prazo máximo para a conclusão (art. 196, CTN).

Os termos devem ser lavrados, sempre que possível, em um dos livros fiscais. Se, contudo, lavrados em separado, deles se entregará, à pessoa sujeita à fiscalização, cópia autenticada pela autoridade administrativa (art. 196, parágrafo único, CTN).

A formalização do início de uma atividade fiscalizadora tem relevância em vários aspectos, como:

- prestar-se a um controle sobre o próprio agente fiscal a respeito de sua eficiência e probidade;
- afastar a espontaneidade do fiscalizado quanto à matéria objeto da fiscalização (art. 138, CTN);
- dar início ao prazo decadencial, caso este ainda não tenha se iniciado (art. 173, parágrafo único, CTN).

O CTN confere amplos poderes aos agentes do Fisco para requisitar por autoridade própria, isto é, sem necessidade de autorização judicial, informações escritas a serem fornecidas por uma série de instituições e/ou profissionais (art. 197, CTN).

Certas pessoas, em função de suas atividades, dispõem de informações a respeito dos negócios ou bens das pessoas fiscalizadas. É o caso, por exemplo, de tabeliães de registro de imóveis e administradores de bens, entre outros. Tais informações, muitas vezes, são importantes para a atividade fiscalizadora e de exigência dos créditos tributários.

Partindo desse princípio, o art. 197 do CTN determinou que a autoridade fiscal poderá requisitar a essas pessoas e a outras apontadas em lei informações a respeito do fiscalizado, desde que o faça por escrito. Com efeito, deve-se ressaltar que existe um princípio de que a sociedade deve colaborar com a atividade fiscalizadora. Trata-se de alta expressão da prevalência do interesse público sobre o particular.

3.3 Direito ao silêncio na área tributária

O agente fiscal no exercício de sua função possui a prerrogativa de analisar e requerer ao contribuinte os documentos e esclarecimentos que entender necessários para a auditoria que está realizando, no intuito de verificar a ocorrência ou não de irregularidades fiscais e lavratura de eventual auto de infração.

Porém, não se pode perder de vista que a obrigatoriedade de prestar informações se limita à apresentação de livros fiscais e documentos previstos em normas legais, não estando o contribuinte obrigado a fornecer outros documentos ou prestar informações que possam prejudicá-lo.

Diz-se isso porque têm se verificado inúmeros pedidos de esclarecimentos que são verdadeiras tentativas de fazer o contribuinte produzir provas que certamente seriam usadas contra ele mesmo, em clara tentativa de autoincriminação, inclusive com aplicação de penalidade em caso de não atendimento a tais exigências.

Nesse ponto, não é demais afirmar que, uma vez que o descumprimento de uma obrigação tributária traz consigo a possibilidade de desencadear consequências também na esfera penal, onde a liberdade é o bem tutelado, é indispensável que sejam garantidos na relação jurídico-tributária todos os direitos e garantias fundamentais assegurados aos acusados no âmbito criminal, e dentre eles está o direito ao silêncio.

Além da Constituição Federal, também o Código de Processo Penal, em seu art. 186, e o CPC, em seu art. 347, afirmam ser o silêncio um direito da parte, e que tal atitude não pode ser interpretada de forma prejudicial.

Tal direito é garantia fundamental a qualquer acusado e perante qualquer um dos três poderes, conforme assegurado, inclusive, por jurisprudência no STF,[3] que entende que o privilégio contra a autoincriminação, traduzido pelo direito ao silêncio, é direito público subjetivo assegurado a todos, não podendo qualquer órgão estatal punir o cidadão que decidir por exercer tal direito.

Dessa maneira, não pode a autoridade administrativa aplicar qualquer sanção ao acusado por não ter prestado as informações que lhe foram requeridas e que tinham por finalidade incriminá-lo, uma vez que tal ato decorre de um direito do contribuinte de não ser obrigado a produzir provas contra ele mesmo.

É possível afirmar também que os pedidos de esclarecimento que extrapolam a legalidade, exigindo informações e documentos que não aqueles determinados por lei, são claras tentativas de inverter o ônus da prova, ou seja, exige-se que o contribuinte apresente documentos e informações que têm o condão de incriminá-lo e que certamente servirão de fundamento de futura autuação.

A inversão do ônus da prova no processo administrativo fiscal é ilegítima e repudiada pela mais autorizada doutrina, uma vez que no processo administrativo fiscal cabe ao Fisco, enquanto autor da demanda, a apuração e a exigência do crédito tributário, cabendo a ele, portanto, o ônus de provar a ocorrência do fato gerador.

Essa assertiva está respaldada inclusive no disposto do art. 142 do CTN, o qual estabelece que cabe exclusivamente à autoridade administrativa constituir o crédito tributário por meio da verificação da ocorrência do fato gerador da obrigação, determinando a matéria tributável com a correta identificação do sujeito passivo, do montante do tributo devido e da penalidade a ser aplicada, ou seja, não pode existir lançamento sem que o Fisco demonstre de forma cabal a existência do crédito tributário e a ocorrência do ilícito, sendo seu o ônus *probanti*.

3.4 Guarda de documentos comerciais e fiscais

Os documentos fiscais e comerciais devem ser guardados até o prazo final da prescrição e não simplesmente pelo prazo de cinco anos (art. 195, parágrafo único, CTN).

Os livros obrigatórios, seja por força da lei empresarial, seja por força da lei tributária, devem ser mantidos até que ocorra a prescrição dos créditos tributários decorrentes das operações a que se refiram. O Código Tributário não menciona um prazo fixo de manutenção. O contribuinte deve mantê-los em boa ordem e guarda até o dia em que a Fazenda Pública já tiver perdido todos os direitos que se relacionem à exigência do crédito.

---

3   STF Pleno — HC n. 79.812-8/SP — Rel. Min. Celso de Mello, *Diário da Justiça*, Seção 1, 16 fev. 2001, p. 91.

Entre o fato gerador (ou a data da escrituração da operação no livro correspondente) e a data de lançamento (ato da Administração Tributária) pode decorrer um período de aproximadamente cinco anos (prazo decadencial). A partir do lançamento, a Fazenda Pública tem cinco anos para ajuizar a ação de execução (prazo prescricional). Além disso, o prazo prescricional pode ser interrompido. Portanto, desde a data da escrituração até ocorrer a total prescrição dos créditos, pode decorrer período maior que cinco anos.

3.5 Sigilo comercial

Não prevalecem contra a fiscalização as regras excludentes ou limitativas do direito de examinar mercadorias, livros ou documentos comerciais (sigilo comercial — art. 195, CTN).

A partir da LC n. 105/2001, passou-se a admitir que as autoridades administrativas e os agentes tributários quebrem o sigilo bancário com base em procedimento administrativo fiscal (art. 6°).

3.5.1 Dever de informar e sigilo profissional

Certas atividades ou profissões, ao serem reguladas em lei, são afetadas por normas que proíbem a divulgação de informações obtidas de terceiros, em prestígio à sua intimidade. Nesses casos, a disposição, prevista na lei específica que cuida da atividade ou profissão, afasta a aplicação do preceito do art. 197 do CTN.

O dever de prestar informações à autoridade administrativa, desde que haja intimação escrita, também pode ser exigido de terceiros previstos em lei, os quais são obrigados a fornecê-las com relação a bens, negócios ou atividades da pessoa indicada (art. 197, CTN).

Existe o dever de tabeliães, escrivães, serventuários de ofício e outras pessoas ou entidades, conforme previsão legal, de informar o Fisco acerca de bens, negócios e atividades de terceiros. Esse dever de informar encontra limite no sigilo profissional (guarda de segredo em razão do ofício ou função), conforme art. 197 do CTN.

Está dispensada de prestar informações ao Fisco a pessoa que esteja legalmente obrigada a guardar segredo em razão de cargo, ofício, função, ministério, atividade ou profissão quanto às informações ligadas à atuação profissional (art. 197, parágrafo único, CTN).

O dever de informar o Fisco foi consideravelmente ampliado com a edição da LC n. 105/2001. Esse diploma legal estabelece expressamente a possibilidade de a Fazenda Pública obter informações bancárias ou financeiras do contribuinte quando houver processo administrativo instaurado ou procedimento fiscal em curso, e tais exames forem considerados indispensáveis pela autoridade administrativa competente (art. 6°, LC n. 105/2001). Assim, foi afastada a necessidade de intermediação judicial.

Persiste, pelo visto até a manifestação definitiva do Supremo Tribunal Federal (STF), uma significativa discussão acerca da constitucionalidade da LC n. 105/2001. Nesse sentido, vários juristas argumentam, sem razão, que o diploma legal em tela viola os direitos de intimidade e da vida privada dos contribuintes.

3.6 Sigilo fiscal

As autoridades fiscais são aparelhadas com uma série de prerrogativas que permitem a obtenção de informações úteis à prática do lançamento e da exigência do crédito. Essas informações, em prestígio à segurança e privacidade dos fiscalizados, não podem ser livremente divulgadas. É o que se costuma chamar de sigilo fiscal (art. 198, CTN). É natural que, assim como cabe ao Fisco a capacidade de investigar o sujeito passivo, igualmente lhe compete a obrigação de manter sigilo sobre as informações obtidas durante os processos de fiscalização, sob pena de imposição de sanções administrativas, sem prejuízo daquelas previstas em legislação criminal.

Quando a lei estabelece a obrigatoriedade de sigilo em razão da profissão, como acontece com os advogados e contadores, esse sigilo pode (e deve) ser oposto ao Fisco, ou seja, esses profissionais não prestarão informações (estão legalmente impedidos de fazê-lo) sobre atividades de seus clientes as quais tenham tomado conhecimento em razão do exercício de sua profissão.

Na medida em que o Fisco tem o direito de manusear informações dos particulares, está obrigado, pelo sigilo fiscal, a não divulgar tais informações, segundo o art. 198 do CTN. A prestação de informações à Justiça e os convênios de cooperação tributária entre os entes estatais não afetam o sigilo fiscal.

Não é vedada a divulgação de certas informações (art. 198, § 3°, CTN):
- relativas a inscrições na Dívida Ativa da Fazenda Pública;
- representações fiscais para fins penais;
- parcelamento ou moratória.

Ademais, foram consignados expressamente casos de transferência do sigilo fiscal necessários para o exercício de atividades de inegável interesse público. São elas:
- requisição de autoridade judiciária no interesse da Justiça;
- solicitações de autoridade administrativa no interesse da Administração Pública, desde que seja comprovada a instauração regular de processo administrativo no órgão ou na entidade respectiva, com o objetivo de investigar o sujeito passivo a que se refere a informação, por prática de infração administrativa.

O intercâmbio de informação sigilosa, no âmbito da Administração Pública, será realizado mediante processo regularmente instaurado, e a entrega será feita pessoalmente à autoridade solicitante por meio de recibo que formalize a transferência e assegure a preservação do sigilo (art. 198, § 2°, CTN).

Agentes do Fisco de todas as instâncias da Federação estão autorizados a requisitar auxílio policial de qualquer esfera, mesmo que o sujeito passivo esteja praticando algum ato que não seja crime ou contravenção, mas apenas dificulte o trabalho dos agentes fiscais (art. 200, CTN).

O STF editou a Súmula 70, a Súmula 323 e a Súmula 547, nas quais considera inconstitucional o uso de meios coercitivos indiretos — sanções políticas para a cobrança de tributo pela Administração Tributária.

3.7 Convênios de cooperação

A Fazenda Pública da União e a dos Estados, do Distrito Federal e dos municípios prestar-se-ão mutuamente assistência para a fiscalização dos tributos respectivos e permuta de informações, na forma estabelecida, em caráter geral ou específico, por lei ou convênio. A Fazenda Pública da União, na forma estabelecida em tratados, acordos ou convênios, poderá permutar informações com Estados estrangeiros no interesse da arrecadação e da fiscalização de tributos (art. 199, CTN).

Segundo a jurisprudência do STF, as Comissões Parlamentares de Inquérito (CPIs) podem requisitar informações protegidas por sigilo fiscal, sem necessidade de autorização judicial, desde que a requisição seja fundamentada e aprovada por maioria absoluta dos seus membros.

O CTN não se refere expressamente ao fornecimento de dados fiscais sigilosos ao Ministério Público.

3.8 Inscrição e Dívida Ativa

De acordo com o art. 201 do CTN, constitui Dívida Ativa tributária aquela proveniente de crédito dessa natureza, regularmente inscrita na repartição administrativa competente, depois de esgotado o prazo fixado para pagamento pela lei ou por decisão final proferida em processo regular.

A inscrição de um crédito na Dívida Ativa é o último procedimento administrativo na sequência que se inicia com a ocorrência do fato gerador de um tributo e termina com a execução judicial do crédito a ele correspondente.

O crédito tributário não pago, na forma prevista na legislação própria e não sujeito a nenhuma das causas de suspensão da exigibilidade, é encaminhado para inscrição na chamada Dívida Ativa pela repartição administrativa competente, segundo o art. 202 do CTN. O ato de inscrição constitui-se em um controle administrativo da legalidade do crédito tributário e suspende a prescrição, para todos os efeitos de direito, por 180 dias ou até a distribuição da execução fiscal, se esta ocorrer antes de findo aquele prazo.

A expressão "Dívida Ativa" denuncia a existência de um registro ou cadastro específico em que constam todos os créditos não honrados pelos devedores. Esse registro pode e deve, pela magnitude das informações envolvidas e pela necessidade de precisão no seu manuseio, utilizar recursos informatizados para armazenamento dos dados e seu processamento.

No tocante aos créditos tributários federais, os órgãos da SRFB encaminham aos órgãos da Procuradoria Geral da Fazenda Nacional (PGFN) os créditos não pagos para fins de inscrição. Nos órgãos locais da PGFN, o ato de inscrição é realizado pelo procurador da Fazenda Nacional.

A dívida regularmente inscrita goza de presunção relativa (*juris tantum*) de certeza e liquidez e tem o efeito de prova pré-constituída. Cabe ao sujeito passivo ilidir a presunção com a apresentação de prova inequívoca (art. 204, CTN). A atualização monetária e a fluência de juros de mora não excluem a liquidez do crédito. A presunção referida pode ser afastada, no processo autônomo de embargos à execução, por prova inequívoca a cargo de quem a aproveite.

Da inscrição lavra-se o competente termo. Expede-se também, com os mesmos elementos do termo, certidão que instruirá a ação judicial de execução fiscal do crédito em questão. Essa certidão pode ser substituída, por omissões ou erros, até a decisão de primeira instância, devolvido o prazo de defesa acerca da parte modificada.

Segundo regras legais expressas no CTN e na Lei de Execução Fiscal, para cada crédito inscrito em Dívida Ativa deve ser lavrado termo próprio com as seguintes informações:

- nome do devedor, dos corresponsáveis e, sempre que conhecido, o domicílio ou residência de um e de outros;
- valor originário da dívida, bem como o termo inicial e a forma de calcular os juros de mora e demais encargos previstos em lei;
- origem, natureza e fundamento legal da dívida;
- indicação caso a dívida esteja sujeita à atualização monetária, bem como o respectivo fundamento legal e o termo inicial para o cálculo;
- data e número da inscrição no Registro da Dívida Ativa;
- número do processo administrativo ou do auto de infração, se neles estiver apurado o valor da dívida.

Os requisitos são orientados pela finalidade de identificar o crédito e o seu devedor. São informações que justamente possibilitam a exigência da dívida, de forma legítima.

A certidão que será extraída significa, substancialmente, reprodução dos dados da inscrição. Portanto, regula o CTN que a Certidão da Dívida Ativa (CDA) deverá respeitar os mesmos requisitos da inscrição, adicionados da referência à folha e ao livro de onde foi extraída.

A inscrição que se mostra omissa ou errada quanto a algum dos requisitos não pode prosperar validamente. É de se entender que, se viciada a inscrição, viciada será também a certidão extraída, bem como a ação de cobrança ajuizada com base nela (art. 203, CTN).

Verificando-se o vício da inscrição — que pode ser suscitado pelo contribuinte —, invalida-se o processo de execução. O CTN, entretanto, permite que seja corrigida a inscrição, ou realizada uma nova, dependendo do caso, e que a certidão extraída dessa nova inscrição substitua a certidão nula, contanto que essa substituição seja feita antes de proferida a decisão de primeira instância no processo executivo (art. 203, CTN). Restará à Fazenda Pública proceder a uma nova inscrição para extrair nova certidão e ajuizar novo processo de execução fiscal.

3.8.1 Análise do art. 203 do CTN

Após a extração da CDA, o procurador, valendo-se desta, protocolizará a Ação de Execução Fiscal, cuja petição inicial é o próprio título, haja vista inexistir acertamento de relação creditícia na lide.

O juiz, recebendo a ação, mandará citar o executado para:

- pagar o tributo; ou
- querendo embargar, garantir o juízo (modalidades de garantia — art. 9º, LEF).

O prazo único para ambos é de cinco dias. Após a garantia do juízo, inicia-se o prazo de 30 dias para a oposição dos embargos à Execução Fiscal (art. 16, LEF).

São três as situações possíveis, de acordo com a prática:

- **prazo não iniciado:** os 30 dias iniciarão normalmente;
- **prazo (já) em curso:** interrompe-se a contagem e os 30 dias se renovam;
- **prazo já transcorrido:** inicia-se o trintídio (30 dias).

3.8.2 Análise do art. 204 do CTN

O parágrafo único do art. 204 do CTN dispõe que a presunção de legitimidade da Dívida Ativa é relativa ou *juris tantum*, porque pode ser rebatida (ilidida) nos embargos/exceção de pré-executividade.

Cuidado! A presunção NÃO é absoluta ou *JURIS ET DE JURE*.

A *presunção* em epígrafe é de certeza: nota-se, à evidência, o *"an debeatur"* (se devido). Exemplo:

- João deve o IR.

    Liquidez: nota-se o *"quantum debeatur"*.
- João deve o IR no valor de R$ x,xx.

    A Dívida Ativa traduz-se em prova pré-constituída.

De fato, a cobrança judicial e a cobrança administrativa fundam-se em legalidade, o que oferta, por si só, a natureza de prova pré-constituída sem prejuízo das "provas em contrário" que venham a ser produzidas.

O art. 11 do Decreto-lei n. 1.893/1981 já considerava público o registro da Dívida Ativa da União, dele podendo ser extraídas as certidões negativas ou positivas, requeridas por qualquer pessoa, física ou jurídica, para defesa de direitos ou esclarecimentos de situações.

É de caráter público o cadastro da Dívida Ativa. Essa publicidade cria as condições necessárias para o afastamento das consequências negativas nas várias transações econômicas, da fraude à execução.

3.9 Certidão negativa

Certidão negativa é o documento que comprova a quitação de tributos. A lei pode exigir, para a prática de certos atos, que seja realizada a prova da quitação de determinados tributos ou de todos os tributos de certo contribuinte por meio de certidão negativa (art. 205, CTN). Esta será fornecida no prazo de 10 (dez) dias da data da entrada do requerimento na repartição fiscal.

A Lei n. 9.051/1995 fixa o prazo de 15 dias, contado a partir do registro do pedido no órgão expedidor, para emissão de certidões para a defesa de direitos e esclarecimentos de situações. Esse prazo não prevalece em relação ao prazo de 10 dias previsto no CTN, por ser norma especial a regra fixada nesse último diploma legal.

Essa prova de quitação tanto poderá se dar por exigência do Poder Público, em atos como participação em licitação e contratação, como também por ser de interesse do próprio contribuinte, de qualquer pessoa que queira realizar certos negócios com ele ou mesmo para simples verificação de sua situação ante o Fisco.

O art. 1° da Lei n. 7.711/1988 concentra as principais hipóteses de exigência de comprovação de quitação de tributos federais. São elas:

- transferência de domicílio para o exterior;
- habilitação e licitação promovida por órgão da Administração Federal direta, indireta ou fundacional ou por entidade controlada direta ou indiretamente pela União;
- registro ou arquivamento de contrato social, alteração contratual e distrato social perante o registro público competente, exceto quando praticado por microempresa, na forma da legislação;
- registro de contrato ou de outros documentos em Cartórios de Registro de Títulos e Documentos (para as operações acima de determinado valor);
- registro em Cartório de Registro de Imóveis (para as operações acima de determinado valor);
- operação de empréstimo e de financiamento junto a instituição financeira, exceto quando destinada a saldar dívidas para com as Fazendas Nacionais, Estaduais ou Municipais (acima de determinado valor).

Na Administração Tributária Federal poderão ser fornecidas certidões tanto pelos órgãos da SRFB como pelos órgãos da PGFN, respeitadas as áreas de competências. Entretanto, por força de lei, em todos os casos em que for exigida a apresentação de provas de quitação de tributos federais, incluir-se-á, obrigatoriamente, entre aquelas, a certidão negativa de inscrição de Dívida Ativa da União, fornecida pela PGFN.

3.10 Certidão positiva com efeito de negativa

Protocolado o requerimento, incumbe ao órgão fazendário expedir a certidão negativa. No entanto, pode ocorrer que haja créditos tributários contra o contribuinte requerente. Nessa hipótese, a certidão a ser emitida não merece a qualificação de negativa; expedir-se-á a certidão positiva. Assim sendo, de posse dessa certidão, o contribuinte, a princípio, não pode praticar o ato jurídico que o motivou a requerer a expedição.

No entanto, existem hipóteses em que, mesmo sendo devedor de crédito tributário, o contribuinte não se encontra em situação irregular.

Conforme art. 206 do CTN, tem os mesmos efeitos de certidão negativa aquela em que conste a existência de créditos:

- não vencidos;
- em curso de cobrança executiva em que tenha sido efetivada a penhora;
- cuja exigibilidade esteja suspensa, por quaisquer das causas elencadas no art. 151 do CTN.

3.11 Tipos de certidão

A rigor, são três as certidões possíveis que retratam a situação fiscal do contribuinte. Temos, em primeiro lugar, a certidão positiva, que demonstra a existência de créditos não pagos. Depois, temos a certidão negativa, que afirma a inexistência de pendências com o Fisco. Por fim, temos a certidão positiva com efeitos de negativa, que atesta a existência de créditos em aberto — no entanto, devido a circunstâncias expressamente previstas em lei, deve ser acatada como se negativa fosse.

Trata-se de situações em que o crédito tributário ainda não é exigível (porque o prazo para pagar ainda não está vencido), ou está com sua exigibilidade suspensa (porque ocorreu alguma das hipóteses previstas no art. 151 do CTN) ou, ainda, já está garantido pela penhora.

A certidão negativa faz prova de quitação de determinado tributo. Isso é especialmente importante para efeito de impedir a sub-rogação (responsabilidade) no caso do adquirente de imóveis, como previsto no art. 130 do CTN. Portanto, na aquisição de imóveis, quando constar do título a prova da quitação dos impostos cujo fato gerador seja a propriedade, o domínio útil ou a posse de bens imóveis, das taxas pela prestação de serviços referentes a tais bens ou das contribuições de melhoria, prova essa que pode ser feita por meio de certidões negativas, fica afastada a responsabilidade do adquirente relativamente a esses tributos.

3.11.1 Outras regras acerca de certidões

Independentemente de disposição legal permissiva (é o que diz o art. 207 do CTN), será dispensada a prova de quitação de tributos, ou o seu suprimento, quando se tratar de prática de ato indispensável para evitar a caducidade de direito, respondendo, porém, todos os participantes no ato pelos tributos porventura devidos, juros de mora e penalidades cabíveis, exceto as relativas a infrações cuja responsabilidade seja pessoal do infrator.

Para essas circunstâncias ou quaisquer outras semelhantes, o art. 207 do CTN estabeleceu a norma de que, independentemente de lei permissiva, fica o sujeito passivo autorizado à prática do ato sem a certidão, para suprimento posterior.

Na eventualidade de haver crédito tributário exigível, impõe o CTN que os partícipes do ato praticado respondam pelo tributo, juros e multas, exceto, em relação a estas, as decorrentes de infrações cuja responsabilidade seja pessoal do infrator. Ou seja, o contribuinte e as demais pessoas interessadas na prática do ato sem a certidão respondem junto ao Fisco pelo crédito.

3.11.2 Certidão falsa

A certidão negativa expedida com dolo ou fraude, que contenha erro contra o Fisco, responsabiliza pessoalmente o funcionário que a expedir, pelo crédito e por juros de mora. Cabe ainda responsabilidade criminal e administrativa (ou funcional), conforme art. 208 do CTN.

3.12 Cadastro Informativo de Créditos não Quitados do Setor Público Federal (Cadin)

Se a exigência de certidão negativa de débitos tributários já constituía um forte instrumento de pressão para que pessoas jurídicas (e físicas) pudessem contratar com a Administração Pública (direta e indireta), a criação do Cadastro Informativo de Créditos não Quitados do Setor Público Federal (Cadin) aumentou a pressão para o ingresso das receitas públicas pela quitação dos débitos tributários (e outros).

3.13 Contagem de prazos fixados no CTN ou na legislação tributária

Os prazos serão contínuos, sem interrupção pelos sábados, domingos ou feriados, e sujeitos à regra processual de que, na sua contagem, exclui-se o dia de início e inclui-se o de vencimento (art. 210, CTN). Esse dispositivo tem uma importância imensa por sua abrangência, aplicando-se a todos os prazos previstos no CTN e em toda a legislação tributária, assim entendidos as leis, os tratados e as convenções internacionais, os decretos e as normas complementares.

CONSIDERAÇÕES FINAIS

A Administração Tributária constitui-se em um conjunto de ações e atividades, integradas e complementares entre si, que visam garantir o cumprimento, pela sociedade, da legislação tributária e do comércio exterior, e que se materializam em uma presença fiscal ampla e atuante, quer seja no âmbito da facilitação do cumprimento das obrigações tributárias, quer seja na construção e manutenção de uma forte percepção de risco sobre os contribuintes faltosos. Essas ações e atividades se sustentam na normatização da legislação tributária e do comércio exterior, e em um conjunto integrado de sistemas de informação alimentado por informações cadastrais e econômico-fiscais fornecidas ao Fisco pelos próprios contribuintes ou por terceiros mediante a apresentação de diversas modalidades de declarações.

Nesse contexto, a missão da fiscalização de tributos é a de elevar a percepção de risco do contribuinte faltoso, aumentando, dessa maneira, o nível de cumprimento voluntário de suas obrigações tributárias e, por consequência, promovendo o incremento da arrecadação. Portanto, a fiscalização busca, sobretudo, resultados indiretos que se realizam com a elevação do patamar de cumprimento voluntário das obrigações tributárias. Por outro lado, a percepção de risco resulta de uma gama variada de fatores, que atuam de forma complementar, dando efetividade ao poder impositivo do Fisco. Assim, uma eficiente ação fiscalizadora se complementa e se torna efetiva com ações ágeis e tempestivas de cobrança administrativa ou judicial, com sistemas de informação de qualidade, com recursos humanos e tecnológicos de excelência, com um ágil tratamento do contencioso administrativo-fiscal etc.

CASO PRÁTICO 3.1

(OAB – FGV – XIX) A empresa Casa Nova atua no ramo de venda de eletrodomésticos e, como tal, encontra-se sujeita ao recolhimento do ICMS e ao dever de entregar arquivos magnéticos com as informações das vendas efetuadas em cada período de recolhimento. Em fiscalização realizada em 01/02/2009, o Fisco Estadual constatou a insuficiência do recolhimento do ICMS no período entre 01/01/2008 a 01/02/2009 e lavrou auto de infração exigindo o tributo não recolhido acrescido de multa no montante correspondente a 80% do tributo devido, na forma da legislação estadual. Ainda como consequência da fiscalização, foi lavrado outro auto de infração para aplicar a penalidade de R$ 1.000,00 por cada arquivo magnético não entregue no mesmo período. Ocorre que, no prazo para apresentação da impugnação administrativa, os sócios da empresa Casa Nova finalizaram as negociações anteriormente iniciadas com a sua concorrente Encasa e decidiram vender a empresa, que foi incorporada pela Encasa. Ao deparar com as autuações em questão, a Encasa aciona o seu corpo jurídico.

Com base nesse cenário, responda aos itens a seguir empregando os argumentos jurídicos apropriados e a fundamentação legal pertinente ao caso.

a) Existe a possibilidade de cancelar, total ou parcialmente, o auto de infração lavrado para cobrança do tributo devido e da sua respectiva penalidade?

b) Existe a possibilidade de cancelar, total ou parcialmente, o auto de infração lavrado para exigir a penalidade por falta de entrega dos arquivos magnéticos?

Para os efeitos da legislação tributária, não têm aplicação quaisquer disposições legais excludentes ou limitativas do direito de examinar mercadorias, livros, arquivos, documentos, papéis e efeitos comerciais ou fiscais, dos comerciantes industriais ou produtores, ou da obrigação destes de exibi-los, segundo a legislação fiscal.

CAPÍTULO 4 # O planejamento tributário e sua importância para a empresa

Objetivo

Neste capítulo, você aprenderá:

- a gestão e o planejamento de tributos para aprimorar as práticas de gestão empresarial e financeira;
- os princípios constitucionais tributários e as competências;
- a repartição das receitas tributárias.

Introdução

Uma das áreas que vêm se destacando dentro do Direito, e que é fundamental para o crescimento de qualquer atividade empresarial, é o Planejamento Tributário.

É sabido que os tributos (impostos, taxas e contribuições) representam importante parcela dos custos das empresas, se não a maior. Com a globalização da economia, tornou-se questão de sobrevivência a correta administração do ônus tributário.

As distorções do sistema tributário brasileiro justificam uma ampla reforma tributária em razão da(s):

- complexidade, gerando alto custo de conformidade (especialmente no caso dos tributos sobre bens e serviços);
- insegurança jurídica, resultante do altíssimo grau de litígio sobre matérias tributárias;
- iniquidade, refletida no tratamento desigual de situações equivalentes e na isenção de rendimentos tipicamente recebidos por pessoas de alta renda;
- distorções alocativas relevantes, decorrentes da multiplicidade de regimes tributários.

Estima-se que, no Brasil, em média, 33% do faturamento empresarial seja dirigido ao pagamento de tributos. Somente o ônus do Imposto de Renda (IR) e da Contribuição Social sobre o Lucro Líquido (CSLL) das empresas pode representar a incrível taxa de 51,51% do lucro líquido apurado. Do somatório dos custos e despesas, mais da metade do valor é representada pelos tributos.

Sendo assim, torna-se imprescindível a adoção proativa, por parte dos empresários, de um sistema de economia legal, ou de elisão fiscal, mais conhecido atualmente como planejamento tributário.

Um planejamento tributário não é tão simples quanto alguns empresários interpretam. Com as margens de lucro cada vez mais enxutas em decorrência da forte concorrência em todos os segmentos, um bom planejamento tributário certamente fará a diferença em uma negociação.

O primeiro passo é ter um planejamento operacional bem definido e verdadeiro. Os seguintes pontos são obrigatórios na hora de fazer esse plano:

- expectativa de faturamento: para quem e para onde se pretende faturar;
- quais produtos ou serviços serão oferecidos;
- previsão de despesas operacionais;
- o que se pretende comprar e quais serão seus insumos;
- localização dos fornecedores;
- margem de lucro;
- valor da despesa com empregados.

O segundo passo é buscar ajuda de especialistas. Assim, será possível analisar todos os pontos e fazer um comparativo entre o lucro presumido, o lucro real e o Simples Nacional. Além disso, a análise de peculiaridades específicas do Imposto sobre Operações relativas à Circulação de Mercadorias e sobre prestações de Serviços de Transporte Interestadual,

Intermunicipal e de Comunicação (ICMS) e do Imposto sobre Serviços de Qualquer Natureza (ISSQN) também é importante.

Um profissional qualificado não somente indicará o melhor critério para apurar os tributos como também afastará a empresa de contingências fiscais, pois as multas fiscais são elevadas e, em alguns casos, propiciam até a liquidação da empresa.

Ao fazer os mapas tributários de alguns produtos e serviços, é possível vislumbrar os impostos e as contribuições mais significativos na carga tributária de uma empresa. Alguns fazem parte do processo produtivo e são recolhidos durante a cadeia de fabricação, dentro da tributação indireta. Ou seja, o ônus do recolhimento é repassado ao consumidor final. Outros impostos e contribuições são pagos quando a empresa apura o lucro, na chamada tributação direta. Os melhores exemplos de tributos indiretos são o ICMS e o Imposto sobre Produtos Industrializados (IPI). O IPI, como o nome permite deduzir, incide, em geral, somente nas etapas em que ocorre algum tipo de industrialização. O ICMS deve ser recolhido a cada etapa de venda de mercadoria dentro da cadeia de produção. Por isso, é sempre mais fácil calcular o impacto dos tributos indiretos, já que seus valores são refletidos imediatamente no custo de produção. Exemplos de tributação direta são o IR e a CSLL. Os dois são calculados sobre os ganhos das empresas.

Para limitar o impacto da alta carga de tributos no Brasil, muitas empresas buscam o planejamento tributário para a redução dos impostos. Tal prática consiste na designação corrente de uma série de procedimentos tradicionalmente conhecidos como formas de economia de imposto. Sua metodologia consiste em obter menor ônus fiscal sobre operações ou produtos, utilizando meios legais. Com efeito, as formas de economia fiscal têm sido enriquecidas por projetos de alta complexidade que envolvem avançada tecnologia fiscal, financeira e societária. Portanto, o planejamento tributário é necessidade básica para todos os contribuintes, tanto pessoas jurídicas como físicas.

Como contribuintes, temos duas formas de diminuir encargos tributários. A maneira legal chama-se elisão fiscal (mais conhecida como planejamento tributário), e a forma ilegal denomina-se sonegação fiscal. Estamos em um período em que as operações lícitas e documentadas entre companhias, visando à redução do imposto, estão sendo avaliadas por uma nova ótica.

Com informação e planejamento, é possível adotar medidas que ajudam a reduzir a carga tributária. Isso pode incluir desde uma forma diferente de remunerar sócios, passando por um caminho diverso na reestruturação da empresa, até a ida ao Judiciário para contestar a exigência de algum imposto ou tentar recuperar o que pode ter sido pago a mais no passado.

Todo contribuinte tem o direito constitucional de gerir seus negócios com liberdade. Destacam-se os seguintes textos constitucionais (Constituição Federal do Brasil – CF, 1988), nesse sentido:

> **Art. 1°.** A República Federativa do Brasil, formada pela união indissolúvel dos Estados e Municípios e do Distrito Federal, constitui-se em Estado Democrático de Direito e tem como fundamentos:
>
> (...)

IV — os valores sociais do trabalho e da livre iniciativa;

Art. 5°. Todos são iguais perante a lei, sem distinção de qualquer natureza, garantindo-se aos brasileiros e aos estrangeiros residentes no País a inviolabilidade do direito à vida, à liberdade, à igualdade, à segurança e à propriedade, nos termos seguintes:

(...)

II — ninguém será obrigado a fazer ou deixar de fazer alguma coisa senão em virtude de lei;

(...)

XIII — é livre o exercício de qualquer trabalho, ofício ou profissão, atendidas as qualificações profissionais que a lei estabelecer;

XIV — é assegurado a todos o acesso à informação e resguardado o sigilo da fonte, quando necessário ao exercício profissional;

(...)

XXXIX — não há crime sem lei anterior que o defina, nem pena sem prévia cominação legal;

Art. 170. A ordem econômica, fundada na valorização do trabalho humano e na livre iniciativa, tem por fim assegurar a todos existência digna, conforme os ditames da justiça social, observados os seguintes princípios:

(...)

II — propriedade privada;

(...)

IV — livre concorrência;

Parágrafo único. É assegurado a todos o livre exercício de qualquer atividade econômica, independentemente de autorização de órgãos públicos, salvo nos casos previstos em lei.

O princípio constitucional não deixa dúvidas quanto ao fato de que, dentro da lei, o contribuinte pode agir de acordo com seu interesse. Planejar tributos é um direito tão essencial como planejar o fluxo de caixa, fazer investimentos etc.

Será inconstitucional, portanto, qualquer lei ou ato dispondo sobre proibição de planejar operações para, antes do fato gerador, evitar a geração dos tributos. A economia de imposto baseada na premissa de que ninguém é obrigado a escolher condutas tributadas (ou mais severamente tributadas) quando tiver possibilidade de ordenar suas atividades, seus negócios — sua vida, enfim —, percorrendo caminhos livres de tributação (ou com tributação mais branda), é aceita de modo generalizado.

Por outro lado, afirmar que a fraude, o ardil, a ocultação do fato gerador e a evasão do tributo traduzem expedientes condenáveis configura assertiva de que a doutrina não discrepa.

O planejamento tributário na atualidade vem sendo objeto de inúmeras discussões e reflexões, pois algumas premissas que lhe davam suporte sofreram certa flexibilização, mudando os contornos do que podemos entender por uma conduta legítima do contribuinte visando economizar tributos.

Isso porque vem se considerando um entendimento no sentido de que, levando em conta aspectos éticos, sociais e concorrenciais inseridos no texto constitucional, não seria razoável o tributo ser o diferencial nas relações concorrenciais entre empresas, além de que todos deveriam contribuir, dentro de sua capacidade contributiva positiva, para a efetivação das finalidades atribuídas a um Estado Democrático de Direito. O que se percebe, portanto, é que o planejamento tributário sofreu uma relevante mudança de paradigma.

Assim, na atualidade, um empresário que procede a uma conduta, por exemplo, de reorganização societária, não vedada em lei, com a finalidade exclusiva de redução de tributos, pode ser questionado pelo Fisco? A resposta, em geral, tem sido afirmativa, uma vez que é possível realizar conduta com fim exclusivo de redução da carga tributária.

A liberdade de auto-organização e gestão empresarial, que possibilita ao empresário praticar qualquer tipo de procedimento desde que não esteja vedado em lei, com o fim exclusivo de economizar tributos por força da mudança de valores e paradigmas, vem sendo limitada e subordinada a outros limites jurídicos fundados especialmente na noção de solidariedade e capacidade contributiva positiva.

Sob tais aspectos, para que um planejamento tributário no momento atual não corra o risco de ser desconsiderado pelo Fisco, é necessário cumprir, além dos requisitos negativos como a ilicitude, a anterioridade do fato gerador e a ausência de patologias (simulação, fraude à lei etc.), elementos positivos, especialmente a motivação extratributária e a necessidade da substância do negócio.

Isso significa dizer que os negócios realizados e que trazem efeitos de redução de tributos (elisão fiscal) necessitam de uma justificação interna de sua causa que não seja somente de cunho tributário. Assim, cabe analisar quais foram os motivos que levaram a determinado procedimento, por exemplo, de cunho administrativo, familiar, político, econômico, entre outros, já que razões estritamente ligadas à redução de tributos não vêm sendo reconhecidas como suficientes para estruturar e legitimar um planejamento tributário perante o Fisco.

Em verdade, o que se nota no momento atual é que nenhum empresário é obrigado a pagar o maior tributo possível, aniquilando o planejamento tributário. Porém, isso não significa que qualquer menor tributo possível seja legítimo e terá seus efeitos resguardados pelo sistema jurídico contra o Fisco.

Há vários anos, a Receita Federal do Brasil (RFB) passou a avaliar o propósito econômico de cada uma das partes nas operações com menor incidência de imposto. O recomendado é que o empresário analise cuidadosamente o risco de operações de planejamento tributário direcionadas ao não pagamento de impostos.

Para que não corram risco de punição, os empresários devem responder a algumas questões antes de qualquer negociação: qual é o propósito econômico para fazer a operação? A intenção principal é apenas a redução do imposto a ser recolhido?

Para manter a competitividade da empresa, é fundamental conhecer os tributos incidentes na atividade e buscar soluções seguras e legais para a diminuição da carga tributária.

O primeiro passo é procurar a orientação de um contador para escolher a forma de constituição da empresa, da modalidade tributária e, sobretudo, assegurar o correto cumprimento das obrigações fiscais, evitando multas e contingências fiscais.

Evitar a incidência do fato gerador de tributo e encontrar alternativas legais para postergar o pagamento são os caminhos sugeridos pela maioria dos especialistas no planejamento tributário. Próximas da elisão fiscal e distantes da evasão fiscal, as exemplificações mais comuns são: substituição da maior parte do pró-labore dos sócios da empresa pela distribuição de lucros, já que não há incidência do IR e do desconto previdenciário, e a opção pelo regime de caixa, em contraponto ao regime de competência. No regime de caixa, receitas e despesas são apropriadas no recebimento ou no pagamento. No regime de competência, são apropriadas na data do fato gerador, independentemente da data de recebimento ou da de pagamento. Para quem vende a prazo, faz uma grande diferença.

4.1 A carga tributária brasileira

A carga tributária para um agente econômico é um fenômeno nitidamente econômico, uma questão de custos. O custo tributário é um ônus empresarial como qualquer outro, que deve ser reduzido em prol da maior lucratividade do empreendimento.

Esse pensamento não se opõe aos fins do Estado. Muito pelo contrário, atua em favor da construção de uma sociedade mais igualitária, que atenda à capacidade contributiva de seus agentes, com as empresas movimentando a economia, criando empregos, terceirizando oportunidades e fazendo nascer a tributação.

Uma queixa recorrente entre quase todos os brasileiros é o peso que a carga tributária exerce sobre a vida das pessoas e das empresas. Entra ano, sai ano e o Governo Federal sempre anuncia medidas que mexem diretamente no bolso dos consumidores e das empresas.

A carga tributária é a quantidade de tributos (impostos, taxas e contribuições) das três esferas de governo (federal, estadual e municipal) que incidem sobre a economia, formada pelos indivíduos, empresas e o governo em seus três níveis.

O sistema tributário brasileiro é composto por tributos federais, estaduais e municipais. Isso contribui para a complexidade das normas que regulamentam os tributos e faz com que empresas, principalmente as de grande porte, tenham departamentos específicos para cuidar exclusivamente da Administração Tributária.

Países desenvolvidos têm uma estrutura tributária mais eficiente, com menor quantidade de tributos. Isso, no entanto, não necessariamente implica dizer que eles cobram menos impostos em termos percentuais do Produto Interno Bruto (PIB — todo valor adicionado aos produtos e serviços produzidos pelo país em determinado período).

Na verdade, quem paga é sempre o consumidor. As empresas apenas repassam ao governo os tributos vindos do consumidor que adquiriu o produto ou serviço, com exceção das tributações sobre os lucros das empresas.

O modelo ideal de sistema tributário é aquele em que a participação da carga tributária não deveria ultrapassar os 25% do PIB. Dessa forma, atenderia melhor às necessidades de crescimento vegetativo da economia e da infraestrutura do país. Isso não ocorre porque o país tem uma série de compromissos estabelecidos pela CF, como aplicação de limites mínimos de recursos em saúde, educação, segurança, pagamento de seguro-desemprego e salário mínimo. Alguns críticos do sistema tributário afirmam que o Brasil optou por ser um Estado assistencialista, com direitos muito evidentes para toda a população, criando a partir daí uma política capaz de dar conta desses gastos públicos por meio do aumento da tributação.

Para que o Estado consiga reduzir a carga tributária, ele precisa de uma gestão melhor dos recursos e de uma redução da corrupção e do empreguismo, que são, para muitos tributaristas, o ralo por onde escoa grande volume de dinheiro público. O fim de programas assistencialistas e maior investimento na infraestrutura do país, como forma de promover o desenvolvimento econômico, implicaria uma redistribuição maior da riqueza e diminuição da distância entre as classes sociais.

A redução de tributos é uma questão de vontade política. Uma das versões da reforma tributária está no Congresso Nacional desde o primeiro mandato de Fernando Henrique Cardoso (1995-1998). Os especialistas lembram que Estados e municípios não querem perder parte de sua arrecadação.

4.1.1 Como o planejamento tributário diminui o impacto da carga tributária

O planejamento tributário, para ser lícito, deve ser realizado antes da ocorrência do verbo "pagar" e, principalmente, antes que ele se torne devido (ocorrência do chamado "fato gerador"), sob pena de a redução empreendida ser considerada sonegação fiscal, caminho que deve sempre ser evitado.

As técnicas de planejamento tributário podem ser aplicadas nas mais variadas operações geradoras de tributos, tanto para pessoas físicas como para pessoas jurídicas.

Basicamente, o planejamento tributário se apresenta em duas fases:

- **Primeira fase:** inclui a coleta de informações, o estudo das variáveis e elaboração de um relatório de planejamento tributário, contendo as alternativas aplicáveis, bem como seus efeitos fiscais e financeiros. Esse relatório ou memorando servirá como registro das ideias a serem levadas para discussão e aprovação dos responsáveis.
- **Segunda fase:** contempla a implementação das alternativas aprovadas pelos responsáveis da empresa. Compreende todas as ações de coordenação e elaboração dos atos necessários para que o benefício legal seja atingido.

Uma ou duas ações de planejamento tributário, aplicadas por profissionais internos ou fornecidos por empresa especializada, embora possam trazer reduções específicas e pontuais de tributos, não bastam. É necessário criar uma cultura permanente de planejamento tributário na organização, de sorte que a redução tributária seja incorporada à cultura da empresa: um verdadeiro patrimônio intangível.

Para tanto, é altamente recomendável a criação de um Comitê de Planejamento Tributário (CPT). O objetivo do CPT é manter, permanentemente, um ou mais profissionais internos e/ou fornecidos por firma especializada (dependendo do tamanho e da complexidade das operações da empresa), cuja missão é criar (com total respeito à lei) e avaliar alternativas de planejamento tributário para reduzir, legalmente, a carga tributária das operações da empresa.

4.2 Classificação jurídica dos tributos

O Sistema Tributário Brasileiro foi construído de acordo com o modelo econômico adotado na CF, fundado na propriedade privada. O padrão idealizado pelo legislador para o desenvolvimento de uma política econômica e social adequada para a realidade nacional está definido a partir do art. 1° da CF, abrangendo também o art. 3°, com destaque para o art. 170.

Nesse contexto, ressalta-se que o direito fundamental à propriedade alcança especial relevo na Constituição, bem como aqueles correlatos: o direito de gerir, usar, gozar e dispor do que é seu. Nesse quadro, destaca-se que a tributação, além de ser via própria para que o Estado exerça seu papel — pois à míngua de recursos ele não poderia oferecer aos indivíduos o mínimo existencial a que fazem jus como cidadãos —, deve estar limitada pelo direito que cada um, empresa ou pessoa física, tem de organizar e desfrutar seu próprio patrimônio.

A empresa no Brasil é tributada nas três esferas políticas do Estado: União, Estado-membro e município.

Classificar é dividir um conjunto de seres (coisas, objetos) em categorias, de acordo com critérios preestabelecidos. A classificação jurídica dos tributos baseia-se nas normas jurídicas tributárias em vigor estabelecidas na CF, tendo sofrido modificação no decorrer do tempo. Segue-se a classificação dada pelo guardião da Constituição, o qual acolheu a divisão em cinco espécies:

* impostos (art. 145, I, CF);
* taxas (art. 145, II, CF);
* contribuições de melhoria (art. 145, III, CF);
* empréstimos compulsórios (art. 148, CF);
* contribuições especiais (arts. 149, 149-A e 195, CF).

Somente a Constituição da República Federativa do Brasil, conforme art. 146, III, alínea "a", poderá, por meio de lei complementar, definir tributo.

4.3 Impostos

Previstos geograficamente como a primeira modalidade de tributo, arrolados no inciso I do art. 145 da CF, conforme dispõe o art. 16 do Código Tributário Nacional (CTN), "imposto é o tributo cuja obrigação tem por fato gerador uma situação independente de qualquer atividade estatal específica relativa ao contribuinte". Sua arrecadação não tem, em regra, uma destinação específica.

O art. 167, inciso IV, da Constituição da República Federativa do Brasil afirma que sua arrecadação não tem, em regra, uma destinação específica. Assim, a norma geral consiste em vedar a vinculação de impostos a fundo, órgão ou despesa específica.

Contudo, há exceções:

- a repartição constitucional das receitas tributárias, prevista nos arts. 158 e 159 da Constituição da República Federativa do Brasil;
- destinar recursos para ações e serviços públicos de saúde, que constituem um sistema único, conforme o art. 198, § 2°, da Constituição da República Federativa do Brasil;
- destinar recursos para a manutenção e desenvolvimento do ensino, consoante o art. 212 da Constituição da República Federativa do Brasil;
- destinar recursos para a realização de atividades da Administração Tributária, essenciais ao funcionamento do Estado, segundo o art. 37, inciso XXII, da Constituição da República Federativa do Brasil;
- vincular receita para a concessão de garantia às prestações de crédito por antecipação de receita, eventualmente previstas na lei orçamentária anual, segundo o art. 165, § 8°, da Constituição da República Federativa do Brasil;
- vincular receita para a prestação de garantia ou contragarantia à União, segundo o art. 167, § 7°, da Constituição da República Federativa do Brasil;
- vincular receita para pagamento de débitos com a União, conforme o art. 167, § 4°, da Constituição da República Federativa do Brasil.

Sempre que possível, os tributos terão caráter pessoal e serão graduados segundo a capacidade econômica do contribuinte, facultado à Administração Tributária identificar, respeitados os direitos individuais e nos termos da lei, o patrimônio, os rendimentos e as atividades econômicas do indivíduo em questão.

Machado[1] afirma que o imposto está inserido entre as modalidades tributárias e tem por hipótese de incidência o comportamento do contribuinte, e nunca uma atuação estatal. Ou seja, é um tributo que não depende de qualquer atividade ou serviço do Estado em relação ao contribuinte. A ação do contribuinte pode ser representada por aquisição de mercadoria, venda de imóvel ou prestação de serviço. Sobre todas essas transações existirá a incidência de impostos.

---

1 MACHADO, H. de B. *Curso de direito tributário*. 37. ed. São Paulo: Malheiros, 2016.

Também, conforme Crepaldi e Crepaldi,[2] é possível verificar a situação a qual poderá ocorrer por ser proprietário de imóvel, obrigando-o ao recolhimento de Imposto Predial e Territorial Urbano (IPTU). Caso o imóvel seja na zona rural, terá que recolher o Imposto sobre a Propriedade Territorial Rural (ITR).

4.3.1 Competência dos impostos

Conforme o teor do disposto na CF, a competência para instituição de impostos divide-se em federal, estadual e municipal, segundo dispõem os arts. 153, 155 e 156. A União tem competência para instituir impostos federais; os Estados, impostos estaduais; os municípios, impostos municipais; e, finalmente, o Distrito Federal, com competência dúplice, institui impostos estaduais e municipais, a depender da matéria que esteja regulando (arts. 155 a 157, CF).

Figura 4.1 Tributos federais, estaduais e municipais

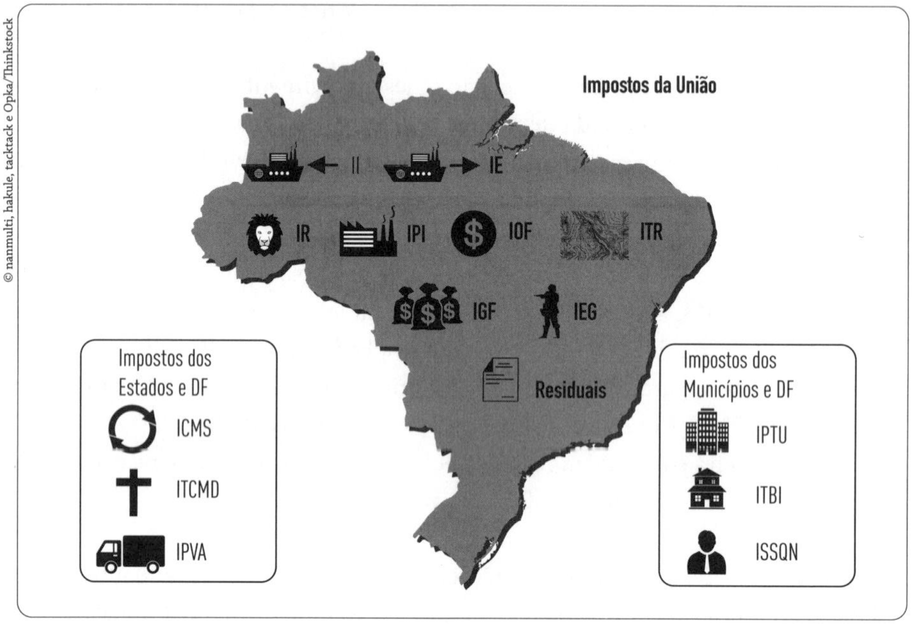

Fonte: elaborada pelo autor.

A União possui competência residual, que possibilita instituir impostos não previstos no art. 153 da Constituição da República Federativa do Brasil por meio de lei complementar, devendo ser não cumulativos e não ter fato gerador ou base de cálculo próprios de outros impostos.

Amaro[3] discorre que a competência residual limita-se apenas aos impostos. Em caso de guerra externa ou quando ocorrer o fato previsto no art. 154, II, da Constituição da República Federativa do Brasil, autoriza a instituição de impostos extraordinários.

---

2   CREPALDI, S. A.; CREPALDI, G. S. *Direito tributário*: teoria e prática. 3. ed. Rio de Janeiro: Forense, 2011.

3   AMARO, L. *Direito tributário brasileiro*. 21. ed. São Paulo: Saraiva, 2016.

Quadro 4.1 Função dos tributos

Imposto	Competência	Fundamento Legal	Função Principal
Imposto sobre Importação	União	Arts. 153, I, CF e 19, CTN	Extrafiscal
Imposto sobre Exportação	União	Arts. 153, II, CF e 23, CTN	Extrafiscal
IR	União	Arts. 153, III, CF e 43, CTN	Fiscal e extrafiscal
IPI	União	Arts. 153, IV, CF e 46, CTN	Fiscal e extrafiscal
IOF	União	Arts. 153, V, CF e 63, CTN	Extrafiscal
ITR	União	Arts. 153, VI, CF e 43, CTN	Extrafiscal
Grandes Fortunas	União	Art. 153, VII, CF	Não regulado
ITCMD	Estado	Art. 155, I, CF	Fiscal e extrafiscal
ICMS	Estado	Art. 155, II, CF	Fiscal e extrafiscal
IPVA	Estado	Art. 155, III, CF	Fiscal e extrafiscal
IPTU	Município	Art. 156, I, CF	Fiscal e extrafiscal
ITBI	Município	Art. 156, II, CF	Fiscal
ISSQN	Município	Art. 156, III, CF	Fiscal

Fonte: Código Tributário Nacional e Constituição da República Federativa do Brasil.

4.3.1.1 Classificação dos impostos

Machado[4] apresenta a classificação dos impostos a partir das características de suas exigibilidades. Assim, temos as seguintes classificações:

1) **Quanto à base econômica:**

1.1. Sobre o comércio exterior – Incidem sobre operações de importação ou exportação. Exemplos: Imposto sobre Importação (II) e Imposto sobre Exportação (IE).

1.2. Sobre o patrimônio e a renda – Incidem sobre a propriedade de bens móveis e imóveis e sobre o ganho do trabalho ou do capital. Exemplos: Imposto de Renda (IR), Imposto sobre a Propriedade Territorial Rural (ITR), Imposto sobre Grandes Fortunas (IGF), Imposto sobre a Transmissão *Causa Mortis* e Doações (ITCMD), Imposto sobre a Propriedade de Veículos Automotores (IPVA), Imposto sobre a Transmissão de Bens Imóveis (ITBI) e Imposto sobre a Propriedade Predial e Territorial Urbana (IPTU).

1.3. Sobre a produção e a circulação – Incidem sobre a circulação de bens ou valores, bem como a produção de bens. Exemplos: Imposto sobre a Produção Industrial (IPI), Imposto sobre Operações Financeiras (IOF), Imposto sobre

---

4 MACHADO, 2016.

Operações relativas à Circulação de Mercadorias e sobre Prestações de Serviços de Transporte Interestadual, Intermunicipal e de Comunicação (ICMS) e Imposto sobre Serviços (ISS).

2) Quanto à alíquota:

2.1. Fixos – O valor a ser pago é fixado pela lei, independentemente do valor da mercadoria, serviço ou patrimônio tributado. Exemplo: ISS dos autônomos, pago mensalmente em valores fixos.

2.2. Proporcionais – A alíquota é um percentual, ou seja, *ad valorem*. É, portanto, variável de acordo com a base de cálculo. Exemplos: a maioria dos impostos, como ICMS, IR, IPI, IOF, II, IE, ITBI, ISS e IGF.

Os impostos proporcionais podem ser progressivos ou regressivos, quando suas alíquotas respectivamente aumentam ou diminuem de acordo com determinados critérios, tais como base de cálculo, caso do IR (art. 153, § 2°, I, CF), cumprimento da função social da propriedade, caso do IPTU (art. 156, § 1°, CF), ou propriedade rural, caso do ITR (art. 153, § 4°, CF).

- **Progressivo:** é aquele cujo percentual aumenta de acordo com a capacidade econômica do contribuinte. Existem alíquotas diferenciadas que aumentam à medida que os rendimentos ficam maiores. Exemplos: IRPF, IRPJ, ITR, IPVA e ITCMD.
- **Regressivo:** é aquele que não considera o poder aquisitivo nem a capacidade econômica do contribuinte. Com isso, quem gasta praticamente tudo o que ganha no consumo de produtos, como é o caso de muitos assalariados, proporcionalmente contribui mais do que aqueles que têm possibilidade de poupar ou de investir. Exemplo: ICMS.

3) Quanto ao objeto da incidência:

3.1. Pessoais – Impostos que incidem sobre a pessoa do contribuinte (têm caráter pessoal). São aqueles que guardam diferenças tributárias em função das condições próprias de cada um dos contribuintes. A título de exemplo, temos o IR de pessoa física, que verifica questões de cunho pessoal de cada um dos contribuintes para consumar a cobrança (número de dependentes, renda auferida no exercício etc.), e outros.

3.2. Reais – Incidem sobre a *res*, o bem, a coisa, seja ela mercadoria, produto ou patrimônio. Na maioria das vezes, desconsideram absolutamente a figura do contribuinte. São impostos que incidem igualmente para todas as pessoas que realizam o fato imponível, não levando em consideração as condições pessoais, isto é, considerando apenas aspectos objetivos (nunca subjetivos) do contribuinte. Temos, como exemplo de imposto real, o IPTU, que incide sobre o contribuinte desde que este possua imóvel. Também o ITR, ITCMD, II, IE, IPI, IOF, IGF, ICMS, IPVA, ISS e ITBI.

4) Quanto à forma de percepção:

4.1. Diretos – Recaem diretamente sobre o contribuinte, sendo este impossibilitado de transferir tributariamente o ônus financeiro para terceiros. São classificados os impostos que reúnem no sujeito passivo as condições de contribuinte de fato e de direito. Saliente-se que contribuinte de fato é aquele sobre quem recai o ônus do imposto, enquanto contribuinte de direito responsabiliza-se pelo cumprimento de todas as obrigações tributárias previstas na legislação. É exemplo o Imposto sobre Serviços de autônomos (ISS fixo), os quais praticam o fato imponível e são os próprios obrigados a saldar o débito, além do IR, do IPTU, do ITR, do ITCMD, do ITBI e do IPVA.

4.2. Indiretos – São aqueles em que o contribuinte de fato não é o mesmo que o de direito. O exemplo clássico é o ICMS. É falsa a ideia de que o comerciante é sempre quem paga esse imposto; em geral, ele simplesmente recebe do consumidor e recolhe ao Estado o imposto que está embutido no preço da mercadoria vendida. Exemplos: ICMS, IPI, ISS.

4.3.1.2 Princípio informador dos impostos

Para Amaro,[5] o princípio informador dos impostos é aquele que determina suas premissas, estabelece suas bases. A Constituição da República Federativa do Brasil, em seu art. 145, § 1º, elenca o princípio da capacidade contributiva, o qual deverá regular as relações entre os sujeitos ativo e passivo por ocasião da instituição de tributos. Daí decorre que "sempre que possível os impostos terão caráter pessoal e serão graduados segundo a capacidade econômica do contribuinte".

Nesse sentido, Crepaldi e Crepaldi[6] ensinam que o princípio da capacidade contributiva não é absoluto e deve ser aplicado "sempre que possível". Dessa forma, há impostos aos quais é impossível insculpir o caráter pessoal. Como exemplo, temos o ICMS e o IPI, em que o consumidor final suporta a carga tributária. São impostos seletivos em função da mercadoria e serviço e da essencialidade dos produtos industrializados.

CASO PRÁTICO 4.1

(OAB – MG – 2008 – II Fase) O Estado de Minas Gerais criou imposto novo, cujo fato gerador é a venda de sacolas de plástico para embalagem, dispondo que o produto de sua arrecadação seria utilizado para o financiamento de medidas de preservação do meio ambiente. Os vendedores de embalagens plásticas foram eleitos como contribuintes do referido imposto, uma vez que as embalagens plásticas são nocivas ao meio ambiente.

Sendo assim, pergunta-se:

Analisando todos os elementos que constituem a norma tributária em questão, independentemente de sua constitucionalidade ou inconstitucionalidade, qual a natureza jurídica específica do tributo instituído pelo Estado de Minas Gerais? Fundamente.

A instituição do tributo em questão mostra-se constitucional? Fundamente.

---

5   AMARO, 2016.
6   CREPALDI; CREPALDI, 2011.

4.4 Taxas

Taxa é um tributo relacionado com a prestação de serviço público, efetivo ou potencial, para um contribuinte identificado. Trata-se de modalidade prevista no inciso II do art. 145 da CF, combinado com os arts. 77 e 78 do CTN, segundo o qual taxa é tributo federal, estadual e municipal que tem por hipótese de incidência o exercício regular do poder de polícia ou a utilização, efetiva ou potencial, de serviço público específico e divisível prestado ao contribuinte ou posto à sua disposição. As taxas são instituídas por lei ordinária e têm características contraprestacional e comutativa, de modo que o montante cobrado guarde equivalência razoável com o custo da atividade estatal que constitui seu fato gerador.

Assim, Crepaldi e Crepaldi[7] afirmam que o art. 77 do CTN, e confirmado pela Constituição da República Federativa do Brasil, estabelece que a atuação estatal, a depender de sua natureza, pode originar a taxa de serviço ou a taxa de polícia. Daí, somente a prestação de um serviço público ou a prática de ato de polícia são hipóteses de incidência da taxa.

Consoante Machado,[8] as taxas não poderão ter base de cálculo própria de impostos, destacado no art. 145, § 2°, da Constituição da República Federativa do Brasil, e a arrecadação terá a finalidade de custear o serviço público prestado ou a atividade de fiscalização exercida. A Súmula Vinculante 29 afirma: "É constitucional a adoção, no cálculo do valor de taxa, de um ou mais elementos da base de cálculo própria de determinado imposto, desde que não haja integral identidade entre uma base e outra".

No ordenamento jurídico existem apenas Serviço Público — taxa de serviço (taxa de utilização) — e Poder de Polícia — taxa de polícia (de fiscalização). Assim, qualquer outra pretensa modalidade de taxa deve ser repugnada por absoluta inconstitucionalidade.

4.4.1 Taxa de serviço (art. 79 do CTN)

Taxa de serviço é modalidade de taxa que tem por hipótese de incidência um serviço público específico e divisível prestado ao contribuinte ou colocado à sua disposição. Tal serviço público seria a prestação de utilidade material usufruível individualmente sob o regime de Direito Público. É dito público todo serviço submetido ao regime de Direito Público.

4.4.1.1 Específicos (singulares)

Serviços públicos específicos (singulares ou *uti singuli*) são prestados em unidades autônomas de utilização. Portanto, não se trata de serviços prestados indistintamente, mas que alcançam pessoas individualmente consideradas, referindo-se diretamente a alguém, em que é possível determinar quanto cada um dos usuários deles se utilizou no mês anterior.

São **divisíveis**, quantificáveis, individualizáveis (possibilidade de aferir a utilização efetivo-potencial individualmente considerada), e, por esse motivo, devem ser pagos por

---

7 CREPALDI; CREPALDI, 2011.
8 MACHADO, 2016.

aqueles que os aproveitaram. Devem ser tributados por meio de taxas em razão de sua divisibilidade e da possibilidade de identificação de cada um dos contribuintes.

Crepaldi e Crepaldi[9] dizem que a divisibilidade é a possibilidade de o contribuinte aferir a utilização efetiva ou potencial. A taxa pode ser cobrada do contribuinte que efetivamente utiliza o serviço público ou de quem tem a disponibilidade, conforme o inciso III do art. 79 do CTN. A simples disponibilidade já dá ensejo à cobrança da taxa. São exemplos de serviços públicos específicos o fornecimento domiciliar de água potável, o fornecimento domiciliar de energia elétrica, de gás, de esgoto etc.

Já Sabbag[10] afirma que os serviços *uti singuli*, ou individualizáveis, dividem-se em:

- **compulsórios:** serviços que o beneficiário não pode recusar, como o de esgoto. Os serviços compulsórios são remunerados por taxa (tributo);
- **facultativos:** serviços que o beneficiário pode aceitar ou recusar, como o de telefone. Os serviços facultativos são remunerados por tarifa ou preço público,[11] podendo ser cortados por falta de pagamento.

Os serviços públicos específicos de utilização individual, coletiva e mensurável podem ser custeados por taxas de serviço. Tal situação ocorre também com os atos de polícia, os quais devem ser específicos e divisíveis para serem custeados por taxas de polícia, conforme inciso II do art. 145 da Constituição da República Federativa do Brasil e art. 77 do CTN.

4.4.1.2 Gerais (universais)

Serviços públicos gerais (universais ou *uti universi*) não podem ensejar taxa. Têm amplo espectro e alcançam a comunidade como um todo, não se referindo diretamente a ninguém.

A iluminação pública é cobrada por meio de Contribuição de Iluminação Pública (CIP ou Cosip), instituída por Lei Ordinária (EC n. 39/2002). Trata-se de tributo municipal (art. 149-A, CF).

Para Sabbag,[12] é difícil determinar quanto cada cidadão, individualmente, aproveita da atividade estatal, pois o serviço é prestado indistintamente a toda a coletividade. São serviços prestados *uti universi* e, por esse motivo, devem ser custeados pelas receitas gerais da pessoa política que os presta, e nunca por meio de taxas, por não ser possível a divisão entre os contribuintes. Por exemplo: segurança pública e serviço de iluminação pública.

Já Crepaldi e Crepaldi[13] afirmam que o Supremo Tribunal Federal (STF) entende como específicos, divisíveis e passíveis de tributação por meio de taxa os serviços públicos de coleta, remoção e tratamento ou destinação de lixo ou resíduos provenientes de imóveis, desde que essas atividades sejam completamente dissociadas de outros serviços públicos de limpeza realizados em benefício da população em geral (*uti universi*) e de forma indivisível (Súmula Vinculante 19).

---

9 CREPALDI; CREPALDI, 2011.
10 SABBAG, E. *Manual de direito tributário*. 8. ed. São Paulo: Saraiva, 2016.
11 Tarifa e preço público significam a mesma coisa.
12 SABBAG, 2016.
13 CREPALDI; CREPALDI, 2011.

4.4.1.3 Fruíveis

Em obediência ao que determina o inciso II do art. 145 da Magna Carta, o serviço público a ser tributado por meio de taxa necessita estar, no mínimo, à disposição do contribuinte. Nesse caso, diz-se que o serviço é potencialmente utilizado. Entretanto, não é necessário que o contribuinte utilize efetivamente o serviço, bastando o preenchimento do requisito mínimo acima mencionado.

Segundo Sabbag,[14] para que o serviço público possa ser fato gerador da taxa, ele deve ser:
- específico e divisível;
- prestado ao contribuinte ou posto à sua disposição;
- utilizado, efetiva ou potencialmente, pelo contribuinte.

Aduz a Súmula Vinculante 19, "a taxa cobrada exclusivamente em razão dos serviços públicos de coleta, remoção e tratamento ou destinação de lixo ou resíduos provenientes de imóveis não viola o art. 145, II, da CF".

Para Crepaldi e Crepaldi,[15] há muita discussão sobre a natureza jurídica do pedágio. Uma parte da doutrina define o pedágio como uma taxa de serviço, com base no art. 150, inciso V, da Constituição da República Federativa do Brasil, cuja divisibilidade somente se manifesta no momento da utilização da via pública. Outra corrente doutrinária defende tratar-se de um preço público. O STF decidiu que o pedágio tem natureza jurídica de taxa.[16]

Contudo, a doutrina ainda diverge, fazendo diferenciação com base nas características de caso a caso. Assim, deverá ser verificada, inicialmente, a existência de compulsoriedade no pagamento. Sendo compulsório o pagamento, estaremos diante de uma taxa. Caso contrário, sendo o pagamento facultativo, estaremos diante de um preço público (ou tarifa).

Segundo o entendimento do STF, a taxa cobrada exclusivamente em razão dos serviços públicos de coleta, remoção e tratamento ou destinação de lixo ou resíduos provenientes de imóveis é constitucional, por não violar o conceito constitucional de taxa.

4.4.2 Taxa de polícia (art. 78 do CTN)

Taxa de polícia é a espécie de tributo que tem por hipótese de incidência um ato de polícia de efeitos concretos, ou seja, um ato que se refere diretamente ao contribuinte e que envolve o exercício regular do chamado poder de polícia.

Considera-se poder de polícia a atividade da Administração Pública que, limitando ou disciplinando direito, interesse ou liberdade, regula a prática de ato ou abstenção de fato, em razão de interesse público concernente à segurança, à higiene, à ordem, aos costumes, à disciplina da produção e do mercado, ao exercício de atividades econômicas dependentes de concessão ou autorização do Poder Público, à tranquilidade pública ou ao respeito à propriedade e aos direitos individuais ou coletivos.

---

14 SABBAG, 2016.
15 CREPALDI; CREPALDI, 2011.
16 STF, 2ª Turma, unânime, RE n. 181.475-6-RS, *DJU*-e-1, 25 jun. 1999, p. 28.

Exemplos: Taxa de Alvará (de localização ou de funcionamento) e Taxa de Fiscalização Ambiental (TFA).

Não é possível uma taxa de polícia "potencial", pois deve haver o regular poder de polícia, isto é, a efetiva e concreta atividade fiscalizatória. A Súmula 545 do STF afirma que "preços de serviços públicos e taxas não se confundem, porque estas, diferentemente daqueles, são compulsórias e têm sua cobrança condicionada à prévia autorização orçamentária, em relação à lei que as instituiu, Súmula 545, STF".

Figura 4.2 Fato gerador da taxa

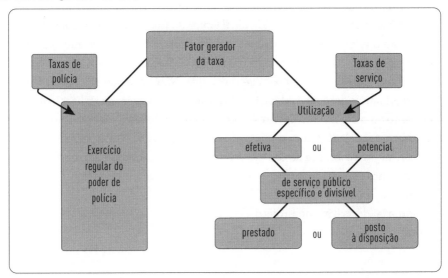

Fonte: CTN.

CASO PRÁTICO 4.2

(OAB/TO - 2006 - II) Determinado município do Estado do Tocantins editou lei instituindo duas taxas. A primeira, taxa de coleta de lixo e limpeza pública, em razão da prestação de serviços de limpeza de logradouros públicos e de coleta domiciliar de lixo. A segunda, pela conservação e manutenção de vias públicas.

Em face da situação hipotética apresentada, responda se a instituição das taxas de coleta de lixo e limpeza pública e de conservação e manutenção de vias públicas se coaduna com a lei e com a jurisprudência que versam sobre o tema. Disserte, ainda, acerca da distinção entre taxa de polícia e taxa de serviço.

4.5 Contribuição de melhoria

A contribuição de melhoria é um tributo instituído por lei ordinária sobre a valorização de imóvel particular, em decorrência de obras públicas realizadas, previsto no art. 145, inciso III, da Constituição da República Federativa do Brasil, e nos arts. 81 e 82 do CTN. Para

Sabbag,[17] é um tributo bilateral, contraprestacional e sinalagmático (significa uma relação de obrigação contraída entre duas partes de comum acordo; cada parte condiciona a sua prestação à contraprestação da outra). A atuação estatal é indiretamente referida, uma vez que se faz necessário ao contribuinte experimentar uma valorização imobiliária que decorra de obra pública. Assim, seria diretamente referida ao contribuinte caso a simples existência de obra pública permitisse a cobrança do tributo.

Crepaldi e Crepaldi[18] afirmam que o valor da contribuição a ser paga pelo contribuinte beneficiário da valorização imobiliária não pode ser superior ao acréscimo de valor do imóvel, nem o total das contribuições arrecadadas poderá ser superior ao custo da obra. Há, então, dois limites: um global (valor da obra) e outro individual (valor da valorização do imóvel). Existe, ainda, outro limite para o valor anual da contribuição de melhoria: 3% (três por cento) do valor venal do imóvel, segundo o art. 12 do Decreto-lei n. 195/1967. Sua arrecadação deve ser destinada exclusivamente para custear a obra pública empreendida. Não exige que seja realizada a consulta prévia aos proprietários dos imóveis beneficiados quanto à vantagem da realização da obra pública. O orçamento do custo da obra deverá ser previamente publicado, e o prazo para a sua impugnação administrativa pelos interessados não poderá ser inferior a 30 dias (art. 82, inciso II, CTN).

Para instituição e cobrança da contribuição de melhoria, Amaro[19] afirma que depende de:

- orçamento sobre o custo gasto para a realização da obra pública;
- definição da área beneficiada;
- memorial descritivo do projeto;
- limite individual.

4.5.1 Base de cálculo e alíquota

Para Machado,[20] a contribuição de melhoria tem a base de cálculo, o *quantum* da valorização, experimentada pelo imóvel decorrente de obra pública, e a alíquota, um percentual desse *quantum*, prevista em lei. A contribuição pode apenas ser cobrada uma vez para cada obra pública que valorize o imóvel.

O limite total da contribuição de melhoria será o valor da despesa realizada pela obra pública que lhe deu causa. Contudo, o CTN, no art. 81, dispõe acerca dos limites individual e total da contribuição de melhoria, tendo como limite total a despesa realizada e como limite individual o acréscimo de valor que da obra resultar para cada imóvel beneficiado.

É legal a majoração do valor do aluguel de um imóvel valorizado locado, conforme o art. 8°, § 2°, do Decreto-lei n. 195/1967. Contudo, para o STF, a taxa de asfaltamento não é permitida, pois a pavimentação asfáltica só pode ensejar a contribuição de melhoria. A repavimentação de uma via pública caracteriza serviço de manutenção *uti universi* e deve ser remunerada por meio da receita dos impostos.

---

17 SABBAG, 2016.
18 CREPALDI; CREPALDI, 2011.
19 AMARO, 2016.
20 MACHADO, 2016.

4.5.2 Competência para instituir e cobrar contribuição de melhoria

Somente a União, os Estados, o Distrito Federal e os municípios, pessoas políticas responsáveis pela obra pública que acarretou a valorização imobiliária, poderão instituir e cobrar contribuição de melhoria, que poderá ser exigida uma única vez para cada obra, mesmo havendo sobrevalorização posteriormente.

4.5.3 Princípio informador da contribuição de melhoria

O princípio informador da contribuição de melhoria é o princípio da proporcionalidade do benefício experimentado pelo proprietário do imóvel em razão da obra pública. Assim, o tributo será cobrado proporcionalmente em razão do benefício experimentado por cada um dos proprietários do imóvel, possibilitando prestação maior ou menor, dependendo do valor venal do imóvel.

Figura 4.3 Contribuição de melhoria

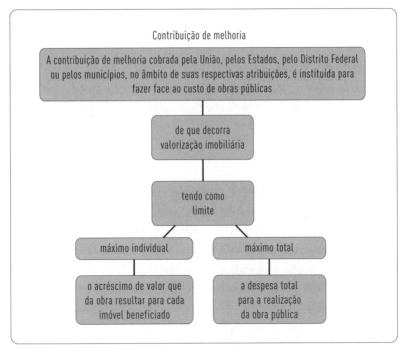

Fonte: CTN.

4.6 Empréstimos compulsórios

Esse tributo não é definido pelo fato gerador, como acontece com os impostos, as taxas e as contribuições de melhoria, aos quais, como se sabe, se aplica o art. 4° do CTN. É cobrado exclusivamente pela União, mediante lei complementar, em dois possíveis casos: despesa extraordinária decorrente de calamidade pública ou guerra externa, podendo ser instituído e cobrado no mesmo ano em que ocorrer a publicação de sua lei, e, no caso de investimento público de caráter urgente e relevante interesse nacional, só poderá ser exercido a partir do primeiro dia útil do ano seguinte.

4.7 Contribuições parafiscais (ou sociais)

A característica viabilizadora da natureza jurídica específica das contribuições sociais parafiscais ou especiais é o fato de o produto da arrecadação desses tributos estar vinculado a determinados fins de interesse público, à Administração direta ou indireta ou à atividade de entes que colaboram com a Administração. Esse traço distintivo recebe a denominação de afetação.

Modalidade tributária prevista nos arts. 149-A e 195 da CF, as contribuições parafiscais são instituídas pela União.

A parafiscalidade se traduz pela delegação da capacidade tributária ativa, com a consequente utilização do montante arrecadado pela entidade autorizada (entidade beneficiada pela delegação). Tal benesse é concedida por meio de lei, podendo apenas se voltar em favor de pessoas jurídicas de direito público (como autarquias) e de pessoas jurídicas de direito privado perseguidoras de finalidade pública — Sesi, Sesc, Senai, Senac (art. 240, CF).

A contribuição social tem destinação certa, sendo recolhida com uma finalidade predeterminada, indicada na lei que a instituiu. Assim, contribuições parafiscais ou sociais são tributos arrecadados por pessoas diversas daquelas que procederam à sua instituição.

4.7.1 Classificação das contribuições (art. 149 da CF)

Contribuições Sociais Gerais foram instituídas para financiar atividades ligadas à ordem social, com exceção da seguridade social. O que deve ser destacado de seu regime jurídico-tributário é a aplicação da regra geral da anterioridade. Exemplo de contribuição geral: contribuição ao salário-educação, conforme já decidiu o STF, art. 212, § 5°, da CF, e também o FGTS.

4.8 Imposto de Renda Pessoa Jurídica

Existem três regimes de apuração do Imposto de Renda Pessoa Jurídica (IRPJ): lucro real, lucro presumido e Simples – art. 153, III, CF. Existe um quarto regime, chamado de lucro arbitrado, imposto pelas autoridades fiscais como punição aos contribuintes que apresentam falhas em sua documentação fiscal ou contábil.

O regime do lucro real é o que impõe mais exigências burocráticas. Além da contabilidade obrigatória, os contribuintes devem ter o Livro de Apuração do Lucro Real (Lalur[21]), pois a base de cálculo do imposto é atingida após uma série de ajustes ao lucro apurado na contabilidade. Existe a possibilidade de escolher apurar o lucro real em períodos trimestrais ou anuais.

A apuração trimestral é definitiva. Na apuração anual, o contribuinte antecipa mensalmente o IRPJ e compara, no final do ano, o valor devido com o que já foi pago. Se pagar menos que o devido, tem até o mês de março do ano seguinte para recolher a diferença.

---

21 A Instrução Normativa RFB n. 989, de 22 de dezembro de 2009, revogada pela Instrução Normativa RFB n. 1.353, de 30 de abril de 2013, institui o Livro Eletrônico de Escrituração e Apuração do Imposto sobre a Renda e da Contribuição Social sobre o Lucro Líquido da Pessoa Jurídica Tributada pelo Lucro Real (e-Lalur). No decorrer desta obra, o leitor encontrará as siglas **Lalur** e **e-Lalur**, em referência ao Livro de Apuração do Lucro Real.

O pagamento a mais poderá ser compensado com outros tributos federais ou restituído em dinheiro, mediante solicitação. Se comprovar, por meio de balancete, que teve prejuízo ou pagou mais imposto do que devia, o contribuinte poderá suspender ou reduzir os recolhimentos mensais.

O lucro presumido é bem mais fácil, porque é um percentual de sua receita. No entanto, esse percentual varia conforme a atividade: para prestação de serviço em geral é de 32%, enquanto na venda de produtos é de 8%. O cálculo é sempre feito em bases trimestrais. No Simples, o IRPJ é pago juntamente com quase todos os demais tributos federais.

4.9 Escolha do regime de tributação do IRPJ

Inicialmente, deve-se saber que o regime de tributação do IRPJ nem sempre é uma opção. São obrigados a adotar o regime do lucro real os contribuintes que tiveram receita bruta no ano anterior superior a R$ 78.000.000,00, as instituições financeiras ou equiparadas, as empresas de *factoring* e as pessoas jurídicas que tenham rendimentos provenientes do exterior. Aqueles que utilizaram algum incentivo fiscal de redução do IR também deverão escolher o regime do lucro real.

Pode optar pelo lucro presumido quem não estiver obrigado ao lucro real e não tem o Simples como alternativa. No entanto, nem sempre essa é a melhor opção. Para uma prestadora de serviços com lucratividade de 20% do faturamento, por exemplo, é vantagem adotar o lucro real, pois o lucro presumido da prestação de serviços considerado pela RFB é maior. Isso significa pagar mais IR. Deve-se levar em consideração, entretanto, que o regime do lucro real é trabalhoso e encarece suas despesas com o contador.

Figura 4.4 Tipos de regime de tributação do IRPJ

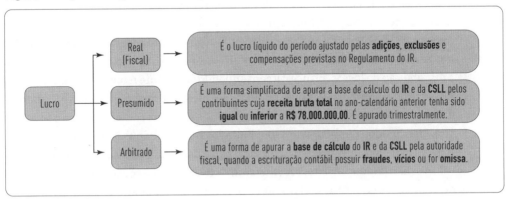

Fonte: Decreto n. 9.580/2018.

4.10 Finalidade do planejamento tributário

O planejamento tributário tem como objetivo a economia (diminuição) legal da quantidade de dinheiro a ser entregue ao governo. Os tributos (impostos, taxas e contribuições) representam importante parcela dos custos das empresas, se não a maior. Com a globalização da economia, tornou-se questão de sobrevivência empresarial a correta administração do ônus tributário.

Em média, 33% do faturamento empresarial é dirigido ao pagamento de tributos. Do lucro, até 34% vai para o governo. Do somatório dos custos e despesas, mais da metade do valor é representada pelos tributos. Assim, torna-se imprescindível a adoção de um sistema de economia legal.

As finalidades do planejamento tributário são:

- Evitar a incidência do fato gerador do tributo.

  Exemplo: substituir a maior parte do valor do pró-labore dos sócios de uma empresa por distribuição de lucros, pois a partir de janeiro de 1996 eles não sofrem incidência do IR, nem na fonte nem na declaração. Dessa forma, evita-se a incidência do INSS (20%), conforme o art. 22, I, da Lei n. 9.876/1999, e do IR na fonte (até 27,5%) sobre o valor retirado como lucros em substituição ao pró-labore, palavra que vem do latim *pro labore* e significa "pelo trabalho". Refere-se à remuneração que alguém recebe como contraprestação dos serviços que presta ou da função que exerce. A maior vantagem é que o pagamento do pró-labore significa uma despesa para a empresa. Assim, o valor fica livre de tributação do IR e da CSLL. A maior desvantagem é que o sócio que recebe a remuneração paga o IR sobre ela de acordo com a mesma tabela progressiva de IR que serve para a retenção do tributo no salário pago ao empregado. A tabela em vigor atualmente tem uma faixa de isenção e uma alíquota máxima de 27,5%. Há uma segunda tributação que também pesa bastante sobre o pró-labore: a contribuição previdenciária de 20% ao INSS.

  O dividendo é uma distribuição de lucros. Ele é retirado, portanto, dos ganhos da empresa. Por isso, não é considerado despesa. O dividendo é, na verdade, uma compensação ao sócio que investiu na companhia.

  A tributação sobre a distribuição de lucros mudou muito nos últimos anos. Hoje ela é isenta de IR. A tributação sobre dividendos é um ponto sensível e sujeito a muitas mudanças, porque é uma das formas utilizadas pelo governo para estimular ou não a distribuição de lucros, principalmente quando se trata de remessas para o exterior. A empresa não retém o IR na distribuição do lucro e também não há pagamento na declaração como pessoa física por parte do sócio que o recebeu. Além disso, os lucros distribuídos também não são tributados pela contribuição de 20% ao INSS.

  A desvantagem é que, como o dividendo não é despesa, a empresa paga IR sobre os valores distribuídos. Assim, recolhe-se 25% de IR (15% + adicional de 10%) e CSLL de 9%. Além disso, esse sistema só pode ser utilizado por empresas lucrativas.

- Reduzir o montante do tributo, alíquota, ou reduzir a base de cálculo do tributo.

  Exemplo: ao preencher sua Declaração de Renda, você pode optar por deduzir até 20% da renda tributável como desconto padrão ou efetuar as deduções de dependentes, despesas médicas, plano de previdência privada etc. Você certamente escolherá o maior valor, que lhe permitirá uma dedução maior da base de cálculo, para gerar um menor IR a pagar (ou um maior valor a restituir).

- Postergar o pagamento do tributo, sem a ocorrência da multa.

  Exemplo: transferir o faturamento da empresa do dia 30 (ou 31) para o dia 1° do mês subsequente. Com isso, ganham-se 30 dias adicionais para pagamento do Programa de Integração Social (PIS), da Contribuição para o Financiamento da Seguridade Social (Cofins), do Simples, do ICMS, do ISSQN, do IRPJ e da CSLL (lucro real por estimativa), e, caso seja final de trimestre, até 90 dias para o IRPJ e a CSLL (lucro presumido ou lucro real trimestral), e de 10 a 30 dias se a empresa pagar IPI.

  O planejamento tributário representa maior capitalização do negócio, possibilidade de menores preços e ainda facilita a geração de empregos, pois os recursos economizados poderão possibilitar novos investimentos.

- Evitar a aplicação de penalidades.

  Ao efetuar o planejamento tributário, não queremos cometer a sonegação fraudulenta, com vistas a não recolher o tributo.

- Recuperar os tributos recolhidos indevidamente.

  Verificar o recolhimento dos tributos em relação a seu âmbito de aplicação, campo de incidência, fato gerador, alíquota, base de cálculo e seus créditos ou incentivos fiscais.

4.11 Planejamento tributário como obrigação dos administradores

A Lei n. 6.404/1976 (Lei das Sociedades por Ações) prevê a obrigatoriedade do planejamento tributário, por parte dos administradores de qualquer companhia, pela interpretação do art. 153: "O administrador da companhia deve empregar, no exercício de suas funções, o cuidado e a diligência que todo homem ativo e probo costuma empregar na administração dos seus próprios negócios". Portanto, antes de ser um direito, uma faculdade, o planejamento fiscal é obrigatório para todo bom administrador.

Dessa forma, no Brasil, tem ocorrido uma explosão do planejamento tributário como prática das organizações. No futuro, a omissão dessa prática irá provocar o descrédito daqueles administradores omissos. Atualmente, não existe registro de nenhuma causa ou ação, proposta por acionista ou debenturista com participação nos lucros, nesse sentido.

No futuro, porém, a inatividade nessa área poderá provocar ação de perdas e danos por parte dos acionistas prejudicados pela omissão do administrador em perseguir o menor ônus tributário.

O planejamento tributário será iniciado com uma revisão fiscal, em que o profissional deve aplicar os seguintes procedimentos:

- fazer um levantamento histórico da empresa, identificando a origem de todas as transações efetuadas, e escolher a ação menos onerosa para os fatos futuros;
- verificar a ocorrência de todos os fatos geradores dos tributos pagos e analisar se houve cobrança indevida ou recolhimento a maior;
- verificar se houve ação fiscal sobre fatos geradores decaídos, pois os créditos constituídos após cinco anos são indevidos;

- analisar, anualmente, qual a melhor forma de tributação do IRPJ e da CSLL, calculando de que forma (real ou presumida) a empresa pagará menos tributos;
- levantar o montante dos tributos pagos nos últimos dez anos, para identificar se existem créditos fiscais não aproveitados pela empresa;
- analisar os casos de incentivos fiscais existentes, tais como isenções, redução de alíquotas etc.;
- analisar qual a melhor forma de aproveitar os créditos existentes (compensação ou restituição).

Figura 4.5 O que analisar para fazer um planejamento tributário

Fonte: elaborada pelo autor.

CONSIDERAÇÕES FINAIS

A empresa que opta pela tributação baseada em um planejamento tributário visa à minimização dos impostos, o que acaba por refletir positivamente nos resultados da empresa. Para tanto, são demonstrados os benefícios que um correto enquadramento no regime tributário pode representar em uma gestão empresarial.

Observa-se um enorme desconhecimento da legislação tributária por parte de empresários e até mesmo dos próprios contadores, o que acaba por causar erros na definição da escolha tributária, gerando assim valores desnecessários, os quais, por sua vez, podem colocar em risco a própria existência da empresa. Nesse contexto, o planejamento tributário visa promover a difusão de procedimentos amparados por lei que venham a auxiliar os profissionais a ampliar suas possibilidades de redução no recolhimento dos impostos por meio de informações teóricas confiáveis e, finalmente, com um modelo aplicado em uma situação real, garantir uma visão do todo.

CAPÍTULO 5 # O processo de planejamento tributário

Objetivo

Neste capítulo, você aprenderá:

- que o controle e a aplicação do planejamento tributário constituem-se no estudo das diversas alternativas legais para a redução da carga fiscal.

Introdução

A atividade de gestão de tributos engloba a correta organização do mundo empresarial mediante o emprego de contratos, fórmulas jurídicas e estruturas societárias que permitam excluir, reduzir ou adiar os encargos tributários que oneram a empresa. Não se pode deixar de mencionar o trabalho de organização contábil da empresa, da correta escrituração dos tributos devidos, dos reflexos contábeis e fiscais das transações comerciais que são elementos relevantes no trato da rotina fiscal.

Figura 5.1 Atividade de planejamento tributário

Fonte: elaborada pelo autor.

A base de um adequado planejamento fiscal é a existência de dados regulares e confiáveis. A contabilidade, sendo um sistema de registros permanentes das operações, é um pilar de tal planejamento. Por contabilidade entende-se um conjunto de escrituração das receitas, custos e despesas, bem como de controle patrimonial (ativos e passivos). A IN n. 1.422/2013, que foi alterada pela IN n. 1.489/2014, estabeleceu a implantação da Escrituração Contábil Fiscal pela Receita Federal do Brasil (RFB), exigindo cuidado por parte dos contadores que assessoram seus clientes no cumprimento da legislação fiscal.

Tal conjunto de informações e sistemas irá gerar os dados preliminares para a análise tributária. Obviamente, se o objetivo é reduzir tributos, é necessário saber quanto estamos gastando com eles na atualidade! Partimos de um fato real (quanto gastamos) para compará-lo com estimativas econômicas (quanto pagaremos).

Sem contabilidade, o planejamento tributário ficará dependente de informações avulsas, irregulares, sujeito a estimativas, erros e avaliações equivocadas. Para que a contabilidade se preste ao planejamento, ela deverá refletir a situação real do patrimônio e das receitas e despesas. Contas com saldos distorcidos, falta de atendimento do regime de competência, atrasos na escrituração, conciliações incorretas etc. são fatores que diminuem a qualidade da informação contábil. Por conseguinte, diminuirão a qualidade do planejamento pretendido.

O planejador de sucesso na área tributária buscará, basicamente:

- informações precisas sobre os tributos (base de cálculo, alíquotas, prazos de recolhimento, fato gerador etc.);
- dados internos e externos do contribuinte (lucratividade, volume de negócios e forma de operações, entre outros).

A partir desses dados, ele começará a comparar, analisar, verificar, deduzir, pressupor e idealizar alternativas lícitas para redução fiscal.

Exemplo: se o contribuinte optou pelo regime do lucro presumido, segundo o qual está dispensado de escrituração contábil, porém a mantém, poderá avaliar, periodicamente, a vantagem ou desvantagem desse regime, com base nos resultados gerados nos períodos a que se submeteu a essa forma de tributação, comparativamente ao regime do lucro real. Quando se aplicar o planejamento pretendido, sua execução precisará ser avaliada à luz de critérios objetivos. Novamente a contabilidade se prestará para tal, pois seus registros evidenciarão, entre outras questões:

- A execução do planejamento tributário trouxe redução de impostos? Quanto?
- Houve custos adicionais (administrativos, consultoria) nessa implantação? Quais foram esses custos e seu respectivo montante?
- Com base nos resultados já alcançados, pode-se afirmar que o planejamento fiscal foi aplicado de forma eficaz e de modo econômico?

Balancetes velhos ou mal conciliados podem distorcer seriamente a análise real da situação fiscal da empresa. É imprescindível que o reconhecimento de todas as receitas e despesas se faça pelo regime de competência e não pelo regime de caixa.

Segundo o princípio da competência, as receitas e as despesas devem ser incluídas na apuração do resultado do período em que ocorrerem, sempre simultaneamente, quando se correlacionarem, independentemente de recebimento ou pagamento.

O princípio da competência determina quando as alterações, no ativo ou no passivo, resultam em aumento ou diminuição do patrimônio líquido, estabelecendo, ainda, diretrizes para a classificação das mutações patrimoniais, resultantes da observância do princípio da oportunidade.

O reconhecimento simultâneo das receitas e despesas, quando correlatas, é consequência natural do respeito ao período em que ocorrer sua geração. As receitas consideram-se realizadas:

- nas transações com terceiros quando estes efetuarem o pagamento ou assumirem compromisso firme de efetivá-lo, quer pela investidura na propriedade de bens anteriormente pertencentes à entidade, quer pela fruição de serviços por esta prestados;

- quando do desaparecimento, parcial ou total, de um passivo, qualquer que seja o motivo;
- pela geração natural de novos ativos, independentemente da intervenção de terceiros.

Assim, por exemplo, a simples emissão de pedido comercial não é considerada receita, pois a transação com o terceiro não foi completada, faltando para tanto a investidura na propriedade de bens. Somente quando houver a tradição (entrega) do bem solicitado é que se registrará a receita respectiva.

Consideram-se incorridas as despesas:

a) quando deixar de existir o correspondente valor ativo, por transferência de sua propriedade para terceiros;
b) pela diminuição ou extinção do valor econômico de um ativo;
c) pelo surgimento de um passivo sem o correspondente ativo.

Dessa forma, em uma venda de mercadoria com cláusula CIF (*Cost, Insurance and Freight* — modalidade pela qual o preço da mercadoria vendida inclui despesas com seguro e frete até o local de destino), o vendedor deve registrar imediatamente o custo do frete e do seguro, já que se trata de uma obrigação (conta a pagar) com surgimento de um passivo (item c anterior).

A depreciação de bens do ativo imobilizado deve ser registrada periodicamente (em períodos mensais) para registrar a diminuição, no tempo, do valor econômico dos ativos (item b anterior).

O sistema contábil adotado pela empresa precisa estar integrado e coordenado com os demais setores, de forma informatizada, visando facilitar o registro dos fatos e contando com a rapidez necessária para a geração de dados confiáveis e periódicos.

O contador é a peça-chave nessa gestão, e é preciso apoio, treinamento e motivação para que esse profissional participe efetivamente do planejamento tributário da empresa. Aliás, há vários contadores à frente desse processo — o que não impede, é claro, que outra pessoa possa assumir esse encargo, desde que tenha sólidos conhecimentos de tributação.

Conforme Machado,[1] é possível destacar duas grandes áreas de gestão e planejamento de tributos:

1) **Planejamento Tributário Estratégico:** relaciona-se com a mudança de algumas características estratégicas da empresa, tais como estrutura de capital, localização geográfica, contratação de mão de obra e terceirização de determinadas operações, entre outras.
2) **Planejamento Tributário Operacional:** refere-se aos procedimentos prescritos pela legislação tributária.

---

1 MACHADO, H. de B. *Curso de direito tributário*. 37. ed. São Paulo: Malheiros, 2016.

Com relação ao tempo, segundo Young,[2] existem três tipos de planejamento tributário:

1) **Planejamento Tributário Preventivo:** desenvolvido continuamente por meio de orientações e manuais de procedimentos, especialmente nas atividades de cumprimento das obrigações principais e acessórias.

2) **Planejamento Tributário Corretivo:** ocorre quando é detectada alguma anormalidade e, então, realiza-se o estudo de alternativas para as correções das inconsistências identificadas.

3) **Planejamento Tributário Especial:** ocorre em função de determinados fatos que impactam diretamente a operação da empresa, tais como abertura de filiais, lançamento de novos produtos, aquisição e/ou alienação da empresa e processos societários de reestruturação (cisão, fusão, incorporação), entre outros.

5.1 Funções e atividades da Contabilidade Tributária

São funções e atividades da contabilidade tributária:

- escrituração e controle;
- orientação;
- planejamento tributário.

O método da Contabilidade Tributária consiste basicamente na elaboração de relatórios contábeis confiáveis e eficazes capazes de demonstrar a real situação das contas do patrimônio e do resultado da empresa, bem como de permitir um adequado planejamento tributário.

A escrituração e o controle referem-se à escrituração fiscal das atividades do dia a dia da empresa e dos livros fiscais; à apuração dos tributos a pagar e a recolher, preenchimento das guias e cumprimento das obrigações acessórias; ao controle sobre os prazos para os recolhimentos; e à correta apuração e registro do lucro tributável do exercício social, conforme os princípios fundamentais de contabilidade.

O planejamento tributário, também conhecido como reestruturação fiscal e engenharia tributária, consiste em técnica que projeta as operações, visando conhecer as obrigações tributárias pertinentes a cada uma das alternativas legais que são aplicáveis para, em seguida, adotar a que possibilita emprego de procedimento tributário legitimamente inserido na esfera de liberdade fiscal.

O controle e a aplicação do planejamento tributário constituem-se no estudo das diversas alternativas legais para a redução da carga fiscal, tais como todas as operações em que for possível o crédito tributário — principalmente em relação aos chamados impostos não cumulativos, como ICMS, IPI etc. —, todas as situações em que for possível o diferimento dos tributos, recuperações, compensações, além do melhor gerenciamento das despesas e provisões permitidas pelo Fisco como dedutíveis da receita.

---

2   YOUNG, L. H. B. *Planejamento tributário*. 3. ed. Curitiba: Juruá, 2008.

Quadro 5.1 Contabilidade Tributária

Características	Contabilidade Gerencial	Contabilidade Financeira	Contabilidade Fiscal
Adoção	Facultativa	Obrigatória	Obrigatória
Utilizada para	Relações internas	Relações externas	Relações tributárias
Legislação	Não está condicionada às disposições legais	Disposições legais	Disposições legais e tributárias
Princípios contábeis	Não	Sim	Tratamento diferenciado de acordo com a lei
Produto principal	Planejamento e controle	Demonstrações contábeis	Relatórios específicos exigidos por lei
Visão da empresa	Interesse nas partes	Empresa como um todo	Empresa como um todo
A informação é	Rápida (aproximações)	Precisa (objetiva)	Precisa (objetiva)
A informação busca	Utilidade	Objetividade	Objetividade e legalidade

Fonte: adaptado de NBC e CPC.

5.2 Conhecimentos de contabilidade

Para administrar um empreendimento não é necessário ser especialista em contabilidade, mas certamente é preciso conhecer o básico para entender melhor as finanças da empresa e ter como avaliar o trabalho do contador.

A Contabilidade é uma ciência que tem função de avaliar e informar a situação patrimonial e financeira de uma entidade. Em termos contábeis, patrimônio é a soma de bens e direitos (ativo) menos o total das obrigações (passivo).

São também importantes os conceitos de receita, custo e despesa. As principais receitas de uma pessoa jurídica são provenientes da venda de mercadorias ou serviços, do rendimento de aplicações financeiras e de juros recebidos nas compras a prazo. Custos são os gastos diretamente relacionados com as mercadorias vendidas ou produzidas, ou com serviços prestados. Despesas são os gastos que não têm relação direta com a mercadoria vendida ou com o serviço prestado, como determinados impostos e juros. Resultado é o valor das receitas menos os custos de despesas. Se for positivo, chama-se lucro e pode ser distribuído aos sócios ou reinvestido na empresa. O resultado negativo chama-se prejuízo e significa a diminuição do patrimônio da empresa.

Em função das estruturas contábeis diante da convergência às Normas Internacionais de Contabilidade, a contabilidade tem sido um dos importantes pilares para o planejamento empresarial, a maximização da riqueza e a perpetuação da empresa no mercado.

A Contabilidade Societária é o ramo da Contabilidade aplicada ao estudo e ao controle do patrimônio das entidades, cujo principal objetivo é oferecer informações sobre sua composição e variação, inclusive em relação ao resultado decorrente da atividade empresarial.

O empresário e a sociedade empresária são obrigados a seguir um sistema de contabilidade, mecanizado ou não, com base na escrituração uniforme de seus livros, em correspondência à documentação respectiva, e a levantar anualmente o balanço patrimonial e o de resultado econômico, conforme o art. 1.179 do CC.

Figura 5.2 Normas de contabilidade

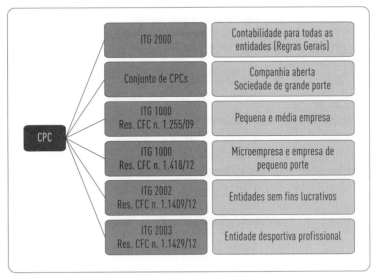

Fonte: elaborada pelo autor.

5.3 Passos do planejamento

Passo 1	Considerações preliminares
a	Empresa eficiente do ponto de vista tributário
b	Diferença entre elisão e evasão fiscal
Passo 2	Objetivo estratégico do planejamento tributário
a	Redução ou eliminação de carga fiscal das empresas
b	Postergação do pagamento de tributos e contribuições
c	Diminuição da contingência tributária
d	Recuperação de tributos recolhidos
Passo 3	Frentes de ação do planejamento tributário
a	Questionamento judicial de tributos
b	Planejamento induzido pela legislação
c	Reorganização corporativa ▸

Passo 4	Etapas (metodologia) do planejamento tributário	
	a	Revisão da estrutura corporativa
	b	Análise do planejamento estratégico
	c	Mapeamento das atividades (Controladoria)
	d	Formulação de estratégia tributária
Passo 5	Questionamento judicial de tributos	
	a	Princípios constitucionais da corporação
	b	Hierarquia da legislação tributária (ordenamento jurídico)
Passo 6	Planejamento tributário induzido pela legislação	
	a	Sistema de apuração de tributos
	b	Formas de retribuição dos acionistas
	c	Formas de recuperação de tributos
Passo 7	Planejamento tributário nas organizações societárias	
	a	Captação de recursos internos
	b	Responsabilidade das pessoas ligadas
	c	Prejuízo fiscal, base negativa da CSLL e do IRPJ
Passo 8	Diligência como fonte de planejamento tributário	
	a	Identificação de ativos e passivos não contabilizados
	b	Recuperação de crédito fiscal
	c	Processo de compra e venda de mercadorias e produtos
Passo 9	Limites do planejamento tributário	
	a	Questionamento pelo Fisco
	b	Defesa (ação fiscal) do departamento jurídico
	c	Jurisprudência favorável ao contribuinte
	d	Defesa fiscal — Contribuinte × Aduana (Administrativa)
	e	Recuperação de tributos em trânsito

5.4 Benefícios do planejamento tributário

O contribuinte pode obter os seguintes benefícios com o planejamento tributário:

- entender o processo entre planejamento tributário e sonegação fiscal;
- identificar as oportunidades de eliminação ou minimização da carga tributária;

- maximizar a utilização de oportunidades com diploma legal da legislação;
- estruturar operações de compras e vendas de produtos e serviços, entradas de ativos, participações acionárias, utilizando atos societários (fusão, cisão, incorporação e redução de capital subscrito);
- utilizar diligência como fonte de dados do planejamento tributário.

No mercado competitivo das modernas relações empresariais, o processo de planejamento, como um todo, passou a ser necessidade básica. A gestão fiscal está inserida em um procedimento amplo e geral que deve preceder qualquer novo negócio ou alteração de rumo no mundo empresarial. Ela objetiva o mesmo que qualquer outro planejamento: a eficiência, que, em termos de dispêndio com tributos, significará sempre pagar menos, dentro dos limites da lei.

Os benefícios do planejamento tributário estão ligados ao grau de atingimento do objetivo traçado, ou seja, reduzir, postergar ou evitar a incidência do tributo. Deve levar em conta as diferenças de tributação decorrentes de peculiaridades dos ativos possuídos pelo contribuinte.

Figura 5.3 Benefícios do planejamento tributário

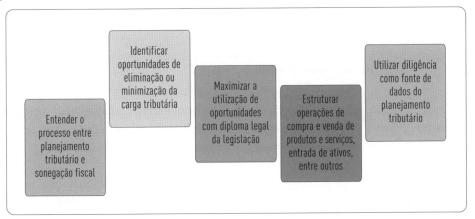

Fonte: elaborada pelo autor.

5.5 Resultado do planejamento tributário

Uma das dificuldades que os planejadores encontram na realização de um planejamento fiscal é determinar qual o montante líquido da economia que efetivamente representa (ou representará) tal conjunto de ações. Há impactos e reflexos sobre as operações, especialmente:
- a tributação do Imposto de Renda Pessoa Jurídica (IRPJ) e da Contribuição Social sobre o Lucro Líquido (CSLL). A alíquota do IRPJ é de 15%, porém, há adicional de 10% sobre o lucro real ou presumido que exceder a R$ 60.000,00 no trimestre. A alíquota atual da CSLL é de 9%. Portanto, o impacto tributário

do IRPJ, somado à CSLL, pode atingir até 34% sobre os valores de receitas, custos e despesas;

- tributos sobre as novas receitas geradas;
- custos e despesas associados ao planejamento (taxas, custo interno de modificações nas rotinas, treinamento etc.).

Exemplo 1

Determinada companhia de serviços pretende fazer transferência de operações de um município onde a alíquota do ISSQN é de 5% para outro, cuja tributação é de 2%. O ganho líquido deve levar em conta não somente a diferença de tributação, mas também o impacto na tributação do IRPJ e da CSLL, pois uma redução de custos representará maior lucro tributável. Dessa forma, se o contribuinte for tributado pelo lucro real, e sua alíquota do IRPJ está em 25% e da CSLL em 9%, então o impacto líquido projetado será:

Discriminação	% sobre receitas
1. Diferença do ISSQN	3,00%
2. IRPJ (25%) sobre economia	0,75%
3. CSLL (9%) sobre economia	0,27%
Impacto líquido do planejamento (1 − 2 − 3)	1,98%

Não se incluíram no quadro acima as despesas de abertura da filial (taxas, alvará, aluguel e outras). Esse valor deve ser determinado em conjunto com o pessoal responsável pelas operações de serviços e administração da empresa.

Exemplo 2

A Cia. Varginha tem duas atividades operacionais:

1) Comércio varejista, no qual o lucro médio é de 4,5% sobre o faturamento (antes do IRPJ e da CSLL).
2) Prestação de serviços, em que o lucro médio é de 40,2% sobre o faturamento (antes do IRPJ e da CSLL).

Sabe-se que a empresa é optante pelo lucro real. O planejador pretende sugerir à direção da Cia. Varginha que as atividades de serviços (mais lucrativas) sejam transferidas a uma nova empresa, mediante cisão de ativos, e optante pelo lucro presumido. Estima-se um custo administrativo adicional, por ano, de R$ 50.000,00 para a nova empresa. Também se projeta que não haverá despesas financeiras, pois a nova empresa receberá apenas ativos (todos os passivos onerosos serão mantidos pela Cia. Varginha). Inicialmente, o planejador levantou o balanço ajustado, por atividade, obtendo o seguinte demonstrativo:

Itens (R$/ano)	Comércio	Serviços	Total
Receita operacional bruta	30.000.000	5.000.000	35.000.000
PIS (1,65%) e Cofins (7,6%)*	(2.775.000)	(462.500)	(3.237.500)
ICMS (18%) e ISSQN (5%)	(5.400.000)	(250.000)	(5.650.000)
Custos das mercadorias e serviços	(15.750.000)	(1.250.000)	(17.000.000)
Despesas operacionais	(4.250.000)	(1.050.000)	(5.300.000)
Despesas financeiras	(625.000)	(125.000)	(750.000)
Resultado operacional antes do IR e da CSLL	**1.200.000**	**1.862.500**	**3.062.500**
Resultado operacional % receita	4,0%	37,25%	9,0%
IRPJ lucro real (IRPJ – 15% e adicional – 10%)	300.000	465.625	765.625
CSLL lucro real (9%)	108.000	167.625	275.625
Total dos tributos lucro real	**792.000**	**1.229.250**	**2.021.250**

* Valores já ajustados para a incidência não cumulativa.

Após a cisão, projeta-se o seguinte demonstrativo de resultados anual, considerando-se que a nova empresa constituída (serviços) será optante pelo lucro presumido:

Itens projetados (R$)	Comércio Lucro real	Serviços Lucro presumido	Total
Receita operacional bruta	30.000.000	5.000.000	35.000.000
PIS e Cofins	(2.775.000)	(182.500)	(2.957.500)
ICMS (18%) e ISSQN (5%)	(5.400.000)	(250.000)	(5.650.000)
Custos das mercadorias e serviços	(15.750.000)	(1.250.000)	(17.000.000)
Despesas operacionais	(4.250.000)	(1.100.000)	(5.350.000)
Despesas financeiras	(750.000)	—	(750.000)
Resultado operacional antes do IR e da CSLL	**1.075.000**	**2.217.500**	**3.292.500**
Resultado operacional % receita	6,08 %	44,4%	10,8%
IRPJ	268.759	376.000	644.759
CSLL	96.750	144.000	240.750

Despesas operacionais — Comércio: R$ 625.000,00 + R$ 125.000,00 (serviços) = R$ 750.000,00.

Despesas operacionais — Serviços: R$ 1.050.000,00 + R$ 50.000,00 = R$ 1.100.000,00.

Despesas financeiras — Serviços: não haverá.

Já temos dados suficientes para calcular a economia líquida resultante do planejamento:

Projeção antes e depois da cisão (R$)	Atual	Planejado	Diferença
IRPJ	765.625	605.656	(159.969)
CSLL	275.625	235.316	(40.309)
PIS e Cofins	3.237.500	2.957.500	(280.000)
Despesas operacionais	5.300.000	5.350.000	50.000
Total	**9.578.750**	**9.148.472**	**(430.278)**

Eventual execução do planejamento tributário na Cia. Varginha poderá resultar em uma economia líquida/ano de até R$ 430.278,00.

Assim, é importante compreender que:

- no lucro real, as alíquotas do PIS e da Cofins são de 1,65% e 7,6%, respectivamente.
- no quadro de valores projetados, o PIS e a Cofins do lucro presumido são, respectivamente, de 0,65% e 3%.
- o ICMS e o ISSQN são de 18% e 5%, respectivamente.
- o IRPJ é de 15% sobre o lucro real (com adicional de 10% para o lucro real ou presumido acima de R$ 240.000,00/ano). A CSLL é de 9% sobre a base de cálculo (real ou presumida).

5.6 Lucro real, presumido ou Simples?

As dúvidas comuns do empreendedor no planejamento tributário referem-se à escolha do regime de tributação da empresa. A decisão, que não é simples, deve ser muito bem estudada tanto pelos empresários quanto pelos contadores, pois ela será definitiva e terá efeito para todo o exercício social em que for feita a opção. Um equívoco na opção, e o empresário poderá comprometer todo o resultado de faturamento do ano. A opção de tributação de uma empresa envolve muitas questões, tais como faturamento, ramo de atuação, despesas, entre outros. Uma alternativa é que, durante a opção, o empresário leve em consideração a expectativa de quanto vai faturar no período e faça uma projeção. A opção por esses regimes afeta o cálculo dos seguintes tributos: IRPJ, CSSL, PIS e Cofins. Os demais não são afetados pela opção. Algumas empresas devem, obrigatoriamente, optar pelo regime do lucro real em razão da atividade que exercem ou da receita bruta anual.

A escolha do regime tributário é um aspecto importante para o resultado da empresa, e a legislação tributária brasileira disponibiliza algumas opções que poderão influenciá-la. As pessoas jurídicas são tributadas por uma das formas de apuração do IRPJ e da CSLL, por opção do contribuinte ou por determinação legal, nas seguintes modalidades: Simples Nacional, lucro presumido, lucro arbitrado ou lucro real. Importante decisão tributária quanto às opções deve ser efetivada anualmente pelos administradores.

A análise das opções tributárias requer uma série de fatores que devem ser levados em conta: definir qual o ramo de atividade, quais produtos e/ou serviços serão comercializados, qual a estimativa do faturamento mensal, a quantidade de funcionários etc.

Identificados esses fatores, um sistema calcula, com base nos impostos e nas legislações vigentes, cada alíquota e imposto previsto em cada regime, o que dá o resultado real das cobranças de tributos que incidirão sobre o negócio.

Dessa maneira, os dados resultantes permitem definir com assertividade e segurança a opção tributária mais econômica para a empresa.

Como a legislação não permite mudança de sistemática no mesmo exercício, a opção por uma das modalidades será definitiva. Se a decisão for equivocada, ela terá efeito ao longo de todo o ano. A opção é definida no primeiro pagamento do imposto (normalmente é recolhido em fevereiro de cada ano), ou, no caso das empresas optantes pelo Simples Nacional, até o último dia útil de janeiro.

5.7 Lucro real

É o resultado contábil (receitas menos os custos e as despesas) ajustado pelas adições e exclusões. Quando analisado somente o IR e a CSLL, o lucro real é, na maioria dos casos, a melhor opção porque a empresa somente paga os referidos tributos quando obtém lucro, segundo o Decreto-lei n. 9.580/2018.

A legislação fiscal e tributária prevê que o lucro líquido (ou prejuízo) do período de apuração, antes da provisão para o Imposto de Renda (IR), seja ajustado pelas adições, exclusões ou compensações. Este deveria ser o regime tributário padrão, porque sua metodologia se resume a averiguar as receitas e a deduzir os custos e as despesas para apurar o resultado do período. A Administração Tributária federal exige que o lucro apurado seja comprovado com lançamentos contábeis, transmitidos à RFB por meio do Sped Contábil e da Escrituração Contábil Fiscal (ECF), de acordo com o art. 6° do Decreto-lei n. 1.598/1977 e o art. 258 do Decreto-lei n. 9.580/2018.

5.7.1 Lucro real anual

É o lucro contábil ajustado pelas adições, exclusões ou compensações prescritas ou autorizadas pela legislação fiscal. A determinação dessa categoria de lucro será precedida da apuração do lucro líquido do exercício — a soma algébrica do lucro operacional, dos resultados não operacionais e das participações — e deverá ocorrer com observância dos preceitos da lei societária (art. 190 da Lei n. 6404/1976). No lucro real anual por estimativa, a empresa pode recolher os tributos mensalmente calculados com base no faturamento, de acordo com percentuais sobre as atividades, aplicando-se a alíquota do IRPJ e da CSLL, de forma semelhante ao lucro presumido. Nessa opção, a vantagem é a possibilidade de levantar balanços ou balancetes mensais, reduzindo ou suspendendo o valor do recolhimento, caso o lucro real apurado seja efetivamente menor que a base presumida.

No final do ano, a empresa levanta o balanço anual e apura o lucro real no exercício, ajustando o valor dos tributos ao seu resultado real.

5.7.2 Lucro real trimestral

No lucro real trimestral, o IRPJ e a CSLL são calculados com base no balanço apurado no final de cada trimestre civil.

Nessa modalidade, o lucro real do trimestre não é somado ao prejuízo fiscal de trimestres seguintes, ainda que dentro do mesmo ano-calendário. O prejuízo fiscal de um trimestre só poderá deduzir até o limite de 30% do lucro real dos trimestres seguintes. Essa pode ser uma boa opção para empresas com lucros lineares.

No entanto, para as empresas com picos de faturamento durante o exercício, a opção pelo lucro real anual pode ser mais vantajosa, porque poderá suspender ou reduzir o pagamento do IRPJ e da CSLL quando os balancetes apontarem lucro real menor que o estimado. Outra vantagem é que o prejuízo apurado no próprio ano pode ser compensado integralmente com lucros do exercício.

5.8 Lucro presumido

Lucro presumido é uma modalidade prática para determinação da base de cálculo do IRPJ e da CSLL das pessoas jurídicas não obrigadas à apuração do lucro real, conforme IN n. 1515/2014, nos arts. 121 a 129; Lei n. 9.718/1998, art. 13, *caput*; e art. 587, Decreto-lei n. 9.580/2018. O IRPJ e a CSLL são apurados trimestralmente pelo lucro presumido.

A alíquota de cada tributo (15% ou 25% de IRPJ e 9% da CSLL) incide sobre receitas com base em percentual de presunção variável (1,6% a 32% do faturamento, dependendo da atividade).

Há alguns tipos de receita que entram direto no resultado tributável, como ganhos de capital. No entanto, nem todas as empresas podem optar pelo lucro presumido, pois há restrições relativas ao objeto social e ao faturamento.

O limite da receita bruta para poder optar pelo lucro presumido é de até R$ 78 milhões da receita bruta total, no ano-calendário anterior.

Essa modalidade de tributação pode ser vantajosa para empresas com margem de lucratividade superior à presumida. Outra análise a ser feita é que as empresas tributadas pelo lucro presumido não podem aproveitar os créditos do PIS e da Cofins no sistema não cumulativo, apesar de pagarem o PIS e a Cofins nas alíquotas mais baixas.

5.9 Simples Nacional

Quando se opta pelo Simples Nacional, o contribuinte é enquadrado como Microempresa ou Empresa de Pequeno Porte.[3] A aparente simplicidade do regime do Simples Nacional e as alíquotas relativamente baixas são os grandes atrativos desse regime. Entretanto,

---

3 O presidente Michel Temer sancionou a lei que altera regras e limites do Simples Nacional. Essas alterações, de que trata a Lei Complementar n. 123/2006, vieram com a Lei Complementar n. 155/2016, publicada no *Diário Oficial da União* em 28 de novembro de 2016.

 Apresentamos um resumo das principais alterações:

  1) Novo limite anual de receita bruta: Microempresa: R$ 900 mil, Empresa de Pequena Porte: R$ 4,8 milhões, Microempreendedor Individual: R$ 81 mil.

  2) ICMS/ISSQN – não estão contemplados no regime. A partir de R$ 3,6 milhões, o ICMS e o ISSQN não estão contemplados no recolhimento do Simples Nacional. Esses impostos deverão ser pagos de acordo com as regras normais, ou seja, serão apurados e pagos em guia própria.

 Essa Lei Complementar entrou em vigor na data de sua publicação, produzindo efeitos a partir de 1º de janeiro de 2018, quanto aos demais dispositivos.

há inúmeras restrições legais para esta opção, além do limite de receita bruta, que é de R$ 4,8 milhões no ano.

Essa forma simplificada de tributação estabelece um pagamento mensal unificado, correspondente à aplicação de um percentual sobre a receita bruta mensal, estando contemplados os seguintes tributos e contribuições: IRPJ, CSLL, Cofins, PIS, IPI, INSS (parcela relativa ao empregador, com exceção de várias atividades de prestação de serviços), ICMS e ISSQN, conforme Lei Complementar n. 155/2016.

Há questões que exigem análise detalhada, como a ausência de créditos do ICMS e do IPI e sublimites estaduais para recolhimento do ICMS. Outro detalhe do Simples é que as alíquotas são progressivas, podendo inviabilizar o fluxo de caixa para as faixas superiores de receita, especialmente para empresas de serviços.

Observe-se, também, que determinadas atividades exigem o pagamento do INSS sobre a folha, além do percentual sobre a receita.

O Simples Nacional não exclui a incidência dos seguintes tributos, devidos na qualidade de contribuinte ou responsável: IOF, II, IE, IRRF, ITR, FGTS, os tributos e contribuições na importação de bens e serviços, o ICMS devido na substituição tributária e a contribuição previdenciária do empregado.

As empresas enquadradas nesse regime ficam dispensadas, também, do pagamento das demais contribuições instituídas pela União, inclusive as contribuições para entidades privadas de serviço social e de formação profissional vinculadas ao sistema sindical (Sesc, Sesi, Senac, Sebrae e o salário-educação) — neste último caso, a economia pode representar cerca de 5,8% sobre a folha de pagamento.

As demais receitas que não integram a receita bruta e o ganho de capital, tais como juros cobrados de clientes e descontos obtidos, não estarão sujeitas à tributação nesse regime. Porém, o ganho de capital na venda de bens do ativo permanente, tributado à alíquota de 15% a título de IRPJ, e o rendimento de aplicações financeiras de renda fixa ou o ganho líquido em operações de renda variável sofrerão tributação em definitivo — estando estes últimos rendimentos sujeitos às alíquotas aplicáveis conforme o prazo da aplicação.

Diante desses fatos, o melhor é comparar as opções do lucro real e do lucro presumido antes de optar pelo Simples Nacional.

5.10 Lucro arbitrado

Lucro arbitrado é uma forma coercitiva de apuração do IRPJ e da CSLL em substituição ao lucro real e presumido, quando o contribuinte não possui escrituração contábil ou fiscal ou não mantém documentação que embase a escrituração. Os arts. 602 a 604 do Decreto n. 9.580/2018 evidenciam as hipóteses de arbitramento e a forma de apuração dessa sistemática de cálculo.

O lucro arbitrado é uma ferramenta importante em um planejamento tributário, pois o contribuinte pode, em qualquer mês, optar por esse regime de tributação, desde que essa opção seja menos onerosa. O contribuinte pode arbitrar o lucro para fins de cálculo do Imposto de Renda e Contribuição Social, quando não tiver documentos para apresentar à autoridade fiscal, bastando apenas conhecer os valores das receitas. Quando o contribuinte vem calculando e recolhendo o IR e a CSL com base no lucro real, e em determinado trimestre apresenta resultado muito alto e ocorre de não ter como apurar corretamente o real, poderá fazer a opção pelo lucro arbitrado.

Com efeito, a opção pelo lucro presumido ou real é definitiva, embora, com relação ao lucro arbitrado, possa ser feita em qualquer mês, sendo possível depois voltar para a opção anterior se assim for mais interessante para o contribuinte.

CONSIDERAÇÕES FINAIS

Recomenda-se que os administradores realizem cálculos visando fornecer subsídios para tomada de decisão pela forma de tributação, estimando receitas e custos, com base em orçamento anual ou em valores contábeis históricos, devidamente ajustados em expectativas realistas.

A opção deve recair sobre aquela modalidade em que o pagamento de tributos, compreendendo não só o IRPJ e a CSLL, mas também PIS, Cofins, IPI, ISSQN, ICMS e INSS, se dê de forma mais econômica, atendendo também às limitações legais de opção a cada regime.

Entre os fatores mais complexos do sistema tributário nacional, certamente está a apuração da contribuição ao Programa de Integração Social (PIS) e da Contribuição para Financiamento da Seguridade Social (Cofins) pela sistemática não cumulativa, marcada pela imposição de elevadas alíquotas, por legislação intrincada e por conflitos entre contribuinte e Fisco.

Porém, no que tange ao PIS e à Cofins, esse cenário pode apresentar melhoras. Em recente decisão, o Conselho Administrativo de Recursos Fiscais (Carf) instituiu entendimento que, caso seguido, poderia simplificar a apuração do PIS e da Cofins pelo regime não cumulativo.

Para que seja possível ao Estado fazer prevalecer sua intenção de plena tributação e efetividade do princípio da solidariedade, deve valer-se de sua atividade legislativa e, por meio do exercício pleno dessa função, eliminar brechas da legislação, criar tributos em caráter residual (União) etc., observados os direitos e garantias individuais do cidadão e as limitações constitucionais ao poder de tributar.

Procurou-se demonstrar como ocorre o fenômeno da tributação, quais seus conceitos, princípios e normas, quais as figuras distintas do planejamento tributário eficaz, os objetivos que ele visa alcançar e algumas de suas estratégias. A diminuição de impostos deixa os custos da empresa menores, liberando orçamento para novos investimentos e melhorias. A empresa ganha em competitividade de mercado e se coloca à frente das organizações que não possuem esse tipo de planejamento, o que ajuda a garantir a continuidade e o crescimento dos negócios.

Somente a opção pelo lucro presumido ou real é definitiva; com relação ao lucro arbitrado, pode ser feita em qualquer mês, sendo possível depois voltar para a opção anterior se assim for mais interessante para o contribuinte.

A questão tributária é de grande relevância para a empresa e não pode ser menosprezada pelo gestor, sob pena de majoração substancial do ônus tributário, cujas implicações seriam a redução da margem de lucro ou o repasse desse acréscimo ao consumidor por meio de elevação indesejada do preço final do produto e/ou serviço — o que, nas condições atuais de competitividade do mercado, poderia gerar consequências danosas à continuidade das operações da empresa.

Para Crepaldi e Crepaldi,[4] a economia de tributos é a principal finalidade do planejamento tributário, sem infringir a legislação. Trata-se do conceito de *tax saving*, praticado pelos norte-americanos. O contador precisa, com profundidade:

- conhecer todas as situações em que é possível o crédito tributário, principalmente com relação aos chamados impostos não cumulativos — ICMS e IPI;

---

4   CREPALDI, S. A.; CREPALDI, G. S. *Direito tributário*: teoria e prática. 3. ed. Rio de Janeiro: Forense, 2011.

- conhecer todas as situações em que é possível o diferimento dos recolhimentos dos impostos, permitindo melhor gerenciamento do fluxo de caixa;
- conhecer todas as despesas e provisões permitidas pela legislação tributária como dedução de receita;
- ser oportuno e aproveitar as lacunas deixadas pela legislação, ficando atento às mudanças na legislação tributária e aos impactos nos resultados da empresa.

Importante destacar que não caracterizam planejamento tributário:
- crimes contra a ordem tributária – fraudar fiscalização, omitir informação ou prestar declaração falsa, falsificar ou alterar nota fiscal, deixar de recolher tributo no prazo legal por má-fé;
- sonegação fiscal – ação ou omissão dolosa, impedir ou retardar total ou parcialmente o conhecimento pelo Fisco de um fato ocorrido ou da natureza do fato;
- simulação – art. 102 do Código Civil: transmissão de direitos a pessoas diversas, falsa declaração e confissão, registro de datas divergentes da ocorrência do ato, intenção de prejudicar terceiros ou violar dispositivo legal;
- abuso de forma e negócio jurídico indireto;
- distribuição disfarçada de lucros.

O planejamento tributário possibilita um melhor conhecimento dos negócios. As contas ficam em ordem e isso tem um grande impacto no gerenciamento das finanças e do fluxo de caixa da empresa, permitindo-lhe realizar um orçamento anual eficaz. Oportuniza prever os cenários desfavoráveis ou favoráveis do sistema econômico, e, consequentemente, isso provê uma margem maior para realizar mudanças que se adaptem rapidamente à nova realidade. É o processo de escolha de ação, não simulada, anterior à ocorrência do fato gerador, visando direta ou indiretamente à economia de tributos.

As funções dos departamentos fiscais são as seguintes:
- cumprimento dos encargos e das obrigações fiscais da empresa;
- controle e direcionamento das ações e operações relacionadas;
- maximização de resultados e minimização de riscos;
- esclarecer questões da incidência fiscal dos tributos incidentes nas operações realizadas pelas diversas empresas.

O início do planejamento tributário está relacionado a uma revisão fiscal, em que o profissional deve aplicar os seguintes procedimentos:
- fazer um levantamento histórico da empresa, identificando a origem de todas as transações efetuadas, e escolher a ação menos onerosa para os fatos futuros;
- verificar a ocorrência de todos os fatos geradores dos tributos pagos e analisar se houve cobrança indevida ou recolhimento a maior;
- verificar se houve ação fiscal sobre fatos geradores decaídos, pois os créditos constituídos após cinco anos são indevidos;
- analisar, anualmente, qual a melhor forma de tributação do Imposto de Renda e da Contribuição Social, calculando de que forma (real ou presumida) a empresa pagará menos tributos;
- levantar o montante dos tributos pagos nos últimos cinco anos para identificar se existem créditos fiscais não aproveitados pela empresa;
- analisar os casos de incentivos fiscais existentes, tais como isenções, redução de alíquotas etc.;
- analisar qual a melhor forma de aproveitamento dos créditos existentes (compensação ou restituição).

Por meio do planejamento tributário é possível:
- reduzir a alíquota efetiva ou mesmo a base de cálculo para fins de recolhimento do tributo;
- compreender prazos, valores e tipos de tributo; e
- buscar a redução dos valores.

As empresas cometem erros quando não escolhem o regime tributário adequado, desconhecem a legislação, não mantêm um calendário fiscal atualizado e não mantêm as informações atualizadas.

Devemos buscar a gestão e a mitigação dos riscos tributários, operacional e financeiro. O planejamento tributário deverá ser elaborado, considerando:
- diagnóstico preciso – analisar o modo de atuação da empresa, realizar um mapeamento e um levantamento de dados dos fluxos administrativos, contábeis, financeiros e operacionais, além de revisar serviços e produtos prestados;
- revisão fiscal – cálculo de tributos e escrituração devem ser auditados para verificação de informações e pagamentos e estruturação;
- escolha do regime – observar as vantagens e desvantagens de cada regime para escolher o mais vantajoso;
- análise de benefícios – verificar na legislação os ganhos tributários e benefícios fiscais;
- resultado e correção – analisar os resultados obtidos na fase da revisão fiscal, realizar uma correção de procedimentos para gerar recuperação de valores recolhidos indevidamente e redução de carga tributária futura.

Temos duas grandes áreas de planejamento de tributos:
1) Estratégico – refere-se a empresa buscar entender o regime tributário mais conveniente, considerando sua missão, visão e valores. Nesse tipo, o objetivo principal é a adequação à legislação.
2) Operacional – refere-se a empresas que preferem um planejamento trimestral ou semestral, focando nas obrigações fiscais do dia a dia e nas datas de recolhimento mensais, sempre deixando tudo alinhado com a contabilidade.

As vantagens do planejamento são:
- diminuição dos custos da empresa – é possível identificar qual é o melhor regime tributário, assim como quais são as oportunidades de isenções fiscais ou quais ações são melhores;
- aproveitamento de créditos fiscais – ajuda a recuperação de créditos fiscais;
- simplificação da contabilidade – identificar o que precisa ser feito no recolhimento de tributos, calendário com todos os pagamentos;
- regularidade fiscal – evita atrasos e recolhimento incorreto de tributos; e
- ampliação da competitividade – com custos reduzidos de tributos, a empresa consegue investir em melhorias.

A empresa que investe em planejamento tributário eficiente pode:
- evitar fiscalização, multa e juros;
- evitar o erro no cumprimento das obrigações fiscais ou o seu não cumprimento/evitar execução fiscal;
- evitar o bloqueio de bens;
- evitar a falência;
- otimizar o tempo gasto com burocracia;
- aumentar o lucro; e
- progredir na atividade operacional.

CAPÍTULO 6 # Diferenças entre elisão e evasão fiscal

Objetivo

Neste capítulo, você aprenderá:

- identificar, justificar e diferenciar evasão e elusão fiscal de **elisão fiscal**, muito utilizada por empresas.

Introdução

O sistema jurídico brasileiro admite a figura da elisão fiscal, conceituando-a como um mecanismo para alcançar um impacto tributário reduzido, em que se recorre a um ato ou negócio jurídico real, verdadeiro, não carregando vício no seu alicerce fático nem na manifestação de vontade, de onde se materializa como lícito.

Elisão fiscal é um proceder legalmente autorizado que ajuda a lei tributária a atingir a sua finalidade extrafiscal, quando presente. Difere da evasão fiscal, pois são utilizados meios legais na busca da descaracterização do fato gerador do tributo. Pressupõe a licitude do comportamento do contribuinte, evitando, de forma honesta, a submissão a uma hipótese tributária desfavorável. É um conjunto de atos adotados por um contribuinte, autorizados ou não proibidos pela lei, visando uma carga fiscal menor, mesmo quando esse comportamento prejudica o Tesouro. Consiste na economia lícita de tributos, deixando-se de fazer determinadas operações ou realizando-as da forma menos onerosa possível para o contribuinte. Trata-se de ação perfeitamente lícita, de planejamento tributário ou economia fiscal. Configura-se em um planejamento que utiliza métodos legais para diminuir o peso da carga tributária em um determinado orçamento. Respeitando o ordenamento jurídico, o administrador faz escolhas prévias (antes dos eventos que sofrerão agravo fiscal) que permitem diminuir o impacto tributário nos gastos do ente administrado.

Na evasão fiscal, o contribuinte busca, antes ou depois da submissão a uma hipótese tributária desfavorável, um modo de mascarar seu comportamento de forma fraudulenta. Nesse caso, cabe à Receita utilizar todas as prerrogativas administrativas para evitar o ilícito. Evasão ou sonegação fiscal consiste em utilizar procedimentos que violem diretamente a lei fiscal ou o regulamento fiscal por meios ilícitos, para evitar o pagamento de taxas, impostos e outros tributos. É uma fraude dificilmente perdoável, porque ela é flagrante e também porque o contribuinte se opõe conscientemente à lei. Os juristas a consideram repreensível. Entre os métodos usados para evadir tributos estão a omissão de informações, as falsas declarações e a produção de documentos que contenham informações falsas ou distorcidas, como a contratação de notas fiscais, faturas, duplicatas etc.

São exemplos de evasão: falta de emissão de nota fiscal, nota fiscal calçada (primeira via com um valor diferente do das vias arquivadas na contabilidade), lançamentos contábeis de despesas inexistentes etc.

A evasão, ao contrário da elisão, consiste na lesão ilícita do Fisco, não se pagando tributo devido ou pagando-se menos que o devido, de forma deliberada ou por negligência. A evasão proposital poderia ocorrer por sonegação ou por fraude. A sonegação teria lugar após o fato gerador, com a ocultação do fato perante o Fisco e o não pagamento do tributo. A fraude (na evasão) seria arquitetada antes do fato gerador, com artifícios e simulações no sentido de afastar a incidência do tributo. A distinção não parece adequada, pois a sonegação pode também ter conotação fraudulenta. O conluio, por sua vez, consiste no ajuste de duas ou mais pessoas para a prática de evasão fiscal.

Figura 6.1 Elisão × evasão fiscal

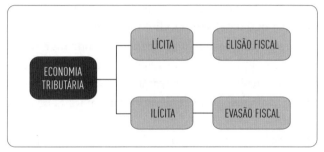

Fonte: elaborada pelo autor.

Diferentemente da evasão fiscal (em que ocorre o fato gerador do tributo e o contribuinte não paga uma obrigação legal), na elisão fiscal, por meio do planejamento, evita-se a ocorrência do fato gerador — e, por não ocorrer o fato gerador, o tributo não é devido. Dessa forma, o planejamento não caracteriza ilegalidade, apenas usam-se as regras vigentes para evitar o surgimento de uma obrigação fiscal.

A elisão fiscal é muito utilizada por empresas quando das transferências internacionais de recursos, na busca de conceitos tributários diferentes em países distintos, de forma a direcionar o tráfego dos valores. Assim, pode-se reduzir a carga tributária e fazer chegar às matrizes as maiores quantidades possíveis de recursos vindos das filiais. Como as grandes matrizes internacionais encontram-se em países com mais recursos, as discussões sobre elisão fiscal, revestidas de legalidade, têm também adquirido contornos de discussões morais.

Uma característica típica do planejamento tributário é que seus efeitos ocorrem antes da ocorrência do fato gerador dos tributos. Assim, por exemplo, em vez de uma empresa distribuir mercadorias para todo o Brasil de um Estado que tenha tributação mais elevada do ICMS (18%), ela pode escolher fazer essa distribuição (física) a partir de outro Estado, com alíquota mais baixa. Desse modo, planejou a operação de forma a pagar menos tributo.

O ICMS é cobrado essencialmente na circulação de mercadorias. Na regra geral, sua alíquota nominal para operações internas aos Estados é de 18%. Isso significa uma alíquota efetiva de 21,95%. Alguns serviços, porém, são cobrados com alíquota maior, em geral, de 25%, ou até mais, dependendo do local. Entre esses serviços estão os de telecomunicações.

Em outras palavras, é pertinente afirmar que a elisão é um conjunto de meios empregados por dado contribuinte, autorizados ou não proibidos pela lei, ou seja, trata-se de ação legal praticada com o fim de evitar a incidência tributária ou diminuir o tributo, antes do surgimento da situação definida em lei.

Essa breve exposição confirma que a diferença entre os conceitos apresentados é quase imperceptível. No entanto, pode-se trazer a lume algumas características capazes de distinguir melhor evasão e elisão fiscais.

Uma primeira maneira de diferenciá-las dá-se pelos meios empregados pelo contribuinte: a elisão, de um lado, tem sua atuação ordenada com a utilização de meios legais, ao menos formalmente lícitos, enquanto na evasão atuam os meios ilícitos e fraudulentos. Isto é, na fraude, a distorção ocorre no momento da incidência tributária ou após sua ocorrência, ao passo que na elisão o indivíduo atua sobre a mesma realidade, mas, de alguma forma, impede que ela se realize, transformando ou evitando o fato gerador do tributo. Na elisão, em suma, o ato ou negócio é engenhosamente revestido pelo agente com outra forma jurídica, alternativa àquela originariamente pretendida, com resultados econômicos análogos, mas não descrita ou tipificada na lei como pressuposto da incidência do tributo.

Ao lado da distinção pelos meios, procura-se também diferenciar os conceitos pela cronologia do ato, posto que há uma diferença temporal entre a evasão fraudulenta e a elisão lícita.

Assim, se o ato destinado a evitar, reduzir ou retardar o pagamento do tributo foi praticado antes da ocorrência do fato gerador do tributo, caracteriza-se a elisão. Entretanto, se o ato se deu posteriormente, dá-se a evasão, ou seja, o aproveitamento do planejamento tributário, para ser lícito, deve contar sempre, segundo essa distinção, com o elemento temporal, ou seja, deve ocorrer antes do surgimento da obrigação tributária. Dessa forma, por exemplo, em vez de uma empresa distribuir mercadorias para todo o Brasil de um Estado que tenha tributação do ICMS mais elevada, pode escolher previamente fazer essa distribuição a partir de outro Estado com alíquota mais baixa — isto é, planejar a operação de forma a pagar menos tributo.

Finalmente, aclarados os conceitos de evasão e elisão fiscais, insta arrematar dizendo que o estudo desses conceitos deve sempre ser analisado pela ótica da liberdade de que dispõe o contribuinte, protegido pelo princípio da legalidade, para organizar seus negócios da forma tributariamente mais econômica, sendo certo que, quando a elisão é tratada de forma genérica e com possibilidade de desconsiderar atos lícitos, correm sérios riscos de questionamentos jurídicos e de grandes disputas nos tribunais, pois a lei, conforme preconiza Kelsen,[1] "não comporia apenas uma interpretação, a única possível, a verdadeira, senão várias alternativas".

6.1 Tipos de elisão

O planejamento tributário se define como a atividade preventiva que estuda *a priori* os atos e negócios jurídicos que o agente econômico (empresa, instituição financeira, cooperativa, associação etc.) pretende realizar. Sua finalidade é de obter a maior economia fiscal possível, reduzindo a carga tributária para o valor realmente devido por lei.

Há duas espécies de elisão fiscal:

1) aquela decorrente da própria lei;
2) a que resulta de lacunas e brechas existentes na própria lei.

---

1 KELSEN, H. *Teoria pura do direito*. Trad. João Baptista Machado. 6. ed. São Paulo: Martins Fontes, 1998.

No caso da elisão decorrente da lei, o próprio dispositivo legal permite ou até mesmo induz a economia de tributos. Existe uma vontade clara e consciente do legislador de dar ao contribuinte determinados benefícios fiscais. Os incentivos fiscais são exemplos típicos de elisão induzida por lei, uma vez que o próprio texto legal dá aos seus destinatários determinados benefícios. É o caso, por exemplo, dos Incentivos à Inovação Tecnológica, Lei n. 11.196/2005.

Já a segunda espécie contempla hipóteses em que o contribuinte opta por configurar seus negócios com menor ônus tributário, utilizando-se de elementos que a lei não proíbe, ou elementos da própria lei que possibilitem evitar o fato gerador de determinado tributo.

É o caso, por exemplo, de uma empresa de serviços que decide mudar sua sede para determinado município visando pagar o ISSQN com uma alíquota mais baixa. A lei não proíbe que os estabelecimentos escolham o lugar onde exercerão atividades, pois os contribuintes possuem liberdade de optar por aqueles mais convenientes a si, mesmo que a definição do local ocorra exclusivamente com objetivos de planejamento fiscal.

O planejamento tributário nem sempre é tão simples assim. A redução de impostos em uma empresa demanda um estudo maior da legislação e cálculos mais complexos. Muitas vezes essas estratégias geram controvérsias. Por exemplo: o Fisco considera que alguns planejamentos representam formas de evasão fiscal, com simulação ou fraude às normas em vigor.

Quadro 6.1 Diferenças entre elisão e evasão fiscal

Elisão fiscal	Evasão fiscal
Proceder legalmente autorizado, que ajuda a lei tributária a atingir a sua finalidade extrafiscal, quando presente.	Utilizar de meios legais na busca da descaracterização do fato gerador do tributo.
Conjunto de atos adotados por um contribuinte, autorizados ou não proibidos pela lei, visando menor carga fiscal, mesmo quando esse comportamento prejudica o Tesouro.	Utilizar procedimentos que violam diretamente a lei fiscal. É uma fraude dificilmente perdoável porque é flagrante e o contribuinte se opõe conscientemente à lei.
Precede o fato gerador e evita sua ocorrência.	Objetiva a ocultação dos fatos geradores ocorridos.
Não há divergência entre os negócios formais exteriorizados e os negócios reais.	Presume o descasamento entre os negócios exteriorizados, formais, e os negócios reais.

Fonte: elaborado pelo autor.

A elusão tributária ocorre quando o contribuinte simula determinado negócio jurídico, com a finalidade de dissimular a ocorrência do fato gerador. Assim, é considerada pela doutrina como o abuso de forma.

6.2 Abuso de forma

O abuso de forma é visto como uma modalidade de abuso de direito, cuja manifestação se daria quando o contribuinte realizasse condutas voltadas à economia de tributos fundados em formas atípicas ou anormais para a prática do negócio pretendido, o que denotaria um abuso na utilização dos institutos de direito privado na realização dos negócios jurídicos.

Há quem afirme que a simples operacionalização de procedimentos, mesmo respaldada na lei, visando unicamente ao planejamento fiscal, é inadmissível. Não sendo proibida, e desde que as operações realizadas sejam reais (fatos concretos), não há nada que impeça sua realização.

Caso o caminho adotado, mesmo não sendo aquele usualmente utilizado, não seja defeso em lei e não havendo nenhuma espécie de simulação, não há como se impugnar negócio jurídico para fins tributários. Chama-se abuso de forma a tentativa de definir que um negócio (real), sendo feito de forma diversa da tradicional, mesmo dentro da lei, tenha seus efeitos tributários alterados.

O que contamina o planejamento não é o abuso da forma em si, mas a fraude à lei, a simulação e o abuso de direito decorrentes dos negócios jurídicos celebrados. O abuso da forma seria o instrumento das patologias retromencionadas (fraude à lei, simulação e abuso de direito).

O planejamento tributário deve começar com a escolha do regime mais adequado para cada companhia: lucro presumido ou lucro real. Também faz parte do planejamento tributário a escolha do município ou Estado com vantagens de Imposto sobre Operações relativas à Circulação de Mercadorias e sobre prestações de Serviços de Transporte Interestadual, Intermunicipal e de Comunicação (ICMS), Imposto sobre Serviços de Qualquer Natureza (ISSQN) ou Imposto Predial e Territorial Urbano (IPTU).

Quanto melhor a modelagem tributária, melhor a vantagem competitiva da empresa. A economia de impostos, porém, deve ser resultado da tributação planejada em função do objetivo da operação.

Toda atividade empresarial demanda organização. O empresário otimiza a linha de produção, reduz gastos, contrata os melhores empregados, enfim, planeja harmoniosamente todos os elementos da empresa. Assim, o planejamento tributário torna-se a espinha dorsal da subsistência — ou do sucesso — da atividade empresarial. Justamente esse planejamento tributário, de inspiração naturalística, é que orienta a sociedade empresária a buscar o melhor caminho para reduzir a carga tributária incidente sobre sua atividade. Entretanto, qual é a linha que separa o planejamento lícito do dito planejamento ilícito? A doutrina e a jurisprudência adotam o critério cronológico do fato gerador. Assim, quando o planejamento tributário é feito antes da ocorrência do fato gerador, afirma-se que é lícito (elisão); quando realizado após a ocorrência do fato gerador é ilícito (evasão). Isso porque sabemos que, quando ocorre no mundo fenomênico o fato (fato gerador) previsto na norma abstrata tributária (hipótese de incidência), surge a obrigação tributária, cabendo ao sujeito ativo (Estado) exigir do sujeito passivo (contribuinte) o pagamento do tributo, de maneira que o contribuinte pode planejar que determinado fato gerador ocorra ou não de determinada forma.

Exemplos: adquirir produtos no próprio Estado ou em outra unidade da Federação e optar pela tributação pelo lucro real ou presumido.

Após a ocorrência do fato gerador, furtar-se ao pagamento do tributo consiste em verdadeiro ato ilícito, rechaçado pela legislação tributária e previsto como crime tributário pela Lei n. 8.137/1990. Ocorre que existem situações em que o planejamento tributário realizado antes da ocorrência do fato gerador é ilícito. Vejamos.

A doutrina chama de manipulação externa e interna do fato gerador aquelas realizadas antes de sua ocorrência e que estão intimamente ligadas ao objetivo de se furtar ilicitamente à hipótese de incidência tributária.

Na manipulação externa há abuso da forma jurídica, de maneira que o contribuinte utiliza uma forma jurídica exteriorizada diversa do seu conteúdo material (por exemplo, o negócio jurídico é uma doação, mas as partes nominam de compra e venda). Adota-se determinada forma para burlar a operação verdadeira, assemelhando-se à simulação.

Na manipulação interna há interpretação abusiva da legislação tributária. "Se traduziria em procedimentos que, embora correspondentes a modelos abstratos legalmente previstos, só estariam sendo concretamente adotados para fins outros que não aqueles que normalmente decorreriam de sua prática".[2]

6.3 O direito do contribuinte de pagar somente o tributo devido

Existe um confronto de ideias e interesses na relação Fisco-contribuinte. O contribuinte tende a ver o tributo como uma interferência estatal em seu patrimônio; entretanto, o tributo representa um pilar fundamental para o funcionamento e para as funções do Estado. Para Amaro,[3] o tributo está, assim, no meio-termo entre a liberdade do contribuinte em organizar seus negócios e a necessidade do Estado em arrecadar. É nesse confronto, portanto, que surge o planejamento tributário.

De acordo com o art. 5°, inciso II, da Constituição Federal (CF) de 1988: "Ninguém será obrigado a fazer ou deixar de fazer alguma coisa senão em virtude de lei".

Ora, se a Constituição não nos obriga a fazer algo que nos prejudique, obviamente nenhum contribuinte estará coagido a pagar maior carga fiscal do que aquela efetivamente definida em lei. Trata-se de um direito de escolha (livre iniciativa) (art. 170, CF). Então, se o contribuinte tem duas ou mais opções, sendo elas lícitas, terá o direito de escolher aquela que resulte no menor pagamento de numerário ao ente governamental tributante.

Ademais, o próprio art. 110 do Código Tributário Nacional (CTN) explicitamente afirma que:

> **Art. 110.** A lei tributária não pode alterar a definição, o conteúdo e o alcance de institutos, conceitos e formas de direito privado, utilizados, expressa ou implicitamente, pela Constituição Federal, pelas Constituições dos Estados, ou pelas Leis Orgânicas do Distrito Federal ou dos municípios, para definir ou limitar competências tributárias.

Portanto, é inadmissível que qualquer lei tributária restrinja direitos ou desvirtue figuras jurídicas já delineadas pelas demais leis.

---

2   AMARO, L. *Direito tributário brasileiro*, 21. ed. São Paulo: Saraiva, 2016.
3   AMARO, L. *Direito tributário brasileiro*, 21. ed. São Paulo: Saraiva, 2016.

O princípio da tipicidade está intimamente ligado ao da legalidade: a tipicidade representa a obrigatoriedade de o legislador, ao criar norma de incidência tributária, definir todos os elementos que compõem sua hipótese de incidência e, consequentemente, o fato gerador do tributo (pessoal, material, territorial, temporal e quantitativo), de modo que possa o contribuinte ser tributado em bases previamente estabelecidas em lei, sem margem de discricionariedade para seu aplicador. Trata-se, portanto, de princípio a prestigiar a segurança jurídica e a justiça, com o objetivo de garantir ao contribuinte a proteção contra a arbitrariedade do intérprete e aplicador da norma tributária.

O princípio da segurança jurídica é extraído do art. 5°, XXXVI, da CF. Por esse dispositivo, a lei não prejudicará o direito adquirido, o ato jurídico perfeito e a coisa julgada. Representa a obrigatoriedade de que o contribuinte conheça com antecedência o fato imponível — o regime jurídico a que ele está sujeito —, o que se efetiva pelo respeito à lei e pela aplicação dos efeitos desencadeados pelo citado regime no caso concreto. Trata-se, portanto, de princípio que garante a preservação dos direitos subjetivos do contribuinte quanto a acontecimentos imprevistos calcados na arbitrariedade do legislador e do aplicador da norma jurídica, já que protege o direito adquirido, o ato jurídico perfeito e a coisa julgada.

A segurança jurídica é o direito do contribuinte ao conhecimento, com clareza e exatidão, dos limites e do conteúdo de sua relação com o Fisco, e há de estar vinculada a três pontos distintos de inflexão: a estabilidade da lei; a determinação do direito aplicável ao caso; e a certeza sobre os remédios jurídicos colocados à disposição do contribuinte, quando tiver seus direitos atingidos pelo Fisco.

Esse princípio se relaciona com os procedimentos de planejamento tributário na medida em que garante o respeito aos negócios realizados sob determinado regime pelo contribuinte, ainda que com o objetivo de reduzir sua carga tributária. Garante, portanto, que o regime jurídico aplicável aos negócios realizados pelo contribuinte, na vigência de determinada norma, não seja ignorado ao arbítrio da autoridade fiscal, nem prejudicado por norma posterior. Trata-se, portanto, de princípio constitucional que, em matéria tributária, protege principalmente o ato jurídico perfeito, ainda que realizado com fins precípuos de redução da carga tributária.

O princípio da segurança jurídica, em conjunto com os da tipicidade e da legalidade, desautoriza a introdução em nosso ordenamento de cláusulas antielisivas que tenham como escopo desconsiderar negócios jurídicos válidos do ponto de vista da norma civil, desde que evidentemente não simulados. Esses princípios refletem o fortalecimento do Estado de Direito e a eliminação do arbítrio. Pagar tributo, apesar de um dever, não é uma imposição que retira do contribuinte o direito à liberdade quanto ao planejamento e à gestão de seu patrimônio.

O art. 5°, inciso II, da CF enumera que ninguém deverá ser obrigado a fazer ou deixar de fazer alguma coisa senão em virtude de lei, e ressalta, no sistema tributário nacional, a impossibilidade de exigência ou de aumento de tributo sem que a lei o estabeleça. A relevância dessa regra, em um país em que, a cada necessidade de última hora, o Poder Público se vê tentado a utilizar a tributação como forma de preencher as falhas no orçamento, deve ser destacada.

O princípio da capacidade contributiva garante ao contribuinte ser tributado segundo a grandeza do fato descrito em lei, passível de gerar a constituição da obrigação tributária que lhe é imputável. Trata-se, portanto, de garantia ao contribuinte de que será tributado segundo dimensão adequada do evento jurídico ou econômico que realizar descrito na hipótese de incidência do tributo previamente estabelecida em lei.

É indiscutível a existência de uma forte tensão entre livre iniciativa e poder de tributar, a reclamar a intervenção do Estado para limitar e controlar, de forma ampla, os atos estatais que afetam bens e interesses individuais fundamentais, tais como a propriedade, a liberdade de dispor do próprio patrimônio e a segurança. Pode-se retirar do ordenamento jurídico como um todo que existe um princípio da preservação da empresa, vinculado inclusive à capacidade contributiva.

Não é outro o estabelecido no § 1° do art. 145 da CF, que assim dispõe: "Sempre que possível, os impostos terão caráter pessoal e serão graduados segundo a capacidade econômica do contribuinte, facultado à administração tributária, especialmente para conferir efetividade a esses objetivos, identificar, respeitados os direitos (...) e as atividades econômicas do contribuinte".

6.4 Estado *versus* contribuinte

Um dos aspectos da soberania do Estado é seu poder especial de penetrar nos patrimônios dos particulares, exigindo-lhes contribuições derivadas e compulsórias. Essa prerrogativa é representada pelo poder de criar tributos, de estabelecer proibições tributárias, isto é, de emanar normas jurídicas tributárias.

O poder fiscal é inerente ao próprio Estado, advém de sua soberania política, consistente na faculdade de estabelecer tributos, de exigir contribuições compulsórias, a fim de poder atender às necessidades públicas.

Ora, esse poder é limitado, ou seja, deve obedecer a regras (constitucionais). Não pode, por exemplo, o Estado ditar normas que imponham restrições ao direito de escolha do contribuinte. Este, optando por uma determinada forma de organização de seus negócios (planejamento), e estando dentro dos ditames legais, deve ser respeitado pelo Estado.

O art. 3° do CTN assim define tributo: "Tributo é toda prestação pecuniária compulsória em moeda ou cujo valor nela se possa exprimir, que não constitua sanção de ato ilícito, instituída em lei e cobrada mediante atividade administrativa plenamente vinculada".

O tributo é a colaboração obrigatória do indivíduo, da empresa, da instituição para a manutenção do Estado, aqui entendido como o ente tributante (União, Estados, Distrito Federal ou municípios, conforme o caso). Obviamente, o direito de tributar não é um direito de explorar, de punir ou de alhear o contribuinte do seu direito de escolha.

Os conflitos Estado *versus* Contribuinte decorrem, basicamente, de que o Estado, no afã de assenhorear-se de parcela cada vez maior de recursos privados, utiliza sua máquina de leis para, à margem da Constituição, trazer novidades repentinas, chamadas de ajustes fiscais, cujo resultado direto é o aumento da carga tributária.

Tais leis (leis complementares, leis ordinárias, medidas provisórias, decretos, instruções, resoluções, atos normativos etc.) geram custos administrativos adicionais aos contribuintes. A carga fiscal, insuportável, transforma-se em um ônus financeiro, administrativo e operacional que gera um clima de permanente estado de conflito entre contribuinte e entes tributantes (União, Estados e municípios).

Muitos contribuintes, acuados diante de tão funesta expressão de poder, reagem como podem, muitas vezes, de forma incorreta (evasão fiscal). Toda iniciativa do contribuinte precisa ser de acordo com a ordem legal vigente.

Assim, ambos os lados, errando, colaboram para um clima de tensão. Nesse ambiente, nem sempre o contribuinte está disposto a executar um planejamento específico, pois muitas vezes é mais barato sonegar do que fazer cálculos, planos e adotar mecanismos de proteção tributária.

O sistema contábil adotado pela empresa precisa estar integrado e coordenado com os demais setores, de maneira informatizada, visando facilitar o registro dos fatos e contando com a rapidez necessária para a geração de dados confiáveis e periódicos.

Os contadores são as pessoas-chave nessa gestão, e é preciso haver apoio, treinamento e motivação para que esses profissionais participem efetivamente do planejamento tributário da empresa.

6.5 A interpretação da LC n. 104/2001

Em 11 de janeiro de 2001 foi publicada no *Diário Oficial da União* (DOU) a Lei Complementar n. 104/2001, alterando dispositivos da legislação tributária. Entre as alterações, a inclusão do parágrafo único ao art. 116 do CTN, nestes termos:

> Art. 116. (...)
>
> Parágrafo único. A autoridade administrativa poderá desconsiderar atos ou negócios jurídicos praticados com a finalidade de dissimular a ocorrência do fato gerador do tributo ou a natureza dos elementos constitutivos da obrigação tributária, observados os procedimentos a serem estabelecidos em lei ordinária.

O art. 116 trata da ocorrência do fato gerador, nos seguintes termos:

> Art. 116. Salvo disposição de lei em contrário, considera-se ocorrido o fato gerador e existentes os seus efeitos:
>
> I – tratando-se de situação de fato, desde o momento em que se verifiquem as circunstâncias materiais necessárias a que produza os efeitos que normalmente lhe são próprios;
>
> II – tratando-se da situação jurídica, desde o momento em que esteja definitivamente constituída, nos termos de direito aplicável.

O art. 167 do Código Civil Brasileiro assim define simulação:

> **Art. 167.** É nulo o negócio jurídico simulado, mas subsistirá o que se dissimulou, se válido for na substância e na forma.
>
> § 1° Haverá simulação nos negócios jurídicos quando:
>
> I – aparentarem conferir ou transmitir direitos a pessoas diversas daquelas às quais realmente se conferem, ou transmitem;
>
> II – contiverem declaração, confissão, condição ou cláusula não verdadeira;
>
> III – os instrumentos particulares forem antedatados, ou pós-datados.
>
> § 2° Ressalvam-se os direitos de terceiros de boa-fé em face dos contraentes do negócio jurídico simulado.

O objetivo é regulamentar o parágrafo único do art. 116 do CTN. O artigo versa sobre a chamada cláusula não elisiva. Em síntese, regulamenta a possibilidade de desconsideração do planejamento fiscal para fins tributários.

O Código Tributário Nacional estabelece que a "autoridade administrativa poderá desconsiderar atos ou negócios jurídicos praticados com a finalidade de dissimular a ocorrência do fato gerador do tributo ou a natureza dos elementos constitutivos da obrigação tributária". Poderá ser aplicada, desde que sejam observados os procedimentos a serem estabelecidos em lei ordinária.

Em um país com uma alta carga tributária — fator que inclusive inviabiliza, muitas vezes, o investimento no desenvolvimento —, a elisão fiscal é um caminho legal, portanto lícito, encontrado pelos contribuintes para pagar menos impostos. Afinal, no processo de estruturação de uma operação, por que escolher a forma mais onerosa? Vale discutir essa questão. Afinal, o projeto de lei, além de aumentar a voracidade de cobrança de tributos pelo Estado, também ampliará o poder do fiscal de autuar empresas com base em análises muito subjetivas, o que pode contribuir para o aumento da corrupção.

A regra do CTN — reconhecido como lei complementar à CF — é: "A autoridade administrativa poderá desconsiderar atos ou negócios jurídicos praticados com a finalidade de dissimular a ocorrência do fato gerador do tributo ou a natureza dos elementos constitutivos da obrigação tributária". E ali mesmo se declara que a lei comum deve fixar os procedimentos para tal desconsideração.

Não há nenhum abuso na iniciativa federal, pois a legislação qualificada até exige a edição da legislação de obrigação. A questão está no perigo de ali se embutirem poderes muito arbitrários à fiscalização quanto à delicada tarefa de interpretar negócios jurídicos legalmente legítimos como ocultando a intenção de sonegar tributos. Afinal, a legislação tributária, ao cominar os tributos, suas obrigações de pagamento, suas penalidades e as obrigações acessórias exigíveis do constituinte, já é necessariamente severa e abrangente.

Ninguém pode, em sã consciência, obrigar o contribuinte a escolher um caminho mais gravoso para suas operações.

O Fisco é o credor que tem na lei a mais completa, ampla e estrita gama de fatos geradores de seu crédito, assim como a mais cerrada defesa legal desse crédito e de sua persecução em juízo e administrativamente — um credor poderoso e com regalias. Ao criar e inserir no corpo do CTN a chamada cláusula elisiva, está o Fisco apenas declarando que qualquer manobra artificiosa, formalmente correta, mas escondendo a intenção de sonegar, pode ser desprezada em busca da verdade tributária.

No entanto, como acontece entre a justiça fiscal e o inexorável e desordenado apetite tributário dos entes públicos, há um grande distanciamento, que às vezes pode não aparecer nítido, na realidade da gestão das empresas e mesmo na gestão do patrimônio individual. Uma coisa é ocultar de modo malicioso a inexorabilidade de certa incidência fiscal com o uso de formas artificiosas que aparentemente passem ao largo da tributação — por exemplo, abaixar de modo enganoso o valor formal da compra e venda de um imóvel, pagando-se a diferença "por fora", para evitar a incidência maior do Imposto de Renda (IR) sobre a mais-valia. Outra coisa, porém — e aqui está o grande perigo da autorização legal da desconsideração —, é o contribuinte escolher entre uma via negocial que apresente menor tributação, ou a dispense, e outra que assim não o favoreça.

Exemplos aqui não faltam: optar pelo *leasing* em vez de locação comum ou de compra e venda; realizar ágios em certos chamados de capital ganhando vantagens tributárias, em vez de limitar-se com os parâmetros relativos a meros empréstimos; incorporar imóveis a serem alienados em sociedade limitada, de modo a evitar ou deferir IR e se eximir do imposto de transmissão etc. O deferimento à autoridade fiscal do poder de ditar ou não onde há sonegação, e onde há opção lícita pela elisão, é algo a ser visto com muito cuidado, para evitar os abusos e os incentivos à corrupção.

A ordem tributária constitucional brasileira consagra, no art. 150, limitações declaradas ao poder estatal de tributar. O princípio da legalidade ali expresso, no qual se vê como contida a tipicidade cerrada, tal como acontece em matéria criminal, aponta que só — e estritamente só — o que a lei declara como hipótese de incidência permite a tributação. Colocar nas mãos, e nas mentes, dos fiscais da Fazenda o poder de dizer que há incidência e, portanto, tributação em algo que não se revela diretamente aos olhos como fato gerador do tributo é subversivo e perversor da garantia da estrita legalidade. Concede-se ao fiscal o poder de dizer: "Aparentemente, este fato econômico-jurídico não qualifica a incidência do imposto, mas eu estou entendendo o contrário". Ou seja, pode-se deduzir quanto de abuso e de estímulo à corrupção essa nova diretriz vai proporcionar.

6.6 Abusos da Receita Federal do Brasil (RFB)

A Receita Federal do Brasil (RFB) vem autuando contribuintes que realizaram planejamentos especificamente elaborados para reduzir tributos. Isso caracteriza abuso de autoridade, ao notificar contribuintes por ações lícitas, atos e fatos jurídicos verdadeiros.

Obviamente, cada caso é um caso, e apenas na presença de fatos reais, convalidados por documentos e provas, é que se poderia dar razão à autoridade fiscalizadora.

Basicamente, a Receita argumenta que falta propósito negocial em determinados planejamentos, como a incorporação de uma empresa lucrativa por outra deficitária visando à compensação futura de prejuízos fiscais.

Ora, não há previsão, em qualquer lei fiscal, em que se exija propósito negocial para as operações do contribuinte. Trata-se de mera argumentação da RFB visando inibir a utilização dos planejamentos tributários.

Se existirem duas formas legais para realizar um negócio jurídico, A e B, optando-se pela forma A não se estará dissimulando a forma B. Entre as duas possibilidades fez-se apenas uma opção pela alternativa mais conveniente para as partes. Não houve abuso de forma, mas opção!

O contribuinte autuado por executar algum planejamento tributário lícito deverá procurar o seu direito de defesa por meio dos órgãos administrativos e judiciários competentes, nunca se deixando intimar por suposta razão de determinados fiscais ou autoridades, ainda que por alegações de falta de propósito negocial em relação às operações que deram origem à autuação.

CONSIDERAÇÕES FINAIS

O planejamento tributário, também chamado de elisão fiscal, assume, em um mundo de competição tão acirrada, um papel de suma importância para o contribuinte.

A utilização da elisão fiscal é a única forma lícita de que dispõe o contribuinte para reduzir sua carga tributária, sem que com isso incorra em qualquer tipo de penalidade ou ilicitude.

Os princípios constitucionais do Direito Tributário são legitimados na utilização dos meios menos onerosos tributariamente para a realização dos negócios jurídicos. Entretanto, o Governo Federal, na ânsia por um aumento da arrecadação, editou a Lei Complementar n. 104/2001, com o intuito de impor limites ao uso da elisão fiscal, ou seja, pôr fim à utilização do planejamento tributário.

Assim, torna-se necessário realizar uma análise do sistema tributário nacional, bem como um estudo do direito comparado, em que algumas normas antielisivas já foram introduzidas.

Segundo Machado,[4] o planejamento tributário está baseado no impacto negativo que a tributação gera aos agentes econômicos. Se o tributo é visto pelo contribuinte como uma intervenção do Estado em seu patrimônio, esta transferência de recursos do privado para o público gera efeitos muitas vezes negativos sobre as empresas e sobre o mercado. É o que se convencionou chamar de *"peso morto dos tributos"*. Contudo, os tributos são vistos como um custo no processo de produção e geração de riqueza. Daí existir uma tendência natural do agente econômico de reagir à tributação por meio do planejamento tributário.

A evasão fiscal é crime contra a ordem tributária, pela Lei n. 8.137/1990:[5]

> **Art. 1º** Constitui crime contra a ordem tributária suprimir ou reduzir tributo, ou contribuição social e qualquer acessório, mediante as seguintes condutas:
>
> I – omitir informação, ou prestar declaração falsa às autoridades fazendárias;
>
> II – fraudar a fiscalização tributária, inserindo elementos inexatos, ou omitindo operação de qualquer natureza, em documento ou livro exigido pela lei fiscal;
>
> III – falsificar ou alterar nota fiscal, fatura, duplicata, nota de venda, ou qualquer outro documento relativo à operação tributável;
>
> IV – elaborar, distribuir, fornecer, emitir ou utilizar documento que saiba ou deva saber falso ou inexato;

---

4   MACHADO, H de B. *Curso de direito tributário*. 37. ed. São Paulo: Malheiros, 2016.
5   Código Tributário Nacional e Legislação Tributária.

V – negar ou deixar de fornecer, quando obrigatório, nota fiscal ou documento equivalente, relativa à venda de mercadoria ou prestação de serviço, efetivamente realizada, ou fornecê-la em desacordo com a legislação.

Pena – reclusão de 2 (dois) a 5 (cinco) anos, e multa.

Art. 2° Constitui crime da mesma natureza:
I – fazer declaração falsa ou omitir declaração sobre rendas, bens ou fatos, ou empregar outra fraude, para eximir-se, total ou parcialmente, de pagamento de tributo;
II – deixar de recolher, no prazo legal, valor de tributo ou de contribuição social, descontado ou cobrado, na qualidade de sujeito passivo de obrigação e que deveria recolher aos cofres públicos;
III – exigir, pagar ou receber, para si ou para o contribuinte beneficiário, qualquer percentagem sobre a parcela dedutível ou deduzida de imposto ou de contribuição como incentivo fiscal;
IV – deixar de aplicar, ou aplicar em desacordo com o estatuído, incentivo fiscal ou parcelas de imposto liberadas por órgão ou entidade de desenvolvimento;
V – utilizar ou divulgar programa de processamento de dados que permita ao sujeito passivo da obrigação tributária possuir informação contábil diversa daquela que é, por lei, fornecida à Fazenda Pública.

Pena – detenção, de 6 (seis) meses a 2 (dois) anos, e multa.

O contador poderá ser considerado corresponsável no crime de evasão fiscal, de acordo com os artigos a seguir:

RIR/2018 – **Art. 1.408**. § 1° Os CONTADORES, no âmbito de sua atuação e no que se referir à parte técnica, serão responsabilizados, juntamente com os contribuintes, por qualquer falsidade dos documentos que assinarem e pelas irregularidades de escrituração praticadas no sentido de fraudar o imposto sobre a renda.

Art. 1.049. Verificada a falsidade do balanço ou de qualquer outro documento de contabilidade, e da escrita dos contribuintes, o profissional que houver assinado tais documentos será, pelos Delegados e pelos Inspetores da Secretaria da Receita Federal do Brasil do Ministério da Fazenda, independentemente de ação criminal que na hipótese couber, declarado sem idoneidade para assinar quaisquer peças ou documentos contábeis sujeitos à apreciação dos órgãos da Secretaria da Receita Federal do Brasil do Ministério da Fazenda.

CAPÍTULO 7 # Responsabilidade da empresa e dos sócios pelos débitos fiscais

Objetivo

Neste capítulo, você aprenderá:

- a responsabilidade tributária, importante instrumento para identificar algumas das principais hipóteses em que o sócio pode figurar como sujeito passivo de obrigações contraídas pela sociedade empresária que compõe.

Introdução

Tendo em vista a conjuntura fiscal a que se submetem as empresas nacionais, pode-se afirmar que o peso da tributação vem, de forma crescente, avolumando-se em relação à composição do custo das mercadorias e dos serviços, bem como sobre a folha de salários, a receita e o lucro auferido pelas pessoas jurídicas.

O Fisco, muitas vezes, com o intuito de exigir o tributo a qualquer preço, desrespeita as normas jurídicas, exercendo ilegalmente sobre os sócios excessiva pressão, ameaçando tomar-lhes os bens pessoais. Nesse caso, ao revés do que pretende o Fisco, a legislação tributária possui regras específicas, que delineiam de forma objetiva a responsabilidade dos sócios pelos débitos fiscais da sociedade de que fazem parte.

Assim, apresenta-se como um legítimo temor do empresariado nacional a hipótese de que os sócios das pessoas jurídicas venham a suportar, mediante a oneração de seu patrimônio pessoal, o pagamento das dívidas fiscais contraídas pela empresa quando esta efetivamente não puder arcar com os custos tributários ou houver sido objeto de encerramento.

7.1 Capacidade tributária ativa

Ocorrido o fato gerador em concreto, nasce a obrigação tributária, que, como toda e qualquer relação jurídica, tem um sujeito ativo (credor) e um sujeito passivo (devedor). Sujeito ativo é uma pessoa jurídica de direito público interno (a União, os Estados, o Distrito Federal e os municípios) a quem a Constituição Federal (CF) conferiu a competência tributária, ou seja, o poder de tributar — e que exercitará essa competência instituindo o tributo. A capacidade tributária ativa está situada no plano da atividade tributária em sentido secundário (concreto) e é, lógica e cronologicamente, posterior ao nascimento do tributo.

Capacidade tributária ativa é a aptidão para ser titular do direito de exigir o cumprimento da prestação pelo contribuinte, ou seja, é a envergadura para arrecadar e fiscalizar os tributos, uma vez que não se confunde com a competência tributária, assim chamada a competência para instituir tributos mediante o exercício de competência legislativa, que é indelegável.

A pessoa política que cria o tributo, em regra, é a responsável por sua arrecadação. Visto, entretanto, que a capacidade tributária é delegável por lei (princípio da legalidade), nada impede que a pessoa política, tendo criado um tributo, delegue o direito de arrecadá-lo para pessoa diversa (art. 7°, CTN).

Aquele que recebe a atribuição para arrecadar o tributo poderá:

- arrecadá-lo em nome e por conta da entidade tributante. Nesse caso, dá-se o fenômeno da sujeição ativa auxiliar;
- arrecadá-lo para si próprio. Nesse caso, dá-se o fenômeno da parafiscalidade.

Isso significa que não haverá sujeição ativa no fato de o tributo ser cobrado (ou mesmo administrado) por outra pessoa, como ocorre nos casos de delegação administrativa, que não alteram a sujeição ativa, a exemplo dos sindicatos — contribuição sindical —, da Ordem dos Advogados do Brasil (OAB) — contribuição profissional — e do Instituto Nacional de Colonização e Reforma Agrária (Incra) — administração e cobrança do imposto territorial rural.

Importante: há certas pessoas jurídicas de direito público, delegatárias das atividades de arrecadação e fiscalização do tributo, que podem se colocar na condição de sujeitos ativos. Elas detêm capacidade tributária (arts. 7° e ss., CTN).

Exemplos: contribuições parafiscais/previdenciárias arrecadadas pelos "Parafiscos" (INSS e outras autarquias). Dica: o contribuinte deve pagar o tributo para um ente credor, e não para mais de um, sob pena de ocorrência do vício da solidariedade ativa (presença de cocredores). Na verdade, não é incomum a "presença de mais de um ente tributante que cobra um ou mais tributos sobre o mesmo fato gerador", isto é, a bitributação.

A propósito, o CTN, no art. 164, III, explora o tema ofertando a solução no ajuizamento da consignação em pagamento.

Exemplos: cobrança concomitante de IPTU de Salvador e IPTU de Lauro de Freitas (cidades limítrofes).

7.2 Capacidade tributária passiva

Ter capacidade tributária passiva significa ter a possibilidade de realizar o fato gerador de obrigação tributária. Toda e qualquer pessoa, física ou jurídica, inclusive as sociedades de fato, têm capacidade passiva e nenhum fato ou circunstância pode alterar isso.

A pessoa física ou jurídica tem o dever de pagar o tributo ou a penalidade pecuniária (contribuinte ou responsável). Sendo o tributo uma obrigação *ex lege*, a capacidade tributária passiva independe da capacidade civil do contribuinte ou, em se tratando de pessoa jurídica, do fato de estar regularmente constituída (art. 126, CTN).

Exemplo: se uma pessoa interditada for proprietária de um bem imóvel, embora possa realizar atos de disposição dessa propriedade, poderá ser sujeito passivo de obrigação tributária relativa ao IPTU.

O sujeito passivo deve, necessariamente, estar previsto em lei, uma vez que se trata de item adstrito à reserva legal (art. 97, III, parte final, CTN).

Exemplo: lei que institui taxa e prevê que sujeito passivo será discriminado em portaria futura tende, assim, à violação da reserva legal.

A sujeição passiva indireta só é possível nos casos dos impostos (denominados tributos não vinculados) em que não há contraprestação por parte do Estado. Portanto, as taxas e contribuições de melhoria só podem ser cobradas do contribuinte.

Na responsabilidade tributária, um terceiro, não contribuinte, sem relação direta e pessoal com o fato gerador, é obrigado ao cumprimento da obrigação, total ou parcialmente, seja ou não em caráter supletivo. Deve existir, contudo, algum liame entre o responsável e o fato imponível, razão pela qual a lei não pode eleger qualquer ente como responsável tributário. Ressalte-se que, ao indicar um terceiro como responsável tributário, a lei pode excluir a responsabilidade tributária do contribuinte por meio da figura da substituição tributária ou conferi-la ao mesmo contribuinte supletivamente.

A sujeição passiva indireta pode se dar:

- **por substituição:** quando o dever de pagar o tributo por expressa determinação legal nasce de *imediato* na pessoa do responsável: assim que ocorre o fato imponível, o responsável é cobrado (art. 150, § 7º, CF/1988).

  Exemplo: se o empregador deixar de reter o Imposto de Renda Retido na Fonte (IRRF), a ação do Fisco deve dirigir-se contra ele, e não contra o empregado, por este ficar excluído da relação jurídico-tributária.

Por sua vez, a substituição tributária, no que tange ao ICMS, pode ser dividida em:

- **substituição regressiva ou "para trás":** trata-se do adiamento do recolhimento do tributo para momento posterior à ocorrência do fato gerador, de modo que o ônus fiscal recaia sobre o substituto legal tributário. É o que ocorre com o leite cru e a cana em caule, por exemplo;
- **substituição progressiva ou "para a frente":** cuida-se da antecipação do recolhimento do tributo, cujo fato imponível, se ocorrer, será verificado em momento posterior. Desse modo, o recolhimento do ICMS é antecipado sem que se disponham de bases de cálculo que tenham o condão de dimensionar o fato gerador, haja vista que ele não se verificou (fato gerador presumido). Exemplo: veículos novos, ao serem levados das indústrias para as concessionárias (art. 150, § 7º, CF);
- **por transferência (derivada ou de segundo grau):** ocorre quando, após a verificação do fato gerador *in concreto*, a lei impõe a uma terceira pessoa, que não tem relação pessoal e direta com o fato imponível, a obrigação do pagamento do tributo. As modalidades são as seguintes:
  - solidariedade tributária passiva: a solidariedade demarca a coexistência de pessoas no mesmo polo da relação jurídica. Se esta versar sobre o tributo, teremos a solidariedade tributária ativa (presença de cocredores, "anomalia" e possível "tributação") ou a solidariedade tributária passiva (presença de codevedores, situação comum — arts. 124 e 125 do CTN);
  - solidariedade de fato e solidariedade de direito: o art. 124 do CTN dispõe acerca da solidariedade de fato (inciso I, codevedores do IPTU — irmãos proprietários) e da solidariedade de direito (inciso II; determinada em artigo específico — ver art. 134 do CTN).

Quadro 7.1 Solidariedade de direito e de fato

Solidariedade de direito — Inciso I, art. 134, CTN	Quando há uma pluralidade com interesse comum na situação que constitua o fato gerador da obrigação principal.
	Exemplo: duas pessoas, em conjunto, importam determinada mercadoria estrangeira, caso em que serão ambas responsáveis, como contribuintes, perante a Fazenda Pública pelo pagamento do imposto de importação.
Solidariedade de fato — Inciso II, art. 134, CTN	Resulta de determinação expressa da lei, pelo que uma pessoa, mesmo que não tenha interesse comum na situação que constitua o fato gerador da obrigação tributária, pode vir a responder solidariamente com o sujeito passivo direto pelo pagamento do tributo.
	Exemplo: casos referidos no art. 134 do CTN.

Fonte: CTN.

A solidariedade de fato ocorre quando a obrigação tributária, depois de ter surgido contra determinada pessoa (que seria o sujeito passivo direto), em virtude de fato posterior, transfere-se para outra pessoa diferente (que será o sujeito passivo indireto).

Comporta três hipóteses distintas:
1) solidariedade;
2) sucessão;
3) responsabilidade de terceiros.

Figura 7.1 Substituição tributária

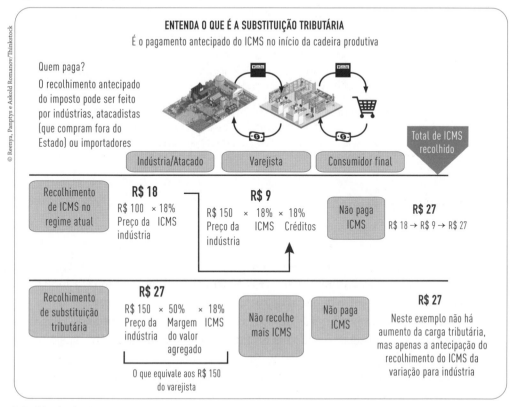

Fonte: elaborada pelo autor.

7.3 Benefício de ordem

A solidariedade tributária passiva não admite benefício de ordem, podendo o Estado escolher que um dos devedores responda pelo cumprimento total da obrigação tributária *in solidum*, não observando qualquer ordem de vocação. O pagamento feito por um beneficia os demais; a isenção ou remissão a um beneficia os outros, salvo se for pessoal; e a interrupção da prescrição para um dos obrigados favorece ou prejudica os demais (art. 124, parágrafo único, CTN).

7.4 Efeitos da solidariedade – Art. 125 do CTN

A isenção ou remissão (remitir na acepção de "perdoar") aproveita a todos, exceto se o favor legal for concedido pessoalmente a um dos destinatários. Este será "premiado", e o saldo será cobrado dos demais. O pagamento efetuado por um aproveita aos demais.

A interrupção da prescrição (art. 174, parágrafo único, I a IV, CTN) tem os seus efeitos irradiados sobre todos.

Quadro 7.2 Efeitos da solidariedade em matéria tributária

Efeitos da solidariedade em matéria tributária (Art. 125 do CTN)	O pagamento efetuado por um dos obrigados aproveita aos demais, ou seja, extingue-se a relação jurídico-tributária entre o Fisco e todos os devedores. O devedor solidário que efetuar pagamento poderá, com base na relação jurídica interna entre ele e os demais devedores, recuperar dos codevedores as suas quotas.
	A isenção ou remissão do crédito exonera os obrigados, salvo se outorgada pessoalmente a um deles, subsistindo, nesse caso, a solidariedade quanto aos demais pelo saldo. Assim, se concedida a todos os devedores, ficará extinto o crédito tributário; mas, se concedida somente a um ou a alguns deles, os demais respondem pelo valor da obrigação restante.
	A interrupção da prescrição, em favor ou contra um dos obrigados, favorece ou prejudica os demais. Os casos de interrupção do prazo prescricional a favor do Fisco encontram-se enumerados no art. 174 do CTN. O parágrafo único do art. 169 refere-se à interrupção do prazo prescricional contra o Fisco no caso de pagamento indevido.

Fonte: CTN.

7.5 Domicílio fiscal

O sujeito passivo da obrigação tributária, seja ele o contribuinte ou o responsável, deve eleger seu domicílio tributário (art. 127, CTN).

Na falta de eleição, considera-se domicílio:

- quanto às pessoas naturais, a sua residência habitual, ou, sendo esta incerta ou desconhecida, o centro habitual de sua atividade;
- quanto às pessoas jurídicas de direito privado ou às firmas individuais, o lugar da sua sede, ou, em relação aos atos ou fatos que derem origem à obrigação, o de cada estabelecimento;
- quanto às pessoas jurídicas de direito público, qualquer de suas repartições no território da entidade tributante.

Caso a aplicação das regras fixadas no art. 127 não tenha cabimento, considerar-se-á domicílio tributário do contribuinte ou responsável o lugar da situação dos bens ou da ocorrência dos atos ou fatos que deram origem à obrigação (art. 127, § 1°, CTN).

A autoridade pode recusar o domicílio eleito quando impossibilite ou dificulte a arrecadação ou a fiscalização do tributo (art. 127, § 2°, CTN). Nesse caso, serão aplicadas as regras do § 1° do art. 127 do CTN.

7.6 Responsabilidade dos sucessores – Art. 129 do CTN

É responsável tributário o sucessor pelos tributos devidos pelo contribuinte até a data do respectivo ato que importe em sucessão (art. 129, CTN).

Quadro 7.3 Distinção entre contribuinte e responsável

Itens	Contribuinte	Responsável
Tributos devidos até a morte	*De cujus*	Espólio
Tributos devidos até a morte e não pagos até a partilha	*De cujus*	Herdeiros
Tributos devidos após a morte	Espólio	Inventariante (solidária)

Fonte: adaptado de PAULO; ALEXANDRINO, 2009.

São responsáveis tributários por sucessão:
- os adquirentes de bens imóveis pelos tributos devidos relativamente ao bem, salvo nos casos de arrematação em hasta pública;
- na hipótese de arrematação em hasta pública, dispõe o parágrafo único do art. 130 do CTN que a sub-rogação do crédito tributário, decorrente de impostos cujo fato gerador seja a propriedade do imóvel, ocorre sobre o respectivo preço, que por eles responde; tais créditos, até então assegurados pelo bem, passam a ser garantidos pelo referido preço da arrematação, recebendo o adquirente o imóvel desonerado dos ônus tributários devidos até a data da realização da hasta;
- o adquirente ou remitente (entendido este como o que der quitação à dívida e recuperar o bem) pelos tributos relativos ao bem;
- o sucessor a qualquer título (aquele que adquire a propriedade) e o cônjuge meeiro que, por força do evento morte do antigo proprietário, passam a exercer propriedade, são responsáveis pelos tributos relativos aos bens adquiridos até o limite dos respectivos bens;
- o espólio quanto aos tributos devidos pelo *de cujus* até a abertura da sucessão;
- a pessoa jurídica que resultar de fusão, transformação ou incorporação é responsável pelos tributos devidos até a data do respectivo ato pela pessoa jurídica fusionada, transformada ou incorporada;

- o sócio ou seu espólio quando, ocorrendo extinção da pessoa jurídica, continuar a atividade antes exercida;
- o adquirente de fundo de comércio ou estabelecimento que continuar a atividade exercida responde pelos tributos devidos relativos ao fundo ou estabelecimento adquirido, integralmente se o alienante cessar a exploração da atividade econômica, e subsidiariamente se ele prosseguir na exploração ou reiniciá-la dentro de seis meses da data de alienação.

Figura 7.2 Responsabilidade tributária dos sucessores

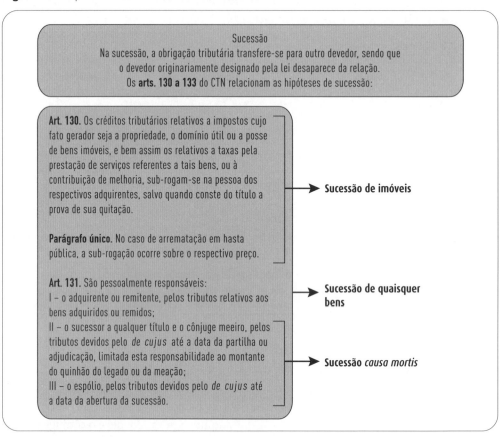

Fonte: CTN.

Quem é o responsável? Espólio, inventariante ou sucessor?

Primeira situação: tributo devido até a morte (abertura da sucessão).

Contribuinte: *de cujus*

Responsável:
- espólio (art. 131, III, CTN);
- sucessor ou cônjuge, se descoberto o débito após a sentença de partilha.

Segunda situação: tributo com fato gerador ocorrido após a morte (abertura da sucessão).
Exemplos: IR, IPTU, IPVA etc.
Contribuinte: espólio
Responsável:

- sucessor ou cônjuge, se o débito for descoberto após a sentença de partilha (art. 131, II, CTN);
- inventariante (art. 134, IV, CTN), se o débito vier a lume no curso do processo de inventário (antes da sentença).

A responsabilidade do sucessor adquirente de imóvel é subsidiária, abarcando, pois, impostos, taxas de serviço e contribuições de melhoria.

O arrematante não pode figurar como responsável tributário, nem quando o preço é insuficiente para cobrir o débito tributário, haja vista que ele recebe o bem livre de qualquer ônus (art. 130, parágrafo único, CTN).

A pessoa jurídica de direito privado que resultar de fusão, transformação ou incorporação de outra ou em outra é responsável pelos tributos devidos até a data do ato pelas pessoas jurídicas de direito privado fusionadas, transformadas ou incorporadas (art. 132, CTN). Ocorrerá o mesmo com a cisão (Lei n. 6.404/1976).

Quando a pessoa natural ou jurídica de direito privado adquirir de outra, por qualquer título, fundo de comércio ou estabelecimento comercial, industrial ou profissional, e continuar a respectiva exploração, sob a mesma ou outra razão social ou sob firma individual, responderá integralmente pelos tributos relativos ao fundo ou estabelecimento de comércio adquirido (art. 133, CTN).

Responderá subsidiariamente o alienante se este prosseguir na exploração ou iniciar, dentro de seis meses, a contar da data da alienação, nova atividade no mesmo ou em outro ramo de comércio, indústria ou profissão (art. 133, II, CTN). Não se aplica em processo de falência ou recuperação judicial (art. 133, § 1°, CTN).

Figura 7.3 Responsabilidade tributária

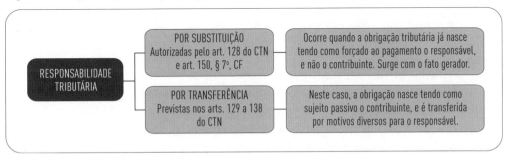

Fonte: CTN.

7.7 Responsabilidade de terceiros – Art. 134 do CTN

A responsabilidade de terceiros (art. 134, CTN) mostra os diversos entes que responderão solidariamente com o contribuinte no caso de este estar impossibilitado de cumprir a obrigação principal, isso em relação aos atos que intervierem ou pelas omissões de que forem responsáveis.

Verificando-se a impossibilidade de exigência do cumprimento da obrigação principal pelo contribuinte, respondem solidariamente:

- os pais, pelos tributos devidos por seus filhos menores;
- tutores e curadores, pelos tributos devidos por seus tutelados ou curatelados;
- os administradores de bens de terceiros, pelos tributos devidos por estes;
- o inventariante, pelos tributos devidos pelo espólio;
- o administrador judicial, pelos tributos devidos pela massa falida;
- os tabeliães, escrivães e demais serventuários de ofício, pelos tributos devidos sobre os atos praticados por eles, ou perante eles, em razão do ofício;
- os sócios, no caso de liquidação de sociedade simples.

O parágrafo único do art. 134 do CTN estabelece que a responsabilidade se dá apenas com o crédito tributário principal e multa de mora, não abarcando multa de caráter punitivo.

As pessoas enumeradas no art. 135 do CTN são pessoalmente responsáveis pelos créditos correspondentes a obrigações tributárias resultantes de atos praticados com excesso de poderes ou infração de lei, contrato social ou estatutos. Respondem por excesso de poderes:

- as pessoas referidas no art. 134 do CTN;
- os mandatários, prepostos e empregados;
- os diretores, gerentes ou representantes de pessoas jurídicas de direito privado.

Quadro 7.4 Responsabilidade pessoal dos administradores

Art. 134 do CTN	Art. 135 do CTN
O terceiro e o contribuinte respondem solidariamente pelas obrigações tributárias.	A responsabilidade é pessoal, plena e exclusiva do terceiro, restando excluída a do contribuinte.
Os terceiros respondem pelos tributos, pelas multas moratórias (há controvérsias), pelos juros de mora e pela correção monetária.	

Fonte: CTN.

Trata-se, portanto, da aplicação condicionada da teoria da desconsideração da pessoa jurídica (*disregard of legal entity*).

Mesmo que o administrador detenha "poder de gerência", será possível afastar a responsabilização alegando a inocorrência das expressões do *caput*: excesso de poderes e infração à lei.

Para a doutrina majoritária e para o Superior Tribunal de Justiça (STJ), a expressão "infração à lei" indica a simples falta de pagamento do tributo por problemas contingenciais pelos quais tenha passado a empresa; não indica, por si só, o dolo/fraude/*animus* sonegatório motivadores da teoria da desconsideração da pessoa jurídica.

Nunca as figuras dos sócios, diretores, gerentes e representantes de seus administradores estiveram tão vulneráveis como nesses últimos tempos, especialmente no que diz respeito ao temível instituto jurídico do redirecionamento, a tais pessoas, de processos de execução fiscal originariamente de titularidade substancial de suas respectivas corporações, a teor de uma interpretação primária da própria literalidade do art. 135, III, CTN, em face de atos eventualmente praticados com excesso de poderes ou com infração de lei, de contrato social e de estatutos.

A responsabilidade por infrações da legislação tributária é objetiva, segundo o art. 136 do CTN. Contudo, segundo o art. 137 do CTN, a responsabilidade é pessoal ao agente:

- quanto às infrações conceituadas por lei como crimes ou convenções, salvo quando praticadas no exercício regular de administração, mandato, função, cargo ou emprego, ou no cumprimento de ordem expressa emitida por quem de direito;
- quanto às infrações em cuja definição o dolo específico do agente seja elementar;
- quanto às infrações que decorram direta e exclusivamente de dolo específico:
  - das pessoas referidas no art. 134, contra aquelas por quem respondem;
  - dos mandatários, prepostos ou empregados, contra seus mandantes, preponentes ou empregadores;
  - dos diretores, gerentes ou representantes de pessoas jurídicas de direito privado contra estas (art. 137, CTN);
- quanto às obrigações tributárias resultantes de atos praticados com excesso de poderes ou infração de lei, contrato social ou estatuto, respondem pessoalmente as pessoas referidas no art. 134 do CTN, os mandatários, prepostos e empregados, e, o que é mais comum, os diretores, gerentes representantes e pessoas jurídicas de direito privado (art. 135, III, CTN).

Figura 7.4 Responsabilidade por transferência

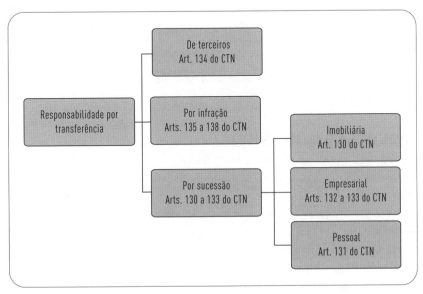

Fonte: CTN.

7.7.1 Responsabilidade dos sócios e administradores pelo cumprimento das obrigações tributárias

Toda vez que é praticado um ato que, segundo previsto na legislação, enseja o nascimento da obrigação tributária e o dever da empresa em efetuar o recolhimento de tributo aos cofres públicos, indaga-se quem é o responsável por tal pagamento.

Sem dúvida, o responsável pelo cumprimento da obrigação tributária é a pessoa que praticou o ato. Entretanto, no caso de inadimplência, pode o Fisco cobrá-la do sócio ou do administrador?

O CTN, em seu art. 124, prevê que na omissão do contribuinte a obrigação tributária pode ser cobrada do administrador, que por ela deve responder solidariamente. Isso quer dizer que, na impossibilidade de pagamento por parte do devedor principal, responde o administrador.

Ainda, o CTN, em seu art. 135, dispõe que os administradores e sócios somente serão pessoalmente responsáveis quando tiverem agido com excesso de poder ou infração à lei ou ao contrato social.

Portanto, quando há o simples inadimplemento pelo fato de a empresa não possuir condições financeiras de pagar o tributo, deve o Fisco cobrá-lo da empresa, e somente se esta não puder arcar com a obrigação é que poderá cobrar dos administradores que tiverem relação com o fato que gerou a obrigação tributária, ou seja, que naquele momento faziam parte do corpo decisório da empresa.

Nessa hipótese, segundo o CTN, o administrador responde pelo débito de forma solidária, ou seja, pode o Fisco cobrar da pessoa jurídica, do administrador ou de ambos. Contudo, nesse ponto existe uma divergência no CTN, pois não parece lógico e razoável tratar do mesmo modo o contribuinte e o responsável tributário que tenha agido com absoluta correção na gestão da empresa, e adotado as melhores práticas administrativas possíveis nas circunstâncias de fato, mas que não tenham se consubstanciado no recolhimento do tributo por razões alheias à sua vontade. Nesse caso, entende-se que o responsável somente pode ser cobrado pelo débito depois de esgotados todos os meios de cobrança do contribuinte, respondendo, portanto, subsidiariamente.

Se for demonstrado, porém, que o administrador ou o sócio agiu com a finalidade de burlar o Fisco, pode ocorrer que ele responda isoladamente pelo pagamento do débito, excluindo a responsabilidade da pessoa jurídica.

7.8 Denúncia espontânea

A denúncia espontânea ocorre quando o contribuinte, antes de qualquer ato inicial da autoridade administrativa decorrente do seu poder de fiscalizar o cumprimento das obrigações tributárias, recolhe o tributo a destempo, corrigido monetariamente e acrescido de juros de mora, notificando o fato à autoridade competente, como forma de afastar a imposição de penalidade pecuniária (art. 138, CTN). Isto é, o próprio contribuinte leva ao conhecimento da autoridade fazendária sua irregularidade. A responsabilidade é excluída pela denúncia espontânea da infração, acompanhada, se for o caso, do pagamento do tributo devido e dos juros de mora, ou do depósito da importância arbitrada pela autoridade administrativa quando o montante do tributo depender de apuração (art. 138, CTN). A denúncia espontânea afasta a cobrança da multa, mas só fica caracterizada se acompanhada do pagamento do tributo devido e antes que o Fisco tenha tomado alguma medida em relação à infração.

Não configura denúncia espontânea a denúncia efetuada quando já iniciado algum procedimento administrativo relacionado à infração, tampouco descumprimento da obrigação acessória.

A confissão de dívida, acompanhada de pedido de parcelamento desta, não configura denúncia espontânea, conforme Súmula 208 do extinto TFR. A confissão de dívida antes do início do procedimento fiscal, acompanhada do pagamento do débito, configura denúncia espontânea. O instituto da denúncia espontânea não se aplica aos casos de descumprimento de obrigação acessória.

A solicitação e a concessão de parcelamento não configuram denúncia espontânea, não excluindo a incidência de multas (art. 155-A, § 1°, CTN).

O STJ possui jurisprudência pacífica segundo a qual as multas decorrentes de infrações meramente formais (descumprimento de obrigações acessórias), como multas por atraso na entrega de declarações, não ficam excluídas com a denúncia espontânea (para o STJ, não se aplica o art. 138 do CTN às infrações meramente formais).

De acordo com a Súmula 360 do STJ, o benefício da denúncia espontânea não se aplica aos tributos sujeitos a lançamento por homologação regularmente declarados, mas pagos a destempo.

7.9 Responsabilidade por infrações

Para Amaro,[1] o descumprimento de uma obrigação principal ou de uma obrigação acessória gera a responsabilidade por infrações e independe da intenção do agente ou do responsável. Deverá arcar, portanto, aquele que descumpriu a obrigação que lhe cabia, com a multa que desse descumprimento decorre. Essa, na verdade, é a essência de tal modalidade de responsabilidade. Sendo a infração tributária, seguem-se as regras do Direito Penal; independe da intenção ou dolo do agente. Em princípio, o autor do crime só pode ser pessoa física, maior de 18 (dezoito) anos. Nos crimes praticados por meio de associação ou sociedade, vigora a regra de que o sujeito ativo do delito não será a pessoa jurídica, mas a pessoa física que por meio dela praticou o ato. A responsabilidade penal, portanto, em regra, é sempre pessoal, da pessoa física.

Há uma exceção, porém, referente às infrações penais contra o meio ambiente. Nestas, e apenas nestas, pode uma pessoa jurídica vir a responder por ilícito penal, cometido por decisão de seus dirigentes, no interesse ou benefício da mesma (art. 3°, Lei n. 9.605/1998, e art. 225, § 3°, CF).

7.9.1 Responsabilidade por crimes tributários

Tratando-se de infração tributária penal, seguem-se as regras do Direito Penal, independentemente da intenção ou dolo do agente. Em princípio, o autor do crime só pode ser

---

1   AMARO, L. *Direito tributário brasileiro*. 21. ed. São Paulo: Saraiva, 2016.

pessoa física, maior de 18 anos. Nos crimes praticados por meio de associação ou sociedade, vigora a regra de que o sujeito ativo do delito não será a pessoa jurídica, mas a pessoa física que por meio dela praticou o ato.

Sobre a responsabilidade tributária, o representante legal de pessoa jurídica de direito privado, ainda que não seja sócio da empresa, é pessoalmente responsável pelos créditos correspondentes a obrigações tributárias resultantes de atos praticados com excesso de poderes, infração de lei, contrato social ou estatuto. A responsabilidade por infrações à legislação tributária independe da intenção do agente ou do responsável e da efetividade, natureza e extensão dos efeitos do ato, exceto se houver lei em sentido contrário.

CASO PRÁTICO 7.1

(OAB – 2012 – 1 – FGV) Até o ano de 2008, o sr. Jorge da Silva exerceu a função de sócio com poderes de gestão da "Acampados Paiol Grande S.A.", tendo, posteriormente, se desligado da sociedade. Em fevereiro de 2012, é surpreendido ao ser citado em execução fiscal para responder por débitos fiscais pendentes relativos ao Imposto de Renda da Pessoa Jurídica (IRPJ), e pela falta de recolhimento de contribuições previdenciárias dos funcionários as quais foram devidamente descontadas, ambos referentes a período de apuração em que José administrava a empresa.

Considerando a situação acima, responda aos itens a seguir:

a)   É possível a cobrança integral do ex-sócio dos montantes tributários e previdenciários devidos e não recolhidos pela companhia, quando ele já não exercia mais atos de administração da S.A.?

b)   Houve infração legal imputável a Jorge da Silva?

CONSIDERAÇÕES FINAIS

A cobrança de dívidas fiscais atribuídas à sociedade empresária somente pode recair sobre os sócios se estes, comprovadamente, houverem agido em desacordo com as disposições estatutárias ou legais.

Dito isso, importa destacar as situações mais comuns que configuram atuação irregular dos dirigentes, tornando-os responsáveis pela quitação de dívidas fiscais das respectivas sociedades empresárias.

O sócio que administra a pessoa jurídica sem extrapolar os ditames do contrato social pratica atos em nome da sociedade empresária. Por outro lado, se realizar condutas fora daqueles limites, estará agindo com excesso de poderes, ficando, portanto, sujeito ao cumprimento de eventuais obrigações tributárias advindas dessas ações.

Essa hipótese de atuação resta configurada, por exemplo, na atitude do sócio de uma construtora que determina a comercialização de materiais de construção sem promover a devida alteração no contrato social para prever essa ampliação do objeto social.

Outra circunstância que enseja a responsabilidade tributária em comento envolve a transgressão de preceitos normativos pertinentes à administração empresarial, como nos casos de dissolução irregular da sociedade empresária.

Ademais, segundo a doutrina e a jurisprudência dominantes sobre o tema, o mero inadimplemento de obrigações tributárias não caracteriza infração à lei para fins de responsabilização pessoal do sócio por dívida fiscal da empresa.

Com essas considerações, espera-se alertar a classe empresarial para o fato de que os débitos fiscais de sociedades empresárias devem ser exigidos destas e, somente em casos excepcionais, quando atendidos os requisitos legais, podem ser cobrados dos sócios que tenham agido com excesso de poderes ou de forma contrária à lei.

A pessoa jurídica que adquirir o estabelecimento de outra pessoa jurídica será responsável pelos tributos relativos ao estabelecimento, devidos até a data do trespasse, desde que já tenham sido lançados, embora ainda não definitivamente constituídos. A responsabilidade poderá ser integral ou subsidiária, nas condições e regras previstas no art. 133, I e II, do CTN.

A lei, ao atribuir de modo expresso a responsabilidade pelo crédito tributário à terceira pessoa, vinculada ao fato gerador da respectiva obrigação, excluirá a responsabilidade do contribuinte, segundo o art. 121, parágrafo único e inciso I, e o art. 128, do CTN.

A responsabilidade tributária é atribuída expressamente por lei à terceira pessoa, que não praticou o fato gerador, mas que está a ele vinculado, podendo ser exclusiva ou supletiva à obrigação do contribuinte. É pessoal ao agente quanto às infrações conceituadas por lei como crimes ou contravenções, salvo quando praticadas no exercício regular de administração, mandato, função, cargo ou emprego, ou no cumprimento de ordem expressa emitida por quem de direito, conforme o art. 137, I, do CTN.

Os empregados são pessoalmente responsáveis pelos créditos correspondentes a obrigações tributárias resultantes de atos praticados com excesso de poderes.

A sujeição passiva indireta pode ser fruto de uma responsabilidade por sucessão, o que caracteriza uma das modalidades de responsabilidade por transferência.

A denúncia espontânea da infração afasta a responsabilidade por infração, desde que anterior a qualquer medida de fiscalização ou procedimento administrativo e acompanhada do pagamento, se for o caso, do tributo devido e dos juros de mora. O benefício da denúncia espontânea não se aplica aos tributos sujeitos a lançamento por homologação regularmente declarados, mas pagos a destempo.

Uma das obrigações da sociedade empresária é seguir um sistema de contabilidade, mecanizado ou não, com base na escrituração uniforme de seus livros, em correspondência com a documentação respectiva, e levantar anualmente o balanço patrimonial e o de resultado econômico, o qual deverá exprimir, com fidelidade e clareza, a situação real da empresa e indicar o ativo e o passivo distintamente.

CAPÍTULO 8 | # Planejamento tributário no regime de tributação do lucro real

Objetivo

Neste capítulo, você aprenderá:

- as apurações do Imposto de Renda Pessoa Jurídica (IRPJ), da Contribuição Social sobre o Lucro Líquido (CSLL), do Programa de Integração Social (PIS) e da Contribuição para o Financiamento da Seguridade Social (Cofins) sob a modalidade de tributação do lucro real, de forma a possibilitar a opção menos onerosa para a empresa, dentro dos limites legais e princípios éticos.

Introdução

A regra geral para a apuração do IRPJ e da CSLL é o lucro real em que o Imposto de Renda (IR) é determinado a partir do lucro contábil, apurado pela pessoa jurídica, acrescido de ajustes (positivos e negativos) requeridos pela legislação fiscal, de acordo com os arts. 260 e 261 do Decreto n. 9.580/2018, conforme esquema a seguir: lucro (prejuízo) contábil (+) ajustes fiscais positivos (adições) (–) ajustes fiscais negativos (exclusões) (=) lucro real ou prejuízo fiscal do período.

O lucro líquido (ou prejuízo) do período de apuração, antes da provisão para o IR, é ajustado pelas adições, exclusões ou compensações prescritas ou autorizadas por lei.

Para fins de planejamento tributário, sugere-se uma análise criteriosa dos valores adicionados, verificando sua procedência, pois pode ocorrer de determinada adição não ser cabível. Um exemplo de adição comum é de despesas indedutíveis. Quando analisada a documentação, trata-se de despesas operacionais, portanto dedutíveis.

Crepaldi e Crepaldi[1] afirmam que as empresas obrigadas ao lucro real devem manter escrituração contábil e levantar balanços trimestrais ou anuais com observância das leis comerciais e fiscais, mesmo que não sejam Sociedades Anônimas. Lucro real é a base de cálculo do imposto sobre a renda apurada segundo registros contábeis e fiscais efetuados sistematicamente de acordo com as leis comerciais e fiscais. A apuração do lucro real é feita na parte A do Livro de Apuração do Lucro Real (e-Lalur), mediante adições e exclusões ao lucro líquido do período de apuração (trimestral ou anual) do imposto e compensações de prejuízos fiscais autorizadas pela legislação do IR, de acordo com as determinações contidas na IN SRF n. 28/1978 e demais atos legais e infralegais posteriores. Os prejuízos contábeis apurados em exercícios anteriores podem ser compensados na apuração do lucro real.

Quando a pessoa jurídica optar pelo regime de tributação pelo lucro real, deverá conservar em ordem, pelo prazo de cinco anos da emissão ou escrituração, os livros, documentos e papéis relativos à sua atividade, ou que se refiram a atos ou operações que modifiquem ou possam vir a modificar sua situação patrimonial. A legislação do Imposto de Renda exige que a escrituração observe as determinações da Lei n. 6.404/1976, caso a empresa seja tributada pelo lucro real, mesmo não sendo Sociedade Anônima.

Na formação do *lucro tributável*, a tributação não será feita sobre o *lucro contábil* apurado, uma vez que a legislação fiscal tem sua forma específica de exigir tributos. Para transformar o lucro contábil em fiscal, são necessários ajustes.

---

1 CREPALDI, S. A.; CREPALDI, G. S. *Orçamento público*: planejamento, elaboração e controle. São Paulo: Saraiva, 2014.

Figura 8.1 Formação do lucro tributável

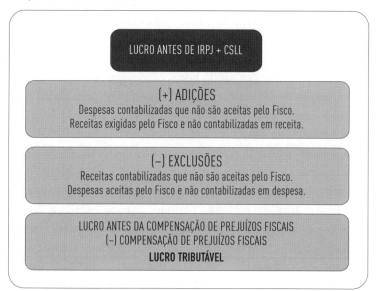

Fonte: Decreto n. 9.580/2018, arts. 260 e 261.

O lucro líquido, para efeito de apuração do IRPJ, é determinado com base na escrituração contábil, antes de deduzida a provisão para o IRPJ e as compensações de prejuízos contábeis. O lucro real não pode ser obtido por arbitramento. São imunes da Contribuição Social sobre o Lucro Líquido (CSLL) as entidades beneficentes de assistência social que não remunerem seus diretores e atendam às demais condições legais.

8.1 Data de apuração

Para efeito da incidência do imposto sobre a renda, o lucro real das pessoas jurídicas deve ser apurado na data de encerramento do período de apuração, conforme a Lei n. 9.430/1996, arts. 1° e 2°.

O período de apuração encerra-se:
- nos dias 31 de março, 30 de junho, 30 de setembro e 31 de dezembro, no caso de apuração trimestral do IR;
- no dia 31 de dezembro de cada ano-calendário, no caso de apuração anual do IR;
- na data da extinção da pessoa jurídica, assim entendida a destinação total de seu acervo líquido;
- na data do evento, nos casos de incorporação, fusão ou cisão da pessoa jurídica.

Sem prejuízo do balanço e da responsabilidade por sucessão, de que tratam o art. 21 da Lei n. 9.249/1995 e o art. 6° da Lei n. 9.648/1998, o resultado do período, que servirá de base para apuração do imposto, nos casos de extinção, incorporação, fusão ou cisão da pessoa jurídica, compreenderá os fatos geradores ocorridos até a data do evento.

8.2 Pessoas jurídicas obrigadas ao lucro real

Estão obrigadas ao regime de tributação com base no lucro real, em cada ano-calendário, segundo o art. 14 da Lei n. 9.718/1998 e o art. 257 do Decreto n. 9.580/2018, as pessoas jurídicas:

- cuja receita total, ou seja, o somatório da receita bruta mensal, das demais receitas e ganhos de capital, dos ganhos líquidos obtidos em operações realizadas nos mercados de renda variável e dos rendimentos nominais produzidos por aplicações financeiras de renda fixa, da parcela das receitas auferidas nas exportações às pessoas vinculadas ou aos países com tributação favorecida que exceder ao valor já apropriado na escrituração da empresa, na forma da IN SRF n. 38/1997, no ano-calendário anterior, seja superior ao limite de R$ 78.000.000,00 (setenta e oito milhões de reais) ou de R$ 6.500.000,00 (seis milhões e quinhentos mil reais) multiplicado pelo número de meses do período, quando inferior a 12 meses;
- cujas atividades sejam de bancos comerciais, bancos de investimentos, bancos de desenvolvimento, caixas econômicas, sociedades de crédito, financiamento e investimento, sociedades de crédito imobiliário, sociedades corretoras de títulos, valores mobiliários e câmbio, distribuidoras de títulos e valores mobiliários, empresas de arrendamento mercantil, cooperativas de crédito, empresas de seguros privados e de capitalização e entidades de previdência privada aberta;
- que tiverem lucros, rendimentos ou ganhos de capital oriundos do exterior;
- que, autorizadas pela legislação tributária, usufruam de benefícios fiscais relativos à isenção ou redução do imposto;
- que no decorrer do ano-calendário tenham efetuado pagamento mensal do IR, determinado sobre a base de cálculo estimada, na forma do art. 2° da Lei n. 9.430/1996;
- que explorem as atividades de prestação cumulativa e contínua de serviços de assessoria creditícia, mercadológica, gestão de crédito, seleção e riscos, administração de contas a pagar e a receber, compras de direitos creditórios resultantes de vendas mercantis a prazo ou de prestação de serviços (*factoring*).

Também estão obrigadas ao lucro real as empresas imobiliárias, enquanto não concluídas as operações imobiliárias para as quais haja registro de custo orçado (IN SRF n. 25/1999). O custo orçado é a modalidade de tratamento contábil dos custos futuros de conclusão de obras.

As Sociedades de Propósitos Específicos (SPE) deverão apurar o IRPJ com base no lucro real, conforme estipulado no art. 56, § 2°, IV, da LC n. 123/2006.

As empresas obrigadas ao lucro real devem manter escrituração contábil e levantar balanços trimestrais ou anuais com observância das leis comerciais e fiscais, mesmo não sendo Sociedades Anônimas, conforme o Código Civil.

O passivo fictício caracteriza omissão de receita em vista da presunção legal de que as obrigações foram pagas com recursos alheios à contabilidade.

8.3 Pagamento do imposto

8.3.1 Documento a utilizar

O pagamento será feito mediante a utilização do Documento de Arrecadação de Receitas Federais (Darf), sob os seguintes códigos:

- 2362 – IRPJ – Obrigadas a Apurar o Lucro Real – Estimativa Mensal;
- 2319 – IRPJ – Instituições Financeiras – Estimativa Mensal;
- 0220 – IRPJ – Obrigadas a Apurar o Lucro Real – Trimestral;
- 1599 – IRPJ – Instituições Financeiras – Trimestral;
- 5993 – IRPJ – Optantes pela Tributação com Base no Lucro Real – Estimativa Mensal;
- 3373 – IRPJ – Optantes pela Tributação com Base no Lucro Real – Trimestral;
- 2390 – IRPJ – Instituições Financeiras – Ajuste Anual;
- 2430 – IRPJ – Obrigadas a Apurar o Lucro Real – Ajuste Anual;
- 2456 – IRPJ – Optantes pela Tributação com Base no Lucro Real – Ajuste Anual.

8.3.2 Prazo para pagamento

8.3.2.1 IR determinado com base no lucro real trimestral

O IR devido, apurado trimestralmente, será pago em quota única, até o último dia útil do mês subsequente ao do encerramento do período de apuração.

À opção da pessoa jurídica, o imposto devido poderá ser pago em até três quotas mensais, iguais e sucessivas, vencíveis no último dia útil dos três meses subsequentes ao de encerramento do período de apuração a que corresponder.

Nenhuma quota poderá ter valor inferior a R$ 1.000,00 e o imposto de valor inferior a R$ 2.000,00 será pago em quota única.

As quotas do imposto serão acrescidas de juros equivalentes à taxa referencial do Sistema Especial de Liquidação e Custódia (Selic), para títulos federais, acumulada mensalmente, a partir do primeiro dia do segundo mês subsequente ao do encerramento do período de apuração até o último dia do mês anterior ao do pagamento, e de 1% no mês do pagamento.

O prejuízo compensável é o apurado na Demonstração do Lucro Real e registrado no Lalur (art. 579, Decreto n. 9.580/2018; art. 64, § 1°, Decreto-lei n. 1.598/1977; e art. 6°, caput e parágrafo único, Lei n. 9.249/1995).

O prejuízo fiscal poderá ser compensado com o lucro líquido ajustado pelas adições e pelas exclusões previstas nesse Regulamento, observado o limite máximo, para compensação, de trinta por cento do referido lucro líquido ajustado (art. 580, Decreto n. 9.580/2018; art. 15, *caput*, Lei n. 9.065/1995).

Somente se aplica às pessoas jurídicas que mantiverem os livros e os documentos exigidos pela legislação fiscal comprobatórios do montante do prejuízo fiscal utilizado para compensação (Lei n. 9.065/1995).

8.3.2.2 IR determinado sobre base de cálculo estimada mensalmente ou com base em balanço ou balancete de suspensão ou redução

A base de cálculo estimada do IR, em cada mês, será determinada por meio da aplicação do percentual de 8% sobre a receita bruta definida pelo art. 208 auferida mensalmente, deduzida das devoluções, das vendas canceladas e dos descontos incondicionais concedidos, observadas as disposições desta subseção.

Nas seguintes atividades, o percentual de que trata o art. 208, Decreto n. 9.580, será de:

I – um inteiro e seis décimos por cento, para a atividade de revenda, para consumo, de combustível derivado de petróleo, álcool etílico carburante e gás natural;

II – dezesseis por cento:

a) para a atividade de prestação de serviços de transporte, exceto o de carga, para o qual se aplicará o percentual previsto no *caput*; e

b) para as pessoas jurídicas cujas atividades sejam de bancos comerciais, bancos de investimentos, bancos de desenvolvimento, caixas econômicas, sociedades de crédito, financiamento e investimento, sociedades de crédito imobiliário, sociedades corretoras de títulos, valores mobiliários e câmbio, sociedades de crédito ao microempreendedor e à empresa de pequeno porte, distribuidoras de títulos e valores mobiliários, empresas de arrendamento mercantil, cooperativas de crédito, empresas de seguros privados e de capitalização e entidades abertas de previdência complementar, observado o disposto no art. 223; e

III – trinta e dois por cento, para as atividades de:

a) prestação de serviços em geral, exceto a de serviços hospitalares e de auxílio diagnóstico e terapia, patologia clínica, imagenologia, anatomia patológica e citopatologia, medicina nuclear e análises e patologias clínicas, desde que a prestadora desses serviços seja organizada sob a forma de sociedade empresária e atenda às normas da Agência Nacional de Vigilância Sanitária (Anvisa);

b) intermediação de negócios;

c) administração, locação ou cessão de bens imóveis, móveis e direitos de qualquer natureza;

d) prestação cumulativa e contínua de serviços de assessoria creditícia, mercadológica, gestão e crédito, seleção de riscos, administração de contas a pagar e a receber, compra de direitos creditórios resultantes de vendas mercantis a prazo ou de prestação de serviços (*factoring*); e

e) prestação de serviços de construção, recuperação, reforma, ampliação ou melhoramento de infraestrutura vinculados a contrato de concessão de serviço público.

Na hipótese de atividades diversificadas, será aplicado o percentual correspondente a cada atividade.

A base de cálculo mensal do imposto das pessoas jurídicas prestadoras de serviços em geral, cuja receita bruta anual seja de até R$ 120.000,00 (cento e vinte mil reais), será determinada por meio da aplicação do percentual de 16% sobre a receita bruta auferida mensalmente, observado o disposto no art. 208, Decreto n. 9.580/2018.

As receitas provenientes de atividade incentivada não comporão a base de cálculo do imposto sobre a renda, na proporção do benefício a que a pessoa jurídica, submetida ao regime de tributação com base no lucro real, fizer jus, segundo a Lei n. 9.249/1995, art. 15, § 3°.

1) **Pagamentos mensais**

O IR devido, determinado mensalmente sobre a base de cálculo estimada, ou apurado em balanço ou balancete de suspensão ou redução, será pago até o último dia útil do mês subsequente àquele a que se referir (art. 6°, Lei n. 9.430/1996).

2) **Saldo do imposto apurado em 31 de dezembro (ajuste anual)**

O saldo do IR apurado em 31 de dezembro:

a. será pago em quota única até o último dia útil do mês de março do ano subsequente. O saldo do imposto será acrescido de juros equivalentes à taxa referencial do Sistema Especial de Liquidação e Custódia (Selic), para títulos federais, acumulada mensalmente, a partir de 1° de fevereiro do ano subsequente até o último dia do mês anterior ao do pagamento, e de 1% no mês do pagamento;

b. poderá ser compensado com o IR devido a partir do mês de janeiro do ano-calendário subsequente ao do encerramento do período de apuração, assegurada a alternativa de requerer a restituição, observando-se o seguinte (AD n. 03, de 7 de janeiro de 2000):

1. os valores pagos nos vencimentos estipulados na legislação específica, com base na receita bruta e acréscimos ou em balanço ou balancete de suspensão ou redução nos meses de janeiro a novembro, que excederem ao valor devido anualmente, serão atualizados pelos juros equivalentes à taxa referencial do Selic para Títulos Federais, acumulada mensalmente, a partir de 1° de janeiro do ano-calendário subsequente àquele a que se referir o ajuste anual até o mês anterior ao da compensação, e de 1% relativamente ao mês da compensação que estiver sendo efetuada;

2. o valor pago no vencimento estipulado em legislação específica, com base na receita bruta e acréscimos ou em balanço ou balancete de suspensão ou redução relativo ao mês de dezembro, que exceder ao valor devido anualmente, será acrescido dos juros equivalentes à taxa referencial do Selic para Títulos Federais, acumulada mensalmente, a partir de 1° de fevereiro até o mês anterior ao da compensação, e de 1% relativamente ao mês em que a compensação estiver sendo efetuada;

3. a compensação e/ou restituição do saldo negativo correspondente ao valor citado no subitem "b2" somente poderá ser feita após o seu pagamento, não podendo ser compensado a partir de 1º de janeiro do ano-calendário subsequente, ainda que o imposto tenha sido pago no vencimento estipulado na legislação específica, salvo se pago até 31 de dezembro do ano-calendário a que se referir a apuração.

8.4 Aspectos fiscais

É interessante que a forma de pagar seja definida dentro de um conjunto de decisões estratégicas. Ao escolher a sistemática de recolhimento do imposto, devem-se levar em conta os planos da empresa para o futuro, as expectativas de lucro e a representatividade dos ganhos em relação à receita bruta, entre outros.

Vale lembrar que a opção pela forma de recolhimento deve ser declarada formalmente à Receita Federal do Brasil (RFB) no início do que se chama de ano-calendário, ou seja, o ano que se inicia em 1º de janeiro e termina em 31 de dezembro, conforme art. 2º, III, Decreto-lei n. 1.381/1974. A empresa faz a escolha quando realiza o primeiro recolhimento de IR do ano. Depois disso, a decisão está tomada. A legislação não permite mudança de sistemática, mesmo que a empresa perceba que fez a escolha mais onerosa.

A forma de tributação do IRPJ e da CSLL sobre os resultados, quando advinda do resultado contábil (ajustado pelas adições e exclusões previstas na legislação), chama-se lucro real, conforme art. 44 do CTN. As regras tributárias muitas vezes determinam que algumas despesas consideradas não dedutíveis sejam somadas ao lucro líquido e que receitas não tributáveis sejam subtraídas. Pode existir, assim, grande diferença entre o valor do lucro líquido e do lucro real. Lucro real é o lucro líquido do período de apuração (apurado contabilmente) ajustado pelas adições, exclusões ou compensações prescritas ou autorizadas pelo Regulamento (Decreto-lei n. 1.598/1977, art. 6º).

As entidades sujeitas à CSLL deverão ajustar o resultado do período com as adições determinadas e exclusões admitidas, conforme legislação vigente, para fins de determinação da base de cálculo da contribuição, conforme a Lei n. 7.689/1988, art. 2º. Não integram sua base de cálculo as receitas auferidas pela pessoa jurídica revendedora, na revenda de mercadorias em relação às quais a contribuição seja exigida da empresa vendedora, na condição de substituta tributária.

Sobre a CSLL:

- valor pago a título de CSLL não perde a característica de corresponder a parte dos lucros ou da renda do contribuinte pela circunstância de ser utilizado para solver obrigação tributária;
- é constitucional dispositivo de lei que proíbe a dedução do valor da CSLL para fins de apuração do lucro real, base de cálculo do Imposto sobre a Renda das Pessoas Jurídicas;

- as associações de poupança e empréstimo estão isentas do imposto sobre a renda, mas são contribuintes da CSLL;
- as entidades sujeitas à CSLL deverão ajustar o resultado do período com as adições determinadas e exclusões admitidas, conforme legislação vigente, para fins de determinação da base de cálculo da contribuição;
- estão sujeitas ao pagamento da CSLL as pessoas jurídicas e as pessoas físicas a elas equiparadas, domiciliadas no país. A apuração da CSLL deve acompanhar a forma de tributação do lucro adotada para o IRPJ.

O resultado tributável ou lucro real, de acordo com a lei fiscal do IR, é determinado pelas receitas tributáveis deduzidas das despesas aceitas: lucro antes do IR (+) adições (–) exclusões (–) compensação de prejuízos fiscais, segundo os arts. 260 e 261, Decreto n. 9.580/2018.

Nesse aspecto, Crepaldi e Crepaldi[2] afirmam que os ajustes procedidos no e-Lalur e a contabilização de despesa indedutível provocam uma adição na parte A do e-Lalur e um registro na parte B na coluna de crédito.

Tabela 8.1 Exemplo de prejuízo fiscal, apurado a partir do prejuízo contábil

1. Prejuízo contábil apurado na escrituração	(100.000,00)
2. Adições ao lucro real — despesas não dedutíveis	10.000,00
3. Exclusões ao lucro real — equivalência patrimonial credora	50.000,00
4. Prejuízo fiscal no período (1 + 2 – 3)	**(140.000,00)**

Fonte: elaborada pelo autor.

No regime do lucro real, a empresa paga o IR sobre o lucro apurado nos seus balanços. Dentro do lucro real, as opções são lucro real trimestral ou lucro real anual. No lucro real trimestral, a empresa faz o seu balanço de três em três meses. No lucro real anual, o balanço contábil considera o ano-calendário de 1º de janeiro a 31 de dezembro.

Quando ocorre o pagamento de obrigações e a empresa não apresenta disponibilidade suficiente, temos o passivo fictício. Um exemplo seria a omissão de receita em vista da previsão legal das obrigações.

8.5 Utilização do lucro real

Machado[3] afirma que, no Brasil, não basta pagar tributo, é preciso demonstrar detalhadamente seu cálculo, informar para quem suas vendas estão sendo realizadas, para qual local, quais produtos estão sendo vendidos etc. Com o propósito de fiscalizar as empresas, todos os dados são enviados ao Fisco por meio de formulários/arquivos eletrônicos.

---

2   CREPALDI; CREPALDI, 2014.
3   MACHADO, H. de B. *Curso de direito tributário*. 37. ed. São Paulo: Malheiros, 2016.

No lucro presumido, para Crepaldi e Crepaldi,[4] o detalhamento das informações é menor, pois o cálculo dos tributos é, de certa forma, "simplificado", não exigindo da empresa controles internos demasiadamente complexos.

A contabilidade da empresa, no regime de tributação pelo lucro real, providencia as informações por meio de arquivos eletrônicos, como o Sped. A apuração do IRPJ pelo lucro real é mais comumente feita por médios e grandes contribuintes, dada a sua relativa onerosidade, pois os controles contábeis exigidos são mais amplos que os demais sistemas de tributação (lucro presumido, arbitrado ou Simples). À opção do contribuinte, a adoção do lucro real pode ser mediante estimativa (recolhimento mensal) ou por trimestre.

8.5.1 Exclusões e adições ao lucro real

8.5.1.1 Exclusões

Na determinação do lucro real, poderão ser excluídos do lucro líquido do período de apuração, segundo o Decreto-lei n. 1.598/1977, art. 6°, § 3°:

- os valores cuja dedução seja autorizada pelo Regulamento e que não tenham sido computados na apuração do lucro líquido do período de apuração;
- os resultados, rendimentos, receitas e quaisquer outros valores incluídos na apuração do lucro líquido que, de acordo com o Regulamento, não sejam computados no lucro real;
- o prejuízo fiscal apurado em períodos de apuração anteriores, limitado a 30% (trinta por cento) do lucro líquido ajustado pelas adições e exclusões previstas no Regulamento, desde que a pessoa jurídica mantenha os livros e documentos, exigidos pela legislação fiscal, comprobatórios do prejuízo fiscal utilizado para compensação, conforme a Lei n. 9.065/1995, art. 15 e parágrafo único;
- os principais valores excluíveis, desde que atendidas as particularidades da legislação que regem cada assunto;
- parcela de lucro de empreitada ou fornecimento contratado com pessoa jurídica de direito público, proporcional ao valor da receita não recebida, para contratos superiores a 12 meses;
- ganho de capital auferido na venda de bens do ativo permanente para recebimento do preço após o término do ano-calendário subsequente ao da contratação;
- lucros e dividendos recebidos de participações societárias;
- resultado positivo da avaliação pela equivalência patrimonial;
- variações cambiais ativas (MP n. 2158-35, art. 30);
- variações cambiais passivas – Operações Liquidadas (MP n. 2158-35, art. 30);
- amortização do deságio obtido na aquisição de participações societárias avaliadas pela equivalência patrimonial, enquanto não baixado o investimento;
- encargos financeiros auferidos dois meses após o vencimento, relativos a créditos vencidos e não recebidos;

---

4 CREPALDI; CREPALDI, 2014.

- parcelas das perdas apuradas nos mercados de renda variável que excederam os ganhos auferidos nas mesmas operações, adicionadas ao lucro líquido em período--base anterior, até o limite dos ganhos e perdas de operações da espécie computados no período-base;
- resultados positivos auferidos pelas sociedades cooperativas que obedecerem ao disposto na legislação específica;
- provisões indedutíveis adicionadas ao lucro líquido em período-base anterior que tenham sido revertidas a crédito do resultado do exercício ou utilizadas para débito de despesas dedutíveis. Exemplo: em 31 de dezembro de X1, a empresa provisiona um valor indedutível no passivo e adiciona ao lucro real. Porém, no ano seguinte (X2), estorna a referida provisão, contabilizando um resultado positivo que gerará IRPJ e CSLL se não for excluído via Lalur;
- depreciação acelerada incentivada;
- amortização de ágio na aquisição de investimentos relevantes sujeitos à avaliação pela equivalência patrimonial e baixados no período-base;
- reversão de provisões não dedutíveis;
- aplicações na aquisição de Certificados de Investimentos em projetos de produção de obras audiovisuais cinematográficas brasileiras;
- exclusão para emissoras de rádio e televisão que transmitem programa eleitoral gratuito (Lei n. 9.504/1997);
- a partir de 1° de janeiro de 2003, as pessoas jurídicas poderão deduzir do lucro líquido, na determinação do lucro real e da base de cálculo da CSLL, as despesas operacionais relativas aos dispêndios realizados com pesquisa tecnológica e desenvolvimento de inovação tecnológica de produtos – art. 39, Lei n. 10.637/2002 (até 31 de dezembro de 2005), e art. 17 e seguintes, Lei n. 11.196/2005 (a partir de 1° de janeiro de 2006);
- a partir de 4 de dezembro de 2008, poderão ser excluídas as parcelas de contabilização de receitas advindas do RTT, ajustes decorrentes da Lei n. 11.638/2008, atendidos os requisitos previstos nos arts. 15 e seguintes da Lei n. 11.941/2009;
- a partir de 4 de março de 2009, as empresas dos setores de tecnologia da informação (TI) e de tecnologia da informação e da comunicação (TIC) poderão excluir do lucro líquido os custos e as despesas com capacitação de pessoal que atua no desenvolvimento de programas de computador (*software*), para efeito de apuração do lucro real, sem prejuízo da dedução normal. A exclusão fica limitada ao valor do lucro real antes da própria exclusão, vedado o aproveitamento de eventual excesso em período de apuração posterior (art. 11, Lei n. 11.908/2009).

8.5.1.2 Adições na parte A do e-Lalur

As adições, fundamentalmente, são representadas por despesas contabilizadas e indedutíveis para a apuração do lucro real, como multas indedutíveis, doações, brindes etc.

Assim, uma empresa que apurou um lucro contábil de R$ 100.000,00, mas contabilizou despesas não aceitas como redutoras para fins fiscais de R$ 20.000,00, deverá ajustar o lucro contábil, via e-Lalur, uma vez que esse lucro não pode e não deve ser alterado contabilmente.

Dessa forma, procede-se à adição ao lucro contábil de R$ 20.000,00 na parte A do e-Lalur – o que produz, na prática, um efeito de anulação da despesa contabilizada. Esse ajuste mantém o lucro contábil em R$ 100.000,00, porém, para fins fiscais, o aumentará para R$ 120.000,00, valor equivalente ao que representaria o lucro contábil caso não tivessem sido contabilizadas as despesas não dedutíveis.

Para fins de planejamento tributário, sugere-se uma análise criteriosa dos valores adicionados, verificando sua procedência, pois pode ocorrer que determinada adição não seja cabível. Um exemplo de adição comum e que pode ser observado nas empresas é o de despesas indedutíveis. Quando analisada a documentação, observa-se que se trata de despesas operacionais, portanto, dedutíveis.

O prejuízo fiscal compensável é aquele apurado na Demonstração do Lucro Real de determinado período e controlado na parte B do e-Lalur, porque existem dois tipos de prejuízos distintos: o contábil, apurado pela contabilidade na Demonstração de Resultado do Exercício (DRE), e o fiscal, apurado na Demonstração do Lucro Real por meio do e-Lalur. Em relação ao prejuízo contábil, sua absorção segue as determinações da legislação societária, enquanto as regras de compensação de prejuízos fiscais são determinadas pela legislação do IR.

Exemplo

A Sociedade Empresária São Lourenço Ltda. apurou um prejuízo fiscal de R$ 360.000,00 no exercício social de 2019. Em 2020, obteve um resultado positivo antes do IRPJ e CSLL no valor de R$ 800.000,00, incluídas as seguintes contas de receitas e despesas, em reais:

Itens	R$
Resultado Negativo de Equivalência Patrimonial	50.000,00
Provisões não Dedutíveis	90.000,00
Multa de Autuação Fiscal	40.000,00
Brindes	20.000,00

Demonstre o valor do IRPJ a recolher no ano de 2020.

Solução:

Itens	R$	
LAIR em 2020	800.000,00	
Resultado Negativo da Equivalência Patrimonial Adição – Indedutível	50.000,00	▸

▸ Provisões não Dedutíveis Adição – Indedutível	90.000,00
Multa de Autuação Fiscal Adição – Indedutível	40.000,00
Brindes Adição – Indedutível	20.000,00
Lucro antes da Compensação de Prejuízos	**1.000.000,00**
Limite Máximo de Compensação – 30% × R$ 1.000.000,00	300.000,00
(–) Compensação Efetiva	(300.000,00)
Lucro Real Tributável	700.000,00
IRPJ – 15% × R$ 700.000,00	105.000,00
AIR – (R$ 700.000,00 – R$ 240.000,00) × 10%	46.000,00
IRPJ Total – R$ 105.000,00 + R$ 46.000,00	161.000,00
CSLL – 9% × R$ 700.000,00	63.000,00

Fonte: Planejamento tributário, FGV, 2011.

8.5.2 PIS e Cofins – Regime não cumulativo

A regra geral determina que os débitos e créditos das contribuições serão determinados com as alíquotas de:

- 1,65% para o PIS/Pasep;
- 7,6% para a Cofins sobre o valor das receitas tributadas e dos bens e insumos passíveis de créditos.

Os contribuintes são todas as pessoas jurídicas que auferirem receitas e não estiverem obrigadas ao regime cumulativo. Basicamente, as empresas tributadas pelo lucro real.

Nota: em algumas empresas tributadas pelo lucro real, dependendo das atividades exercidas, parte de suas receitas *ficam no regime cumulativo e parte no regime não cumulativo*. Quando isso acontece, chamamos de regime misto de PIS/Pasep e Cofins.

O fato gerador é o faturamento mensal que corresponde à receita bruta e todas as demais receitas, assim entendida a totalidade das receitas auferidas, independentemente da atividade por elas exercidas e da classificação contábil adotada para a escrituração das receitas, segundo as Leis n. 10.637/2002 e n. 10.833/2003, art. 1°.

Como regra geral, as receitas devem ser consideradas por regime de competência, ou seja, independentemente de sua realização. Dessa forma, mesmo sem reflexos no caixa da empresa, as receitas auferidas no período de apuração devem ser consideradas para fins de cálculo das contribuições.

A base de cálculo das contribuições no regime não cumulativo será a totalidade das receitas auferidas (receita bruta + todas as demais), conforme as Leis n. 10.637/2002 e n. 10.833/2003, art. 1º, § 3º.

Na base de cálculo, exclui-se da receita bruta, conforme as Leis n. 10.637/2002 e n. 10.833/2003, art. 1º, § 3º:

(–) as vendas canceladas;

(–) descontos incondicionais concedidos;

(–) o IPI faturado;

(–) o ICMS ST.

8.5.3 Bonificação em mercadorias[5]

Entre o comprador e o vendedor é frequente a realização de vendas por meio de concessão de desconto comercial mediante entrega de uma quantidade adicional da mercadoria vinculada ao negócio realizado. A essa operação dá-se o nome de *bonificação em mercadorias*, conforme a legislação fiscal.

Na nota fiscal de venda, em vez de estarem demonstrados o valor de venda e o valor do desconto dado, mantém-se o valor de venda, mas entrega-se uma quantidade de mercadoria ou produto maior do que o normal para aquele preço acertado.

Exemplo

O preço de 100 caixas do produto Alfa corresponde a R$ 1.000,00, e o vendedor entrega por esse mesmo valor a quantidade de 110 caixas do produto. A quantidade adicional de 10 caixas corresponde à bonificação em mercadorias.

8.5.3.1 Classificação contábil

O desconto comercial dado mediante acréscimo da quantidade entregue presume a existência de um desconto no negócio por unidade vendida.

No exemplo, a entrega de 10 caixas está vinculada à venda de 100 caixas, ou seja, a receita da venda está vinculada à baixa do estoque de 110 caixas.

O produto Alfa, em vez de ser vendido pelo preço unitário de R$ 10,00 (R$ 1.000,00 por 100 caixas), nessa operação teve o preço unitário real de R$ 9,09 (R$ 1.000,00 por 110 caixas).

Como a entrega da quantidade adicional está vinculada ao negócio em si, a classificação da baixa das 10 caixas "bonificadas" deve ser efetuada como *custo dos produtos vendidos*, juntamente com as outras 100 caixas, não cabendo, nesse caso, a classificação como despesas de vendas.

---

5 Planejamento tributário, FGV, 2011.

8.5.3.2 Distribuição como amostra

Se as 10 caixas do produto fossem distribuídas como amostra pela empresa sem obtenção direta de receita líquida em troca de cada unidade entregue, teríamos a classificação contábil do valor como *despesas com vendas*.

Exemplo

A Sociedade Empresária Manaus distribui como amostra 5 pares de sapatos a determinado cliente. O custo de cada par de sapato é R$ 100,00, e na nota fiscal consta:

5 pares de sapatos a R$ 300,00 cada = R$ 1.500,00
ICMS 18% = R$ 270,00
Contabilização:

1) Pela nota fiscal de remessa como amostra:
   D – Amostras de Produtos (Resultado)
   C – Estoques (Ativo Circulante)   R$ 300,00

2) ICMS devido na operação:
   D – ICMS sobre Amostras (Resultado)
   C – ICMS a Recolher (Passivo Circulante)   R$ 270,00

8.5.3.3 Bonificação vinculada à venda

Se nos documentos fiscais de venda, em vez de mencionar o desconto comercial normal, a redução do preço unitário se der mediante a entrega de uma quantidade adicional a título de bonificação, e se a entrega dessa quantidade adicional estiver condicionada à venda em si, o registro contábil pelo vendedor dessa quantidade deve ser *custo das mercadorias vendidas*, conforme a legislação fiscal.

No comprador, as mercadorias recebidas em bonificação serão registradas como *redução do custo unitário das mercadorias adquiridas*.

Exemplo

Considerando-se determinada operação de venda de 1.000 brinquedos (custo médio unitário do estoque na data equivalente a R$ 11,25) pelo preço unitário de R$ 20,00 e em cuja nota fiscal constou os seguintes dados:

1.000 unidades de brinquedo a R$ 20,00 cada = R$ 20.000,00
Bonificação de 100 unidades de brinquedo = R$ 0,00
ICMS 18% = R$ 3.600,00

1) Na empresa vendedora:

Reconhecimento da receita de venda:

D – Clientes (Ativo Circulante)

C – Vendas de Mercadorias (Resultado)   R$ 20.000,00

Valor do ICMS na operação:

D – ICMS sobre Vendas (Resultado)

C – ICMS a Recolher (Passivo Circulante)   R$ 3.600,00

Nota: contabilizar também o PIS e a Cofins sobre vendas, conforme o regime de tributação adotado.

Baixa do estoque:

(1.000 unidades vendidas + 100 unidades bonificadas) × R$ 11,25 = R$ 12.375,00

D – Custo das Mercadorias Vendidas (Resultado)

C – Estoque de Mercadorias (Ativo Circulante)   R$ 12.375,00

2) No comprador:

D – Estoque de Mercadorias (Ativo Circulante)   R$ 16.400,00

D – ICMS a Recuperar (Ativo Circulante)   R$ 3.600,00

C – Fornecedores (Passivo Circulante)   R$ 20.000,00

Nota: contabilizar também o PIS e a Cofins sobre a compra, quando recuperáveis no regime não cumulativo.

Nas receitas financeiras até 30/6/2015 ficaram reduzidas a zero as alíquotas do PIS/Pasep e Cofins incidentes sobre as receitas financeiras auferidas pelas pessoas jurídicas sujeitas ao regime de incidência não cumulativa das referidas contribuições, conforme Decreto n. 5.442/2005, art. 1°. Essa regra, no entanto, não se aplica aos Juros sobre Capital Próprio (JCP).

Nota: como parte do ajuste fiscal promovido pelo presidente, a partir de 1/7/2015 voltaram a ser tributadas (PIS/Pasep à alíquota de 0,65% e Cofins à alíquota de 4%), conforme o Decreto n. 8.426/2015, art. 1°, determinadas pelo Decretos n. 5.442/2005 e n. 8.426/2015, ambos no art. 1°.

A pessoa jurídica sujeita ao regime não cumulativo poderá descontar créditos calculados em relação a diversos gastos (custos, despesas e encargos) previstos na legislação de regência desse regime, segundo as Leis n. 10.637/2002 e n. 10.833/2003, art. 3°.

Exemplo

As contas a seguir representam um grupo de receitas e despesas e, embora distribuídas aleatoriamente, compõem a DRE da Sociedade Empresária Três Corações Ltda. Com base nas informações apresentadas, calcule a despesa e o valor a pagar do PIS e da Cofins pelo método cumulativo.

Itens	R$
Receitas não Operacionais	**4.000,00**
Provisão para Contribuição Social	9%
Juros Recebidos	3.000,00
Depreciação	1.400,00
Participação dos Administradores	5%
Impostos e Taxas	1.000,00
Propaganda e Publicidade	3.600,00
Vendas Canceladas	**40.000,00**
PIS	0,65%
Despesas Bancárias	1.600,00
Estoque Inicial	60.000,00
Comissão sobre Vendas de Mercadorias	6.000,00
Descontos Incondicionais Concedidos	**40.000,00**
Estoque Final	74.000,00
Descontos Condicionais Concedidos	8.000,00
Participação de Partes Beneficiárias	5%
Juros Pagos	1.000,00
Vendas de Mercadorias	**200.000,00**
Cofins	3%
Salários e Encargos	6.000,00
Água e Energia Elétrica	400,00
Provisão para IRPJ	15%
Compras de Mercadorias	100.000,00
ICMS sobre Compras e Vendas	19%
Descontos Obtidos	30.000,00

Solução:

Cálculo do PIS e da Cofins

Itens	R$
Vendas de Mercadorias	200.000,00
(–) Vendas Canceladas	(40.000,00)
(–) Descontos Incondicionais Concedidos	(40.000,00)
Receitas não Operacionais	4.000,00
Base de Cálculo para PIS e Cofins	124.000,00
PIS – 1,65% × R$ 124.000,00	2.046,00
Cofins – 7,6% × R$ 124.000,00	9.424,00

Créditos

Itens	R$
Depreciação	1.400,00
Água e Energia Elétrica	400,00
Compra de Mercadorias (matéria-prima)	100.000,00
Base de Créditos	101.800,00
Crédito de PIS – 1,65% × R$ 101.800,00	1.679,70
Crédito da Cofins – 7,6% × R$ 101.800,00	7.736,00

PIS a recolher:

R$ 2.046,00 – R$ 1.679,60 = R$ 366,30

Cofins a recolher:

R$ 9.424,00 – R$ 7.736,00 = R$ 1.688,00

8.6 Programa de Recuperação Fiscal (Refis) – Possibilidade de opção pelo lucro presumido

A Lei n. 9.964/2000 enumera as empresas que podem optar ao Programa de Recuperação Fiscal (Reffis), durante o período em que ficaram submetidas ao Refis, pelo regime de tributação com base no lucro presumido (art. 9°, Decreto n. 3.431/2000). O disciplinamento da matéria está na IN SRF n. 16/2001.

Poderão optar pelo regime tributário do lucro presumido, em caráter excepcional, as empresas obrigatoriamente tributadas pelo lucro real quando submetidas ao Refis.

8.7 Lucro real trimestral

A maioria das empresas brasileiras tem fraco movimento comercial nos meses de janeiro e fevereiro. Isso provoca distorções tributárias que devem ser levadas em consideração no momento de optar pelas modalidades pelo Decreto n. 9.580/2018.

Na opção pelo lucro real trimestral, há limitações específicas e a empresa pode acabar pagando mais IRPJ e CSLL, conforme veremos a seguir. Isso porque, se no primeiro trimestre do ano da opção houver prejuízo fiscal, ele só poderá ser compensado em até 30% do lucro real dos trimestres seguintes. Na apuração do lucro tributável das empresas tributadas pelo lucro real, a legislação fiscal vigente permite que seja feita a compensação de prejuízos tributários apurados em anos anteriores, ainda pendentes de compensação. Apesar dessa permissão de compensação do saldo remanescente de prejuízos tributários anteriores, o valor utilizado em cada período (exercício social) fica limitado a 30% do valor do lucro ajustado do período, conforme o art. 15 da Lei n. 9.065/1995. O prejuízo fiscal compensável é aquele apurado na Demonstração do Lucro Real de determinado período e controlado na parte B do e-Lalur, porque existem dois tipos de prejuízos distintos: o contábil, apurado pela contabilidade na DRE, e o fiscal, apurado na Demonstração do Lucro Real, por meio do e-Lalur. Em relação ao prejuízo contábil, sua absorção segue as determinações da legislação societária, enquanto as regras de compensação de prejuízos fiscais são determinadas pela legislação do Imposto de Renda.

A legislação fiscal vigente do IR estabelece que a compensação de prejuízo fiscal apurado em um exercício social anterior, devidamente registrado e controlado no e-Lalur, está limitada a 30% do valor do lucro líquido ajustado e, ainda, que ficará extinta dentro do seguinte prazo limite indeterminado, segundo a Lei n. 9.065/1995, art. 15.

Na forma de estimativa mensal (utilizando-se balancetes de suspensão), paga-se menos imposto.

O imposto sobre a renda, em cada mês, será determinado por meio da aplicação do percentual de 8% sobre a receita bruta auferida mensalmente, deduzida das devoluções, das vendas canceladas e dos descontos incondicionais concedidos, segundo o art. 220 do Decreto n. 9.580/2018.

A base de cálculo da CSLL, segundo o art. 22 da Lei n. 10.684/2003, devida pelas pessoas jurídicas corresponderá a:

- 12% da receita bruta nas atividades comerciais, industriais, serviços hospitalares e de transporte;
- 32% para:
  - prestação de serviços em geral, exceto serviços hospitalares e de transporte;
  - intermediação de negócios;
  - administração, locação ou cessão de bens imóveis, móveis e direitos de qualquer natureza.

Exemplo

1ª opção: lucro real trimestral

Prejuízo fiscal no 1º trimestre/2019: R$ 500.000,00.

Lucro real no 2° trimestre/2019: R$ 100.000,00.

Prejuízo compensável: 30% de R$ 100.000,00 = R$ 30.000,00.

Lucro real após a compensação de prejuízo do 1° trimestre = R$ 70.000,00.

IRPJ e CSLL a pagar: R$ 70.000,00 + 15% IRPJ + 9% CSLL + (R$ 70.000,00 – R$ 60.000,00) + 10% adicional IRPJ = R$ 17.800,00.

2ª opção: lucro real anual (com balancetes de suspensão mensais)

Caso a empresa optasse pelo lucro real anual, poderia levantar balancetes mensais, suspendendo o IRPJ e a CSLL. Nesse caso, o prejuízo em 30 de junho de 2019 seria de:

R$ 500.000,00 (de 1/1/2019 a 31/3/2019) – R$ 100.000,00 (de 1° de abril de 2019 a 30 de junho de 2019) = R$ 400.000,00 de prejuízo.

IRPJ e CSLL a pagar: **ZERO**.

A diferença entre as duas formas de tributação pelo lucro real (trimestral e anual) pode parecer pequena. Em uma rápida análise, pode parecer apenas uma questão de periodicidade, mas não é.

Entre as empresas que optam pelo lucro real, o recolhimento anual é o mais adotado, pois tem vantagens significativas em relação ao trimestral. No trimestral, os prejuízos fiscais do primeiro trimestre, por exemplo, têm seu aproveitamento posterior sujeito à limitação de 30% do lucro registrado nos trimestres seguintes. Se uma empresa teve prejuízo fiscal em determinado período, ela pode compensar isso com o lucro do período de apuração seguinte. Essa compensação guarda a seguinte lógica: com prejuízo, a empresa teve perda de patrimônio. Então, um lucro apurado posteriormente só pode ser tributado depois que a parte do patrimônio perdida for reposta. Assim, o IR deverá recair somente sobre o lucro, e não sobre a parte que corresponde à recomposição patrimonial.

Há, porém, restrições a essa regra. As normas em vigor só aceitam a compensação do prejuízo de períodos de apuração anteriores limitada a 30% do lucro registrado no período seguinte.

Uma das grandes vantagens do lucro real anual é que os prejuízos apurados em um trimestre ou mês não sofrem essa restrição para compensação, desde que usados dentro do próprio ano-calendário. Outra diferença importante se encontra no momento do recolhimento anual, em que a empresa consegue, durante o ano-calendário, suspender ou reduzir os pagamentos mensais de IR. Isso pode ser adotado quando a empresa percebe, no levantamento dos balanços parciais, que houve recolhimento a mais no mês anterior, por exemplo.

Balanços parciais são demonstrações provisórias que a empresa optante pelo lucro real anual levanta para recolher o IR durante o ano-calendário. O balanço definitivo vem só ao final do ano, em 31 de dezembro.

Isso pode acontecer porque o lucro real anual permite combinar, no decorrer do ano, o pagamento do imposto pelo lucro real e pelo lucro presumido. Esse sistema misto chama-se lucro real por estimativa. A empresa paga o IR calculado em um percentual da receita bruta — método do lucro presumido — e mensalmente compara o que foi pago com o que é efetivamente devido de imposto.

8.8 Vantagens e desvantagens do lucro real anual

A vantagem do lucro real anual está no fato de a empresa pagar o IR sobre o lucro apurado durante o ano. Caso apure o lucro, recolherá o imposto; caso verifique prejuízo fiscal, não pagará. Essa é a grande vantagem da possibilidade de, durante o ano-calendário, compensar integralmente o prejuízo de um mês com os lucros do mês seguinte.

As empresas e atividades sujeitas à sazonalidade podem encontrar uma boa solução no lucro real anual. A temporada de prejuízos fiscais pode ser compensada com a de lucros. Assim, mesmo que a apuração final indique ganho, o IR poderá ser menor. A legislação tributária informa que é possível compensar prejuízos fiscais anteriores (ou do mesmo exercício), reduzir ou suspender o recolhimento do IRPJ e da CSLL (utilizando balancetes mensais), admitir créditos do PIS e Cofins e ter possibilidades mais amplas de planejamento tributário.

A desvantagem do lucro real anual é que não há possibilidade de pagar o IR devido parceladamente, como acontece no real trimestral. Crepaldi e Crepaldi[6] afirmam que deverá haver maior rigor contábil pelas regras tributárias, já que todas as empresas devem realizar a escrituração contábil de seus fatos, mesmo que sejam optantes pelo lucro presumido ou Simples Nacional.

8.8.1 Vantagens e desvantagens do lucro real trimestral

As vantagens do lucro real trimestral destinam-se às empresas que estão apurando prejuízo fiscal em todos os trimestres do ano-calendário e àqueles que mantêm uma regularidade de lucro em relação ao seu faturamento.

Dentre as desvantagens do lucro real trimestral, podemos citar:

- se apurar valor do imposto e contribuição à maior que o estimado, terá que recolher o valor apurado, pois foi essa a opção da empresa;
- o prejuízo fiscal e a base de cálculo negativa da CSLL poderão ser compensados nos trimestres subsequentes com a limitação dos 30% sobre o lucro ajustado. Nesse caso, os impostos e as contribuições devem ser recolhidos com base nos 70% dos lucros remanescentes;
- empresas com períodos sazonais não se beneficiam com o lucro real trimestral.

8.9 Exemplos de cálculo do lucro no regime do lucro real

O regime do lucro real deve ser adotado quando o lucro efetivo (receitas menos despesas efetivamente comprovadas, além das adições e exclusões previstas na legislação tributária)

---

6 CREPALDI; CREPALDI, 2014.

é inferior a 32% da receita do período e pode ser apurado trimestral ou anualmente — nesse caso, mediante levantamento de balancetes mensais.

A análise, porém, deve ser feita em conjunto com o reflexo dos resultados dos cálculos das contribuições do PIS e da Cofins, quando a empresa opta pelo lucro real, pois as alíquotas são de 1,65% e 7,6% da receita, respectivamente, após a dedução de alguns custos e despesas aplicados diretamente à produção dos serviços — há muita insegurança para caracterizar tais custos e despesas — considerados insumos necessários à sua produção.

De modo geral, essa opção não tem sido vantajosa para a maioria esmagadora das empresas de prestação de serviços, especialmente em razão da impossibilidade da dedução dos custos e despesas efetivamente aplicados na produção dos serviços. Tal situação não se aplica ao comércio e à indústria, que conseguem reduzir substancialmente os valores devidos a título de PIS e Cofins, mesmo com as alíquotas majoradas (1,65% e 7,6%), tornando-se, na maioria dos casos, inferiores até os percentuais aplicados ao lucro presumido (0,65% e 3%) para o cálculo dessas contribuições.

As alíquotas dos tributos para cálculo do IRPJ e da CSLL nessa modalidade são:

- **IRPJ:** 15% para lucro real total;
- **IRPJ:** 10% de adicional sobre o lucro acima de R$ 240.000,00/ano ou R$ 20.000,00/mês;
- **CSLL:** 9% sobre qualquer lucro apurado, sem limite de valor.

Em resumo, no lucro real os dois tributos (IRPJ + CSLL) variam de 24% (15% + 9%) a 34% (25% + 9%), aplicados sobre o lucro e não sobre a receita. A apuração pelo lucro real pode ser trimestral ou anual.

A apuração pelo lucro real trimestral só é recomendada quando a empresa apresenta resultados relativamente uniformes durante o ano. Quando há sazonalidade em suas operações, em que em um mês ocorre lucro e em outro prejuízo, esse prejuízo só é compensado no limite de 30% do lucro do período, ou seja, provocando maior desembolso do IRPJ e da CSLL.

Já na apuração pelo lucro real anual a empresa pode levantar balanços mensais acumulados, cujos resultados positivos (lucros) e negativos (prejuízos) são compensados automaticamente no período de apuração, sem limitação.

Relembrando: no caso de opção pelo lucro real, a alíquota do PIS muda — passa de 0,65% para 1,65%. Já a alíquota da Cofins passa de 3% para 7,6% da receita, ou seja, quase 10% da receita.

Entretanto, nesse caso, podem ser feitas deduções da base de cálculo da receita sobre algumas despesas (energia elétrica — telefone não pode! —, aluguel de imóvel de propriedade de pessoa jurídica, *leasing*, materiais aplicados e serviços prestados por outras pessoas jurídicas diretamente ligadas à produção dos serviços), com o que a alíquota efetiva passa a ser inferior a 1,65% ou a 7,6%.

Essas deduções ou recuperações do chamado PIS não cumulativo e da Cofins não cumulativa na área de prestação de serviços acabam representando um percentual menor ou igual a 1,65% ou 7,6%, dependendo dos custos e despesas de cada empresa. É preciso avaliar, portanto, cada caso prático.

Exemplo 1[7]

- **Receita trimestral:** R$ 200.000,00 (100%).
- **Lucro real apurado:** R$ 40.000,00 (20%).

Tributo	Valor	% s/ Faturamento
Cofins (7,6% × R$ 160.000,00)	12.160,00	6,08% [1]
PIS (1,65% × R$ 160.000,00)	2.640,00	1,32% [2]
IRPJ (15% × R$ 40.000,00)	6.000,00	3%
CSLL (9% × R$ 40.000,00)	3.600,00	1,8%
Totais	**24.400,00**	**12,20%**

(1) Considerando deduções do PIS e da Cofins não cumulativos de 20% (base de cálculo: R$ 160.000,00).
(2) Faturamento trimestral: R$ 200.000,00 (100%).

Exemplo 2

- **Lucro real apurado:** R$ 75.000,00 (25%).

Tributo	Valor	% s/ Faturamento
Cofins (7,6% × R$ 240.000,00)	18.240,00	6,08% [1]
PIS (1,65% × R$ 240.000,00)	3.960,00	1,32%
IRPJ (15% × R$ 75.000,00)	11.250,00	3,75%
IRPJ (10% × R$ 15.000,00)	2.250,00	0,75%
CSLL (9% × R$ 75.000,00)	6.750,00	2,25%
Totais	**42.450,00**	**14,15%**

(1) Considerando deduções do PIS e da Cofins não cumulativos de 20% (base de cálculo: R$ 240.000,00).

8.10 Elaboração do planejamento no lucro real

8.10.1 Custo de aquisição do imobilizado

Poderá ser deduzido, como despesa operacional, o custo de aquisição de bens do ativo permanente cujo prazo de vida útil não ultrapasse um ano ou de valor unitário não superior a R$ 1.200,00, desde que atinja a utilidade funcional individualmente, isto é, não seja empregado em conjunto, conforme o Decreto n. 9.580/2018.

---

7   ZANLUCA, J. C. Planejamento tributário – luxo ou necessidade? *Portal tributário*, 2012. Disponível em: http://www.portaltributario.com.br/artigos/planejamento.htm. Acesso em: 02 ago. 2018.

8.10.2 Levantamento de balancetes de suspensão

A pessoa jurídica poderá suspender ou reduzir o pagamento do imposto sobre a renda devido em cada mês, desde que demonstre, por meio de balanços ou balancetes mensais, que o valor acumulado já pago excede o valor do imposto, inclusive adicional, calculado com base no lucro real do período em curso (art. 227, Decreto n. 9.580/2018; art. 35, *caput*, Lei n. 8.981/1995; e art. 2°, Lei n. 9.430/1996).

Os balanços ou os balancetes (art. 35, § 1°, Lei n. 8.981/1995):

> I – deverão ser levantados em observância às leis comerciais e fiscais e transcritos no livro diário; e
>
> II – somente produzirão efeitos para determinação da parcela do imposto sobre a renda devido no decorrer do ano-calendário.
>
> Ficam dispensadas do pagamento mensal as pessoas jurídicas que, por meio de balanços ou balancetes mensais, demonstrem a existência de prejuízos fiscais apurados a partir do mês de janeiro do ano-calendário (Lei n. 8.981, de 1995, art. 35, § 2°). O pagamento mensal, relativo ao mês de janeiro do ano-calendário, poderá ser efetuado com base em balanço ou balancete mensal, desde que fique demonstrado que o imposto sobre a renda devido no período é inferior ao calculado com base nas disposições das Subseções II, III e IV deste Capítulo (Lei n. 8.981, de 1995, art. 35, § 3°).

Medida imprescindível para o acompanhamento do planejamento fiscal do IRPJ e da CSLL devidos por estimativa é realizar, mensalmente, a comparação dos referidos recolhimentos com aqueles efetivamente gerados pelos resultados da empresa. Obviamente, sempre escolher a opção que resultar em menor valor a recolher.

Exemplo

*   Recolhimentos do IRPJ e da CSLL de janeiro a junho:
    IRPJ = R$ 213.000,00.
    CSLL = R$ 97.000,00.

*   Valor do IRPJ e da CSLL devidos pelo lucro real no balancete de julho:
    IRPJ = R$ 192.000,00.
    CSLL = R$ 89.000,00.

Conclusão: Em agosto (base da estimativa), a empresa poderá *suspender* o recolhimento por estimativa, tanto do IRPJ como da CSLL, por haver recolhido, no ano, valor superior ao devido em balancete levantado no período, conforme regras fiscais.

8.10.3 Depreciação de bens usados

Poderá ser computada, como custo ou encargo, em cada período de apuração, a importância correspondente à diminuição do valor dos bens do ativo resultante do desgaste pelo uso, da ação da natureza e da obsolescência normal (art. 317, Decreto n. 9.580/2018; art. 57, *caput*, Lei n. 4.506/1964). A depreciação será deduzida pelo contribuinte que suportar o encargo econômico do desgaste ou da obsolescência, de acordo com as condições de propriedade, posse ou uso do bem (art. 57, § 7°, Lei n. 4.506/1964). A quota de depreciação é dedutível a partir da época em que o bem é instalado, posto em serviço ou em condições de produzir (art. 57, § 8°, Lei n. 4.506/1964). Em qualquer hipótese, o montante acumulado das quotas de depreciação não poderá ultrapassar o custo de aquisição do bem (art. 57, § 6°, Lei n. 4.506/1964). Ao valor não depreciado dos bens sujeitos à depreciação, que se tornarem imprestáveis ou caírem em desuso, importará redução do ativo imobilizado (art. 57, § 11, Lei n. 4.506/1964). Somente será permitida depreciação de bens móveis e imóveis intrinsecamente relacionados com a produção ou a comercialização dos bens e dos serviços (art. 13, *caput*, inciso III, Lei n. 9.249/1995).

A taxa de depreciação de bens adquiridos usados poderá ser calculada considerando-se o maior prazo de vida útil dentre:

- metade do prazo de vida útil admissível para o bem adquirido novo;
- restante da vida útil do bem, considerada esta em relação à primeira instalação para utilização.

Exemplos

- Metade da vida útil admissível para o bem adquirido novo: caminhão — taxa normal (novo) = 25% a.a.; taxa para usado = 50% a.a.
- Restante da vida útil, considerada esta em relação à primeira instalação para utilização do bem: computador usado (2 anos). Restante da vida útil = 3 anos; taxa de depreciação (novo) = 20% a.a.; usado = 33,33% a.a.

8.10.4 Depreciação incentivada

Com a finalidade de incentivar a implantação, a renovação ou a modernização de instalações e equipamentos, poderão ser adotados coeficientes de depreciação acelerada, que vigorarão durante prazo certo para determinadas indústrias ou atividades (art. 324, Decreto n. 9.580/2018; art. 57, § 5°, Lei n. 4.506/1964). A quota de depreciação acelerada correspondente ao benefício constituirá exclusão do lucro líquido e deverá ser escriturada no Lalur (art. 8°, *caput*, inciso I, alínea "c", Decreto-lei n. 1.598/1977). O total da depreciação acumulada, incluídas a normal e a acelerada, não poderá ultrapassar o custo de aquisição do bem (art. 57, § 6°, Lei n. 4.506/1964). A partir do período de apuração em que for atingido o limite, o valor da depreciação normal, registrado na escrituração comercial, deverá ser adicionado ao lucro líquido para efeito de determinar o lucro real (art. 6°, § 2°, alínea "a", Decreto-lei n. 1.598/1977). As empresas que exerçam simultaneamente atividades comerciais e industriais poderão utilizar o benefício em relação aos bens destinados exclusivamente à atividade industrial. Exceto se houver autorização expressa em lei, o benefício fiscal de que trata esse artigo não poderá ser usufruído cumulativamente com outros idênticos, excetuada a depreciação acelerada em função dos turnos de trabalho.

A depreciação incentivada é um incentivo fiscal federal concedido para estimular a compra de novas máquinas.

Existem algumas diferenças importantes entre a depreciação acelerada e a incentivada. Enquanto a primeira permite uma despesa maior no IR, por causa do efetivo desgaste adicional do ativo, a segunda é um adiamento do imposto que, no futuro, será exigido da empresa. Portanto, se para uma determinada máquina foi permitida uma depreciação incentivada de 20% em vez dos tradicionais 10% anuais, a empresa que a adquirir poderá, em cinco anos, contabilizar 100% de desgaste. Passado esse período, porém, a empresa precisará reconhecer, a cada ano, a parcela do desgaste incentivado. Isso quer dizer que ela deverá somar ao lucro tributável a diferença entre a depreciação incentivada e a depreciação normal. No mesmo exemplo, 10% (20% menos 10%). Ou seja, a empresa paga, no futuro, o IR que deixou de pagar no período anterior.

Existem modalidades de incentivos relacionadas à utilização de depreciação incentivada, entre as quais se destacam:

- **Incentivos à pesquisa e inovação:** a partir de 18 de setembro de 2008, com a conversão da MP n. 428/2008 na Lei n. 11.774/2008, poderá ser utilizada depreciação integral, no próprio ano da aquisição, de máquinas, equipamentos, aparelhos e instrumentos, novos, destinados à utilização nas atividades de pesquisa tecnológica e desenvolvimento de inovação tecnológica, para efeito de apuração do IRPJ e também da CSLL.
- **Depreciação na atividade rural:** segundo o Decreto n. 9.580/2018 e a Medida Provisória n. 2.159-70/2001, art. 6°, o imóvel rural com uso relacionado à atividade rural poderá ter sua depreciação acelerada em 100% do valor declarado para a sua aquisição. Ou seja, a empresa pode lançar, como despesa do imposto, 100% do que foi pago pelo ativo no ano de aquisição.

Dessa forma, os bens do ativo imobilizado, exceto a terra nua, adquiridos por pessoa jurídica que explore a atividade rural, para uso nessa atividade, podem ser depreciados integralmente no próprio ano de aquisição.

Isso significa excluir do lucro líquido, no e-Lalur (no ano de aquisição), valor que, somado à depreciação normal (registrada na escrituração contábil), resulte em 100% do custo de aquisição do bem.

Exemplo

- **Depreciação de trator:**
  Valor de aquisição: R$ 25.000,00.
  Valor da depreciação contábil no ano: R$ 5.000,00.
  Valor da depreciação incentivada (mediante exclusão no Lalur): R$ 20.000,00.
  Total da depreciação contábil + incentivada: R$ 25.000,00

- **Depreciação acelerada contábil:** a depreciação acelerada é um mecanismo pelo qual se pode contabilizar o efeito dos turnos adicionais na vida útil de máquinas e equipamentos que são considerados ativos, segundo o art. 312 do Regulamento do IR/1999. Na regra geral, considera-se, para o pagamento do IR, que uma máquina possui vida útil de dez anos. Ao final desse período ela está depreciada, ou seja, tem um desgaste anual que chega a 100% ao fim de uma década.

Ocorre que a aplicação de dois ou três turnos de trabalho muitas vezes é a melhor opção na gerência de um negócio — quando há sazonalidade ou aumento de produção que ainda não sustenta a ampliação do parque industrial. Essa decisão pode ter impacto na tributação. Se a empresa trabalha com mais de um turno, as máquinas estarão sujeitas a uso e desgaste maiores, com possíveis efeitos na vida útil desses ativos. Esse efeito pode ser registrado pela depreciação acelerada e ajudar a reduzir o IR da empresa.

Em relação aos bens móveis, poderão ser adotados, em função do número de horas diárias de operação, os seguintes coeficientes de depreciação acelerada (Lei n. 3.470/1958, art. 69):

I   – um turno de oito horas...........1,0.
II – dois turnos de oito horas.......1,5.
III – três turnos de oito horas........2,0.

Portanto, a utilização da aceleração da depreciação contábil, quando há mais de um turno diário de operação, poderá permitir uma contabilização maior de encargos dedutíveis na apuração do resultado tributável.

Na depreciação normal, que demora, por exemplo, dez anos, a empresa contabiliza um desgaste de 10% ao ano. Esse registro é tratado como despesa e retirado da base sobre a qual serão calculados os 25% de IR.

No caso da depreciação acelerada para um turno adicional de oito horas, o desgaste sobe de 10% para 15% ao ano. Ou seja, a despesa e a redução no cálculo do imposto é maior: 15% do valor da máquina. Se houver mais de um turno, maior será a depreciação e a dedução no IR.

Para aproveitar esses efeitos tributários é preciso reunir documentos que comprovem os turnos adicionais. Nem sempre é necessário encomendar laudo pericial. Geralmente, bastam cartões de ponto e relatórios gerenciais de produção e turnos, por exemplo.

Não se deve confundir este exemplo com o anterior (depreciação incentivada), pois são distintos, e podem ser usados cumulativamente, respeitado o limite do custo de aquisição do bem.

8.10.5 A realidade contábil

As regras contábeis vigentes foram introduzidas pela Lei n. 11.638/2007 com objetivo de aproximar a realidade contábil brasileira aos padrões adotados internacionalmente, o que tornaria mais transparente a leitura e interpretação das informações financeiras de companhias com sede no país por analistas estrangeiros.

Contudo, tem havido muita polêmica e diversas discussões em fóruns de profissionais das áreas do direito e da contabilidade que resultaram em uma série de pronunciamentos de órgãos técnicos especializados, referendados pela Comissão de Valores Mobiliários (CVM).

Dentre as diversas alterações trazidas pelas novas regras, o critério de depreciação dos ativos, em especial, tem suscitado certas dúvidas e incertezas por parte dos contribuintes. De um modo geral, na ausência de parâmetros mais precisos, as companhias adotavam como prática usual, para fins contábeis, as regras e coeficientes de depreciação de ativos estabelecidos pela RFB que, em tese, possuíam aplicação apenas no âmbito tributário. Partindo de uma perspectiva fiscal da depreciação, o Decreto n. 9.580/2018 dispõe sobre sua possibilidade quando tais bens estiverem sujeitos a desgastes ou perda de utilidade por uso, ação da natureza ou obsolescência, desde que estejam intrinsecamente relacionados com a produção ou comercialização e serviços.

A quota de depreciação admitida como custo ou despesa operacional corresponderá à aplicação da taxa anual de depreciação sobre o custo de aquisição dos bens depreciáveis; e a taxa anual de depreciação será fixada em função do prazo durante o qual se possa esperar a utilização econômica do bem pelo contribuinte, na produção de seus rendimentos, cabendo à RFB publicar periodicamente o prazo de vida útil admissível, em condições normais ou médias, para cada espécie de bem.

Muito embora os coeficientes de depreciação publicados pela RFB tivessem aplicação restrita ao âmbito tributário, muitas companhias acabavam se valendo desse mesmo critério para fins de escrituração contábil. Com as novas regras contábeis, isso mudou, uma vez que a Lei n. 11.638/2007, posteriormente alterada pela Lei n. 11.941/2009, modificou a redação do § 3° do art. 183 da Lei das Sociedades por Ações, determinando expressamente a revisão e ajuste dos critérios utilizados para determinação da vida útil econômica estimada e para cálculo da depreciação. Dessa forma, a observância do critério de depreciação pautado na expectativa de vida útil econômica do bem passou a ser obrigatória para fins de elaboração das demonstrações financeiras.

Exemplo: uma companhia que possuía imóveis registrados em seu ativo não circulante e que, para fins contábeis, adote quota de depreciação correspondente a 30 anos de prazo de vida útil econômica, poderá, com respaldo da definição da própria RFB, excluir, para fins fiscais, quota adicional de depreciação, haja vista que o prazo de depreciação de imóveis definido pela RFB é de 25 anos.

Dessa forma, é possível concluir que se trata de uma mudança no critério contábil. A alteração na forma de contabilização da depreciação dos bens registrados no ativo imobilizado da companhia e seus efeitos, em decorrência do regime contábil, podem ser enquadrados como ajustes tributários decorrentes dos novos métodos e critérios contábeis.

8.10.6 Capitais amortizáveis

Poderão ser amortizados os capitais empregados em:

- patentes de invenção, direitos autorais, licenças, concessões e outros para os quais haja prazo de vigência contratual ou legal;
- direitos de exploração de fundo de comércio e outros direitos contratuais com prazo fixado;
- custos das construções e benfeitorias em imóveis de terceiros, quando não houver direito de recebimento ou compensação de seu valor;
- despesas de organização pré-operacional, pesquisa e desenvolvimento e outras, registradas no ativo diferido.

8.10.7 Provisão de férias

O contribuinte poderá deduzir, como custo ou despesa operacional, em cada período de apuração, importância destinada a constituir provisão para pagamento de remuneração correspondente a férias de seus empregados, conforme o Decreto-lei n. 1.730/1979, art. 4°, e Lei n. 9.249/1995, art. 13, inciso I.

O limite do saldo da provisão será determinado com base na remuneração mensal do empregado e no número de dias de férias a que já tiver direito na época do encerramento do período de apuração.

A provisão contempla a inclusão dos gastos incorridos com a remuneração de férias proporcionais, do seu adicional de um terço e dos encargos sociais (INSS e FGTS), cujo ônus cabe à empresa. Assim, não há necessidade de que as férias sejam "pagas" (conceito de caixa) para serem contabilizáveis como custo ou despesa operacional, gerando, dessa forma, uma provisão (no passivo circulante) que reduzirá o montante tributável do IRPJ e da CSLL.

O contribuinte poderá deduzir como custo ou despesa operacional, em cada período de apuração, importância destinada a constituir provisão para pagamento de remuneração correspondente a férias de seus empregados (art. 342, Decreto n. 9.580/2018; art. 4°, *caput*, Decreto-lei n. 1.730/1979; art. 13, *caput*, inciso I, Lei n. 9.249/1995). O limite do saldo da provisão será determinado com base na remuneração mensal do empregado e no número de dias de férias a que já tiver direito na época do encerramento do período de apuração (art. 4°, § 1°, Decreto-lei n. 1.730/1979). As importâncias pagas serão debitadas à provisão até o limite do valor provisionado (art. 4°, § 2°, Decreto-lei n. 1.730/1979). A provisão a que se refere esse artigo contempla a inclusão dos gastos incorridos com a remuneração de férias proporcionais e dos encargos sociais, cujo ônus cabe à pessoa jurídica.

Exemplo

Total de férias proporcionais calculadas com base no balanço de 31/12/2017: R$ 90.000,00; adicional de 1/3: R$ 90.000 × 1/3 = R$ 30.000,00; FGTS (8,0% sobre o montante de férias + 1/3) = R$ 9.600,00; INSS (27,8% sobre o montante de férias + 1/3) = R$ 33.360,00. Total da provisão de férias = R$ 162.960,00.

Nota: com relação aos balancetes de suspensão, é admissível também que se faça a provisão do 13° salário com os referidos encargos — FGTS e INSS (art. 13, inciso I, Lei n. 9.249/1995).

8.10.8 Décimo terceiro salário

O contribuinte poderá deduzir como custo ou despesa operacional, em cada período de apuração, importância destinada a constituir provisão para pagamento de remuneração correspondente ao décimo terceiro salário de seus empregados (art. 343, Decreto n. 9.580/2018; art. 13, *caput*, inciso I, Lei n. 9.249/1995). O valor provisionado corresponderá ao valor resultante da multiplicação de um doze avos da remuneração, acrescido dos encargos sociais, cujo ônus cabe à pessoa jurídica, pelo número de meses relativos ao período de apuração.

8.10.9 Provisão para imposto de renda

É obrigatória, em cada período de apuração, a constituição de provisão para imposto sobre a renda, relativa ao imposto devido sobre o lucro real e sobre os lucros cuja tributação tenha sido diferida, referentes ao mesmo período de apuração (art. 344, Decreto n. 9.580/2018; art. 189, Lei n. 6.404/1976). A provisão não é dedutível para fins de apuração do lucro real (art. 41, § 2°, Lei n. 8.981/1995).

8.10.10 Provisão para perda de estoques de livros

A Lei n. 10.753/2003, em seus arts. 8° e 9°, alterada pela Lei n. 10.833/2003, permite às pessoas jurídicas e àquelas que lhes são equiparadas pela legislação do imposto sobre a renda, que exerçam as atividades de editor, distribuidor e de livreiro, a constituição de provisão para perda de estoques, calculada no último dia de cada período de apuração do IRPJ pelo lucro real e da CSLL, correspondente a um terço do valor do estoque existente naquela data, conforme a IN SRF n. 412/2004.

8.10.11 Programa de Alimentação do Trabalhador (PAT)

É permitido às pessoas jurídicas tributadas com base no lucro real deduzir do IR devido, a título de incentivo fiscal, entre outros, o valor correspondente à aplicação da alíquota do imposto sobre a soma das despesas de custeio realizadas no período em Programas de Alimentação do Trabalhador (PAT). A dedução direta no imposto, relativa ao incentivo ao PAT, fica limitada a 4% do IR (sem a inclusão do adicional).

Será admitida a dedução de despesa de alimentação fornecida pela pessoa jurídica, indistintamente, a todos os seus empregados, observado o disposto no inciso IV do parágrafo único do art. 260 (art. 383, Decreto n. 9.580/2018, art. 13, § 1°, Lei n. 9.249/1995). Quando a pessoa jurídica tiver programa aprovado pelo Ministério do Trabalho, além da dedução como despesa de que trata esse artigo, fará também jus ao benefício previsto no art. 641.

Exemplo
- Valor do IRPJ (sem adicional) devido: R$ 120.000,00
- Limite de dedução do PAT: 4% de R$ 120.000,00 = R$ 4.800,00

A IN SRF n. 16/1992 fixou o custo máximo por refeição em 3,00 Unidades de Referência Fiscal (Ufir) e dispôs, ainda, que o valor do incentivo fiscal por refeição dedutível do IR deve ser calculado mediante a aplicação da alíquota do imposto sobre 2,40 Ufir. Este último valor, reconvertido para reais pela legislação vigente, resulta em R$ 1,99. Aplicando-se sobre a base do incentivo (R$ 1,99) a alíquota do IR (15%), encontra-se o limite dedutível por refeição (R$ 0,2985).

O incentivo ao PAT, descontável diretamente do IRPJ, corresponderá ao **menor** dos seguintes valores:
- aplicação da alíquota de 15% sobre a soma das despesas de custeio realizadas com o PAT;
- R$ 0,2985 (15% de R$ 1,99), multiplicado pelo número de refeições fornecidas no período.

> Valores do PAT:
>
> Limite Tributário. Lei n. 6.321, de 14 de abril de 1976 – Programa de Alimentação do Trabalhador/PAT. Incentivo Fiscal. Dedução, do lucro tributável para fins de imposto sobre a renda das pessoas jurídicas, de despesas realizadas em programas de alimentação do trabalhador. Portaria Interministerial MTB/MF/MS n. 326, de 7 de julho de 1977, e Instrução Normativa SRF n. 143/86 – fixação de valores máximos para refeições oferecidas pelo PAT, segundo PARECER PGFN/CRJ/N. 2.623/2008.
>
> PAT – contribuição previdenciária
>
> A parcela paga em pecúnia aos segurados empregados a título de auxílio-alimentação integra a base de cálculo para fins de incidência das contribuições sociais previdenciárias a cargo da empresa e dos segurados empregados.
>
> A parcela *in natura* do auxílio-alimentação, inciso III do art. 58, IN RFB 971/2009, abrange tanto a cesta básica quanto as refeições fornecidas pelo empregador aos seus empregados, e não integra a base de cálculo das contribuições previdenciárias a cargo da empresa e dos segurados empregados.
>
> O auxílio-alimentação pago mediante tíquetes-alimentação ou cartão-alimentação integra a base de cálculo das contribuições sociais previdenciárias a cargo da empresa e dos segurados empregados, conforme Solução de Consulta 288/2018.

8.10.12 Perdas no recebimento de créditos

A legislação prevê a possibilidade de computar como despesa de IR e de CSLL algumas perdas com a falta de pagamento por clientes. Os créditos realmente não recuperáveis devem fazer parte das despesas para cálculo dos tributos. Para isso, a empresa precisa provar que esgotou as possibilidades de cobrança.

As perdas no recebimento de créditos decorrentes das atividades da pessoa jurídica poderão ser deduzidas como despesas, para fins de determinação do lucro real, observado o disposto no art. 347 da Decreto n. 9.580/2018, e no art. 9°, *caput*, da Lei n. 9.430/1996.

Segundo o art. 9°, § 1°, da Lei n. 9.430/1996, e o art. 347 do Decreto n. 9.580/2018, poderão ser registrados como perda os créditos:

a) em relação aos quais tenha havido a declaração de insolvência do devedor, em sentença emanada do Poder Judiciário;

b) sem garantia, de valor:

   1. até R$ 5.000,00 por operação, vencidos há mais de seis meses, independentemente de iniciados os procedimentos judiciais para o seu recebimento;

   2. acima de R$ 5.000,00 até R$ 30.000,00 por operação, vencidos há mais de um ano, independentemente de iniciados os procedimentos judiciais para o seu recebimento, porém, mantida a cobrança administrativa;

   3. superior a R$ 30.000,00, vencidos há mais de um ano, desde que iniciados e mantidos os procedimentos judiciais para o seu recebimento;

c) com garantia, vencidos há mais de dois anos, desde que iniciados e mantidos os procedimentos judiciais para o seu recebimento ou o arresto das garantias;

d) contra devedor declarado insolvente ou pessoa jurídica declarada em recuperação judicial, relativamente à parcela que exceder o valor que ela tenha se comprometido a pagar.

No caso de contrato de crédito em que o não pagamento de uma ou mais parcelas implique o vencimento automático de todas as demais parcelas vincendas, os limites a que se referem os números 1 e 2 da alínea b deste item serão considerados em relação ao total dos créditos, por operação, com o mesmo devedor, segundo o art. 9°, § 2°, da Lei n. 9.430/1996.

Considera-se crédito garantido o proveniente de vendas com reserva de domínio, de alienação fiduciária em garantia ou de operações com outras garantias reais (art. 9°, § 3°, Lei n. 9.430/1996).

No caso de crédito com empresa em processo falimentar ou de recuperação judicial, a dedução da perda será admitida a partir da data da decretação da falência ou da concessão da recuperação judicial, desde que a credora tenha adotado os procedimentos judiciais necessários para o recebimento do crédito (art. 9°, § 4°, Lei n. 9.430/1996).

8.10.13 Juros sobre o capital próprio

Capital próprio ou capital social pode ser conceituado como o aporte de recursos por parte dos cotistas ou acionistas na empresa, que engloba não apenas os valores entregues como o investimento inicial como também os valores de lucros gerados pela própria sociedade e reinvestidos como lucros acumulados e não distribuídos, e que, por decisão dos acionistas, se incorporam a esse capital social, art. 355, Decreto n. 9.580/2018.

A pessoa jurídica poderá deduzir, para fins de apuração do lucro real, os juros pagos ou creditados de forma individualizada a titular, sócios ou acionistas, a título de remuneração do capital próprio, calculados sobre as contas do patrimônio líquido e limitados à variação, *pro rata die*, da Taxa de Juros de Longo Prazo (TJLP) (art. 355, Decreto n. 9.580/2018; art. 9°, *caput*, Lei n. 9.249/1995). O efetivo pagamento ou crédito dos juros fica condicionado à existência de lucros computados antes da dedução dos juros ou de lucros acumulados e reservas de lucros, em montante igual ou superior ao valor de duas vezes os juros a serem pagos ou creditados (art. 9°, § 1°, Lei n. 9.249/1995). Os juros ficarão sujeitos à incidência do imposto sobre a renda na forma prevista no art. 726 (art. 9°, § 2°, Lei n. 9.249/1995).

A lei estabelece que as pessoas jurídicas, tributadas pelo critério do lucro real, que remunerarem pessoas físicas ou jurídicas a títulos de juros sobre o capital próprio, poderão considerar os valores pagos como dedutíveis do IR e da CSLL a pagar.

Do exposto já se depreende, e iremos confirmar a seguinte hipótese, que a pessoa jurídica, ao decidir remunerar os acionistas/cotistas pelo pagamento dos juros sobre o capital próprio, e antes disso, optar pelo critério do lucro real para apuração e pagamento do IR da CSLL, estará diante de uma forma de planejamento tributário.

Assim, o planejamento permitirá a redução desses tributos a pagar, uma vez que a lei, como dito anteriormente, permite que se deduzam da base de cálculo dos referidos tributos os juros pagos, consequentemente reduzindo o montante da base de cálculo. A pessoa jurídica encontrará, dessa forma, um menor valor dos supramencionados tributos para recolher aos cofres públicos.

Instituídos pela Lei n. 9.245/1995 com a finalidade de estimular a capitalização das sociedades, os juros sobre o capital próprio têm sido largamente utilizados pelas pessoas jurídicas sujeitas à tributação com base no lucro real, constituindo um dos mais relevantes instrumentos de planejamento financeiro e tributário.

A pessoa jurídica poderá deduzir, para efeitos da apuração do lucro real e da base de cálculo da CSLL, os juros pagos ou creditados individualmente a titular, sócios ou acionistas, a título de remuneração do capital próprio, calculados sobre as contas do patrimônio líquido e limitados à variação, *pro rata die*, da Taxa de Juros de Longo Prazo (TJLP), segundo a Lei n. 9.249/1995, art. 9°, e art. 355 do Decreto n. 9.580/2018.

A legislação fiscal em vigor permite a dedutibilidade da remuneração do capital próprio (juros sobre o capital próprio) desde que:

- o valor da remuneração sobre o capital próprio seja limitado à aplicação *pro rata die* da TJLP sobre o montante do patrimônio líquido subtraído do saldo da Reserva de Reavaliação, salvo se esta tiver sido adicionada às bases de cálculo do Imposto de

Renda Pessoa Jurídica (IRPJ) e da Contribuição Social (CSLL), do saldo de Ajustes de Avaliação Patrimonial e do saldo da conta de ganhos/perdas na conversão relativo a investimento no exterior;

- o valor apurado seja limitado ao maior valor entre 50% do lucro líquido do exercício, após a dedução da CSLL, antes das despesas de IR e antes da dedução dos referidos juros; e 50% do somatório dos saldos de lucros acumulados e reservas de lucros, conforme o art. 9°, § 1°, Lei n. 9.249/1995.

É inegável a importância dessa figura, sobretudo no que diz respeito ao incentivo à redução do endividamento das empresas, substituindo o mecanismo da correção monetária das demonstrações financeiras, abolida com o advento do Plano Real. Os juros ficarão sujeitos à incidência do IR na fonte pela alíquota de 15%, consoante à Lei n. 9.249/1995, art. 9°, § 2°.

O valor dos juros pagos ou creditados pela pessoa jurídica, a título de remuneração do capital próprio, poderá ser imputado ao valor dos dividendos de que trata o art. 202 da Lei n. 6.404/1976.

O montante dos juros remuneratórios do patrimônio líquido passível de dedução para efeitos de determinação do lucro real e da base de cálculo da Contribuição Social (CS) limita-se ao maior dos seguintes valores:

- 50% do lucro líquido do exercício antes da dedução desses juros; ou
- 50% do somatório dos lucros acumulados e reserva de lucros, sem computar o resultado do período em curso.

Para os efeitos do limite referido no inciso I, o lucro líquido do exercício será aquele após a dedução da CSLL e antes da dedução da provisão para o IRPJ, sem computar, porém, os juros sobre o patrimônio líquido.

De acordo com a IN n. 41/1998, art. 1°, se a empresa creditar os juros aos sócios, estes poderão optar por capitalizá-los, sem prejuízo da dedutibilidade da despesa.

A vantagem do pagamento de juros sobre o patrimônio líquido, segundo o ponto de vista da economia fiscal, está em três pontos básicos:

1) a alíquota de fonte é de 15% e o IRPJ é de 25% se considerarmos o adicional de 10%. Há, assim, uma economia de 10%;
2) reduz-se a base de cálculo da CS sobre o lucro, cuja alíquota é de 9%. Há, assim, uma economia de 9%;
3) os juros podem ser imputados ao valor dos dividendos, o que, na prática, torna os dividendos dedutíveis na apuração do IR.

Os juros sofrerão retenção de Imposto de Renda Retido na Fonte (IRRF) pela alíquota de 15%. Quanto ao beneficiário pessoa jurídica, se tributada pelo lucro real, a fonte será considerada antecipação do devido ou compensada com o que houver retido por ocasião do pagamento ou crédito de juros, a título de remuneração do capital próprio, a seu titular, sócios ou acionistas. No caso de tributação pelo lucro presumido ou arbitrado, a fonte será considerada antecipação do devido. Nos demais casos, os rendimentos pagos à pessoa jurídica, mesmo que isenta, ou à pessoa física, serão considerados tributados exclusivamente na fonte. Os juros pagos ou recebidos serão contabilizados, segundo a legislação tributária, respectivamente como despesa financeira ou receita financeira.

Segundo a Lei n. 9.249/1995, art. 9º, § 8º, não serão considerados para efeito do cálculo da remuneração sobre o patrimônio líquido os valores das reservas de reavaliação de bens e direitos da pessoa jurídica. O mesmo se aplica aos valores da reserva especial relativa à correção monetária especial das contas do ativo, apurada na forma do Decreto n. 332/1991, com base no IPC, salvo se adicionados para efeito de determinação do lucro real e da base de cálculo da CS sobre o lucro.

A seguir veremos, por meio de um exemplo prático, a economia tributária auferida pela empresa ao pagar juros sobre capital próprio aos proprietários.

Exemplo

Consideremos uma empresa nas seguintes condições: lucro em X1 de R$ 15.000.000,00 antes do cálculo dos juros sobre o capital próprio, da CSLL e da provisão para o IR.

Itens	R$
Capital	1.700.000,00
Reservas de capital	34.000,00
Reservas de reavaliação	168.487,00
Reservas de lucros	20.448.828,00
Lucros acumulados	510.000,00
Patrimônio líquido	**22.861.315,00**

Para o cálculo dos juros, considerar uma TJLP em 6,75% a.a.

Itens	R$
Patrimônio líquido em 31/12/X0	22.861.315,00
(–) Reservas de reavaliação	168.487,00
Base de cálculo	**22.692.828,00**
Juros sobre o capital próprio: 22.692.828,00 × 6,75%	1.531.765,89

8.10.14 Limites impostos pela lei quanto à dedução

Considere os valores a seguir:

- 50% do lucro do exercício antes de sua contabilização: R$ 15.000.000,00 (50%) = R$ 7.500.000,00.
- 50% do saldo de lucros acumulados e das reservas de lucros: R$ 20.958.828,00 (50%) = R$ 10.479.414,00.

Dos dois valores obtidos, pode ser utilizado o maior. A empresa poderá contabilizar como despesa financeira dedutível em 31 de dezembro de X1 o valor de R$ 1.531.765,89 relativo aos juros sobre o capital próprio, visto que não excedeu o maior limite, de R$ 10.479.414,00.

8.10.15 Cálculo do IR a pagar e da CSLL antes da contabilização dos juros sobre o capital próprio

Considere, para o período X1, os dados apresentados na tabela a seguir:

Itens	R$
Lucro do exercício antes da CS	15.000.000,00
(–) CSLL (9%)	1.350.000,00
Lucro do exercício após a CSLL	13.650.000,00
Provisão para o IR: lucro real	15.000.000,00
(–) Provisão para o IR alíquota de 15% (15.000.000 × 15%)	2.250.000,00
Adicional de 10% (15.000.000,00 – 240.000,00) — o adicional de IR é calculado sobre o valor que exceder R$ 240.000,00	1.476.000,00
Provisão para o IR	3.726.000,00

Assim, tem-se:

Itens	R$
CSLL	1.350.000,00
Provisão para o IR	3.726.000,00
Total	**5.076.000,00**

Itens	R$
Lucro do exercício antes da CSLL	15.000.000,00
(–) CSLL	1.350.000,00
Lucro do exercício após a CSLL	13.650.000,00
(–) Provisão para o IR	3.726.000,00
Lucro líquido do exercício	**9.924.000,00**

Caso os proprietários sejam remunerados pelo capital investido na entidade, utilizando-se os juros sobre o capital próprio calculado anteriormente, ter-se-á:

Itens	R$
Lucro do exercício	15.000.000,00
(–) Juros sobre o capital próprio	1.531.765,89
Lucro do exercício antes da CSLL	13.468.234,11
(–) CSLL (9%)	1.212.141,07
Lucro do exercício após a CSLL	12.256.093,04
Provisão para o IR: lucro real	13.468.234,11
(–) Provisão para o IR – 15% (13.468.234,11 × 15%)	2.020.235,12
Adicional de 10% (13.468.234,11 – 240.000,00)	1.322.823,41
Provisão para o IR	3.343.058,53

Portanto:

Itens	R$
CSLL	1.212.141,07
Provisão para o IR	3.343.058,53
Total da carga tributária	**4.555.199,60**
Lucro do exercício após os juros sobre o capital próprio	15.000.000,00
(–) Juros sobre o capital próprio	1.531.765,89

Itens	R$
Lucro do exercício antes da CSLL	13.468.234,11
(–) CSLL	1.212.141,07
Lucro do exercício após a CSLL	12.256.093,04
(–) Provisão para o IR	3.343.058,53
Lucro líquido do exercício	**8.913.034,51**

Impostos antes dos juros sobre capital próprio → R$ 5.076.000,00
Impostos após os juros sobre capital próprio → R$ 4.555.199,60
Total da economia gerada: 10,26% → **R$ 520.800,40**

Conforme demonstrado, a economia tributária, em decorrência do planejamento tributário que se materializou na opção de apuração da base de cálculo do IR e da CSLL pelo critério do lucro real, e a remuneração dos sócios por meio do pagamento de juros sobre o capital próprio, proporcionou a redução dos tributos em 10,26%, que se traduz monetariamente em R$ 520.800,40. Ou seja, o contribuinte pagaria R$ 5.076.000,00 e pagou, ao adotar o planejamento tributário, R$ 4.555.199,60.

Os lucros ou dividendos calculados com base nos resultados apurados a partir do mês de janeiro de 1996, pagos ou creditados pelas pessoas jurídicas tributadas com base no lucro real, presumido ou arbitrado, não ficarão sujeitos à incidência do imposto de renda na fonte, nem integrarão a base de cálculo do imposto de renda do beneficiário, pessoa física ou jurídica, domiciliado no país ou no exterior, conforme art. 10, Lei n. 9.249/2005.

Exemplo

A Sociedade Empresária Cuiabá Ltda. teve um lucro no exercício de R$ 500.000,00 e, também, apresenta lucros acumulados de R$ 200.000,00. Opera com um capital social de R$ 2.000.000,00.

A legislação fiscal evidencia dois limitadores: (1) o primeiro deles é calculado sobre os lucros acumulados no limite de 50%. A empresa que apresentou lucros acumulados de R$ 200.000,00 poderia distribuir de forma dedutível um limite de R$ 100.000,00 a título de Juros sobre Capital Próprio (JSCP); (2) o segundo limitador é calculado sobre o próprio lucro apurado no exercício de R$ 500.000,00, aplicando-se novamente os 50%. Assim, obtemos o limite de R$ 250.000,00 a título de JSCP.

Desses dois limitadores pode-se utilizar o maior deles. A legislação determina um teto máximo obtido pela aplicação da Taxa de Juros de Longo Prazo (TJLP), que é a taxa referencial calculada pelo Banco Central e publicada trimestralmente pela Receita Federal do

Brasil (RFB). Suponhamos que, para o exemplo, a taxa seja de 5%. Aplicando-se essa taxa ao capital social da sociedade empresária de R$ 2.000.000,00, teremos um teto limitador de R$ 100.000,00.

Se o teto ficou fixado em R$ 100.000,00, não poderão ser utilizados os R$ 250.000,00 calculados dos limites anteriores, pois esse valor excedente não poderia ser considerado dedutível.

Itens	X0	X1
Capital Social	R$ 2.000.000,00	
Lucro	R$ 200.000,00	R$ 500.000,00
Limite 1 – 50%	R$ 100.000,00	
Limite 2 – 50%		R$ 250.000,00
Total Máximo		
TJLP – 5%	R$ 100.000,00	

Assim, do lucro acumulado de R$ 500.000,00, reduzindo a despesa de R$ 100.000,00 a título de JSCP, resulta em um novo lucro ajustado de R$ 400.000,00.

Lucro Líquido	R$ 500.000,00
JSCP	R$ 100.000,00
Lucro Ajustado	R$ 400.000,00

Dessa forma, para verificarmos o impacto do uso dessa ferramenta, vamos comparar a sociedade empresária que a utiliza com uma empresa que não a utiliza.

Itens	Valor	Utiliza	Não Utiliza
Lucro Líquido	R$ 500.000,00		R$ 500.000,00
JSCP	R$ 100.000,00		
Lucro Ajustado	R$ 400.000,00	R$ 400.000,00	
34% – IR e Contribuição Social		R$ 136.000,00	R$ 170.000,00
Economia Tributária			R$ 34.000,00

Lucro Líquido:

Itens	Utiliza	Não Utiliza
Lucro do Exercício	R$ 400.000,00	R$ 500.000,00
IR e Contribuição Social	R$ 136.000,00	R$ 170.000,00
Lucro Líquido	R$ 264.000,00	R$ 330.000,00

Itens	Utiliza	Não Utiliza
JSCP	R$ 100.000,00	
Dividendos a Distribuir	R$ 364.000,00	
IRRF (15%) sobre JSCP	R$ 15.000,00	
Total	**R$ 349.000,00**	

No primeiro caso, a empresa poderá distribuir a título de lucros e dividendos um montante de R$ 330.000,00. Já no segundo caso, utilizando a ferramenta, além dos JSCP pagos de R$ 100.000,00 ela ainda poderá distribuir a título de dividendos mais R$ 264.000,00, totalizando R$ 364.000,00. Mesmo considerada a retenção na conta sobre R$ 100.000,00 de JSCP, em que os sócios e acionistas receberão um montante líquido de R$ 85.000,00, o montante líquido seria de R$ 349.000,00, ainda superior aos R$ 330.000,00 calculados.

Conclui-se que a empresa que utiliza a ferramenta possui todas as vantagens citadas acima, reduzindo seus tributos e aumentando a parcela de distribuição aos seus sócios.

8.10.16 O Conselho Superior de Recursos Fiscais (CSRF) e os juros sobre capital próprio

A flexibilidade e a tecnicidade dos tribunais administrativos, em especial a Câmara Superior de Recursos Fiscais (CSRF) e o Conselho Administrativo de Recursos Fiscais (Carf), vêm merecendo amplo destaque nas discussões tributárias. Os mencionados órgãos têm possibilitado aos contribuintes oportunidades para discutirem seu legítimo direito de planejar a administração de seu caixa até o último momento antes do julgamento de seus pleitos, evitando discussões junto aos órgãos judicantes.

Vale reforçar o conceito de planejamento tributário que, nesses casos, é a ação empresarial que inibe e/ou posterga a ocorrência de fatos geradores por meio de práticas de caráter eminentemente corporativo e legítimo. Nessa linha de raciocínio, os tribunais administrativos têm decidido reiteradamente pela ocorrência de simulação caso não reste comprovado o objetivo empresarial da operação.

Dentre as discussões em destaque, o Carf trouxe à tona uma nova tendência jurisprudencial sobre o direito de dedução de despesas com juros sobre o capital próprio transferidos aos acionistas das empresas sujeitas à tributação pelo lucro real para apuração do IRPJ e da CSLL.

Destaca-se que o posicionamento majoritário anterior assegurava às empresas a possibilidade de contabilizar retroativamente despesas incorridas com juros sobre o capital próprio e deduzi-las das bases de cálculo do IRPJ e da CSLL, sob o argumento de que não havia limite temporal para fruição desse benefício fiscal, desde que respeitados os critérios e os limites estabelecidos pela legislação vigente. Nesse ínterim, o STJ, por ocasião do julgamento do Recurso Especial n. 1.086.752/PR, também se manifestou favoravelmente à possibilidade de dedução retroativa dessas despesas, sob a alegação de que a Lei n. 9.249/1995 jamais impôs qualquer restrição nesse sentido.

Como se vê, o cenário jurisprudencial nas esferas administrativa e judicial indicava um desfecho favorável aos interesses das empresas, o que transmitia certa segurança para a dedução retroativa das despesas incorridas com juros sobre o capital nas bases de cálculo do IRPJ e da CSLL.

Todavia, o Carf, contrariando as expectativas de todos, modificou o entendimento majoritário sobre a matéria ao asseverar que os juros sobre o capital próprio, como, de regra, as demais despesas, somente podem ser levados ao resultado do exercício que competirem (Processo n. 19515.001145/2004-98).

Dito raciocínio está em consonância com o disposto no *caput* do art. 29 da IN n. 11/1996, da RFB. Portanto, é fora de dúvida que enquanto não houver o ato jurídico que determine a obrigação de pagar os juros, não existe a despesa ou encargo respectivo e não há que se cogitar de dedutibilidade de algo ainda inexistente.

Com isso, o Carf deve buscar a essência na natureza contábil dada aos juros sobre o capital próprio — nesse caso, similar à correção monetária dos balanços.

Diante desse cenário, resta evidente a necessidade de cautela por parte das empresas para usufruir o direito de dedução de despesas com juros sobre o capital próprio transferidos aos acionistas das empresas sujeitas à tributação pelo lucro real para apuração do IRPJ e da CSLL e, consequentemente, garantir a segurança necessária ao incremento de seus negócios.

8.10.17 Remuneração dos sócios

Uma questão relevante para a empresa é a remuneração de seus sócios. Entre alternativas possíveis, qual a melhor opção? A empresa poderá optar por distribuição de lucros, pagamento de juros sobre o capital próprio ou pagamento de pró-labore.

Exemplo

Uma empresa optante pelo lucro real planeja remunerar seus sócios pessoas físicas no montante de R$ 200.000,00, conforme dados a seguir. No balanço do exercício anterior, o saldo da conta de lucros era de R$ 500.000,00.

Discriminação	Distribuição dos lucros	Juros sobre o capital próprio	Pró-labore	
Receita líquida	1.265.250,00	1.265.250,00	1.265.250,00	
CMV	700.250,00	700.250,00	700.250,00	
Lucro bruto	**565.000, 00**	**565.000,00**	**565.000,00**	▸

Discriminação	Distribuição dos lucros	Juros sobre o capital próprio	Pró-labore
Despesas administrativas	65.000,00	65.000,00	265.000,00
Despesas com vendas	100.000,00	100.000,00	100.000,00
Despesas financeiras	0	200.000,00	0
Despesas INSS (patronal)	0	0	40.000,00
Lucro antes do IR (LAIR)	**400.000,00**	**200.000,00**	**160.000,00**
IRPJ + CSLL	136.000,00	68.000,00	54.400,00
Lucro líquido	**264.000,00**	**132.000,00**	**105.600,00**

O valor das despesas financeiras corresponde ao pagamento de juros sobre o capital próprio; as despesas de INSS (patronal) correspondem ao valor da incidência de 20% sobre o pagamento de pró-labore; e o IRPJ e a CSLL foram calculados utilizando o percentual de 34% (15% de IRPJ + 10% adicional de IR + 9% de CSLL).

Tributos Incidentes	Distribuição de lucros	Juros sobre o capital próprio	Pró-labore
IRPJ + CSLL	136.000,00	68.000,00	54.400,00
IRRF (15%)	—	30.000,00	—
IRPF	—	—	55.000,00
INSS (20%)	—	—	40.000,00
Total	136.000,00	98.000,00	149.400,00

Conclui-se que a melhor alternativa para remunerar os sócios é por meio de juros sobre o capital próprio. Contudo, há restrições a essa forma de remuneração no caso de conglomerados econômicos.

8.10.18 Amortização do ágio e do deságio advindos de aquisição ou alienação de participações societárias

O contribuinte que avaliar investimento em sociedade coligada ou controlada pelo valor de patrimônio líquido deverá, por ocasião da participação, desdobrar o custo de aquisição no valor do patrimônio líquido na época da aquisição, e em seu ágio ou deságio, que será a diferença entre o custo de aquisição do investimento e o valor da equivalência patrimonial. O valor de patrimônio líquido e o ágio ou deságio serão registrados em subcontas do custo de aquisição do investimento.

O lançamento do ágio ou deságio deverá indicar, entre os seguintes, seu fundamento econômico:

- valor de mercado de bens do ativo da coligada ou controlada superior ou inferior ao custo registrado em sua contabilidade;
- valor da rentabilidade da coligada ou controlada, com base em previsão dos resultados nos exercícios futuros;
- fundo de comércio, intangíveis e outras razões econômicas.

Em relação à apuração da base de cálculo da CSLL, a regra deveria ser a mesma adotada para o IRPJ. Contudo, a legislação da CSLL não aborda essa matéria e as normas expedidas pela RFB não fazem qualquer menção a respeito, indicando que a amortização do ágio seria dedutível, enquanto a amortização de deságio seria tributável, independentemente de ocorrer ou não a liquidação/alienação efetiva do investimento.

8.10.19 Participação dos empregados nos lucros

As participações dos empregados nos lucros ou resultados das empresas são dedutíveis do IRPJ e da CSLL como se fossem despesas, sem qualquer limitação.

Para fins de apuração do lucro real, a pessoa jurídica poderá deduzir como despesa operacional as participações atribuídas aos empregados nos lucros ou nos resultados, observado o disposto na Lei n. 10.101/ 2000, no próprio exercício de sua constituição (art. 371, Decreto n. 9.580/2018, art. 3°, § 1°, Lei n. 10.101/2000). É vedado o pagamento de qualquer antecipação ou distribuição de valores a título de participação nos lucros ou nos resultados da empresa em mais de duas vezes no mesmo ano civil e em periodicidade inferior a um trimestre civil (art. 3°, § 2°, Lei n. 10.101/2000).

A empresa poderá deduzir como despesa operacional as participações atribuídas aos empregados nos lucros ou resultados, dentro do próprio exercício de sua constituição. O pagamento na forma de participação nos lucros ou resultados a empregados não constitui salário, fato que resguarda a empresa de problemas trabalhistas. Tais pagamentos também não estão sujeitos ao INSS e ao FGTS. Contudo, para que a empresa usufrua a dedutibilidade das participações dos empregados em seus lucros, é necessário que, entre um pagamento e outro, decorra um prazo mínimo de seis meses, além de ser instituído um programa que estabeleça a forma e as condições de pagamento, negociado com uma comissão de empregados integrada por um representante do sindicato da categoria, sendo dispensada a constituição da comissão, caso conste de acordo ou convenção coletiva, art. 3°, § 1°, Lei n. 10.101/2000, e art. 371, Decreto n. 9.580/2018.

Exemplo

Balancete de suspensão de 30 de junho:
- Lucro líquido do período: R$ 1.000.000,00.
- Participação dos trabalhadores no lucro líquido: 10%.
- Valor contabilizável como despesa operacional: R$ 100.000,00.

Lançamento:

D – Participação dos trabalhadores no lucro líquido (conta de resultado).

C – Participações a pagar (passivo circulante) R$ 100.000,00.

Além da participação dos empregados nos lucros, há também participações de administradores, partes beneficiárias e debenturistas, cujo tratamento fiscal é:

Participações	IRPJ	CSLL
Administradores	Indedutível	Dedutível
Partes beneficiárias	Indedutível	Dedutível
Debêntures	Dedutível	Dedutível

8.10.20 Contratos com entidades governamentais

Na hipótese de empreitada ou fornecimento contratado com pessoa jurídica de direito público, ou empresa sob seu controle, empresa pública, sociedade de economia mista ou sua subsidiária, o contribuinte poderá diferir a tributação do lucro até sua realização, observadas as seguintes normas (art. 480, Decreto n. 9.580/2018; art. 10, § 3º, Decreto-lei n. 1.598/1977:

> I – poderá ser excluída do lucro líquido do período de apuração, para fins de determinar o lucro real, a parcela do lucro da empreitada ou do fornecimento computado no resultado do período de apuração, proporcional à receita dessas operações consideradas nesse resultado e não recebida até a data do balanço de encerramento do mesmo período de apuração; e
>
> II – deverá ser computada a parcela excluída nos termos estabelecidos no inciso I para fins de determinação do lucro real do período de apuração em que a receita for recebida.
>
> § 1º Se o contribuinte subcontratar parte da empreitada ou do fornecimento, o direito ao diferimento de que trata este artigo caberá a ambos, na proporção da sua participação na receita a receber (Decreto-lei n. 1.598, de 1977, art. 10, § 4º).

Considera-se como subsidiária da sociedade de economia mista a empresa cujo capital com direito a voto pertença, em sua maioria, direta ou indiretamente, à sociedade de economia mista única e com esta tenha atividade integrada ou complementar.

A pessoa jurídica cujos créditos com pessoa jurídica de direito público ou com empresa sob seu controle, empresa pública, sociedade de economia mista ou sua subsidiária, decorrentes de construção por empreitada, de fornecimento de bens ou de prestação de serviços, forem quitados pelo Poder Público com títulos de sua emissão, inclusive com certificados de securitização, emitidos especificamente para essa finalidade, poderá computar a parcela do lucro correspondente a esses créditos que houver sido diferida na forma estabelecida neste artigo, para fins de determinação do lucro real do período de apuração do resgate dos títulos ou de sua alienação sob qualquer forma (Medida Provisória n. 2.159-70, de 2001, art. 1°).

Nos contratos de prazo de vigência superior a 12 meses, qualquer que seja o prazo de execução de cada unidade, em empreitada ou fornecimento contratado com pessoa jurídica de direito público, ou empresa sob seu controle, empresa pública, sociedade de economia mista ou sua subsidiária, o contribuinte poderá diferir a tributação do lucro até sua realização, observadas as seguintes normas, segundo o art. 480, Decreto n. 9.580/2018; art. 10, § 3°, Decreto-lei n. 1.598/1977; art. 1°, inciso I, Decreto-lei n. 1.648/1978; e art. 480, Decreto n. 9.580/2018:

- poderá ser excluída do lucro líquido do período de apuração, para efeito de determinar o lucro real, parcela do lucro da empreitada ou fornecimento computado no resultado do período de apuração, proporcional à receita dessas operações consideradas nesse resultado e não recebida até a data do balanço de encerramento do mesmo período de apuração;
- a parcela excluída nos termos do inciso I deverá ser computada na determinação do lucro real do período de apuração em que a receita for recebida.

Se o contribuinte subcontratar parte da empreitada ou fornecimento, o direito ao diferimento de que trata esse item caberá a ambos, na proporção da sua participação na receita a receber, segundo o Decreto-lei n. 1.598/1977, art. 10, § 4°. A aplicação dessa legislação permite o diferimento do lucro, via Lalur, até o recebimento da correspondente receita (tributação por regime de caixa).

Exemplo
Valores a receber em 31 de dezembro de entidades governamentais: R$ 950.000,00; custos e despesas correspondentes às parcelas de valores a receber em 31 de dezembro das respectivas entidades governamentais: R$ 450.000,00; parcela do lucro a diferir de valores a receber em 31 de dezembro: R$ 950.0000,00 – R$ 450.000,00 = R$ 500.000,00; lucro líquido apurado no exercício: R$ 1.200.000,00; resultado tributável pelo IRPJ: R$ 1.200.000,00 + R$ 500.000,00 = R$ 1.700.000,00.

Nota: o valor de R$ 500.000,00, excluído da tributação, deverá ser adicionado (via Lalur) no período em que a receita for recebida, proporcionalmente a ela.

8.10.21 Vendas a longo prazo de ativo permanente
Nas vendas de bens do ativo imobilizado para recebimento do preço, no todo ou em parte, após o término do ano-calendário seguinte ao da contratação, o contribuinte poderá, para efeito de determinar o lucro real, reconhecer o lucro na proporção da parcela do preço recebida em cada período de apuração, conforme art. 31, § 2°, do Decreto-lei n. 1.598/1977; art. 43, *caput*, da Lei n. 12.973/2014; e art. 581 do Decreto n. 9.580/2018.

Caso o contribuinte tenha reconhecido o lucro na escrituração comercial no período de apuração em que ocorreu a venda, os ajustes e o controle decorrentes da aplicação do disposto serão efetuados no e-Lalur.

É importante ressaltar que as vendas a longo prazo devem ter as datas de recebimento pactuadas em contrato, não se beneficiando do diferimento da tributação aquela venda cujo recebimento se verifica após o término do ano-calendário seguinte ao da contratação em virtude de atraso no pagamento do todo ou das prestações.

Outro ponto que deve ser destacado é a restrição que o item impõe, limitando o benefício à venda de bens do ativo permanente.

Exemplo

Uma empresa tributada pelo lucro real alienou um terreno em 29 de novembro de 2018 pelo valor de R$ 200.000,00, constante de seu ativo permanente — investimentos, registrado na contabilidade por R$ 110.000,00. As condições de pagamento contratadas foram: no ato da venda, R$ 50.000,00; em 29 de novembro de 2019, R$ 50.000,00; em 29 de novembro de 2020, R$ 100.000,00.

A contabilização, pela venda, será:

D – Caixa.......................................R$ 50.000,00
D – Contas a receber ....R$ 150.000,00
C – Receitas não operacionais...................R$ 200.000,00

A contabilização da baixa será:
D – Despesas não operacionais
C – Terreno...................................R$ 110.000,00

O lucro contábil decorrente da venda do terreno é de R$ 90.000,00 (200.000,00 + 110.000,00). Porém, em vista da autorização para o diferimento do lucro concedida pelo item em tela, e considerando que no ano-base de 2018 foi recebido o valor equivalente a 25% do preço de venda, para fins fiscais é possível excluir 75% do lucro da operação. Portanto, excluir-se-á do lucro líquido o valor de R$ 67.500,00 para fins de determinação do lucro real. Tal valor será controlado na parte B do Lalur.

No período-base que abrange o mês de novembro de 2019, em vista do recebimento de mais 25% do preço de venda, será adicionado ao lucro líquido, para fins de apuração da base de cálculo do IR, o valor de R$ 22.500,00, correspondente a 25% do lucro da operação. Esse valor será baixado na parte B do Lalur, restando um saldo a tributar de R$ 45.000,00.

No ano de 2020, quando a empresa receber os restantes R$ 100.000,00, oferecerá à tributação o saldo do lucro diferido, registrado na parte B do Lalur, de R$ 45.000,00, baixando o mesmo valor da parte B do Livro Fiscal.

8.10.22 Ganhos em desapropriação

O contribuinte poderá diferir a tributação do ganho de capital na alienação de bens desapropriados, desde que (art. 31, § 4°, alíneas "a" a "c", Decreto-lei n. 1.598/1977; art. 178, § 1°, Lei n. 6.404/1976; e art. 504, Decreto n. 9.580/2018):

I – transfira o ganho de capital para a reserva especial de lucros;

II – aplique, no prazo máximo de 2 (dois) anos do recebimento da indenização, na aquisição de outros bens do ativo permanente, importância igual ao ganho de capital;

III – discrimine, na reserva de lucros, os bens objeto da aplicação de que trata o inciso anterior, em condições que permitam a determinação do valor realizado em cada período de apuração.

Exemplo

• Ganho de capital ocorrido na desapropriação de imóvel em 30 de novembro de 2019: R$ 500.000,00.

• Histórico: valor do ganho de capital em desapropriação do imóvel Fazenda Minas Velhas.

Lançamento contábil relativo à transferência do ganho para reserva especial de lucros:
D – Resultado do exercício (patrimônio líquido)
C – Reserva especial de lucros — ganho de capital em desapropriação: R$ 500.000,00

No Livro de Apuração, parte "A", será efetuado o lançamento seguinte:

Parte A – Registro dos ajustes do lucro líquido do exercício (p. 21)			
Data	Histórico	Adições	Exclusões
	Natureza dos ajustes		
30/11/2019	Ganho de capital em desapropriação de imóvel, transferido à reserva especial de lucros		500.000,00

A reserva será computada na determinação do lucro real quando da realização do bem ou quando for utilizada para distribuição de dividendos (art. 31, § 5°, Decreto-lei n. 1.598/1977).

Exemplo

Se do valor de R$ 500.000,00 do ganho ocorrido no exemplo anterior a empresa distribuir R$ 100.000,00 a título de lucros em 30 de abril de 2020, deverá proceder à seguinte adição ao lucro real:

Parte A – Registro dos ajustes do lucro líquido do exercício (p. 23)			
Data	Histórico	Adições	Exclusões
	Natureza dos ajustes		
30/4/2020	Realização do ganho de capital em desapropriação de imóvel mediante distribuição de dividendos	100.000,00	

O saldo a realizar (controlado na parte B do Lalur) será de R$ 500.000,00 – R$ 100.000,00 = R$ 400.000,00. Será mantido controle, no Lalur, do ganho diferido e tal controle deverá estar na parte B do referido livro.

8.10.23 Resultados auferidos no exterior

A LC n. 104/2001 acrescentou o § 2° ao art. 43 do CTN, autorizando que a lei estabeleça as condições e o momento em que se dará a disponibilidade das receitas e dos rendimentos oriundos do exterior. Com base nesse permissivo, o art. 74 da MP n. 2.158-35/2001 estabeleceu que, para fim de determinação da base de cálculo do IRPJ e da CSLL, os lucros auferidos por controlada ou coligada no exterior serão considerados disponibilizados para a controladora ou coligada no Brasil na data do balanço no qual tiverem sido apurados.

Portanto, os lucros integram o resultado contábil e são convertidos em reais de acordo com a taxa de câmbio, para venda, na data em que forem contabilizados no Brasil. Porém, somente são computados para fins tributários no período de apuração encerrado em 31 de dezembro do ano da contabilização, segundo o art. 25, *caput*, Lei n. 9.249/1995, e art. 446, Decreto n. 9580/2018.

8.10.24 Melhor aproveitamento do capital de giro

A aplicação financeira é uma forma de aproveitar os recursos em caixa. Nessa hora também é possível pensar na melhor solução para que os rendimentos da aplicação possam ser aproveitados com o mínimo possível de tributação.

É possível obter uma redução de capital ou distribuição de lucros no valor do capital de giro excedente. Os recursos seriam retirados pelos sócios, que fariam a aplicação em renda fixa, por exemplo. Como o investimento será feito em nome da pessoa física do empreendedor, seus rendimentos ficarão sujeitos a uma tributação exclusiva de 20% do IR na fonte. Sobre esses rendimentos não se recolhe IR pela tabela progressiva.

Caso a mesma aplicação fosse feita pela empresa, a tributação seria maior. Quando contabilizados na pessoa jurídica, esses rendimentos são considerados receita e pagam 3% de Cofins, mais PIS de 0,65%, além de IRPJ de 25% e CSLL de 9%. Juntos, os quatro tributos somam 37,5%. O valor distribuído ao sócio para aplicação pode retornar para a empresa sob a forma de empréstimo.

Exemplo: a pessoa física do sócio empresta os recursos para a companhia da qual é sócio — pode emprestar, inclusive, a parte correspondente aos rendimentos da aplicação. Como se trata de um empréstimo, a empresa deverá pagar aos sócios juros que ficam livres dos 34% de IRPJ e CSLL devidos pela pessoa jurídica que usa o regime do lucro real. Os juros pagam IRPJ na fonte de 20%.

8.10.24.1 Precauções necessárias

Se houver divergências entre os sócios, esse planejamento pode comprometer a aplicação do capital de giro da empresa. Um acordo informal sobre o retorno dos recursos para a empresa via empréstimo pode ser feito, mas conflitos entre sócios podem atrapalhar.

Discordâncias sobre a destinação do dinheiro ou a possibilidade de os recursos cedidos aos sócios não retornarem como investimento conforme planejado irão, fatalmente, comprometer a redução da carga tributária.

8.11 Administração de um prejuízo fiscal elevado

8.11.1 Compensações de prejuízos fiscais

Quando a pessoa jurídica obtiver lucro real, este poderá ser deduzido com eventuais prejuízos fiscais apurados em períodos anteriores. Entretanto, a compensação de tais prejuízos é limitada a 30% do lucro real antes da compensação.

Exemplo

1. Lucro real em 31/12/2019, antes da compensação de prejuízos	100.000,00
2. Prejuízos fiscais compensáveis	80.000,00
3. Prejuízos fiscais que poderão ser utilizados para compensação com o lucro real de 31/12/2019 (1 × 30%)	30.000,00

Por contingências específicas, muitas empresas têm prejuízos fiscais em determinados períodos (normalmente em fase pré-operacional ou reestruturação empresarial).

A recuperação dos aludidos prejuízos nem sempre é viável a curto prazo, tendo em vista, como já citado e exemplificado anteriormente, a restrição existente à sua compensação, limitada a 30% do lucro real, conforme a Lei n. 9.065/1995, arts. 15 e 16.

Nessas circunstâncias, deve ser executado o planejamento visando reduzir tal prejuízo mediante a contabilização de ganhos e ativos ou transferindo custos e despesas a empresas coligadas, controladas ou interligadas.

Algumas formas admissíveis de reduzir o montante do prejuízo fiscal são:

- arbitrar os estoques pelo regime fiscal (70% do maior preço de venda para os produtos acabados e 56% para os produtos em elaboração), buscando assim diminuir o custo dos produtos vendidos no exercício (e, em consequência, aumentando o lucro);

- diferir despesas, contabilizando-as no Ativo Não Circulante — Intangível (pesquisa de novos produtos, reorganização operacional etc.);
- contabilizar estoques de serviços (ou obras) em andamento (isso reduzirá o custo dos serviços vendidos, aumentando o lucro), caso a empresa tiver obras em andamento;
- diferir despesas financeiras prefixadas, mediante regime *pro rata*, contabilizando no Ativo Circulante (Despesas do Exercício Seguinte — Despesas Financeiras a Incorrer);
- estornar provisão de férias (cuja constituição não é obrigatória);
- fazer rateio de despesas administrativas e operacionais comuns, para empresas coligadas/interligadas/controladas/controladoras, mediante contrato escrito, utilizando as despesas rateadas nas empresas lucrativas.

Outras opções:
- contabilizar receitas que poderiam ter a tributação diferida pelo regime de competência, como variação monetária ativa de contratos governamentais etc.;
- atualizar depósitos judiciais no ativo;
- reconhecer ganhos cambiais pelo regime de competência, em vez do regime de caixa.

Exemplo[8]
- Período X1:
  Prejuízo fiscal apurado antes dos ajustes contábeis: R$ 1.000.000,00.
- Ajustes contabilizados:
  Estorno da provisão de férias: R$ 200.000,00; aumento do valor de estoques pelo critério fiscal: R$ 600.000,00; total dos ajustes: R$ 800.000,00; prejuízo fiscal apurado após ajustes contábeis: R$ 1.000.000,00 – R$ 800.000,00 = R$ 200.000,00.

Situação A
- Período X2 (caso tenham sido feitos os ajustes contábeis no período X1):
  Lucro tributável sem os ajustes do período X1: R$ 1.700.000,00; ajustes do período X1 (constituição da provisão de férias e baixa dos estoques): R$ 800.000,00; lucro tributável apurado: R$ 900.000,00; compensação de prejuízos do período X1 (ajustado): R$ 200.000,00; lucro tributável após a compensação: R$ 700.000,00; IRPJ e CSLL devidos: R$ 238.000,00.

Situação B
- Período X2 (se não ocorrerem os ajustes do período X1):
  Lucro tributável sem os ajustes do período X1: R$ 1.700.000,00; compensação de prejuízos do período X1 (30% do lucro tributável): R$ 510.000,00; lucro tributável

---

8 ZANLUCA, J. C. Planejamento tributário – luxo ou necessidade? *Portal tributário*, 2012. Disponível em: http://www.portaltributario.com.br/artigos/planejamento.htm. Acesso em: 02 ago. 2018.

após a compensação: R$ 1.190.000,00; IRPJ e CSLL devidos: R$ 380.000,00; diferença de tributação entre as situações A e B: R$ 380.000,00 − R$ 238.000,00 = R$ 142.000,00.

I- Calcule o IRPJ e a CSLL para os dados da Empresa Varginha Ltda. no ano-calendário de 2020. (O Lalur apresenta um prejuízo fiscal de R$ 250.000,00 de exercícios anteriores.)
Lucro contábil .... R$ 600.000,00
Adições — Lalur .... R$ 50.000,00
Exclusões — Lalur .... R$ 110.000,00

Resolução

Itens	R$
Lucro contábil	600.000,00
Adições	50.000,00
Exclusões	110.000,00
Lucro fiscal antes da compensação de prejuízos	540.000,00
Compensação de prejuízos	162.000,00
Lucro real	378.000,00

IRPJ = R$ 378.000,00 × 15% + (R$ 378.000,00 → R$ 240.000,00) × 10%
IRPJ = R$ 70.500,00
CSLL = R$ 378.000,00 × 9%
CSLL = R$ 34.020,00
Saldo de prejuízos fiscais = R$ 250.000,00 → R$ 162.000,00
Prejuízos fiscais = R$ 88.000,00

8.12 Aplicação do planejamento tributário

Empresas importadoras

Recolhem o PIS e a Cofins com alíquotas de apuração não cumulativa – 1,65% e 7,6%, respectivamente, na nacionalização da mercadoria.

Se a empresa for optante pelo lucro real, via de regra poderá tomar o crédito desses tributos.

Empresas que apresentam prejuízo contábil/fiscal ou baixa lucratividade

Antes de optar pelo lucro real, analisar não somente o IRPJ e a CSLL mas também o PIS e a Cofins.

Receitas não operacionais

Atentar para receitas não operacionais, ou seja, aquelas que não estão previstas no objeto da empresa. Exemplos: aluguéis, receitas financeiras, ganho de capital na venda de ativo imobilizado. Elas são incluídas diretamente na base de cálculo do IRPJ e da CSLL.

Rendimentos de aplicações financeiras

São incluídas na base de cálculo do IRPJ e da CSLL e delas abate-se o imposto retido. Em termos tributários, é mais vantajoso efetuar a distribuição de lucros aos sócios e aplicar na conta de pessoa física.

Holding

Trata-se de uma empresa que possui a maioria das ações de outras empresas e que detém o controle de sua administração e políticas empresariais. As vantagens principais são a possibilidade de administração das empresas do grupo de forma consolidada e a possibilidade de prover uma sucessão organizada, com menores impactos e de forma mais econômica para as empresas e os sucessores, visando sempre a continuidade do grupo empresarial de forma saudável.

8.13 Regime de tributação pelo lucro real

As principais vantagens para a opção pelo lucro real, segundo a legislação, são:

- tributação teoricamente mais justa sobre os resultados;
- aproveitamento de créditos do PIS e da Cofins;
- possibilidades de utilização de diversas formas de planejamento tributário;
- possibilidade de a empresa reduzir o valor a pagar de tributos com suas despesas;
- utilizar prejuízos de períodos anteriores para diminuir os tributos a serem pagos no futuro (art. 580, Decreto 9.580/2018);
- único regime que não possui restrições quanto à utilização de benefícios/incentivos fiscais na redução dos tributos a pagar;
- não há limites para a distribuição de lucros aos sócios.

É vantajoso para as empresas com reduzidas margens de lucro ou com prejuízo, tais como grandes indústrias ou empresas que possuem muitas despesas com matéria-prima, energia elétrica e aluguéis, pois estas recebem crédito de PIS/Cofins no regime não cumulativo, além de calcular IRPJ e CSLL sobre a baixa margem de lucro.

As desvantagens seriam:

- maior ônus burocrático, pela necessidade de controles e acompanhamentos fiscais e contábeis especiais;
- incidência de PIS e Cofins às alíquotas mais altas;
- número excessivo de obrigações acessórias e de alta complexidade.

8.14 Obrigações acessórias do lucro real

As obrigações acessórias do lucro real são:

- Livros comerciais e livros fiscais: Livro Diário, Livro Razão, Livro de Registro de Duplicatas, Livro Caixa, Livro Registro de Inventário, Livro Registro de Entradas, Livro para Registro Permanente de Estoque, Livro de Apuração do Lucro Real (Lalur), Livro de Movimentação de Combustíveis.
- DES – Declaração Eletrônica de Serviços.
- DAPI – Declaração de Apuração e Informação do ICMS.
- GIA – Guia de Informação e Apuração do ICMS.
- Sintegra – Sistema Integrado de Informações sobre Operações Interestaduais com Mercadorias e Serviços.
- EFD ICMS/IPI – Escrituração Fiscal Digital.
- DCTF – Declaração de Débitos Tributários Federais.
- EFD Contribuições.
- SEFIP/GFIP – Sistema Empresa de Recolhimento do FGTS e Informações à Previdência Social.
- CAGED – Cadastro Geral de Empregados e Desempregados.
- VAF/DAMEF – Declaração Anual do Movimento Econômico Fiscal.
- ECD – Escrituração Contábil Digital.
- ECF – Escrituração Contábil Fiscal.
- DIRF – Declaração do Imposto sobre a Renda Retido na Fonte.
- RAIS – Relação Anual de Informações Sociais.
- DIRPF – Declaração de Imposto de Renda Pessoa Física.

CASO PRÁTICO 8.1

Apuração do IR por estimativa

A Empresa Poços de Caldas é obrigada à apuração do lucro real para cálculo e pagamento do IR, tendo optado pelo recolhimento mensal por estimativa e posterior apuração do lucro real anual.

Em novembro, suas receitas foram:

Itens	Vendas de mercadorias R$	Prestação de serviços R$
Receitas Brutas	500.000,00	60.000,00
Deduções das Receitas Brutas		
Imposto sobre Produtos Industrializados	50.000,00	
Imposto sobre Circulação de Mercadorias	81.000,00	
Imposto sobre Serviços		3.000,00
Vendas Canceladas e Devoluções	15.000,00	
Descontos Incondicionais	4.000,00	
Total das Deduções	**150.000,00**	**3.000,00**
Ganhos de Capital no mês		
Lucro na Venda de Ativo Imobilizado	30.000,00	
Receita de Locação de Imóvel	2.000,00	
Rendimentos auferidos nas Operações de Mútuo com Coligadas	6.000,00	
Total dos Ganhos com Capital	**38.000,00**	
IR retido na fonte sobre os Ganhos de Capital	50,00	

A empresa realizou gastos com o PAT. Calcule o IRPJ por estimativa.

CASO PRÁTICO 8.2

Apuração da CSLL por estimativa

A Empresa Poços de Caldas é obrigada à apuração do lucro real para cálculo e pagamento do IR e da CSLL, tendo optado pelo recolhimento mensal por estimativa e posterior apuração do lucro real anual.

Em novembro, suas receitas foram:

Itens	Vendas de mercadorias R$	Prestação de serviços R$
Receitas Brutas	500.000,00	60.000,00
Deduções das Receitas Brutas		
Imposto sobre Produtos Industrializados	50.000,00	
Imposto sobre Circulação de Mercadorias	81.000,00	
Imposto sobre Serviços		3.000,00
Vendas Canceladas e Devoluções	15.000,00	
Descontos Incondicionais	4.000,00	
Total das Deduções	**150.000,00**	**3.000,00**
Ganhos de Capital no mês		
Lucro na Venda de Ativo Imobilizado	30.000,00	
Receita de Locação de Imóvel	2.000,00	
Rendimentos auferidos nas Operações de Mútuo com Coligadas	6.000,00	
Total dos Ganhos com Capital	**38.000,00**	
IR retido na fonte sobre os Ganhos de Capital	50,00	

Apure a CSLL por estimativa.

CASO PRÁTICO 8.3

Apuração do IR por estimativa

A empresa Indústria, Comércio e Assistência Técnica Automotiva Ltda. está obrigada à tributação pelo lucro real, tendo escolhido a opção da apuração do lucro real anual. Mensalmente, apura e recolhe o IRPJ com base em estimativa sobre suas receitas.

Partindo dessas informações, apure o IRPJ a recolher com base no lucro estimado de outubro de 2016, considerando que as vendas de mercadorias sofrem tributação de 8% e os serviços prestados são tributados em 32%.

Em outubro, suas receitas foram:

Itens	Vendas de mercadorias R$	Prestação de serviços R$
Receitas Brutas (as vendas de mercadorias incluem o IPI)	600.000,00	40.000,00
Deduções das Receitas Brutas		
Imposto sobre Produtos Industrializados	30.000,00	
Imposto sobre Circulação de Mercadorias	102.600,00	
Imposto sobre Serviços		2.000,00
Vendas Canceladas e Devoluções	10.000,00	
Descontos Incondicionais	4.000,00	
Total das Deduções	**146.600,00**	**2.000,00**
Receitas Líquidas	**453.400,00**	**38.000,00**
Ganhos de Capital no mês		
Lucro na Venda de Ativo Imobilizado	20.000,00	
Receita com Locação de Imóvel	3.000,00	
Rendimentos auferidos nas Operações de Mútuo com Coligadas	5.000,00	
Total de Ganhos de Capital	**28.000,00**	
Imposto de Renda retido na Fonte sobre os Ganhos de Capital	100,00	

Apure o IRPJ por estimativa.

CASO PRÁTICO 8.4

Apuração da CSLL por estimativa

A empresa Indústria, Comércio e Assistência Técnica Automotiva Ltda. está obrigada à tributação pelo lucro real, tendo escolhido a opção da apuração do lucro real anual. Mensalmente, apura e recolhe a CSLL com base em estimativa sobre suas receitas.

Com base nessas informações, apure a CSLL a recolher com base no lucro estimado de outubro de 2016, considerando que as vendas de mercadorias sofrem tributação de 12% e os serviços prestados são tributados em 32%.

Em outubro, suas receitas foram:

Itens	Vendas de mercadorias R$	Prestação de serviços R$
Receitas Brutas (as vendas de mercadorias incluem o IPI)	600.000,00	40.000,00
Deduções das Receitas Brutas		
Imposto sobre Produtos Industrializados	30.000,00	
Imposto sobre Circulação de Mercadorias	102.600,00	
Imposto sobre Serviços		2.000,00
Vendas Canceladas e Devoluções	10.000,00	
Descontos Incondicionais	4.000,00	
Total das Deduções	**146.600,00**	**2.000,00**
Receitas Líquidas	**453.400,00**	**38.000,00**
Ganhos de Capital no mês		
Lucro na Venda de Ativo Imobilizado	20.000,00	
Receita com Locação de Imóvel	3.000,00	
Rendimentos auferidos nas Operações de Mútuo com Coligadas	5.000,00	
Total de Ganhos de Capital	**28.000,00**	
Imposto de Renda retido na Fonte sobre os Ganhos de Capital	100,00	

Apure a CSLL por estimativa.

CONSIDERAÇÕES FINAIS

As empresas podem optar pelo lucro real ou outro regime tributário, mas existem algumas atividades que são obrigadas a adotá-lo. Entre as organizações cujo regime deve ser obrigatoriamente o de lucro real estão as instituições financeiras e qualquer empresa que tenha receita bruta anual que ultrapasse o limite de R$ 78 milhões. O cálculo do PIS e da Cofins é feito na base de 9,25% sobre o faturamento, sendo um regime não cumulativo. É o regime mais complexo em razão do maior rigor contábil pelos ajustes fiscais.

A empresa pagará apenas sobre sua margem positiva e sobre seus lucros efetivos, exige mais controles da empresa e regras de governança corporativa, mas possibilita um nível muito superior de gestão e, principalmente, economias tributárias expressivas, com diversos benefícios fiscais que se aplicam apenas a esse regime.

É fundamental fazer uma escrituração contábil, sendo que apenas as despesas dedutíveis que tiverem comprovação poderão ser utilizadas para compensação. Entre os benefícios estão a maior fiscalização, os benefícios fiscais e a tributação sob o lucro líquido.

Relativamente aos tributos federais incidentes sobre pessoa jurídica que exerça preponderantemente as atividades de desenvolvimento de *software* ou de prestação de serviços de tecnologia da informação e que, por ocasião da sua opção pelo Regime Especial de Tributação aplicável, assuma compromisso de exportação igual ou superior a 50% (cinquenta por cento) de sua receita bruta anual decorrente da venda dos bens e serviços de que trata essa situação. Há suspensão da exigência da Contribuição para o PIS/Pasep e da Cofins e do PIS/Pasep-Importação e da Cofins-Importação quando for o caso, nas hipóteses de venda de bens novos adquiridos por pessoa jurídica beneficiária do regime para incorporação ao seu ativo imobilizado, de prestadora de serviços quando tomados por pessoa jurídica beneficiária do regime e bens novos importados diretamente por pessoa jurídica beneficiária do regime para incorporação ao seu ativo imobilizado, convertendo-se em alíquota zero atendidas as condições legais, conforme o art. 1º, § 1º, Lei n. 5.712/2006.

O lucro real possibilita beneficiar de incentivos fiscais; compensar prejuízos fiscais anteriores ou do mesmo exercício; reduzir ou suspender o recolhimento do IRPJ e da CSLL, utilizando-se de balancetes mensais; utilização de créditos do PIS e da Cofins; e possibilidades mais amplas de planejamento tributário.

Considerado o regime mais complexo que existe no país, o lucro real é o padrão exigido pela lei. O modelo realiza a apuração dos tributos pelo lucro real recebido pela empresa.

CAPÍTULO 9 # Planejamento tributário no regime de tributação do lucro presumido

Objetivo

Neste capítulo, você aprenderá:

- as apurações do Imposto de Renda Pessoa Jurídica (IRPJ), da Contribuição Social sobre o Lucro Líquido (CSLL), do Programa de Integração Social (PIS) e da Contribuição para Financiamento da Seguridade Social (Cofins) sob a modalidade de tributação do lucro presumido, de forma a possibilitar a opção menos onerosa para a empresa, dentro dos limites legais e dos princípios éticos.

Introdução

A legislação tributária mostra que o lucro presumido é uma forma de tributação simplificada para determinação da base de cálculo do IRPJ e da CSLL das pessoas jurídicas que não estiverem obrigadas, no ano-calendário, à apuração do lucro real. O regime de tributação pelo lucro presumido implica a apuração do imposto com base em uma presunção de lucratividade, não sendo adotado o lucro efetivamente apurado pela empresa. É muito utilizado por ser considerado mais simples e também por exigir menos documentação. Recebe o nome de presumido exatamente porque nesse regime o Imposto de Renda (IR) não é calculado sobre o lucro efetivo. Tanto o IRPJ como a CSLL são calculados sobre uma base presumida de lucro, que é um determinado percentual da receita bruta, segundo o art. 25, Lei n. 9.340/1996, e o art. 587, Decreto n. 9.580/2018. O cálculo é feito em períodos trimestrais que se encerram em 31 de março, 30 de junho, 30 de setembro e 31 de dezembro.

A opção pela tributação no lucro presumido será aplicada em relação a todo o período de atividade da empresa em cada ano-calendário, art. 26, Lei n. 9.430/1996. A opção será manifestada com o pagamento da primeira ou única quota do imposto devido correspondente ao primeiro período de apuração de cada ano-calendário, art. 26, § 1°, Lei n. 9.430/1996. O lucro presumido, em cada trimestre, corresponde ao resultado da aplicação dos percentuais fixados em lei de acordo com a atividade-fim da pessoa jurídica, sobre a receita bruta auferida no período, adicionado integralmente dos resultados das demais receitas, rendimentos e ganhos de capital, que corresponderá à base de cálculo do imposto do IRPJ e da CSLL, conforme Lei n. 9.249/1995, art. 15; Lei n. 9.430/1996, arts. 1° e 25, *caput*, inciso I; e arts. 590 e 591, Decreto n. 9.580/2018. A regra geral do lucro presumido para o IRPJ vale para a venda de mercadorias e produtos, mas não para todos os setores. A revenda ao consumidor final de combustível derivado de petróleo, por exemplo, está sujeita a uma base menor: 1,6% da receita bruta. Em compensação, a regra geral da prestação de serviços prevê base de 32%.

Para essa cobrança, a norma é mais simples. Primeiro calcula-se 12% sobre a receita bruta. A esse resultado são acrescidas outras receitas e os rendimentos de aplicações financeiras. É sobre essa base que a empresa aplicará e recolherá os 9% de alíquota da CSLL. Calcular o IRPJ no regime do lucro presumido requer alguns conhecimentos. Na regra geral, a base para o cálculo do imposto é de 8% da receita bruta. Isso quer dizer que a empresa deve calcular 8% do faturamento. A esse valor são feitas adições e exclusões, conforme previsão legal. O resultado é o lucro presumido, sobre o qual será aplicado o IRPJ. O imposto tem 15% de alíquota básica e 10% de alíquota adicional. Somente sobre o valor acima de R$ 60.000,00, no trimestre, é pago o adicional de IR de 10%.

A legislação tributária dispõe que, no lucro presumido, as empresas recolhem o PIS de 0,65% e a Cofins de 3,00%, sobre o valor da receita bruta, não podendo deduzir nenhuma despesa dessa receita, com exceção das devoluções de venda, abatimentos ou vendas canceladas.

As empresas optantes pelo lucro presumido devem apurar e recolher as contribuições para PIS/Pasep e Cofins no regime cumulativo (art. 8°, Lei n. 10.637/2002, e art. 10, Lei n. 10.833/2003).

A legislação que trata desse regime de tributação é a Lei n. 9.718/1998. O período de apuração do PIS/Pasep e da Cofins é mensal, segundo o art. 2° da Lei Complementar n. 70/1991 e o art. 2° da Lei n. 9.715/1998. A base de cálculo, assim como seu fator gerador, para o PIS e a Cofins devidos no regime cumulativo, compreende exclusivamente o faturamento, que corresponde à receita bruta das pessoas jurídicas.

Excluem-se da receita bruta para fins de tributação do PIS/Pasep e da Cofins devidos no regime cumulativo, conforme Lei n. 9.718/1998, art. 3°, § 2°, e Lei n. 12.973/2014:

- as vendas canceladas;
- devoluções de vendas;
- descontos incondicionais concedidos;
- o IPI faturado;
- o ICMS ST.

Quadro 9.1 Descontos Comercial, Financeiro e Abatimento sobre Vendas

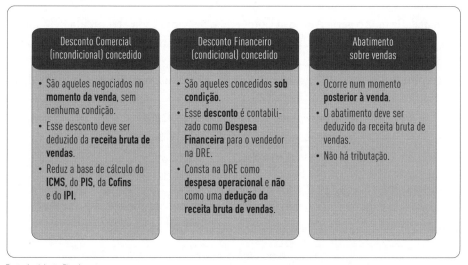

Fonte: Legislação Fiscal.

Não se inclui na base de cálculo para fins de tributação do PIS/Pasep e da Cofins devidos no regime cumulativo, conforme a Lei n. 9.718/1998, art. 3°, § 2°, e a Lei n. 12.973/2014:

- Reversões de provisões e créditos baixados como perdas.
- Resultado positivo do MEP (lucros e dividendos recebidos).
- Vendas de investimentos, imobilizados e intangíveis.
- Outros (qualquer receita que não faz parte da atividade-fim).

As pessoas jurídicas poderão optar, durante o período em que submetidas ao Refis, pelo regime de tributação com base no lucro presumido, conforme a Lei n. 9.964/2000, art. 4°, *caput*, e o art. 589, Decreto n. 9.580/2018.

Quadro 9.2 PIS e Cofins – Regime cumulativo

Fonte: Legislação Fiscal.

Exemplo 1

A sociedade empresária Alterosa Comércio e Serviços Ltda., tributada pelo lucro presumido, comercializa produtos e presta serviços de educação profissional e adota o regime de competência para fins de tributação.

Determine o valor de PIS/Pasep e Cofins do mês, considerando os seguintes dados:

Receita bruta de vendas	R$ 100.000,00
Receita bruta de serviços	R$ 130.000,00
Vendas canceladas e devoluções	R$ 10.000,00
Receitas financeiras	R$ 7.000,00
Demais receitas	R$ 5.000,00

Tabela 9.1 Lucro presumido – Regime de competência

Cia. Alterosa Comércio e Serviços Ltda. Lucro Presumido – Regime de Competência	
APURAÇÃO MENSAL	**BASE DE CÁLCULO**
Receita bruta de vendas	R$ 100.000,00
(–) Vendas canceladas e devoluções	(R$ 10.000,00)
Receita bruta de serviços	R$ 130.000,00
TOTAL	**R$ 220.000,00**

CÁLCULO DO PIS E COFINS	**VALOR A RECOLHER**
PIS/Pasep (R$ 220.000,00 × 0,65%)	R$ 1.430,00
Cofins (R$ 220.000,00 × 3%)	R$ 6.600,00

Fonte: Legislação Fiscal.

Exemplo 2

As contas enumeradas a seguir representam um grupo de receitas e despesas e, embora distribuídas aqui aleatoriamente, compõem a demonstração do resultado do exercício da Sociedade Empresária Três Corações Ltda. Com base nas informações apresentadas, calcule a despesa e o valor a pagar do PIS e da Cofins pelo método cumulativo.

Itens	R$
Receitas Não Operacionais	**4.000,00**
Provisão para Contribuição Social	9%
Juros Recebidos	3.000,00
Depreciação	1.400,00
Participação dos Administradores	5%
Impostos e Taxas	1.000,00
Propaganda e Publicidade	3.600,00
Vendas Canceladas	**40.000,00**
PIS	0,65%
Despesas Bancárias	1.600,00
Estoque Inicial	60.000,00
Comissão sobre Vendas de Mercadorias	6.000,00
Descontos Incondicionais Concedidos	**40.000,00**
Estoque Final	74.000,00
Descontos Condicionais Concedidos	8.000,00
Participação de Partes Beneficiárias	5%
Juros Pagos	1.000,00
Vendas de Mercadorias	**200.000,00**
Cofins	3%
Salários e Encargos	6.000,00
Água e Energia Elétrica	400,00
Provisão para IRPJ	15%
Compras de Mercadorias	100.000,00
ICMS sobre Compras e Vendas	19%
Descontos Obtidos	30.000,00

Solução:

Cálculo do PIS e da Cofins

Itens	R$
Vendas de Mercadorias	200.000,00
(–) Vendas Canceladas	(40.000,00)
(–) Descontos Incondicionais Concedidos	(40.000,00)

Itens	R$
Receitas Não Operacionais	4.000,00
Base de Cálculo para PIS e Cofins	124.000,00
PIS – 0,65% × R$ 124.000,00	806,00
Cofins – 3% × R$ 124.000,00	3.720,00

Fonte: Planejamento tributário. FGV, 2011.

9.1 Data de apuração

Para efeito da incidência do imposto sobre a renda, o lucro real das pessoas jurídicas deve ser apurado na data de encerramento do período de apuração, conforme a Lei n. 9.430/1996, arts. 1° e 2°.

O período de apuração encerra-se:

- nos dias 31 de março, 30 de junho, 30 de setembro e 31 de dezembro, no caso de apuração trimestral do Imposto de Renda;
- no dia 31 de dezembro de cada ano-calendário, no caso de apuração anual do Imposto de Renda;
- na data da extinção da pessoa jurídica, assim entendida a destinação total de seu acervo líquido;
- na data do evento, nos casos de incorporação, fusão ou cisão da pessoa jurídica.

Sem prejuízo do balanço de que trata o art. 21 da Lei n. 9.249/1995 e o art. 6° da Lei n. 9.648/1998, e da responsabilidade por sucessão, o resultado do período, que servirá de base para a apuração do imposto, nos casos de extinção, incorporação, fusão ou cisão da pessoa jurídica, compreenderá os fatos geradores ocorridos até a data do evento.

9.2 Pessoas jurídicas autorizadas a optar

As pessoas jurídicas não obrigadas ao regime de tributação pelo lucro real, cuja receita total, no ano-calendário anterior, tenha sido igual ou inferior a R$ 78.000.000,00 ou a R$ 6.500.000,00 por mês, poderão optar pelo regime de tributação com base no lucro presumido, segundo a Lei n. 8.981/1995, art. 44, Lei n. 9.065/1995, art. 1°, Lei n. 9.249/1995, art. 29 e Lei n. 9.718/1998, art. 13.

Estão vetadas de optar pelo lucro presumido as pessoas jurídicas:

- que tiveram receita bruta superior a R$ 78.000.000,00 no ano-calendário anterior;
- que tiverem atividades de bancos comerciais, bancos de investimento, bancos de desenvolvimento, caixas econômicas, sociedades de crédito, financiamento e investimento, entre outras do setor financeiro;
- autorizadas pela legislação tributária, que queiram aproveitar benefícios fiscais relativos à isenção ou redução do IR;

- que tenham lucros, rendimentos ou ganhos de capital no exterior;
- que tenham suspendido ou reduzido o pagamento do imposto durante o ano-calendário, inclusive efetuado pagamentos por estimativa;
- que explorem atividade de prestação cumulativa e contínua de serviços de assessoria creditícia, mercadológica, gestão de crédito, administração de contas a pagar e a receber, entre outras.

A Receita Federal do Brasil (RFB) determina que não poderão optar pelo regime de tributação com base no lucro presumido as pessoas jurídicas que exercerem atividades de compra e venda, loteamento, incorporação e construção de imóveis, enquanto não concluídas as operações imobiliárias para as quais haja registro de custo orçado (IN SRF n. 25/1999, art. 2°). Além disso, as pessoas jurídicas de que tratam os incisos I e III a V do art. 14 da Lei n. 9.718/1998, que optarem pelo Programa de Recuperação Fiscal (Refis), poderão, durante o período em que submetidas ao Refis, adotar o regime de tributação com base no lucro presumido, a partir de 2000 (MP n. 2.004-3/1999, e reedições posteriores).

As vantagens do lucro presumido é que esse regime é considerado mais simples e exige menos documentação que o regime do lucro real, sendo especialmente interessante para empresas que não têm muitos créditos a serem abatidos. Tende a ser mais vantajoso para empresas altamente lucrativas. Machado[1] mostra que as alíquotas de PIS e Cofins são menores que as praticadas no lucro real, não sendo possível abater nenhum crédito fiscal em sua base de cálculo. Quando optantes pelo regime de lucro presumido, o Fisco dispensa as empresas de obrigações acessórias desde que seja mantido um livro-caixa.

As desvantagens do lucro presumido é que nem todas as empresas podem apurar o lucro por esse regime. Há limitação conforme o volume de faturamento e também de acordo com a atividade. Não é interessante para quem tem prejuízo. Como o IR é pago com base na receita bruta e não sobre o lucro efetivo, a empresa paga mais quando ocorrem prejuízos.

9.3 Percentuais de presunção da receita bruta

A Tabela 9.1 contém as diferentes bases de cálculo possíveis para quem optou por pagar o IR pelo lucro presumido. O percentual deve ser aplicado à receita bruta. Desse resultado, a empresa levanta a base de cálculo, que estará sujeita a adições e subtrações previstas em lei. Quem estiver no lucro presumido deve acrescentar à base de cálculo do IR, se for o caso, o ganho de capital na venda de bens do ativo permanente, art. 591, Decreto n. 9.580/2018.

Definida a base, resta aplicar as alíquotas do imposto. Caso atue em diversos setores, a empresa deve adotar o percentual correspondente à receita apurada em cada atividade.

A Lei n. 9.249/1995 estabelece, em seu art. 15, os percentuais de presunção que serão aplicados sobre a receita bruta das empresas, de acordo com sua atividade.

---

1 MACHADO, H. de B. *Curso de direito tributário*. 37. ed. São Paulo: Malheiros, 2016.

Tabela 9.1 Possíveis bases de cálculo

Atividades	Base (% da receita bruta)
Venda de mercadorias e produtos	8
Revenda, para consumo, de combustível derivado de petróleo, álcool etílico carburante e gás natural	1,6
Prestação de serviços de transporte, exceto de carga	16
Prestação de serviços de transporte de cargas	8
Prestação de demais serviços, exceto hospitalares	32
Prestação de serviços em geral das pessoas jurídicas, com receita bruta anual de até R$ 120.000,00, exceto serviços hospitalares, de transportes e de profissões regulamentadas (art. 40 da Lei n. 9.250/1995)	16
Empresas que têm como atividade contratual a venda de imóveis	8

Fonte: Legislação Fiscal, IN RFB.

Os ganhos de capital, os rendimentos e os ganhos líquidos auferidos em aplicações financeiras, as demais receitas, os resultados positivos decorrentes de receitas, os valores decorrentes do ajuste a valor presente serão acrescidos à base de cálculo, para fins de incidência do imposto sobre a renda e do adicional, conforme Lei n. 9.430/1996, art. 25, *caput*, inciso I, e art. 595, Decreto n. 9.580/2018.

Para fins de pagamento do imposto sobre a renda devido no período de apuração, a pessoa jurídica poderá deduzir o imposto pago ou retido na fonte sobre as receitas que integraram a base de cálculo, vedada qualquer dedução a título de incentivo fiscal (art. 599, Decreto n. 9.580/2018; art. 34, Lei n. 8.981/1995; art. 51, parágrafo único, Lei n. 9.430/1996; e art. 10, Lei n. 9.532/1997). Na hipótese em que o imposto sobre a renda retido na fonte ou pago seja superior ao devido, a diferença poderá ser utilizada na compensação de débitos próprios, nos termos estabelecidos no art. 940 (art. 74, Lei n. 9.430/1996).

Exemplo

A Sociedade Empresária Olímpio Noronha Ltda. teve as informações a seguir, no seu exercício social:

- Receita Bruta – Comércio e Indústria, Serviços e Comércio de Combustível – R$ 1.600.000,00;
- Ganho na Venda de Imobilizado – R$ 12.000,00;
- Rendimentos Financeiros – R$ 26.000,00;
- IRRF – Antecipação – R$ 12.000,00 sobre Serviços;
- CSLL – Antecipação – R$ 16.000,00 sobre Serviços.

Calcule o IRPJ e a CSLL na modalidade de opção pelo regime de tributação por lucro presumido.

Solução:

IRPJ

Itens	Comércio e Indústria	Serviços	Comércio de Combustíveis
Receita Bruta	1.600.000,00	1.600.000,00	1.600.000,00
% de Presunção de Resultado	8%	32%	1,6%
Base de Cálculo	128.000,00	512.000,00	25.600,00
Ganho na Venda de Imobilizado	12.000,00	12.000,00	12.000,00
Rendimentos Financeiros	26.000,00	26.000,00	26.000,00
Lucro Tributável	166.000,00	550.000,00	63.600,00
IRPJ – 15% × Lucro Tributável	24.900,00	82.500,00	9.540,00
Adicional de IRPJ – 10%	10.600,00	49.000,00	360,00
Imposto de Renda – IRPJ + Adicional	35.500,00	131.500,00	9.900,00
IRRF – Antecipação	0	(12.000,00)	0
IRPJ a Recolher	35.500,00	119.500,00	9.900,00

CSLL

Itens	Comércio e Indústria	Serviços	Comércio de Combustíveis
Receita Bruta	1.600.000,00	1.600.000,00	1.600.000,00
% de Presunção de Resultado	12%	32%	12%
Base de Cálculo	192.000,00	512.000,00	192.000,00
Ganho na Venda de Imobilizado	12.000,00	12.000,00	12.000,00
Rendimentos Financeiros	26.000,00	26.000,00	26.000,00
Lucro Tributável	230.000,00	550.000,00	230.000,00
CSLL – 9% × Lucro Tributável	20.700,00	49.500,00	20.700,00
CSLL – Antecipação	0	(16.000,00)	0
CSLL a Recolher	20.700,00	33.500,00	20.700,00

Fonte: Planejamento tributário. FGV, 2011

9.4 Aspectos a considerar

O lucro presumido pode permitir planejamento fiscal desde que se considerem suas limitações e restrições específicas, advindas da legislação.

Como o percentual de lucro é fixo, o planejamento deve levar em conta:

- se o percentual de cada atividade pode ser reduzido, dentro da tabela, que vai de 1,6% a 32% de presunção de lucro;
- se há como reduzir o adicional de 10% do IRPJ, para o lucro presumido trimestral acima de R$ 60.000,00, mediante desmembramento em nova empresa;
- se os balanços/balancetes demonstram que essa sistemática é vantajosa ou não;
- a adoção do regime de caixa, para fins de tributação;
- a nova alíquota do PIS (1,65%) e da Cofins (7,6%) para os optantes pelo lucro real.

9.5 Prazo para pagamento

O Imposto de Renda devido, apurado trimestralmente, será pago em quota única até o último dia útil do mês subsequente ao do encerramento do período de apuração.

À opção da pessoa jurídica, o imposto devido poderá ser pago em até três quotas mensais, iguais e sucessivas, vencíveis no último dia útil dos três meses subsequentes ao de encerramento do período de apuração a que corresponder.

Nenhuma quota poderá ter valor inferior a R$ 1.000,00, e o imposto de valor inferior a R$ 2.000,00 será pago em quota única.

As quotas do imposto serão acrescidas de juros equivalentes à taxa referencial do Sistema Especial de Liquidação e Custódia (Selic), para títulos federais, acumulada mensalmente, calculados a partir do primeiro dia do segundo mês subsequente ao do encerramento do período de apuração até o último dia do mês anterior ao do pagamento, e de 1% no mês do pagamento.

9.6 Escrituração

A pessoa jurídica que optar pela tributação com base no lucro presumido deverá manter:

- escrituração contábil nos termos da legislação comercial ou livro-caixa, no qual deverá estar escriturada toda a movimentação financeira, inclusive bancária;
- Livro Registro de Inventário, no qual deverão constar registrados os estoques existentes no término do ano-calendário abrangido pelo regime de tributação simplificada;
- Livro de Apuração do Lucro Real, quando tiver lucros diferidos de períodos de apuração anteriores, inclusive saldo de lucro inflacionário a tributar;
- em boa guarda e ordem, enquanto não decorrido o prazo decadencial e prescritas eventuais ações que lhes sejam pertinentes, todos os livros de escrituração obrigatórios determinados pela legislação fiscal específica, bem como os documentos e demais papéis que servirem de base para escrituração comercial e fiscal (Decreto-lei n. 486/1969, art. 4°).

A documentação relativa aos atos negociais que os contribuintes praticarem ou em que intervierem, bem como os livros de escrituração obrigatória por legislação fiscal específica e todos os demais papéis e documentos que servirem de base para a escrituração comercial e fiscal, deverão ser conservados em boa ordem e guarda enquanto não decorrido o prazo decadencial do direito de a Fazenda Pública constituir os créditos tributários relativos a esses exercícios.

A pessoa jurídica habilitada à opção pelo regime de tributação com base no lucro presumido deverá manter:

- escrituração contábil nos termos da legislação comercial;

- Livro Registro de Inventário, do qual deverão constar registrados os estoques existentes no término do ano-calendário; e
- em boa guarda e ordem, enquanto não decorrido o prazo decadencial e não prescritas eventuais ações que lhes sejam pertinentes, os livros de escrituração obrigatórios por legislação fiscal específica bem como os documentos e demais papéis que serviram de base para a escrituração comercial e fiscal.

A escrituração contábil não se aplica à pessoa jurídica que, no decorrer do ano-calendário, mantiver livro-caixa, no qual deverá estar escriturada toda a movimentação financeira, inclusive bancária, segundo a Lei n. 8.981/1995, art. 45, parágrafo único, e o art. 600, Decreto n. 9.580/2018.

A IN RFB n. 1.420/2013, dispõe que a pessoa jurídica, tributada com base no lucro presumido, que distribuir, a título de lucros, sem incidência do Imposto de Renda Retido na Fonte (IRRF), parcela dos lucros ou dividendos superior ao valor da base de cálculo do Imposto, diminuída de todos os impostos e contribuições a que estiver submetida, está sujeita à entrega da Escrituração Contábil Digital (ECD). A distribuição de lucros refere-se ao lucro apurado no ano-calendário da ECD. Se houver uma distribuição de lucros maior que a percentual presunção menos tributos em um trimestre do ano-calendário, a ECD será obrigatória para todos os demais períodos de apuração desse ano-calendário. Ademais, os impostos e contribuições considerados no cálculo são o IRPJ, a CSLL, o PIS e a Cofins.

Exemplo 1

ECD do ano-calendário 2020 de uma pessoa jurídica tributada pelo lucro presumido que revende mercadorias.

Receita bruta de primeiro trimestre de 2020 = ... R$ 2.000.000,00
Demais resultados (ganhos de capital, rendimentos líquidos
de aplicações financeiras e juros sobre o capital próprio, entre outros) = R$ 100.000,00
Percentual de presunção (IRPJ) = 8% base de cálculo do lucro presumido
(IRPJ) = 8% × R$ 2.000.000,00 + R$ 100.000,00 = ... R$ 260.000,00
Percentual de presunção (CSLL) = 12%

Base de cálculo do lucro presumido (CSLL) =
12% × R$ 2.000.000,00 + R$ 100.000,00 = ... R$ 340.000,00

Número de meses do período = janeiro/2020 a março/2020 = 3 meses

PIS e Cofins = 3,65% × receita bruta = 3,65% × R$ 2.000.000,00 .... R$ 73.000,00

IRPJ = 15% × base de cálculo do lucro presumido = 15% × R$ 260.000,00 ..... R$ 39.000,00

IRPJ (Adicional) = 10% × (260.000 – 60.000) = 10% × R$ 200.000,00 .... R$ 20.000,00

CSLL = 9% × base de cálculo do lucro presumido = 9% × R$ 340.000,00 ...... R$ 30.600,00

Total dos tributos .... **R$ 162.600,00**

Base de cálculo do lucro presumido (IRPJ).. R$ 260.000,00

(–) Total dos tributos... (R$ 162.600,00)

Limite de distribuição de lucros do período de
não obrigatoriedade da ECD .... **R$ 97.400,00**

Se a pessoa jurídica em questão distribuir lucros acima de R$ 97.400,00, no primeiro trimestre de 2020, será obrigada a entregar a ECD para o período.

Exemplo 2:

A Sociedade Empresária Recife Ltda. exerce a atividade comercial e efetuou a opção pelo Regime de Tributação pelo Lucro Presumido. Auferiu uma receita de R$ 1.000.000,00 no 1° trimestre.

Determine o IRPJ e a CSLL a recolher.

Cálculo da CSLL:
Presunção = R$ 1.000.000 × 12% (alíquota de presunção) = R$ 120.000,00
CSLL a pagar no trimestre = R$ 120.000,00 × 9% = R$ 10.800,00

Cálculo do IRPJ:
Presunção = R$ 1.000.000 × 8% (alíquota de presunção) = R$ 80.000,00
IRPJ = R$ 80.000,00 × 15% = R$ 12.000,00

Adicional do IR = (R$ 80.000,00 – R$ 60.000,00) × 10% = R$ 20.000,00 × 10% = R$ 2.000,00
IRPJ a pagar = R$ 12.000,00 + R$ 2.000,00 = R$ 14.000,00

9.7 Receitas e rendimentos não tributáveis

Consideram-se não tributáveis as receitas e rendimentos relacionados a seguir:

• recuperações de créditos que não representem ingressos de novas receitas e cujas perdas não tenham sido deduzidas na apuração do lucro real em períodos anteriores;

- a reversão de saldo de provisões anteriormente constituídas, desde que o valor provisionado não tenha sido deduzido na apuração do lucro real dos períodos anteriores, ou que se refiram ao período no qual a pessoa jurídica tenha se submetido ao regime de tributação com base no lucro presumido ou arbitrado (Lei n. 9.430/1996, art. 53);
- os lucros e dividendos recebidos decorrentes de participações societárias, caso refiram-se a períodos em que sejam isentos de IRPJ.

9.8 Valores diferidos no Lalur

A pessoa jurídica que, até o ano-calendário anterior, houver sido tributada com base no lucro real, deverá adicionar à base de cálculo do imposto, correspondente ao primeiro período de apuração no qual houver optado pela tributação com base no lucro presumido, os saldos dos valores cuja tributação havia diferido, controlados na parte B do Livro de Apuração do Lucro Real (e-Lalur), corrigidos monetariamente até 31 de dezembro de 1995, conforme a Lei n. 9.430/1996, art. 54.

Portanto, em uma eventual opção pelo lucro presumido, considerar a necessidade de atender ao disposto, para fins de análise do impacto tributário.

9.9 Mudança do lucro real para o lucro presumido

A pessoa jurídica que, até o ano-calendário anterior, houver sido tributada com base no lucro real deverá adicionar à base de cálculo do imposto sobre a renda, correspondente ao primeiro período de apuração no qual houver optado pela tributação com base no lucro presumido, os saldos dos valores cuja tributação havia diferido, independentemente da necessidade de controle na parte "B" do Lalur (art. 593, Decreto n. 9.580/2018, e art. 54 Lei n. 9.430/1996).

Para fins de pagamento, a pessoa jurídica poderá deduzir do imposto sobre a renda devido no período de apuração, o imposto pago ou retido na fonte sobre as receitas que integraram a base de cálculo, vedada qualquer dedução a título de incentivo fiscal (art. 599, Decreto n. 9.580/2018; art. 34, Lei n. 8.981/1995; art. 51, parágrafo único, Lei n. 9.430/1996; e art. 10, Lei n. 9.532/1997). Na hipótese em que o imposto sobre a renda retido na fonte ou pago seja superior ao devido, a diferença poderá ser utilizada na compensação de débitos próprios, nos termos estabelecidos no art. 940 (art. 74, Lei n. 9.430/1996).

9.10 Mudança do lucro presumido para o lucro real

A pessoa jurídica tributada pelo lucro presumido que, em período de apuração imediatamente posterior, passar a ser tributada pelo lucro real deverá observar o disposto no art. 396 (art. 594, Decreto n. 9.580/2018, e art. 16, Lei n. 12.973/2014).

9.11 Exemplos de cálculo do lucro

A expressão "lucro presumido" representa uma modalidade de apuração de apenas dois tributos: Imposto de Renda Pessoa Jurídica (IRPJ) e Contribuição Social sobre o Lucro Líquido (CSLL), que são pagos trimestralmente.

As alíquotas dos tributos são aplicadas sobre um lucro que se presume, que constitui a base de cálculo do IRPJ e da CSLL.

Para as empresas de prestação de serviços, de modo geral, a base de cálculo do lucro presumido é de 32% das receitas (para atividades hospitalares, por exemplo, a base de cálculo corresponde a 8% das receitas).

Essas alíquotas, aplicadas sobre a base de cálculo, são:

- **IRPJ:** 15% sobre o lucro presumido total, mais;
- **IRPJ:** 10% de adicional sobre o lucro presumido trimestral superior a R$ 60.000,00;
- **CSLL:** 9% sobre o lucro presumido, sem limitação de valor.

Tais alíquotas são aplicáveis sobre a base de cálculo presumida de 32%, que é aplicável para a maioria das empresas de serviços.

A opção pelo lucro presumido é vantajosa para as empresas cujo lucro — receitas → despesas — é igual ou superior a 32%.

Quando a margem de lucro é inferior a 32%, é mais vantajoso optar pelo pagamento dos tributos citados com base no lucro real.

Após a criação do regime não cumulativo para cálculo das contribuições destinadas ao PIS e à Cofins para a maioria das receitas das empresas de prestação de serviços que optarem por tributação com base no lucro real, essa análise simplista foi prejudicada pela elevação das alíquotas desses dois tributos, que passaram de 0,65% e 3% para 1,65% e 7,6% sobre as receitas, respectivamente, permitidas algumas deduções para apuração da base de cálculo desses tributos.

Vejamos os exemplos a seguir.[2]

Exemplo 1

Receita trimestral: R$ 150.000,00 (100%)

Lucro presumido = R$ 150.000,00 × 32% = R$ 48.000,00

Tributo	Valor	% s/ faturamento
Cofins = R$ 150.000,00 × 3%	4.500,00	3
PIS = R$ 150.000,00 × 0,65%	975,00	0,65
IRPJ = R$ 48.000,00 × 15%	7.200,00	4,8
CSLL = R$ 48.000,00 × 9%	4.320,00	2,88
Total	16.995,00	11,33

---

2 ZANLUCA, J. C. Planejamento tributário – luxo ou necessidade? *Portal tributário*, 2012. Disponível em: http://www.portaltributario.com.br/artigos/planejamento.htm. Acesso em: 02 ago. 2018.

Exemplo 2

Receita trimestral: R$ 200.000,00 (100%)

Lucro presumido = R$ 200.000,00 × 32% = R$ 64.000,00

Tributo	Valor	% s/ faturamento
Cofins = R$ 200.000,00 × 3%	6.000,00	3
PIS = R$ 200.000,00 × 0,65%	1.300,00	0,65
IRPJ = R$ 64.000,00 × 15%	9.600,00	4,8
IRPJ = R$ 4.000,00 × 10%	400,00	0,20
CSLL = R$ 64.000,00 × 9%	5.760,00	2,88
Total	23.060,00	11,53

Exemplo 3

Receita trimestral: R$ 300.000,00 (100%)

Lucro presumido = R$ 300.000,00 × 32% = R$ 96.000,00

Tributo	Valor	% s/ faturamento
Cofins = R$ 300.000,00 × 3%	9.000,00	3
PIS = R$ 300.000,00 × 0,65%	1.950,00	0,65
IRPJ = R$ 96.000,00 × 15%	14.400,00	4,8
IRPJ = R$ 36.000,00 × 10%	3.600,00	1,20
CSLL = R$ 96.000,00 × 9%	8.640,00	2,88
Total	37.950,00	12,53

9.12 Exemplo de planejamento no lucro presumido

Como o percentual de lucro é fixo, o planejamento deve levar em conta:

- se o percentual de cada atividade pode ser reduzido dentro da tabela, que vai de 1,6% a 32% de presunção de lucro;
- se há como reduzir o adicional de 10% do IRPJ, para o lucro presumido trimestral acima de R$ 60.000,00, mediante desmembramento em nova empresa;
- se os balanços/balancetes demonstram que essa sistemática é vantajosa ou não;
- a adoção do regime de caixa, para fins de tributação;
- a alíquota do PIS (0,65%) e da Cofins (3,0%).

Para os casos de empresas que possuem mais de uma linha de produção ou reúnem várias atividades diferentes, quadro muito comum nas empresas familiares, existe a possibilidade do desmembramento da empresa em duas ou mais pessoas jurídicas distintas.

Isso será interessante caso haja uma atividade altamente lucrativa ao lado de outra que, por um motivo qualquer, apresente altos níveis de prejuízos. Nesse caso, a primeira daria origem a uma empresa que pagaria IRPJ pelo regime do lucro presumido e a segunda poderia fazer os recolhimentos pelo lucro real. Assim, a primeira poderia pagar IR e CSLL sobre uma margem menor de ganhos e a segunda deixaria de ser tributada, já que apresenta perdas fiscais.

Claro que nesse caso é necessário que haja uma reestruturação da companhia, que se dividirá em duas ou mais. Antes de qualquer coisa, devem ser feitos cálculos cuidadosos para saber se haverá mesmo vantagem tributária. As operações precisam ter fundamentação econômica e devem seguir o que se chama de princípio da razoabilidade. Isso quer dizer que sempre será difícil sustentar a existência de duas empresas distintas se na vida prática as duas têm a mesma atividade, utilizam um mesmo espaço físico, as mesmas máquinas e os mesmos funcionários. Nesse caso, estaria muito claro que se trata de uma empresa só, e não de duas. Se a empresa tiver duas ou mais atividades, e uma delas for enquadrável no Simples Nacional, poder-se-á transferi-la para uma nova empresa com a participação societária exclusiva das pessoas físicas. É preciso levar em conta, nesse planejamento, a limitação relativa à receita bruta anual, conjunta para as duas empresas, de R$ 2.400.000/ano.

Exemplo

Empresa com atividades de mecânica de carros (serviços) e venda de peças para carros (comercial), sendo a venda de peças para carros enquadrável no Simples Nacional. A receita da atividade mecânica de carros é de R$ 600.000,00/ano e da venda de peças para carros é de R$ 480.000,00/ano. A economia poderá alcançar até R$ 47.184,00/ano:

Cálculos	Presumido	Simples
Receita bruta anual	480.000,00	480.000,00
Simples Nacional — alíquota média de 8,7%		41.760,00
INSS (valor folha/ano = R$ 120.000,00)	34.560,00	
PIS (0,65%) e Cofins (3%)	17.520,00	
IRPJ (base presumida 32%) – R$ 153.600,00 × 15%	23.040,00	
CSLL (base presumida 32%) – R$ 153.600,00 × 9%	13.824,00	
Total da tributação	88.944,00	41.760,00
Diferença/ano até R$		47.184,00

PIS – 0,65% = R$ 3.120,00
Cofins – 3,0% = R$ 14.400,00

Nota: no exemplo anterior, não se consideraram os valores de débito ou crédito de ICMS. Para efeitos de planejamento efetivo, deve-se levar em conta tais valores.

Caso a empresa opte pelo regime tributário do lucro presumido e mantenha a escrituração contábil regular, em vez de elaborar apenas o livro-caixa, no final do período poderá efetuar a distribuição de lucros aos sócios ou acionistas. Assim, para fins fiscais, o cálculo da distribuição de lucros deve utilizar o lucro apurado pela escrituração contábil regular, de acordo com as práticas contábeis vigentes.

9.13 O que analisar antes de optar?

Uma das primeiras providências que devem ser tomadas na hora de optar por uma das formas de recolhimento do IRPJ é verificar o nível de lucratividade em relação à receita bruta. Essa conta pode ser o primeiro passo para se decidir entre o lucro presumido e o lucro real.

A questão é simples: no presumido, indústria e comércio pagam, na regra geral, um IR de 25% sobre 8% da receita bruta. Isso, considerando a alíquota básica mais a adicional. Ou seja, presume-se que o lucro da empresa tenha sido de 8% da receita — um percentual considerado atualmente, pelo mercado, uma relação lucro/receita invejável. Portanto, se a empresa for muito lucrativa, com ganhos efetivos acima de 8% da receita, há uma boa possibilidade de que o lucro presumido seja a melhor escolha.

Se os lucros forem menores que 8% da receita, o lucro real deverá ser estudado com cuidado.

Ao fazer o cálculo, a empresa deve levar também em consideração a cobrança da CSLL. No presumido, ela é calculada em 9% sobre 12% da receita bruta. Ou seja, o presumido considera, no caso da CSLL, um lucro equivalente a 12% da receita. Aqui também cabe fazer a comparação. Se o lucro efetivo for maior que esse percentual, o lucro presumido terá grandes chances de ser a melhor forma de pagar os tributos sobre ganhos. Caso contrário, estude a possibilidade de adotar o lucro real.

Importante lembrar, para quem está pensando seriamente em optar pelo lucro presumido: considere as adições e exclusões que a base de cálculo pode sofrer. Depois que a empresa calcular os 8% da receita sobre os quais pagará o IRPJ no regime do presumido, terá de incluir nessa base alguns valores, como o ganho de capital na venda de bens do ativo permanente, por exemplo. Portanto, todos os resultados adicionados depois no lucro presumido deverão ser levados em consideração, antes que se opte pela forma de pagamento.

Se a empresa tiver um lucro efetivo maior que 8%, mas apresentar um grande volume de ganho de capital a ser adicionado à base, o valor sobre o qual será aplicada a alíquota de 25% poderá tornar-se tão alto que não compensará adotar o presumido.

Também não se deve esquecer que, conforme a atividade, as alíquotas para o cálculo do IR devido no lucro presumido são diferentes. Uma variável igualmente importante está no estoque de prejuízos fiscais que a empresa tem. Se esse estoque for muito grande, talvez valha a pena optar pelo lucro real, que possibilita a compensação de prejuízos fiscais acumulados em anos anteriores. A legislação impõe um limite de 30% do lucro nessa compensação. No entanto, mesmo com essa restrição, o estoque de perdas passadas pode fazer uma boa diferença nas contas.

A alíquota da CSLL é de 9% para as pessoas jurídicas em geral, e de 15% no caso das pessoas jurídicas consideradas instituições financeiras, de seguros privados e de capitalização. A apuração da CSLL deve acompanhar a forma de tributação do lucro adotada para o IRPJ.

A partir de 1/9/2003, por força do art. 22 da Lei n. 10.684/2003, a base de cálculo da CSLL, devida pelas pessoas jurídicas optantes pelo lucro presumido, corresponde a:

- 12% da receita bruta nas atividades comerciais, industriais, serviços hospitalares e de transporte;
- 32% para:
  - prestação de serviços em geral, exceto a de serviços hospitalares e transporte;
  - intermediação de negócios;
  - administração, locação ou cessão de bens imóveis, móveis e direitos de qualquer natureza.

A pessoa jurídica habilitada à opção pelo regime de tributação com base no lucro presumido deverá manter (art. 600, Decreto n. 9.580/2018, e art. 45, *caput*, Lei n. 8.981/1995):

> I – escrituração contábil nos termos da legislação comercial;
>
> II – Livro Registro de Inventário, do qual deverão constar registrados os estoques existentes no término do ano-calendário; e
>
> III – em boa guarda e ordem, enquanto não decorrido o prazo decadencial e não prescritas eventuais ações que lhes sejam pertinentes, os livros de escrituração obrigatórios por legislação fiscal específica e os documentos e os demais papéis que serviram de base para escrituração comercial e fiscal.

O disposto no inciso I do *caput* não se aplica à pessoa jurídica que, no decorrer do ano-calendário, mantiver livro-caixa, no qual deverá estar escriturada toda a movimentação financeira, inclusive a bancária (art. 45, parágrafo único, Lei n. 8.981/1995).

9.14 Avaliação de opção tributária quando há atividades distintas

As empresas que têm diversas atividades precisam estar atentas à possibilidade de economia tributária. Uma das circunstâncias que pode ocorrer é que os resultados, sendo tributados pelo lucro presumido, estejam onerando os custos de IRPJ e CSLL sob esse regime.

As empresas que têm diversas atividades precisam estar atentas à possibilidade de economia tributária, especialmente com a elevação da carga fiscal da CSLL no lucro presumido de setembro de 2003 — que passou de 1,08% para 2,88% sobre o faturamento das empresas prestadoras de serviços.

Uma das circunstâncias que podem ocorrer é que os resultados, sendo tributados pelo lucro presumido, onerem os custos de IRPJ e CSLL sob esse regime.

Exemplo

Suponha uma empresa com duas atividades: serviços advocatícios (lucrativa) e serviços de cobrança (pequeno lucro, mas faturamento alto).

Admitindo-se que a atividade de serviços advocatícios gere 35% de lucro sobre as receitas, e que as receitas de cobrança gerem um lucro de apenas 5%, se a atividade de cobrança fatura R$ 480.000,00/ano, o desdobramento da atividade em duas empresas, uma tributada pelo lucro presumido (serviços advocatícios) e outra tributada pelo lucro real (cobrança), poderá representar até R$ 44.064,00/ano de economia fiscal.

Cálculos:

1) Custo do IRPJ e da CSLL das receitas de cobrança pela modalidade do lucro presumido:

R$ 480.000,00 × 32% (base lucro presumido para cálculo IRPJ) = R$ 153.600,00

R$ 153.600,00 × até 25% IRPJ (15% IRPJ + 10% adicional) = R$ 38.400,00 de IRPJ

R$ 480.000,00 × 32% (base lucro presumido a partir de 1/9/2003 para cálculo CSLL) = R$ 153.600,00

R$ 153.600,00 × 9% alíquota CSLL = R$ 13.824,00 de CSLL

2) Custo do IRPJ e da CSLL pela modalidade do lucro real:

R$ 480.000,00 × 5% (média de lucro) = R$ 24.000,00

R$ 24.000,00 × 24% (15% IRPJ + 9% CSLL) = R$ 5.760,00 de IRPJ + CSLL

(R$ 24.000,00 – R$ 20.000,00) × 10% = R$ 400,00 – Adicional de IRPJ

R$ 400,00 + R$ 5.760,00 = R$ 6.160,00

DIFERENÇA DE TRIBUTAÇÃO (1 – 2) = (R$ 38.400,00 + R$ 13.824,00) – R$ 6.160,00 = R$ 46.064,00

Outras modalidades de atividades conjuntas também podem provocar essa distorção tributária: atividade de serviços médicos com hospital, industrialização por encomenda com comércio, negócios imobiliários (locação) com incorporação e empreendimentos etc.

Observe-se que, por força do art. 22 da Lei n. 10.684/2003, a pessoa jurídica submetida ao lucro presumido poderá, excepcionalmente, em relação ao quarto trimestre-calendário de 2003, optar pelo lucro real, sendo definitiva a tributação pelo lucro presumido relativa aos três primeiros trimestres.

Ressalte-se que o disposto é uma opção do contribuinte. Para as empresas que possuem baixa rentabilidade no último trimestre do ano pode ser interessante analisar as vantagens e desvantagens da mudança.

Não é simulação o desmembramento das atividades por empresas do mesmo grupo econômico, objetivando racionalizar as operações e diminuir a carga tributária, segundo Processo n. 19515.722111/201241 – Recurso de Ofício – Acórdão n. 3302003.138 – 3ª Câmara / 2ª Turma Ordinária.

O fato de uma empresa desmembrar suas atividades para reduzir a carga tributária não pode e não deve ser visto pelas autoridades competentes como ato ilícito. Isto porque, para obter o melhor resultado em uma economia instável com altos índices de tributação como a brasileira, um dos mais significativos instrumentos de que as empresas dispõem para que possam equacionar seus custos tributários, desde que respeitadas as legislações pertinentes a cada tributo, é o planejamento tributário.

Existe a previsão legal para presunção do IRPJ no percentual de 16% para as empresas exclusivamente prestadoras de serviços com faturamento anual até R$ 120.000,00 e demais disposições legais. Em alguns casos, pode ser mais econômico para o empresário possuir duas empresas para dividir o faturamento e permanecer dentro da faixa reduzida.

Exemplo

Apenas uma empresa:

Faturamento: R$ 240.000,00 × 4,8% = R$ 11.520,00

Com duas empresas:

Faturamento 1: R$ 120.000,00 × 2,4% = R$ 2.880,00

Faturamento 2: R$ 120.000,00 × 2,4% = R$ 2.880,00

Economia tributária no IRPJ: R$ 5.760,00.

Sabe-se que a legislação não aceita a dedução do desconto financeiro (desconto condicional) da base de cálculo dos tributos. Recomenda-se a sua substituição pelo desconto comercial (desconto incondicional) na próxima compra do cliente.

Exemplo: a empresa Alterosa, lucro presumido, prestadora de serviços, concedeu 10% de desconto em uma duplicata de R$ 15.000,00 caso o cliente a pague pontualmente até o vencimento.

Análise: sobre o valor do desconto, que é de R$ 1.500,00, a empresa deverá recolher todos os impostos que somam, no geral, 14,33%.

Assim, R$ 1.500,00 × 14,33% = R$ 214,95.

9.15 Lucros distribuídos

Os lucros ou dividendos calculados com base nos resultados apurados a partir do mês de janeiro de 1996, pagos ou creditados pelas pessoas jurídicas tributadas com base no lucro real, presumido ou arbitrado, não estão sujeitos à incidência do Imposto de Renda na fonte nem integrarão a base de cálculo do Imposto de Renda do beneficiário, pessoa física ou jurídica, domiciliado no país ou no exterior.

No caso de pessoa jurídica tributada com base no lucro presumido ou arbitrado, poderão ser distribuídos, a título de lucros, sem incidência de imposto, segundo o art. 15 da Lei n. 9.249/1995:

- o valor da base de cálculo do imposto, diminuída de todos os impostos e contribuições a que estiver sujeita a pessoa jurídica;
- a parcela dos lucros ou dividendos excedentes ao valor determinado no item I, desde que a empresa demonstre, por meio de escrituração contábil feita com observância da lei comercial, que o lucro efetivo é maior que o determinado segundo as normas para apuração da base de cálculo do imposto pela qual houver optado, ou seja, o lucro presumido ou arbitrado.

Para fins fiscais, o cálculo da distribuição de lucros deve utilizar o lucro apurado pela escrituração contábil regular, de acordo com as práticas contábeis vigentes.

Exemplo
Valor da base de cálculo do Imposto de Renda: R$ 50.000,00.

Caso a empresa, tributada pelo lucro presumido, não tenha escrituração contábil, poderá distribuir o seguinte valor (os valores dos tributos são meramente exemplificativos, cabendo ao contribuinte, em caso real, verificar os valores exatos da escrituração — inciso I do § 2° do art. 48 da IN SRF n. 93/1997):

Descrição	Valor R$
Valor da base de cálculo do IRPJ	50.000,00
(−) IRPJ devido no trimestre — 15%	7.500,00
(−) CSLL devida no trimestre — 9%	4.500,00
(−) PIS devido no trimestre — 0,65%	325,00
(−) Cofins devida no trimestre — 3,0%	1.500,00
(=) valor que pode ser distribuído sem tributação de Imposto de Renda	36.175,00

Para fins de Planejamento Tributário, é interessante manter a escrituração contábil completa, até para fins de avaliação dos resultados e acompanhamento da vantagem de optar-se pelo Lucro Presumido.

ACÓRDÃO 2201003.968 – 04.10.2017
DISTRIBUIÇÃO DE LUCROS. ISENÇÃO DO IMPOSTO DE RENDA. PESSOA JURÍDICA TRIBUTADA COM BASE NO LUCRO PRESUMIDO. POSSIBILIDADE DESDE QUE DEMONSTRADA POR MEIO DE ESCRITURAÇÃO CONTÁBIL IDÔNEA.

A pessoa jurídica tributada com base no lucro presumido pode distribuir, com isenção do imposto de renda, lucros acima da base presumida (diminuída de todos os impostos e contribuições), desde que mantenha escrituração contábil, feita com observância da lei comercial, a fim de demonstrar que o seu lucro efetivo foi superior ao lucro presumido apurado segundo as normas legais.

ACÓRDÃO 3401004.246 – 26.10.2017

IOF. INCIDÊNCIA. ANTECIPAÇÃO DE DIVIDENDOS. MÚTUO. CARACTERIZAÇÃO.

A antecipação de dividendos a sócio quotista, enquanto não ocorrer a apuração, deliberação e distribuição de lucros, configura mútuo de recursos, dada a necessidade de sua reposição ao patrimônio da pessoa jurídica ou, ao menos, a compensação do valor correspondente, por ocasião da efetivação da distribuição dos lucros auferidos ou acumulados, não se incorporando desde logo ao patrimônio do sócio, por depender de evento futuro e incerto.

Tabela 9.1 Cálculo do lucro a distribuir pela sistemática da presunção

DEMONSTRATIVO DA APURAÇÃO DOS LUCROS A DISTRIBUIR	
Faturamento do período	R$ 145.000,00
Percentual de presunção (considere uma atividade de comércio)	8%
Lucro Presumido	R$ 11.600,00
(–) IRPJ – 15% × R$ 11.600,00 = R$ 1.740,00	R$ 1.740,00
Percentual para determinação da base de cálculo (considere uma atividade de comércio)	12%
Base de cálculo da CSLL	R$ 17.400,00
(–) CSLL – 9% × R$ 17.400,00 = R$ 1.566,00	R$ 1.566,00
(–) PIS e Cofins – 3,65% – s/ faturamento	R$ 5.292,50
LÍQUIDO A DISTRIBUIR AOS SÓCIOS	**R$ 3.001,50**

Fonte: Decreto n. 9.580/2018.

9.16 Planejamento tributário

Pelo exemplo anteriormente exposto, observa-se que, para fins de planejamento tributário, é interessante manter a escrituração completa, até com o objetivo de avaliação dos resultados e acompanhamento da vantagem de se optar pelo lucro presumido.

Se, por exemplo, o lucro apurado contabilmente no trimestre fosse de R$ 60.000,00, então, além dos R$ 36.175,00 citados no exemplo, poderia ser distribuído, sem Imposto de Renda na Fonte, o valor que excedesse R$ 60.000,00 – R$ 36.175,00 = R$ 23.825,00.

Existe a previsão legal para presunção do IRPJ no percentual de 16% para as empresas exclusivamente **prestadoras de serviços** com faturamento anual de até R$ 120.000,00 e demais disposições legais.

Em alguns casos, pode ser mais econômico para o empresário possuir duas empresas para dividir o faturamento e permanecer dentro da faixa reduzida.

9.17 Renda relativa à locação

Se os sócios possuírem muitas propriedades e receitas representativas com aluguéis de imóveis, pode haver uma solução para reduzir a carga tributária sobre os aluguéis cobrados pelos sócios. Nesse caso, a solução é fazer a transferência da propriedade explorada pelo sócio. Assim, o imóvel pode ser passado para a pessoa jurídica por integralização de capital.

A vantagem tributária é a seguinte: se o imóvel continuar sendo da pessoa física, o valor declarado como receita de aluguel fica sujeito à tributação de até 27,5% na declaração de IRPF. Se o imóvel for transferido para a empresa via integralização de capital, a carga tributária sobre o aluguel será reduzida para 12,73%, incluindo PIS, Cofins, IR e CSLL. A conta considera a maior base de cálculo de IRPJ no lucro presumido: a de 32%.

É importante destacar que essa forma de cálculo só vale para empresas que tenham a exploração de imóveis no seu objeto social. Caso contrário, o IRPJ e a CSLL serão cobrados de outra forma. Se sua empresa tem exploração de imóveis como um objeto social, a tributação ficará como mostra a solução a seguir.

Tributação	Alíquota efetiva sobre a receita de aluguel
25% de IRPJ sobre 32% da receita bruta	8%
CSLL de 9% sobre 12% da receita bruta	1,08%
3% de Cofins	3%
0,65% de PIS	0,65%
Total de carga tributária	12,73%

9.17.1 Precauções: operação pode ficar sujeita ao ITBI

É bom lembrar que se a empresa for de algum setor em que a renda relativa à receita com imóveis é muito representativa — uma grande imobiliária, por exemplo —, a operação de transferência do bem do sócio para a pessoa jurídica deverá pagar o Imposto sobre Transmissão de Bens Imóveis (ITBI).

Se esse for o caso, calcule esse custo adicional. Segundo a Constituição Federal, o ITBI não é devido na integralização de capital ou na cisão, fusão ou incorporação de empresas. A exceção fica para as empresas que possuem receita preponderante com imóveis. Geralmente, considera-se como preponderante a receita superior a 50% do total.

Caso as receitas com imóveis não sejam preponderantes em comparação com outros recebimentos da empresa, o aumento de capital fica livre de ITBI.

Exemplo

A empresa Almirante Ltda. obteve, no primeiro trimestre de 2010, as seguintes receitas:

- venda de produtos de fabricação própria: R$ 3.000.000,00;
- serviços de assistência técnica: R$ 500.000,00;
- aluguel de um galpão: R$ 60.000,00;
- receita financeira: R$ 40.000,00;
- Imposto de Renda Retido na Fonte sobre aplicações financeiras no valor de R$ 4.000,00.

O IRPJ e a CSLL da empresa Almirante Ltda. será:

Descrição	R$	IRPJ (%)	Base de cálculo	CSLL (%)	Base de cálculo
Fabricação própria	3.000.000,00	8	240.000,00	12	360.000,00
Serviços	500.000,00	32	160.000,00	32	160.000,00
Aluguel	60.000,00	100	60.000,00	100	60.000,00
Financeira	40.000,00	100	40.000,00	100	40.000,00
		Total	500.000,00	Total	620.000,00
		IRPJ calculado	119.000,00		
		(−) IRRF	4.000,00		
		IRPJ devido	115.000,00	CSLL	55.800,00

9.18 Obrigações acessórias do lucro presumido

As obrigações acessórias são as seguintes:

- Livros comerciais e livros fiscais: Livro Diário, Livro Razão, Livro Caixa, Livro de Registro de Duplicatas, Livro Registro de Inventário, Livro Registro de Entradas, entre outros que são exigidos apenas em casos específicos.
- DES – Declaração Eletrônica de Serviços: declaração municipal obrigatória para as empresas prestadoras de serviço.
- GIA – Guia de Informação e Apuração do ICMS.
- EFD ICMS/IPI – Escrituração Contábil Digital.
- DCTF – Declaração de Débitos Tributários Federais.
- EFD Contribuições.
- SEFIP (Sistema Empresa de Recolhimento do FGTS e Informações à Previdência Social) e GFIP (Guia de Recolhimento de FGTS e de Informações à Previdência Social).

- ECD – Escrituração Contábil Digital.
- ECF – Escrituração Contábil Fiscal.
- DIRF – Declaração do Imposto sobre a Renda Retido na Fonte.
- RAIS – Relação Anual de Informações Sociais.

9.19 Lucro arbitrado

A tributação do imposto de renda das pessoas jurídicas, decorrente da não validação da escrituração contábil por apresentar evidentes indícios de fraudes ou conter vícios, é feita pelo enquadramento do contribuinte no lucro arbitrado. É a modalidade de apuração da base de cálculo do Imposto de Renda. É mais comumente adotada por iniciativa do Fisco, mas também pode ser utilizada a partir de movimento da própria empresa enquanto contribuinte, conforme art. 47 da Lei n. 8.981/1995; art. 1° da Lei n. 9.430/1996; e art. 603 do Decreto n. 9.580/2018.

O lucro arbitrado hoje pode ser uma ferramenta importante em um planejamento tributário, pois o contribuinte pode, em qualquer mês, optar por esse regime de tributação, desde que essa opção seja menos onerosa. Somente a opção pelo lucro presumido ou real é definitiva, embora, com relação ao lucro arbitrado, possa ser feita em qualquer mês, sendo possível depois voltar para a opção anterior se assim for mais interessante para o contribuinte.

9.19.1 Hipóteses de Arbitramento

O imposto sobre a renda, devido trimestralmente, no decorrer do ano-calendário, será determinado com base nos critérios do lucro arbitrado, quando (art. 47, Lei n. 8.981/1995, e art. 1°, Lei n. 9.430/1996):

> I – o contribuinte, obrigado à tributação com base no lucro real, não mantiver escrituração na forma das leis comerciais e fiscais ou deixar de elaborar as demonstrações financeiras exigidas pela legislação fiscal;
>
> II – o contribuinte não escriturar ou deixar de apresentar à autoridade tributária os livros ou os registros auxiliares de que trata o § 2° do art. 8° do Decreto-lei n. 1.598, de 1977;
>
> III – a escrituração a que o contribuinte estiver obrigado revelar evidentes indícios de fraudes ou contiver vícios, erros ou deficiências que a tornem imprestável para:
>
> a) identificar a efetiva movimentação financeira, inclusive bancária; ou
>
> b) determinar o lucro real;
>
> IV – o contribuinte deixar de apresentar à autoridade tributária os livros e os documentos da escrituração comercial e fiscal, ou o livro-caixa, na hipótese prevista no parágrafo único do art. 600;

V – o contribuinte optar indevidamente pela tributação com base no lucro presumido;

VI – o comissário ou o representante da pessoa jurídica estrangeira deixar de escriturar e apurar o lucro da sua atividade separadamente do lucro do comitente residente ou domiciliado no exterior, observado o disposto no art. 468; e

VII – o contribuinte não mantiver, em boa ordem e de acordo com as normas contábeis recomendadas, livro-razão ou fichas utilizados para resumir e totalizar, por conta ou subconta, os lançamentos efetuados no livro diário.

Quando conhecida a receita bruta, de que trata o art. 208, e desde que ocorridas as hipóteses previstas no art. 603, o contribuinte poderá efetuar o pagamento do imposto sobre a renda correspondente com base no lucro arbitrado, observadas as seguintes regras (art. 604, Decreto n. 9.580/2018; art. 47, § 1° e § 2°, Lei n. 8.981/1995; e art. 1°, Lei n. 9.430/1996):

I – a apuração com base no lucro arbitrado abrangerá todo o ano-calendário, assegurada, ainda, a tributação com base no lucro real relativa aos trimestres não submetidos ao arbitramento, se a pessoa jurídica dispuser de escrituração exigida pela legislação comercial e fiscal que demonstre o lucro real dos períodos não abrangidos por aquela modalidade de tributação; e

II – o imposto sobre a renda apurado na forma prevista no inciso I terá por vencimento o último dia útil do mês subsequente ao do encerramento de cada período de apuração.

O lucro arbitrado das pessoas jurídicas, quando conhecida a receita bruta, será determinado por meio da aplicação dos percentuais estabelecidos nos arts. 591 e 592, acrescidos de vinte por cento, observado o disposto no § 7° do art. 238 (art. 605, Decreto n. 9.580/2018; art. 16, Lei n. 9.249/1995; e art. 27, *caput*, inciso I, Lei n. 9.430/1996).

A receita bruta de que trata o *caput* é aquela definida pelo art. 208, auferida no período de apuração, deduzida das devoluções, das vendas canceladas e dos descontos incondicionais concedidos (art. 27, *caput*, inciso I, Lei n. 9.430/1996).

O lucro arbitrado das pessoas jurídicas, quando não conhecida a receita bruta, será determinado por meio de procedimento de ofício, mediante a utilização de uma das seguintes alternativas de cálculo, conforme o art. 51, Lei n. 8.981/91; art. 178, § 1°, Lei n. 6.404/ 1976; e art. 608, Decreto n. 9.580/2018:

- 1,5 do lucro real referente ao último período em que a pessoa jurídica manteve escrituração de acordo com as leis comerciais e fiscais;
- 0,4 da soma dos valores do ativo circulante, realizável a longo prazo, investimento, imobilizado e intangível, existentes no último balanço patrimonial conhecido;

- 0,07 do valor do capital, inclusive a sua correção monetária contabilizada como reserva de capital, constante do último balanço patrimonial conhecido ou registrado nos atos de constituição ou alteração da sociedade;
- 0,05 do valor do patrimônio líquido constante do último balanço patrimonial conhecido;
- 0,4 do valor das compras de mercadorias efetuadas no mês;
- 0,4 da soma, em cada mês, dos valores da folha de pagamento dos empregados e das compras de matérias-primas, produtos intermediários e materiais de embalagem;
- 0,8 da soma dos valores devidos no mês a empregados; ou
- 0,9 do valor mensal do aluguel devido.

CASO PRÁTICO 9.1

Empresa: Modelo 1 Ltda.
CNPJ: 11.111.111/0001-11
Endereço: Avenida Miguel Rosa, n. 1001, Bairro Piçarra, Teresina-PI
Atividade principal: comércio a varejo de pneumáticos e câmaras de ar
Modalidade de tributação/2016: lucro real com balancete de suspensão ou redução

Demonstração do cálculo do lucro real em balancete de suspensão ou redução em 31/12/2016

(+) Receitas líquidas	34.347.246,95
(–) Custos das mercadorias vendidas	24.802.475,82
(–) Despesas	7.304.466,52
(=) Lucro contábil	**2.240.304,61**

Cálculo do lucro real

Lucro antes da Contribuição Social sobre o Lucro Líquido	2.240.304,61
(+) Adições	10.026,15
(–) Exclusões	1.381.092,49
(=) Base de cálculo	**869.238,27**
Contribuição Social sobre o Lucro Líquido → 9%	78.231,44
Imposto de Renda Pessoa Jurídica → 15%	130.385,74
Adicional Imposto de Renda → 10%	86.923,83

Demonstração do cálculo do lucro presumido em 31/12/2016

Cálculo do Imposto de Renda Pessoa Jurídica

Vendas de mercadorias	16.910.548,89 × 8%	1.352.843,91
Vendas de combustíveis	12.193.782,52 × 1,6%	195.100,52
Vendas de mão de obra	3.373.655,81 × 32%	1.079.569,86
Serviços de transportes	14.045,11 × 16%	2.247,22
Base de cálculo		2.629.761,51
Adicional Imposto de Renda		(240.000,00)
Base de cálculo		**2.389.761,51**
Imposto de Renda Pessoa Jurídica → 15%		394.464,23
Adicional de Imposto de Renda → 10%		238.976,15
Total de Imposto de Renda Pessoa Jurídica		**633.440,38**

Cálculo da Contribuição Social sobre o Lucro Líquido

Vendas de mercadorias	16.910.548,89 × 12%	2.029.265,87
Vendas de combustíveis	12.193.782,52 × 12%	1.463.253,90
Vendas de mão de obra	3.373.655,81 × 32%	1.079.569,86
Serviços de transportes	14.045,11 × 16%	2.247,22
Base de cálculo		4.574.336,85
Contribuição Social sobre o Lucro Líquido → 9%		**411.690,32**

Demonstrativo da análise de economia tributária

Tributos	Lucro Real	Lucro Presumido	Economia Tributária
Imposto de Renda Pessoa Jurídica	193.309,57	633.440,38	(440.130,81)
Contribuição Social sobre o Lucro Líquido	78.231,44	411.690,32	(333.458,88)
Total	**271.541,01**	**1.045.130,70**	**(773.589,69)**

Análise

Nessa situação tributária, de acordo com a atividade desenvolvida, é mais vantajoso a empresa Modelo 1 Ltda. permanecer no regime de tributação do lucro real (balancete de suspensão ou redução), pois, ao optar pelo regime de tributação do lucro presumido, sua carga tributária eleva-se em 284,89%. Prevalece, então, a eficácia do planejamento tributário, pois com isso a empresa passou a ter economia tributária no seu atual regime de tributação.

CASO PRÁTICO 9.2

Empresa: Modelo 2 Ltda.
CNPJ: 22.222.222/0001-22
Endereço: Rua Prudente de Morais, n. 1002, Bairro Angelim, Teresina-PI
Atividade principal: comércio atacadista de combustíveis realizado por transportador retalhista (TRR)
Modalidade de tributação/2016: lucro presumido
Demonstração do cálculo lucro presumido em 31/12/2016

Cálculo do Imposto de Renda Pessoa Jurídica

Vendas de combustíveis	36.402.844,35 × 1,6%	582.445,51
Adicional Imposto de Renda Pessoa Jurídica		(240.000,00)
Base de cálculo		342.445,51
Imposto de Renda Pessoa Jurídica	582.445,51 × 15 %	87.366,83
Adicional Imposto de Renda Pessoa Jurídica	342.445,51 × 10%	34.244,55
Total do Imposto de Renda Pessoa Jurídica		**121.611,38**

Cálculo da Contribuição Social sobre o Lucro Líquido

Vendas de combustíveis	36.402.844,35 × 12%	4.368.341,32
Contribuição Social sobre o Lucro Líquido	4.368.341,32 × 9%	393.150,72
Total da Contribuição Social sobre o Lucro Líquido		**393.150,72**

Demonstração do cálculo do lucro real em balancete de suspensão ou redução em 31/12/2016

(→) Receitas líquidas	36.444.416,67
(→) Custos líquidos das mercadorias vendidas	32.295.130,19
(→) Despesas	2.180.803,18
(=) Lucro contábil	1.968.483,30

Cálculo do Imposto de Renda Pessoa Jurídica

Imposto de Renda Pessoa Jurídica	1.968.483,30 × 15%	295.272,50
Adicional do Imposto de Renda		172.848,33
Total do Imposto de Renda Pessoa Jurídica		**468.120,83**

Cálculo da Contribuição Social sobre o Lucro Líquido

Contribuição Social sobre o Lucro Líquido	1.968.483,30 × 9%	177.163,50
Total Contribuição Social sobre o Lucro Líquido		**177.163,50**

Demonstrativo da análise de economia tributária

Tributos	Lucro Real	Lucro Presumido	Economia Tributária
Imposto de Renda Pessoa Jurídica	121.611,38	468.120,83	(346.509,45)
Contribuição Social sobre o Lucro Líquido	393.150,72	177.163,50	215.987,22
Total	**514.762,10**	**645.284,33**	**(130.522,23)**

CASO PRÁTICO 9.3

Considere a Empresa Simões Crepaldi com os seguintes dados:
- Valor de custo de mão de obra: R$ 10.000,00
- Valor de prestação de serviço: R$ 12.000,00
- Despesa de venda (comissão): R$ 1.000,00

Tributação pelo lucro presumido
- IRPJ – R$ 12.000,00 × 32% (lucro presumido) = R$ 3.840,00 × 15% (% do IRPJ) = R$ 576,00
- CSLL – R$ 12.00,00 × 32% (lucro presumido) = R$ 3.840,00 × 9% (% do CSLL) = R$ 345,60
  Total de IRPJ e CSLL: R$ 921,60 (R$ 576,00 + R$ 345,60)

Tributação pelo lucro real
- Lucro apurado: R$ 12.000,00 – R$ 10.000,00 – R$ 1.000,00 = R$ 1.000,00
- IRPJ: R$ 1.000,00 (lucro apurado) × 15% (% do IRPJ) = R$ 150,00
- CSLL: R$ 1.000,00 (lucro apurado) × 9% (% do CSLL) = R$ 90,00
  Total de IRPJ e CSLL: R$ 240,00

Análise
Nessa situação, a melhor opção para a empresa seria o lucro real, pois economizaria em torno de R$ 681,60. Porém, como não é qualquer despesa que pode ser abatida do cálculo do IRPJ e da CSLL, é importante consultar atentamente o regulamento de cada tributo. Além do mais, existe um adicional de IRPJ para empresas que lucram acima de R$ 20.000,00 por mês, na ordem de 10% sobre o valor adicional, no lucro real ou presumido, o que faz uma grande diferença para empresas com grandes margens de lucro.

CASO PRÁTICO 9.4

Considere os seguintes dados da Empresa Varginha Ltda.:
- Valor de compra do produto: R$ 1.000,00
- Valor de venda do produto: R$ 1.200,00
- Despesa de venda (comissão): R$ 100,00

Tributação pelo lucro presumido
- IRPJ: R$ 1.000,00 x 8% (lucro presumido) = R$ 80,00 x 15% (% do IRPJ) = R$ 12,00
- CSLL: R$ 1.00,00 x 12% (lucro presumido) = R$ 120,00 x 9% (% do CSLL) = R$ 10,80

  Total de IRPJ e CSLL: R$ 22,80 (R$ 12,00 + R$ 10,80)

Tributação pelo lucro real
- Lucro apurado: R$ 1.200,00 – R$ 1.000,00 – R$ 100,00 = R$ 100,00
- IRPJ: R$ 100,00 (lucro apurado) x 15% (% do IRPJ) = R$ 15,00
- CSLL: R$ 100,00 (lucro apurado) x 9% (% do CSLL) = R$ 9,00

  Total de IRPJ e CSLL: R$ 24,00

Análise

Nessa situação, a melhor opção para a empresa seria o lucro presumido, pois economizaria em torno de R$ 1,20 por venda. Porém, como não é qualquer despesa que pode ser abatida do cálculo do IRPJ e da CSLL, é importante consultar atentamente o regulamento de cada tributo. Ainda existe um adicional de IRPJ para empresas que lucram acima de R$ 20.000,00 por mês, na ordem de 10% sobre o valor adicional, no lucro real ou presumido, o que faz uma grande diferença para empresas com grandes margens de lucro.

CONSIDERAÇÕES FINAIS

Esse regime tributário impõe uma margem de lucro prefixada para o IRPJ e a CSLL a fim de simplificar a apuração desses impostos. O lucro considerado pelo Fisco será de 32% da receita bruta para o setor de serviços, de 16% para a indústria e de 8% para quase todos os estabelecimentos comerciais. Já para a apuração da CSLL, o percentual sobe para 12% na indústria e no comércio – nos serviços continuam valendo os 32% do Imposto de Renda.

De modo geral, o lucro presumido costuma ser a melhor opção quando o lucro for igual ou superior aos percentuais preestabelecidos pela RFB. Caso a margem seja menor, opte pelo lucro real. Assim, evita-se o pagamento de impostos sobre um lucro que não existiu efetivamente.

O lucro presumido é voltado para empresas com faturamento menor do que R$ 78 milhões, além de alguns outros pontos, como o fato de não poder exercer atividades impeditivas.

O cálculo do PIS e da Cofins é feito de forma cumulativa, o que significa que as compras feitas pela organização não causam abatimento dos impostos. A alíquota é de 3,65% sobre o faturamento. Se a empresa tem prejuízo, por exemplo, pagará IRPJ e CSLL como se tivesse lucro! Se ela ficou com margem negativa, pagará PIS, Cofins como se tivesse margem positiva!

O regime de tributação pelo lucro presumido proporciona:

a) **Vantagens**: simplificação na apuração de grande parte dos tributos; economia tributária para os casos em que o lucro tributado for inferior ao efetivo lucro da empresa; apuração do PIS e da Cofins por alíquotas mais baixas que as do lucro real, contudo, nem sempre isso será vantajoso; obrigações acessórias normalmente menos complexas (IN SRF n. 1.774/2017); os tributos sobre o lucro são pagos apenas trimestralmente, o que gera uma folga no caixa da empresa.

b) **Desvantagens**: impossibilidade de pagar menos tributos utilizando despesas e custos, ou seja, a empresa pagará tributos mesmo que tenha prejuízo; pagará mais tributos caso o lucro tributado seja maior que o lucro efetivo da empresa; impossibilidade de redução de tributos (PIS, Cofins, IRPJ e CSLL) por meio de benefícios/incentivos fiscais; limite para distribuição de dividendos, caso a empresa não adote uma contabilidade semelhante à uma empresa tributada pelo regime do lucro real.

É o modelo de tributação simplificado, uma vez que permite que a Administração Tributária realize a base de cálculo dos impostos apenas com base nas receitas que são apuradas pelas empresas.

CAPÍTULO 10 # Planejamento tributário no regime de tributação do Simples Nacional

Objetivo

Neste capítulo, você aprenderá:

- o Regime de Tributação pelo Simples Nacional abordando temas relevantes como enquadramento, vedações, exclusões, segregações de receitas, aplicação das tabelas, cálculo do valor unificado a recolher, substituição tributária ISSQN e ICMS, dentre outros, permitindo aos profissionais da área um planejamento tributário de modo a evitar o pagamento de impostos e contribuições de forma indevida e auxiliando-os no momento da opção por essa sistemática.

Introdução

O Simples Nacional é um regime unificado de arrecadação, cobrança e fiscalização de tributos aplicável às microempresas e empresas de pequeno porte, estando previsto na Lei Complementar n. 123/2006. Implica o recolhimento mensal, mediante documento único de arrecadação, de vários impostos e contribuições, ressalvada a obrigação do sujeito passivo ainda quanto a outros tributos não abarcados pelo regime simplificado de arrecadação, quando a lei assim o obrigue.

A Constituição Federal prevê no art. 179:

> A União, os Estados, o Distrito Federal e os Municípios dispensarão às microempresas e às empresas de pequeno porte, assim definidas em lei, tratamento jurídico diferenciado, visando a incentivá-las pela simplificação de suas obrigações administrativas, tributárias, previdenciárias e creditícias, ou pela eliminação ou redução destas por meio de lei.

A empresa que aderir ao Simples desfruta da vantagem de recolher quase todos os tributos (federais, estaduais e municipais) mediante um único pagamento, calculado sobre um percentual de sua receita bruta.

O tratamento diferenciado para microempresas e empresas de pequeno porte é um mandamento constitucional, previsto em pelo menos dois dispositivos da CF/1988:

> **Art. 146.** Cabe à lei complementar:
>
> (...)
>
> III — estabelecer normas gerais em matéria de legislação tributária, especialmente sobre:
>
> (...)
>
> d) definição de tratamento diferenciado e favorecido para as microempresas e para as empresas de pequeno porte, inclusive regimes especiais ou simplificados no caso do imposto previsto no art. 155, II das contribuições previstas no art. 195, I e §§ 12 e 13, e da contribuição a que se refere o art. 239.
>
> Parágrafo único. A lei complementar de que trata o inciso III, "d", também poderá instituir um regime único de arrecadação dos impostos e contribuições da União, dos Estados, do Distrito Federal e dos Municípios, observado que:
>
> I — será opcional para o contribuinte;
>
> II — poderão ser estabelecidas condições de enquadramento diferenciadas por Estado;
>
> III — o recolhimento será unificado e centralizado e a distribuição da parcela de recursos pertencentes aos respectivos entes federados será imediata, vedada qualquer retenção ou condicionamento;
>
> IV — a arrecadação, a fiscalização e a cobrança poderão ser compartilhadas pelos entes federados, adotado cadastro nacional único de contribuintes.

Os tributos a que se refere esse dispositivo são os seguintes:

- ICMS;
- Contribuição previdenciária do empregador e da entidade a ele equiparada pela lei;
- Contribuição para o PIS/Pasep.

> **Art. 170.** A ordem econômica, fundada na valorização do trabalho humano e na livre iniciativa, tem por fim assegurar a todos existência digna, conforme os ditames da justiça social, observados os seguintes princípios:
>
> (...)
>
> IX — tratamento favorecido para as empresas de pequeno porte constituídas sob as leis brasileiras e que tenham sua sede e administração no País.
>
> **Art. 179.** A União, os Estados, o Distrito Federal e os Municípios dispensarão às microempresas e às empresas de pequeno porte, assim definidas em lei, tratamento jurídico diferenciado, visando a incentivá-las pela simplificação de suas obrigações administrativas, tributárias, previdenciárias e creditícias, ou pela eliminação ou redução destas por meio de lei.

Desse modo, a fim de cumprir o mandamento constitucional previsto no art. 146, III, "d", foi editada a LC n. 123/2006, que estabelece tratamento diferenciado e favorecido para as microempresas e para as empresas de pequeno porte, além de instituir um regime único de arrecadação dos impostos e contribuições para essas empresas.

De acordo com o STF (ADI 1.643/UF), "não há ofensa ao princípio da isonomia tributária se a lei, por motivos extrafiscais, imprime tratamento desigual a microempresas e empresas de pequeno porte de capacidade contributiva distinta (...)".

O objetivo é fomentar o desenvolvimento das microempresas, das empresas de pequeno porte e do microempreendedor individual por meio de um sistema uniforme, facilitando o cumprimento das obrigações tributárias.

As características são:

- opcional ao contribuinte;
- recolhimento unificado e centralizado;
- distribuição imediata de recursos;
- arrecadação, fiscalização e cobrança compartilhadas;
- cadastro único de contribuintes.

Compete ao Comitê Gestor do Simples Nacional (CGSN), vinculado ao Ministério da Fazenda, instituído pela Lei Complementar n. 123/2006, e regulamentado pelo Decreto n. 6.038/2007, tratar dos aspectos tributários da Lei Complementar n. 123/2006. O CGSN é composto de representantes da União, dos Estados, do Distrito Federal e dos municípios. A partir de 1º de agosto de 2018, o regulamento geral do Simples Nacional é a Resolução CGSN n. 140/2018.

10.1 Limite de receita bruta

O limite máximo de receita bruta anual permitido para as empresas de pequeno porte é de R$ 4,8 milhões por ano, correspondendo a R$ 400 mil ao mês, segundo a LC n. 155/ 2016 e a Resolução CGSN n. 135/2017; para microempresas, esse limite é de R$ 360 mil.

De acordo com o art. 3° da LC n. 123/2006:

> (...) § 1° Considera-se receita bruta, para fins do disposto no *caput* deste artigo, o produto da venda de bens e serviços nas operações de conta própria, o preço dos serviços prestados e o resultado nas operações em conta alheia, não incluídas as vendas canceladas e os descontos incondicionais concedidos.

Para efeito de recolhimento do ICMS e do ISSQN no Simples Nacional, o limite máximo de que trata o inciso II do *caput* do art. 3° será de R$ 3.600.000,00 (três milhões e seiscentos mil reais), observado o disposto nos §§ 11, 13, 14 e 15 do mesmo artigo, nos §§ 17 e 17-A do art. 18 e no § 4° do art. 19.

Para os Estados que não tenham adotado sublimite e para aqueles cuja participação no Produto Interno Bruto brasileiro seja superior a 1% (um por cento), para efeito de recolhimento do ICMS e do ISSQN, observar-se-á obrigatoriamente o sublimite no valor de R$ 3.600.000,00 (três milhões e seiscentos mil reais).

A empresa de pequeno porte que ultrapassar os limites a que se referem o § 4° do art. 19 estará automaticamente impedida de recolher o ICMS e o ISSQN na forma do Simples Nacional, a partir do mês subsequente àquele em que tiver ocorrido o excesso, relativamente aos seus estabelecimentos localizados na unidade da Federação que os houver adotado, ressalvado o disposto nos §§ 11 e 13 do art. 3°.

Na hipótese em que o recolhimento do ICMS ou do ISSQN não esteja sendo efetuado por meio do Simples Nacional por força do disposto no art. 18 da LC n. 123/2006 e no art. 19 da LC n. 155/2016, as faixas de receita do Simples Nacional superiores àquela que tenha sido objeto de opção pelos Estados ou pelo Distrito Federal sofrerão, para efeito de recolhimento do Simples Nacional, redução da alíquota efetiva desses impostos, apurada de acordo com os Anexos I a da LC n. 123/2006, conforme o caso, segundo a LC n. 155/2016.

A alíquota aplicável na retenção na fonte deverá ser informada no documento fiscal e corresponderá à alíquota efetiva de ISSQN a que a microempresa ou a empresa de pequeno porte estiver sujeita no mês anterior ao da prestação.

Na hipótese de o serviço sujeito à retenção ser prestado no mês de início de atividades da microempresa ou da empresa de pequeno porte, deverá ser aplicada pelo tomador a alíquota efetiva de 2% (dois por cento).

Na hipótese de a microempresa ou a empresa de pequeno porte não informar a alíquota de que tratam os incisos I e II no documento fiscal, aplicar-se-á a alíquota efetiva de 5% (cinco por cento).

Figura 10.1 Limite de faturamento por tipo de empresa

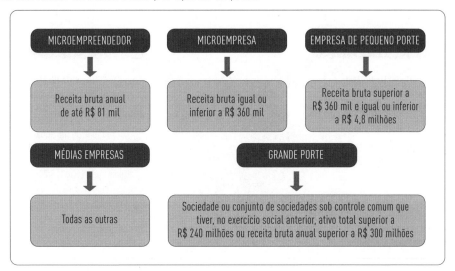

Fonte: Lei Complementar n. 123/2006 e Lei n. 11.638/2007.

O CGSN, vinculado ao Ministério da Fazenda, trata dos aspectos tributários da Lei Complementar n. 123/2006, e é composto de representantes da União, dos Estados, do Distrito Federal e dos municípios.

A partir de 1° de agosto de 2018, o regulamento geral do Simples Nacional é a Resolução CGSN n. 140/2018.

A escrituração contábil é uma exigência legal e não pode ser confundida com a Escrituração Fiscal, que tem por objetivo atender as obrigações estabelecidas pelos órgãos da Administração Tributária.

EXIGÊNCIA:
- Lei n. 10.406/2002 – Código Civil Brasileiro: arts. 1075 e 1.078 a 1.189;
- Lei n. 11.101/2005 – que dispõe sobre a recuperação judicial: art. 51, inciso II, § 2° – os arts. 168 a 182 estabelecem severas punições pela não execução ou apresentação de falhas na escrituração contábil;
- Lei n. 6.404/1976 – que trata das sociedades por ações: arts. 176 e 177 e alterações dadas pela Lei n. 11.638/2007;
- Lei Complementar n. 123/2006 – art. 27;
- Resolução n. 140/2018 – Comitê Gestor do Simples Nacional (CGSN).

Figura 10.2 Características da microempresa e da empresa de pequeno porte

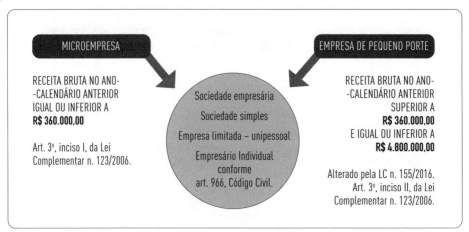

Fonte: Lei Complementar n. 123/2006.

10.2 Pessoas jurídicas excluídas

De acordo com o § 4º do art. 3º da LC n. 123/2006, não poderá se beneficiar do tratamento jurídico diferenciado previsto nessa lei complementar, para nenhum efeito legal, a pessoa jurídica:

I — de cujo capital participe outra pessoa jurídica;

II — que seja filial, sucursal, agência ou representação, no País, de pessoa jurídica com sede no exterior;

III — de cujo capital participe pessoa física que seja inscrita como empresário ou seja sócia de outra empresa que receba tratamento jurídico diferenciado nos termos desta Lei Complementar, desde que a receita bruta global ultrapasse o limite de que trata o inciso II do *caput* deste artigo;

IV — cujo titular ou sócio participe com mais de 10% (dez por cento) do capital de outra empresa não beneficiada por esta Lei Complementar, desde que a receita bruta global ultrapasse o limite de R$ 4.800.000,00;

V — cujo sócio ou titular seja administrador ou equiparado de outra pessoa jurídica com fins lucrativos, desde que a receita bruta global ultrapasse o limite de R$ 4.800.000,00;

VI — constituída sob a forma de cooperativas, salvo as de consumo;

VII — que participe do capital de outra pessoa jurídica;

VIII — que exerça atividade de banco comercial, de investimentos e de desenvolvimento, de caixa econômica, de sociedade de crédito, financiamento e investimento ou de crédito imobiliário, de corretora ou de distribuidora de títulos, valores mobiliários e câmbio, de empresa de arrendamento mercantil, de seguros privados e de capitalização ou de previdência complementar;

IX — constituída sob a forma de sociedade por ações;

X — cujos titulares ou sócios guardem, cumulativamente, com o contratante do serviço, relação de pessoalidade, subordinação e habitualidade.

10.3 Exclusão e modificação de enquadramento

De acordo com a LC n. 123/2006, a modificação do enquadramento ou a exclusão do regime do Simples, temos que:

- Na hipótese de a microempresa ou empresa de pequeno porte incorrer em alguma das situações (I a X), será excluída do tratamento jurídico diferenciado previsto na lei complementar, com efeitos a partir do mês seguinte ao que foi incorrida a situação impeditiva.

- Observada a proporcionalidade no caso de início de atividades, a microempresa que, no ano-calendário, exceder o limite de receita bruta anual previsto na legislação (R$ 360.000,00) passa, no ano-calendário seguinte, à condição de empresa de pequeno porte.

- No caso de início de atividades, a empresa de pequeno porte que, no ano-calendário, não ultrapassar o limite de receita bruta anual para microempresa (R$ 360.000,00) passa, no ano-calendário seguinte, à condição de microempresa.

- A empresa de pequeno porte que, no ano-calendário, exceder o limite de receita bruta anual (R$ 4.800.000,00), fica excluída, no mês subsequente à ocorrência do excesso, do tratamento jurídico diferenciado. Os efeitos da exclusão prevista dar-se-ão no ano-calendário subsequente se o excesso verificado em relação à receita bruta não for superior a 20% (vinte por cento) do limite.

- A empresa de pequeno porte que, no decurso do ano-calendário de início das atividades ultrapassar o limite proporcional (R$ 400.000,00 por mês ou fração) da receita bruta estará excluída do tratamento jurídico diferenciado com efeitos retroativos ao início de suas atividades. Mas esta exclusão não retroagirá ao início das atividades se o excesso verificado em relação à receita bruta não for superior a 20% (vinte por cento) do respectivo limite, hipótese em que os efeitos da exclusão dar-se-ão no ano-calendário subsequente.

Muito embora os cálculos dos tributos sejam feitos com base na receita auferida no mês (regime de competência), a LC n. 123/2006 permite, na forma regulamentada pelo Comitê Gestor, que a empresa opte pelo cálculo do regime de caixa, considerando as receitas efetivamente recebidas no mês.

Para o contribuinte que aufira mais de R$ 4.800.000,00 de receita bruta no ano-calendário em percentual superior a 20%, diferentemente da situação de início de atividade, a exclusão não retroagirá: terá seus efeitos apenas a partir do mês seguinte ao do excesso de receita bruta. Estará fora do Simples Nacional a partir do mês seguinte ao que auferir receita bruta acumulada no ano-calendário em valor superior a R$ 5.760.000,00.

Para ambas as situações também será obrigatório o comunicado no Portal do Simples Nacional, sob pena de multa de 10% (dez por cento) do total dos impostos e contribuições devidos de conformidade com o Simples Nacional.

Os prazos desse comunicado são os mesmos da alternativa anterior: até o último dia de janeiro do ano seguinte se o excesso for abaixo do teto de 20%; ou até o último dia do mês seguinte ao do atingimento de receita bruta acumulada em percentual acima de 20%.

10.3.1 Efeitos da exclusão

O contribuinte será excluído, segundo a LC n. 155/2016 e a Resolução n. 135/2017, quando:

- for constatada:
  - a falta de ECD para a ME e EPP que receber aporte de capital do investidor-anjo, a partir de 1/1/2017;
  - a falta de escrituração do livro-caixa ou a existência de escrituração do livro-caixa que não permita a identificação da movimentação financeira, inclusive bancária, para a ME e EPP que não receber o aporte de capital no item 1.
- for constatado que, durante o ano-calendário, o valor das despesas pagas supera em 20% (vinte por cento) o valor de ingressos de recursos no mesmo período, excluído o ano de início de atividade;
- for constatado que, durante o ano-calendário, o valor das aquisições de mercadorias para comercialização ou industrialização, ressalvadas hipóteses justificadas de aumento de estoque, foi superior a 80% (oitenta por cento) dos ingressos de recursos no mesmo período, excluído o ano de início de atividade.

10.4 Nome empresarial

De acordo com o art. 72 da LC n. 123/2006 — revogado a partir de janeiro de 2018 —, as microempresas e as empresas de pequeno porte, nos termos da legislação civil, acrescentarão à sua firma ou denominação as expressões "Microempresa" ou "Empresa de Pequeno Porte", ou suas respectivas abreviações, "ME" ou "EPP", conforme o caso, sendo facultativa a inclusão do objeto da sociedade.

Após o procedimento de registro e o arquivamento do contrato na junta comercial, deverá ser feita solicitação de enquadramento da sociedade na condição de microempresa ou empresa de pequeno porte, mediante declaração da própria empresa. Segundo a LC n. 155/2016, deverá adicionar ao nome empresarial ME — Microempresa ou EPP — Empresa de Pequeno Porte.

10.5 Participação em licitações

As definições das regras para aquisições públicas de bens e serviços estão dispostas nos arts. 42 a 49 da LC n. 123/2006. Destacam-se as seguintes:

- a comprovação de regularidade fiscal e trabalhista das microempresas e das empresas de pequeno porte somente será exigida para efeito de assinatura do contrato;
- as microempresas e as empresas de pequeno porte, por ocasião da participação em certames licitatórios, deverão apresentar toda a documentação exigida para efeito

de comprovação de regularidade fiscal e trabalhista, mesmo que esta apresente alguma restrição;

- nas licitações será assegurada, como critério de desempate, preferência de contratação para as microempresas e empresas de pequeno porte.

Além da LC n. 123/2006 é oportuno observar o Decreto n. 5.528/2015 que, em seu art. 5°, estabelece que: "Nas licitações, será assegurada, como critério de desempate, preferência de contratação para as microempresas e empresas de pequeno porte". Esta se dará da seguinte forma:

- ocorrendo o empate, a microempresa ou a empresa de pequeno porte melhor classificada poderá apresentar proposta de preço inferior àquela considerada vencedora do certame, situação em que será adjudicado o objeto em seu favor;
- não ocorrendo a contratação da microempresa ou empresa de pequeno porte, na forma do item 1, serão convocadas as remanescentes que porventura se enquadrem na situação de empate, na ordem classificatória, para o exercício do mesmo direito; e
- no caso de equivalência dos valores apresentados pelas microempresas e empresas de pequeno porte que se encontrem em situação de empate, será realizado sorteio entre elas para que se identifique aquela que primeiro poderá apresentar melhor oferta.

O art. 6° do Decreto n. 5.528/2015 dispõe que os órgãos e as entidades contratantes deverão realizar processo licitatório destinado exclusivamente à participação de microempresas e empresas de pequeno porte nos itens ou lotes de licitação cujo valor seja de até R$ 80.000,00 (oitenta mil reais).

10.6 Formalização da opção pelo Simples Nacional

A formalização pelo Simples Nacional ocorrerá por meio do Portal do Simples Nacional na internet. Esta opção será irretratável ao longo do ano-calendário. A mesma deverá ser feita até o último dia útil de janeiro, produzindo efeitos a partir do primeiro dia do ano-calendário da opção, segundo a LC n. 155/2016.

Ressalta-se que, enquanto não vencer o prazo para solicitação da opção, o contribuinte poderá:

- regularizar eventuais pendências impeditivas ao ingresso no Simples Nacional, sujeitando-se ao indeferimento da opção caso não as regularize até o término desse prazo;
- efetuar o cancelamento da solicitação de opção, salvo se o pedido já houver sido deferido.

10.7 Adoção de domicílio eletrônico

Segundo o art. 110 da Resolução CGSN n. 94/2011, a opção pelo Simples Nacional implica a aceitação do Sistema de Comunicação Eletrônica, denominado de Domicílio Tributário Eletrônico do Simples Nacional (DTE-SN), que se destina a:

- cientificar o sujeito passivo de quaisquer tipos de atos administrativos, incluindo os relativos ao indeferimento de opção, à exclusão do regime e a ações fiscais;
- encaminhar notificações e intimações;
- expedir avisos em geral.

Em relação ao DTE-SN, deverá ser observado:

I – As comunicações serão feitas, por meio eletrônico, no Portal do Simples Nacional, dispensando-se a sua publicação no *Diário Oficial* e o envio por via postal.

II – A comunicação será considerada pessoal para todos os efeitos legais.

III– Terá validade a ciência com utilização de certificação digital ou código de acesso.

10.8 Reciprocidade social

O acesso a linhas de crédito específicas será facilitado a empresas que contratarem pessoas com deficiência ou jovens aprendizes.

Os bancos comerciais públicos e os bancos múltiplos públicos com carteira comercial, a Caixa Econômica Federal e o Banco Nacional do Desenvolvimento Econômico e Social (BNDES) manterão linhas de crédito específicas para as microempresas e para as empresas de pequeno porte, vinculadas à reciprocidade social, devendo o montante disponível e suas condições de acesso ser expressos nos respectivos orçamentos e amplamente divulgados, segundo a LC n. 155/2016.

Deverão publicar, juntamente com os respectivos balanços, relatório circunstanciado dos recursos alocados às linhas de crédito referidas no *caput* e daqueles efetivamente utilizados, consignando, obrigatoriamente, as justificativas do desempenho alcançado.

10.9 Profissionais de salão de beleza e contrato de parceria

Os valores repassados a cabeleireiros, barbeiros, esteticistas, manicures, pedicures, depiladores e maquiadores — profissionais de que trata a Lei n. 12.592/2012 — contratados por meio de parceria, nos termos da legislação civil, não integrarão a receita bruta da empresa contratante para fins de tributação, cabendo ao contratante a retenção e o recolhimento dos tributos devidos pelo contratado, segundo a LC n. 155/2016.

Para o salão-parceiro deduzir a quota-parte, é necessário que os profissionais-parceiros sejam pessoas jurídicas. Se o profissional parceiro for pessoa física, o salão não poderá deduzir a quota-parte paga a esse profissional, segundo o art. 1° da Resolução CGSN n. 137/2017, que acrescentou o inciso VI do § 4°-B do art. 2° da Resolução CGSN n. 94/2011.

Os serviços e os produtos neles empregados deverão ser tributados no Anexo III, e os produtos e mercadorias comercializados deverão tributar no Anexo I, conforme o art. 1° da Resolução CGSN n. 137/2017, que acrescentou o § 19° do art. 25-A da Resolução CGSN n. 94/2011.

O salão-parceiro deverá emitir documento fiscal para o consumidor informando o total das receitas de serviço e produtos neles empregadas, discriminando as quotas-parte do salão-parceiro e do profissional-parceiro, bem como o CNPJ deste. O profissional-parceiro emitirá documento fiscal destinado ao salão-parceiro relativamente ao valor das quotas-parte recebidas, segundo o art. 1° da Resolução CGSN n. 137/2017, que acrescentou os §§ 1°-A e 1°-B do art. 57 da Resolução CGSN n. 94/2011.

O salão-parceiro de que trata a Lei n. 12.592/2012 não poderá ser MEI, conforme o art. 1° da Resolução CGSN n. 137/2017, que acrescentou o § 7° do art. 91 da Resolução CGSN n. 94/2011.

Exemplo: o salão fatura R$ 100,00 por corte de cabelo, mas tem um contrato de parceria com a profissional cabeleireira de R$ 30,00 por corte. A receita bruta do salão será de R$ 70,00 e não R$ 100,00. Antes, a receita do salão era de R$ 100,00 e pagava imposto sobre a receita bruta de R$ 100,00. Atualmente, paga o imposto sobre a receita bruta de R$ 70,00.

10.10 Bebidas alcoólicas – Produção e comércio

Poderão se enquadrar no Simples Nacional as micro e pequenas cervejarias, destilarias, vinícolas e produtores de licores, desde que registradas no Ministério da Agricultura, Pecuária e Abastecimento (Mapa) e obedecida a regulamentação da Anvisa no que se refere à produção e comercialização das bebidas alcoólicas, segundo a LC n. 155/2016.

As empresas que produzem ou vendem em atacado bebidas alcoólicas deverão formalizar o registro junto ao Ministério da Agricultura, Pecuária e Abastecimento para poder optar pelo Simples Nacional a partir de 2018.

Todos os estabelecimentos produtores, padronizadores, engarrafadores, atacadistas, exportadores e importadores devem ser registrados no Mapa, assim como todas as bebidas produzidas no país. Tais empresas deverão obrigatoriamente ser registradas no Ministério da Agricultura, Pecuária e Abastecimento (MAPA) e obedecerão também à regulamentação da Agência Nacional de Vigilância Sanitária e da Secretaria da Receita Federal do Brasil quanto à produção e à comercialização de bebidas alcoólicas.

As bebidas importadas têm apenas o registro do estabelecimento importador no seu contrarrótulo.

Fundamentação legal: art. 1° da Lei n. 8.918/1994; Decreto n. 6.871/2009; art. 27 da Lei n. 7.678/1988; Decreto n. 8.198/2014; art. 1° da Resolução CGSN n. 135/2017, que acrescenta a alínea "c" do inciso XX do art. 15 da Resolução CGSN n. 094/2011.

10.11 Microempreendedor Individual (MEI)

Considera-se MEI o empresário que exerça de forma independente tão somente as ocupações constantes do Anexo XIII da Resolução CGSN n. 94/2011; enquadre-se na definição do art. 966 da Lei n. 10.406/2002 — Código Civil, ou o empreendedor que exerça as atividades de industrialização, comercialização e prestação de serviços no âmbito rural, que tenha auferido receita bruta, no ano-calendário anterior, de até R$ 81.000,00 (oitenta e um mil reais[1]), que seja optante pelo Simples Nacional e que não esteja impedido de optar pela sistemática prevista no art. 1° da Resolução CGSN n. 135/2017 com alteração no art. 91 da Resolução CGSN n. 94/2011.

Entende-se como independente a ocupação exercida pelo titular do empreendimento, desde que este não guarde, cumulativamente, com o contratante do serviço, relação de pessoalidade, subordinação e habitualidade. Foi acrescentado o termo "independente" em todas as ocupações constantes do Anexo XIII da Resolução CGSN n. 94/2011, consoante o art. 1° da Resolução CGSN n. 137/2017, que alterou o art. 91, inciso I e acrescentou no mesmo art. o § 8° da Resolução CGSN n. 94/2011.

No caso de início de atividades, o limite de que trata o § 1° será de R$ 6.750,00 (seis mil setecentos e cinquenta reais) multiplicados pelo número de meses compreendido entre o início da atividade e o final do respectivo ano-calendário, consideradas as frações de meses como um mês inteiro.

Poderá enquadrar-se como MEI o empresário individual ou o empreendedor que exerça as atividades de industrialização, comercialização e prestação de serviços no âmbito rural que possua um único empregado que receba exclusivamente um salário mínimo ou o piso salarial da categoria profissional, segundo a LC n. 155/2016.

São requisitos do MEI:
- optante pelo Simples Nacional;
- atividades do Anexo XIII da Resolução;
- possuir um único estabelecimento;
- não participar de outra empresa como titular, sócio ou administrador;
- não contratar mais de um empregado;
- não guardar, cumulativamente, com o contratante do serviço, relação de pessoalidade, subordinação e habitualidade.

Quadro 10.1 Critérios para ser MEI

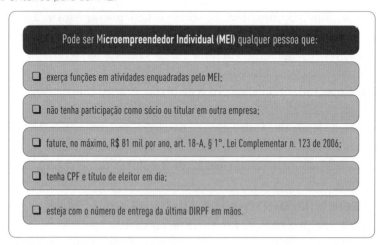

Fonte: Comitê Gestor do Simples Nacional.

---

1 Até o momento da publicação deste livro, o Projeto de Lei Complementar n. 108/2021, que aumenta o teto de enquadramento do Simples Nacional e do MEI, está em tramitação. O texto aprovado na Câmara dos Deputados pela Comissão de Constituição e Justiça prevê que o faturamento anual passe de R$ 81 mil para R$ 130 mil, em 2023, e que seja ajustado todos os anos de acordo com a inflação. Esse aumento do teto vai permitir que o MEI possa contratar até dois funcionários; a regra atual só permite a contratação de um funcionário. Disponível em: https://www25.senado.leg.br/web/atividade/materias/-/materia/149107. Acesso em: 21 nov. 2022.
O leitor poderá acompanhar as atualizações sobre o tema no Saraiva Conecta: https://somos.in/PTPT5.

Na ocorrência de fraude no registro do MEI feito por terceiros, o pedido de baixa deve ser feito por meio exclusivamente eletrônico, com efeitos retroativos à data de registro, na forma a ser regulamentada pelo CGSIM.

A tributação será fixa mensal no valor fixo mensal de R$ 45,00 se for comércio ou indústria; de R$ 49,00 para prestação de serviço; ou de R$ 50,00 quando for comércio e serviços. Esses valores são destinados à Previdência Social e ao ICMS ou ao ISSQN.

O MEI terá isenção de tributos federais de Imposto de Renda, PIS, Cofins, IPI e CSLL; isenção de taxas de todos os custos, inclusive prévios, relativos à abertura, à inscrição, ao registro, ao funcionamento, ao alvará, à licença, ao cadastro, às alterações e procedimentos de baixa. Também não fará o recolhimento da Contribuição Patronal Preferencial (CPP) de 20% na contratação dos serviços de hidráulica, elétrica, pintura, alvenaria, carpintaria e reparação de veículos, segundo a LC n. 155/2016.

O produtor rural que exerça as atividades de industrialização, comercialização e prestação de serviços no âmbito rural poderá efetuar seu registro como MEI.

O empreendedor que exerça as referidas atividades rurais e que efetuar seu registro como MEI não perderá a condição de segurado especial da Previdência Social. O produtor rural registrado como MEI deverá manter todas as suas obrigações relativas à condição de produtor rural ou de agricultor familiar, conforme o art. 1° da LC n. 155/2016, que altera o art. 18-C e acrescenta os §§ 5° e 7° do art. 18-E da LC n. 123/2006.

O MEI inscrito no conselho profissional de sua categoria na qualidade de pessoa física é dispensado de realizar nova inscrição no mesmo conselho na qualidade de empresário individual.

Portanto, não há obrigatoriedade de o MEI ter a inscrição no conselho profissional como pessoa física e como empresário individual.

São vedadas aos conselhos profissionais, sob pena de responsabilidade, a exigência de inscrição e a execução de qualquer tipo de ação fiscalizadora quando a ocupação do MEI não exigir registro profissional da pessoa física, segundo o art. 1° da LC n. 155/2016, que acrescenta os §§ 19-A e 19-B do art. 18-A da LC n. 123/2006.

São vantagens:
- Formalização totalmente gratuita.
- Custos com tributos extremamente reduzidos. O MEI pagará no máximo R$ 55,90 por mês de tributos (esse valor aumenta de acordo com o salário mínimo).
- Direito a benefícios previdenciários, como aposentadoria por idade ou por invalidez, auxílio-doença, licença-maternidade, pensão por morte e pensão por reclusão.
- Taxas bancárias e linhas de créditos mais baratas em determinados bancos.
- Preferência em determinadas licitações.
- Possibilidade de encerrar a empresa mesmo com dívidas tributárias.

São desvantagens:
- Pagará tributos mesmo que não tenha faturamento.
- Não pode ter mais de 1 funcionário.
- Não tem direito a aposentadoria por tempo de contribuição.

- Por ser empresário individual, seu patrimônio pessoal poderá ser utilizado para pagar dívidas da empresa.
- Dificuldades nas relações comerciais com empresas que não são MEI ou do Simples Nacional, em razão de questões tributárias.

O MEI é isento dos seguintes tributos: IR, CSLL, IPI, CPP (exceto se contratar um empregado), do PIS e da Cofins. Se houver a contratação de um empregado, o MEI deixa de estar isento da CPP, devendo recolhê-la, após o cálculo da alíquota de 3% sobre o valor do salário de contribuição.

Além de recolher o tributo fixo mensalmente, o MEI possui algumas outras obrigações acessórias, que também são simplificadas:
- Emissão de nota fiscal.
- Relatório mensal das receitas.
- Entrega da Declaração Anual do Faturamento do Simples Nacional (DASN-Simei).
- Prestação de informações do funcionário contratado.
- Alvará de Funcionamento Permanente.

10.12 Redução de anexos e faixas de tributação

A partir de 2018, o cálculo do valor dos tributos devidos pelo Simples Nacional conterá cinco anexos e apenas seis faixas de faturamento, de forma gradativa.

A segregação de receitas será:
- revenda de mercadorias, que serão tributadas na forma do Anexo I;
- venda de mercadorias industrializadas pelo contribuinte, que serão tributadas na forma do Anexo II;
- prestação de serviços tributados na forma do Anexo III;
- prestação de serviços tributados na forma do Anexo IV;
- prestação de serviços previstos na forma do Anexo V;
- locação de bens móveis, tributadas na forma do Anexo III, deduzida parcela de ISSQN;
- atividade com incidência simultânea de IPI e de ISSQN, forma do Anexo II, deduzida a parcela correspondente ao ICMS e acrescida a parcela correspondente ao ISSQN prevista no Anexo III;
- escritórios de serviços contábeis, tributados na forma do Anexo III tributação fixa;
- transportes intermunicipais e interestaduais de cargas – Anexo III, deduzindo a parcela de ISSQN, incluindo a de ICMS;
- transportes intermunicipais e interestaduais de passageiros na modalidade fluvial;
- nas demais modalidades, se transporte urbano ou metropolitano; ou realizado sob fretamento contínuo em área metropolitana para o transporte de estudantes ou trabalhadores.

As empresas com as atividades inseridas no Anexo V poderão ser tributadas pela tabela do Anexo III, que possui alíquotas menores, se o Fator "r" (folha de salários, inclusive de retirada pró-labore) for igual ou superior a 28% da receita bruta.

As empresas com as atividades inseridas no Anexo III poderão ser tributadas pela tabela do Anexo V se o Fator "r" (folha de salários, inclusive de retirada pró-labore) for inferior a 28% da receita bruta.

Entretanto, para as empresas que em 12 meses têm gastos com a folha de salários inferiores a 28%, o lucro presumido pode ser mais vantajoso. Essa sistemática, chamada de "Fator r", também vale para as empresas do Anexo IV. Para determinar qual o percentual gasto com pessoal dentro do faturamento da empresa é preciso dividir o gasto anual com a folha de salário — incluindo pró-labore e encargos —, pela receita bruta anual.

10.12.1 Atividades do Anexo V

Serão tributadas pelo Anexo V quando o Fator "r" for inferior a 28%: fisioterapia, arquitetura e urbanismo; medicina, inclusive laboratorial, e enfermagem; odontologia e prótese dentária; psicologia, psicanálise, terapia ocupacional, acupuntura, podologia, fonoaudiologia, clínicas de nutrição e de vacinação e bancos de leite; administração e locação de imóveis de terceiros; academias de dança, de capoeira, de ioga e de artes marciais; academias de atividades físicas, desportivas, de natação e escolas de esportes; elaboração de programas de computadores, inclusive jogos eletrônicos, licenciamento ou cessão de direito de uso de programas de computação; planejamento, confecção, manutenção e atualização de páginas eletrônicas; empresas montadoras de estandes para feiras; laboratórios de análises clínicas ou de patologia clínica; serviços de tomografia, diagnósticos médicos por imagem, registros gráficos e métodos óticos, bem como ressonância magnética, segundo a LC n. 155/2016.

O valor da alíquota poderá variar de acordo com a razão entre a folha de pagamento e a receita bruta da empresa. O interesse do governo é privilegiar com alíquotas menores as empresas que têm maior quantidade de funcionários registrados.

Por exemplo, uma empresa tributada pelo novo Anexo V — que possui maior carga tributária — poderá passar a ser tributada pelo novo Anexo III (menor carga tributária), caso a razão entre a folha de salários e a receita bruta seja igual ou superior a 28%.

Sem prejuízo da possibilidade de adoção de todas as faixas de receita previstas nos Anexos I a V da Lei Complementar n. 123/2006, os Estados cuja participação no Produto Interno Bruto brasileiro seja de até 1% (um por cento) poderão optar pela aplicação de sublimite para efeito de recolhimento do ICMS na forma do Simples Nacional nos respectivos territórios, para empresas com receita bruta anual de até R$ 1.800.000,00 (um milhão e oitocentos mil reais).

10.12.2 Farmácias de manipulação

A LC n. 123/2006 estabeleceu a tributação na forma do Anexo I, para serviços farmacêuticos, item 4.07 da lista.

A LC n. 147/2014 possibilitou a segregação da receita dos produtos manipulados sob encomenda — Anexo III. Há a possibilidade de segregação das receitas decorrentes da comercialização de medicamentos e produtos produzidos por manipulação de fórmulas sob encomenda — Produtos sob encomenda — Anexo II, segundo o art. 13 da LC n. 147/2014.

10.12.3 Construção civil

Possibilidade de dedução dos valores de materiais fornecidos pelo prestador do serviço, nas obras de construção civil, enquadradas nos subitens 7.02 e 7.05 da lista anexa à LC n. 116/2003 (art. 7°, LC n. 116/2003), conforme orientação jurisprudencial.

10.13 Caixa ou competência

A opção pelo regime de caixa servirá exclusivamente para a apuração da base de cálculo mensal, aplicando-se o regime de competência para as demais finalidades, especialmente para determinação dos limites e sublimites, bem como da alíquota a ser aplicada, segundo a LC n. 155/2016.

10.14 Alíquotas do Simples Nacional – Documento de Arrecadação Simplificada (DAS)

A base de cálculo para a apuração dos valores devidos no Simples Nacional é a receita bruta auferida no mês pela empresa. Sobre essa receita bruta incidirá a alíquota constante nas tabelas do Simples Nacional. Para determinação da alíquota considera-se o faturamento total da empresa nos 12 meses anteriores ao período de apuração.

Figura 10.3 Documento de Arrecadação Simplificada

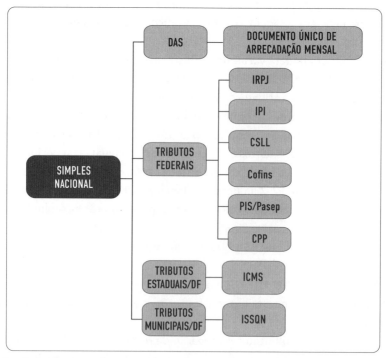

Fonte: Lei Complementar n. 123/2006.

As microempresas e as empresas de pequeno porte optantes pelo Simples Nacional não poderão utilizar ou destinar qualquer valor a título de incentivo fiscal, conforme art. 24, LC n. 123/2006.

As alíquotas agora se tornaram progressivas, à medida que o faturamento da empresa aumenta, e não mais fixas por faixas, como era antes. Também será criado um desconto fixo específico por cada faixa de enquadramento, ou seja, a alíquota a ser paga dependerá de um cálculo que leva em consideração a receita bruta acumulada nos 12 meses anteriores e esse novo desconto.

- **Receita bruta:** produto da venda de bens e serviços nas operações de conta própria, o preço dos serviços prestados e o resultado nas operações em conta alheia, exceto as vendas canceladas e os descontos concedidos.
- **Alíquotas nominais:** alíquota total constante nos Anexos I a V da LC n. 123/2006.
- **Alíquotas efetivas:** resultado da receita bruta acumulada nos 12 meses anteriores ao período de apuração, multiplicada pela alíquota nominal, menos a parcela a deduzir constante nos Anexos I a V, dividido pela receita bruta acumulada nos 12 meses anteriores ao período de apuração.

O valor devido mensalmente pela microempresa ou empresa de pequeno porte optante pelo Simples Nacional será determinado mediante aplicação das alíquotas efetivas, calculadas a partir das alíquotas nominais constantes das tabelas dos Anexos I a V da Lei Complementar n. 123/2006.

Para efeito de determinação da alíquota nominal, o sujeito passivo utilizará a receita bruta acumulada nos 12 meses anteriores ao do período de apuração.

A alíquota efetiva é o resultado de:

$$\frac{RBT12 \times Aliq\text{-}PD}{RBT12}$$

em que:

RBT12: receita bruta acumulada nos 12 meses anteriores ao período de apuração;
Alíquota: alíquota nominal constante dos Anexos I a V a Lei Complementar n. 123/2006;
PD: parcela a deduzir constante dos Anexos I a V a Lei Complementar n. 123/2006.

Os percentuais efetivos de cada tributo serão calculados a partir da alíquota efetiva, multiplicada pelo percentual de repartição constante dos Anexos I a V da Lei Complementar n. 123/2006, observando-se que:

- o percentual efetivo máximo destinado ao ISSQN será de 5% (cinco por cento), transferindo-se eventual diferença, de forma proporcional, aos tributos federais da mesma faixa de receita bruta anual;
- eventual diferença centesimal entre o total dos percentuais e a alíquota efetiva será transferida para o tributo com maior percentual de repartição na respectiva faixa de receita bruta.

Na hipótese de transformação, extinção, fusão ou sucessão dos tributos referidos nos incisos IV e V do art. 13, serão mantidas as alíquotas nominais e efetivas previstas neste artigo e nos Anexos I a V da Lei Complementar n. 123/2006, e lei ordinária disporá sobre a repartição dos valores arrecadados para os tributos federais, sem alteração no total dos percentuais de repartição a eles devidos, e mantidos os percentuais de repartição destinados ao ICMS e ao ISSQN.

Em caso de início de atividade, os valores de receita bruta acumulada constantes dos Anexos I a V da Lei Complementar n. 123/2006 devem ser proporcionalizados ao número de meses de atividade no período.

Sobre a receita bruta auferida no mês incidirá a alíquota efetiva determinada na forma do *caput* e dos §§ 1°, 1°-A e 2° do art. 18, podendo tal incidência se dar, à opção do contribuinte, na forma regulamentada pelo Comitê Gestor do Simples Nacional (CGSN), sobre a receita recebida no mês, sendo essa opção irretratável para todo o ano-calendário.

Na hipótese do § 12 do art. 3°, a parcela de receita bruta que exceder o montante determinado no § 10 daquele artigo estará sujeita às alíquotas máximas previstas nos Anexos I a V da LC n. 155/2016, proporcionalmente, conforme o caso.

Exemplo

A Empresa Andradas comercializa produtos alimentícios e teve um faturamento acumulado nos últimos 12 meses de R$ 1.500.000,00. Em 2018, deveria responder à seguinte fórmula matemática para então obter a alíquota que deverá aplicar no cálculo do imposto mensal:

$$\frac{BT\ 12 \times ALIQ - PD}{BT\ 12}$$

$$\frac{R\$\ 1.500.000,00 \times 10,70\% - R\$\ 22.500,00}{R\$\ 1.500.000,00} = 9,20\%$$

No cálculo feito em 2017, o contribuinte deveria observar a tabela comercial vigente na faixa que contemplava o faturamento acumulado de R$ 1.5000.000,00, e então encontraria a alíquota de 9,03%. Em 2018, esse contribuinte terá um aumento de 0,17% em sua carga tributária.

10.14.1 Início de atividades

No caso de início de atividades, para fins de apuração da receita acumulada (RBT12), que determinará a alíquota nominal e a parcela a deduzir dos Anexos I a V para utilização no cálculo da alíquota efetiva do Simples Nacional, deverá ser adotado o seguinte procedimento, segundo a LC n. 155/2016.

Exemplo

A Empresa Alfenas terá como data de abertura 11/2019; nesse caso, há de se verificar qual é o valor do limite proporcional a ser aplicado.

Portanto, temos:

R$ 4.800.000,00/12 × 2 (n. de meses restantes do período) = R$ 800.000,00.

Se o limite de R$ 800.000,00 for ultrapassado em até 20%, os efeitos de desenquadramento se darão em 2019; caso contrário, se o limite for ultrapassado em mais de 20%, o desenquadramento é retroativo ao início das atividades.

Fundamentação legal: art. 2°, inciso V, da Resolução CGSN n. 94/2011; arts. 3°, 30, inciso III, § 1°, III, alíneas "a" e "b", da Lei n. 123/2006; e art. 1° da Resolução CGSN n. 135/2017, que altera o art. 3° da Resolução CGSN n. 94/2011.

10.14.2 Início de atividades em ano-calendário anterior ao da opção

No caso de início de atividades em ano-calendário imediatamente anterior ao da opção pelo Simples Nacional, a receita bruta acumulada deverá ser calculada pela média aritmética da receita bruta total dos meses anteriores ao do período de apuração, multiplicada por 12, até alcançar 13 meses de atividade, quando, então, adotaria a receita bruta total acumulada nos 12 meses anteriores ao do período de apuração, segundo a LC n. 155/2016.

Considera-se data de início de atividade a data de abertura constante do CNPJ. Assim, caso não tenha sido auferida receita bruta em determinado mês anterior ao período de apuração, no cálculo da média aritmética, a receita desse mês será R$ 0,00.

Exemplo

A Empresa Industrial Piranguinho fabrica caixas de papel; teve início de atividades em agosto de 2018 e optou pelo Simples Nacional em 2019.

Receita bruta mensal em 2018:

Mês	Valor da receita bruta — R$%
Agosto	77.000,00
Setembro	189.000,00
Outubro	201.000,00
Novembro	232.000,00
Dezembro	357.000,00

A receita bruta auferida em janeiro de 2019 totalizou a importância de R$ 301.000,00.

Determine o DAS do Simples Nacional a recolher em janeiro de 2019.

Cálculo da receita bruta acumulada em janeiro de 2019

Média aritmética dos meses anteriores = R$ 77.000,00 + R$ 189.000,00 + R$ 201.000,00 + R$ 232.000,00 + R$ 357.000,00 / 5 = R$ 211.200,00

Receita bruta acumulada

R$ 211.200,00 × 12 = R$ 2.534.400,00

Cálculo da alíquota efetiva do Simples Nacional em janeiro de 2019

Enquadramento:

Anexo I

Solução:

Alíquota = 14,70%

Parcela a deduzir = R$ 85.500,00

$$\text{Alíquota efetiva} = \frac{(R\$ 2.534.400,00 \times 14,70\%) - R\$ 85.500,00}{R\$ 2.534.400,00}$$

Alíquota efetiva = 0,111326 × 100 = 11,33%

Cálculo do Simples Nacional em janeiro de 2019:

Valor do DAS a ser recolhido em janeiro de 2019 = R$ 301.000,00 × 11,33% = R$ 34.103,30.

10.14.3 Início de atividades no próprio ano-calendário da opção

Ocorrendo início de atividades no próprio ano-calendário da opção pelo Simples Nacional, para efeito de determinação da alíquota, a receita bruta acumulada deverá ser calculada, segundo a LC n. 155/2016:

- no primeiro mês de atividades: a receita do próprio mês de apuração deverá ser multiplicada por 12;
- nos 11 meses posteriores ao início de atividade deverá ser utilizada a média aritmética da receita bruta total dos meses anteriores ao do período de apuração, multiplicada por 12.

Exemplo

A Empresa Santana da Vargem, prestadora de assessoria e consultoria empresarial e tributária, teve início de atividades em março de 2018 e optou pelo Simples Nacional em 2018.

A receita bruta auferida em março de 2018 totalizou a importância de R$ 11.000,00.

Determine o DAS do Simples Nacional a recolher em abril de 2018.

Enquadramento:

Anexo III

Solução:

Cálculo no período de apuração em março de 2018 (primeiro mês do período de apuração):

Receita bruta no mês de março de 2018 = R$ 11.000,00

Cálculo da receita bruta acumulada em março de 2018:

Receita bruta acumulada proporcional = R$ 11.000,00 × 12 meses = R$ 132.000,00

Alíquota = 6%

Parcela a deduzir = R$ 0,00

$$\text{Alíquota efetiva} = \frac{(R\$ 132.000,00 \times 6\%) - R\$ 00,00}{R\$ 132.000,00}$$

Alíquota efetiva = 0,06 × 100 = 6%

Cálculo do Simples Nacional em março de 2018:

Valor do DAS a ser recolhido em abril de 2018 = R$ 11.000,00 × 6% = R$ 660,00.

10.15 Cálculo de ICMS e ISSQN

O sublimite de receita, que corresponde ao limite inferior ao previsto para enquadramento no Simples Nacional para fins de recolhimento do ICMS e do ISSQN, até 2017 era facultativo aos Estados e municípios cuja participação anual no PIB brasileiro fosse menor de 5%, segundo a LC n. 155/2016.

Para os Estados que não tenham adotado sublimite e para aqueles cuja participação no PIB brasileiro seja superior a 1%, para efeito de recolhimento do ICMS e do ISSQN, observar-se-á obrigatoriamente o sublimite no valor de R$ 3.600.000,00.

No ano-calendário de início de atividade, o sublimite será de R$ 300.000,00 multiplicado pelo número de meses compreendidos entre o início de atividade e o final do respectivo ano-calendário, consideradas as frações de meses como um mês inteiro.

O contribuinte que ultrapassar o limite de receita estará impedido de recolher o ICMS e o ISSQN do Simples Nacional, a partir do mês subsequente àquele em que tiver ocorrido o excesso. Os efeitos do impedimento ocorrerão no ano-calendário subsequente se o excesso verificado não for superior a 20% do limite (R$ 4.320.000,00).

Caso a receita bruta acumulada pela empresa no ano-calendário de início de atividade ultrapasse o sublimite, a mesma estará impedida de recolher o ICMS e o ISSQN na forma prevista no Simples Nacional, com efeitos retroativos ao início de atividade, salvo se o excesso verificado não for superior a 20% do limite, segundo a LC n. 155/2016.

O contribuinte que estiver impedido de recolher o ICMS e o ISSQN no Simples Nacional será considerado sujeito ao regime normal de apuração para todos os efeitos, inclusive:

*   obrigações acessórias: Dime, Sped Fiscal;
*   diferencial de alíquotas: EC n. 87/2015.

Ao contribuinte impedido de recolher o ICMS no Simples Nacional, fica assegurado o direito de creditar-se:

*   do ICMS sobre o estoque, exceto em relação às mercadorias sujeitas à substituição tributária;
*   do saldo de créditos acumulados reservados não transferidos até o momento de sua opção pelo Simples Nacional; e
*   das parcelas remanescentes do crédito do ativo imobilizado.

Para as empresas que tiverem faturamento entre R$ 3.600.000,00 e R$ 4.800.000,00, esses impostos deverão ser calculados fora da tabela do Simples Nacional. Acima desse valor, o imposto será cobrado "por fora" do regime, por meio da apuração normal, inclusive quanto às obrigações acessórias.

Para o cálculo, serão mantidas as regras atuais do ICMS e do ISSQN das empresas optantes pelo Simples Nacional.

Para as empresas que atuam no comércio ou na indústria e faturam entre R$ 3,6 milhões e R$ 4,8 milhões ao ano as vantagens do Simples Nacional são bem restritas. Isso porque as empresas não podem recolher o ICMS pelo regime simplificado, e sim pela sistemática normal de cada Estado. No Simples Nacional, a alíquota máxima do ICMS é de 3,95%. Por fora, ela sobe para até 15%.

Contudo, as empresas que faturam entre R$ 3,6 milhões e R$ 4,8 milhões, e que trabalham com mercadorias inclusas no mecanismo da substituição tributária podem encontrar vantagens no Simples Nacional.

São vários os produtos sujeitos à substituição tributária. Entre eles estão autopeças, ferramentas, materiais de limpeza, produtos de papelaria, tintas e vernizes, segundo o Anexo I do Convênio ICMS 92, de 2015.

Como o ICMS desses produtos foi antecipado pela indústria, ele não precisará ser recolhido pelo comércio enquadrado no Simples Nacional.

Caberá o recolhimento do ICMS ST sobre o estoque de mercadorias sujeitas ao regime da substituição tributária relativo à diferença da MVA reduzida em 70% e da MVA integral.

Concede-se crédito do ICMS quando:

- tratar-se de operações destinadas a contribuintes sujeitos à apuração normal do ICMS;
- as mercadorias forem destinadas à comercialização ou industrialização; e
- observado o limite de crédito de acordo com o percentual do ICMS informado pelo contribuinte optante pelo Simples Nacional.

As microempresas e as empresas de pequeno porte optantes pelo Simples Nacional não farão jus à apropriação nem transferirão créditos relativos a impostos ou contribuições abrangidos pelo Simples Nacional, segundo o art. 23 da LC n. 123/2006.

A alíquota aplicável ao cálculo do crédito corresponderá ao percentual efetivo calculado com base na faixa de receita bruta no mercado interno a que a empresa estiver sujeita no mês anterior ao da operação, a partir das alíquotas nominais constantes dos Anexos I ou II, da seguinte forma:

{[(RBT12 × alíquota nominal) − Parcela a deduzir] / RBT12} × Percentual de distribuição do ICMS

Exemplo

Receita bruta acumulada = R$ 500.000,00

Alíquota nominal = 10%

Valor a deduzir = R$ 13.860,00

Cálculo

[R$ 500.000,00 × 10%) – R$ 13.860,00 / R$ 500.000,00] × 32%

(R$ 36.140,00 / R$ 500.000,00) × 32%

7,23 × 32%

Alíquota de ICMS = 2,31%

O percentual de crédito de ICMS corresponderá a 1,36% para revenda de mercadorias e 1,44% para venda de produtos industrializados pelo contribuinte, na hipótese de a operação ocorrer nos dois primeiros meses de início de atividade da empresa.

Informação a ser prestada na nota fiscal:

> Permite o aproveitamento do crédito de ICMS no valor de R$ ------; correspondente à alíquota de -----%, nos termos do art. 23 da LC n. 123, de 2006.

10.15.1 Retenção e substituição tributária do ISSQN

A retenção na fonte de ISSQN para empresa optante pelo Simples Nacional somente será permitida se observado o disposto no art. 3° da LC n. 116/2003 e desde que aplicada a alíquota, conforme Resolução CGSN n. 94/2011, art. 27.

A alíquota aplicável na retenção na fonte deverá ser informada no documento fiscal e corresponderá ao percentual efetivo de ISSQN decorrente da aplicação das tabelas dos Anexos III, IV ou V para a faixa de receita bruta a que a empresa estiver sujeita no mês anterior ao da prestação de serviços.

Exemplo

Receita bruta acumulada = R$ 900.000,00

Alíquota nominal = 16%

Valor a deduzir = R$ 35.640,00

Percentual de distribuição do ICMS = 32%

Cálculo:

[(R$ 900.000,00 × 16%) – R$ 35.640,00 / R$ 900.000,00] × 32,5%

(R$ 108.360,00 / R$ 900.000,00) × 32,5%

12,04 × 32,5%

Alíquota de ISSQN = 3,91%

10.15.2 Retenção no mês de início de atividades e omissão da alíquota

Na hipótese de o serviço sujeito à retenção ser prestado no mês de início de atividades da empresa, deverá ser aplicada pelo tomador a alíquota de 2%.

Na hipótese de a empresa não informar no documento fiscal a alíquota do ISSQN, aplicar-se-á a alíquota de 5%.

Caso o prestador do serviço informe a alíquota do ISSQN a menor, deverá efetuar o recolhimento da diferença por meio de guia própria do município.

10.15.3 Substituição tributária do ICMS

Será considerado contribuinte:

- Substituto é aquele que, por determinação legal, é responsável pelo recolhimento do ICMS correspondente às operações subsequentes com o produto:
    - indústrias;
    - importadores;
    - empresas que realizam operações interestaduais destinadas a contribuinte localizado em UF signatária de protocolo ou convênio.
- Substituído é aquele que recebe a mercadoria com o ICMS retido na fonte pelo substituto.

São considerados substituídos nas operações subsequentes os atacadistas/distribuidores e os varejistas.

O contribuinte optante pelo Simples Nacional deve observar a forma de segregação da receita auferida no PGDAS-D para definição da sua condição de substituto ou substituído tributário.

10.16 Tabelas de alíquotas

ANEXO I – Alíquotas e Partilha do Simples Nacional – Comércio
(Resolução CGSN n. 140/2018)

Receita bruta em 12 meses (em R$)		Alíquota nominal	Valor a deduzir (em R$)
1ª faixa	Até 180.000,00	4,00%	–
2ª faixa	De 180.000,01 a 360.000,00	7,30%	5.940,00
3ª faixa	De 360.000,01 a 720.000,00	9,50%	13.860,00
4ª faixa	De 720.000,01 a 1.800.000,00	10,70%	22.500,00
5ª faixa	De 1.800.000,01 a 3.600.000,00	14,30%	87.300,00
6ª faixa	De 3.600.000,01 a 4.800.000,00	19,00%	378.000,00

Faixas	Percentual de repartição dos tributos					
	IRPJ	CSLL	Cofins	PIS/Pasep	CPP	ICMS
1ª faixa	5,50%	3,50%	12,74%	2,76%	41,50%	34,00%
2ª faixa	5,50%	3,50%	12,74%	2,76%	41,50%	34,00%
3ª faixa	5,50%	3,50%	12,74%	2,76%	42,00%	33,50%
4ª faixa	5,50%	3,50%	12,74%	2,76%	42,00%	33,50%
5ª faixa	5,50%	3,50%	12,74%	2,76%	42,00%	33,50%
6ª faixa	13,50%	10,00%	28,27%	6,13%	42,10%	–

Com relação ao ICMS, quando o valor do RBT12 for superior ao limite da 5ª faixa, para a parcela que não ultrapassar o sublimite, o percentual efetivo desse imposto será calculado conforme segue:

$$\{[(RBT12 \times 14,30\%) - R\$\ 87.300,00] / RBT12\} \times 33,5\%$$

Exemplos

1. A Empresa Varginha, que comercializa artigos de papel, obteve uma receita bruta em janeiro no valor de R$ 2.000,00. A receita bruta, acumulada nos 12 meses anteriores ao período de apuração, foi de R$ 200.000,00.
   Determine o DAS do Simples Nacional a recolher em fevereiro.

   Enquadramento:
   No Anexo I — Comércio, a alíquota nominal da tabela = 7,30% e a parcela a deduzir = R$ 5.940,00

   Solução:
   R$ 200.000,00 × 7,30% = R$ 14.600,00
   Redução da parcela a deduzir: R$ 14.600,00 – R$ 5.940,00 = R$ 8.660,00
   Alíquota efetiva = R$ 8.660,00 / R$ 200.000,00 = 4,33%
   Aplicando à receita de janeiro = R$ 20.000,00 × 4,33% = R$ 866,00
   Valor a pagar no DAS em janeiro de 2018 = R$ 866,00

2. A Empresa Cambuquira, que comercializa confecções e tecidos em geral, obteve uma receita bruta em janeiro no valor de R$ 41.817,56. A receita bruta, acumulada nos 12 meses anteriores ao período de apuração, foi de R$ 795,497,68.
   Determine o DAS do Simples Nacional a recolher em fevereiro.

   Enquadramento:
   Anexo I
   Alíquota = 10,70%
   Parcela a deduzir = R$ 22.500,00

   Cálculo:
   Alíquota efetiva = $\dfrac{(R\$\ 795.497,68 \times 10,70\%) - R\$\ 22.500,00}{R\$\ 795.497,68}$
   Alíquota efetiva = 0,0787 × 100% = 7,87%
   Cálculo do Simples Nacional = R$ 41.817,56 × 7,87%
   Valor do DAS do Simples Nacional a recolher = R$ 3.291,70

3. A Empresa Indústria Poço Fundo, que comercializa artigos esportivos, obteve uma receita bruta em janeiro no valor de R$ 170.133,20. A receita bruta, acumulada nos últimos 12 meses, anteriores ao período de apuração, foi de R$ 1.331.108,20.
   Determine o DAS do Simples Nacional a recolher em fevereiro.

Enquadramento:

Tabela Anexo I (LC n. 155/2016)

Alíquota = 10,70%

Parcela a deduzir = R$ 22.500,00

Cálculo:

$$\text{Alíquota efetiva} = \frac{(R\$ \ 1.331.108,20 \times 10,70\%) - R\$ \ 22.500,00}{R\$ \ 1.331.108,20}$$

Alíquota efetiva = 0,0901 × 100% = 9,01%

Cálculo do Simples Nacional = R$ 170.133,20 × 9,01%

Valor do DAS do Simples Nacional a recolher = R$ 15.329,00

Nas seções do Anexo I, se a empresa tiver algum caso que não pague um determinado tributo, como nos casos de ICMS ST, PIS e Cofins monofásico etc., deverá segregar a alíquota efetiva encontrada para saber o percentual de tributo a desconsiderar.

Por exemplo, dentro da LC n. 155/2016 tem-se a repartição dos tributos, então, dentro dessa nossa alíquota de 9,01% encontrada, 5,50% dela é IRPJ, 3,50% é CSLL, 12,74% é Cofins e assim sucessivamente.

Em termos práticos, ela representa a composição de cada imposto dentro do DAS.

Faixas	Percentual de repartição dos tributos					
	IRPJ	CSLL	Cofins	PIS/Pasep	CPP	ICMS
1ª faixa	5,50%	3,50%	12,74%	2,76%	41,50%	34,00%
2ª faixa	5,50%	3,50%	12,74%	2,76%	41,50%	34,00%
3ª faixa	5,50%	3,50%	12,74%	2,76%	42,00%	33,50%
4ª faixa	5,50%	3,50%	12,74%	2,76%	42,00%	33,50%
5ª faixa	5,50%	3,50%	12,74%	2,76%	42,00%	33,50%
6ª faixa	13,50%	10,00%	28,27%	6,13%	42,10%	—

No nosso caso, se feita a repartição de tributos, cada tributo ficaria assim representado:

- IRPJ = 0,055 × R$ 15.329,00 = R$ 843,10
- CSLL = 0,035 × R$ 15.329,00 = R$ 536,51
- Cofins = 0,1274 × R$ 15.329,00 = R$ 1.952,91
- PIS = 0,0276 × R$ 15.329,00 = R$ 423,08
- CPP = 0,42 × R$ 15.329,00 = R$ 6.438,18
- ICMS = 0,335 × R$ 15.329,00 = R$ 5.135,22

Se a empresa for de algum anexo de serviço, a sua alíquota máxima de ISSQN será sempre de 5%; então, se na repartição de tributos o valor do ISSQN representar mais que 5% da alíquota efetiva total, esta deverá ser limitada a 5%, e a diferença é separada entre as demais alíquotas dos impostos.

ANEXO II – Alíquotas e Partilha do Simples Nacional – Indústria
(Resolução CGSN n. 140/2018)

Receita Bruta em 12 Meses (em R$)		Alíquota nominal	Valor a deduzir (em R$)
1ª faixa	Até 180.000,00	4,50%	–
2ª faixa	De 180.000,01 a 360.000,00	7,80%	5.940,00
3ª faixa	De 360.000,01 a 720.000,00	10,00%	13.860,00
4ª faixa	De 720.000,01 a 1.800.000,00	11,20%	22.500,00
5ª faixa	De 1.800.000,01 a 3.600.000,00	14,70%	85.500,00
6ª faixa	De 3.600.000,01 a 4.800.000,00	30,00%	720.000,00

Faixas	Percentual de repartição dos tributos						
	IRPJ	CSLL	Cofins	PIS/Pasep	CPP	IPI	ICMS
1ª faixa	5,50%	3,50%	11,51%	2,49%	37,50%	7,50%	32,00%
2ª faixa	5,50%	3,50%	11,51%	2,49%	37,50%	7,50%	32,00%
3ª faixa	5,50%	3,50%	11,51%	2,49%	37,50%	7,50%	32,00%
4ª faixa	5,50%	3,50%	11,51%	2,49%	37,50%	7,50%	32,00%
5ª faixa	5,50%	3,50%	11,51%	2,49%	37,50%	7,50%	32,00%
6ª faixa	8,50%	7,50%	20,96%	4,54%	23,50%	35,00%	–

Para atividade com incidência simultânea de IPI e ISSQN, inciso VIII do art. 25.

Com relação ao ISSQN, quando o percentual efetivo do ISSQN for superior a 5%, o resultado limitar-se-á a 5%, transferindo-se a diferença para os tributos federais, de forma proporcional aos percentuais abaixo. Os percentuais distribuídos serão acrescentados aos percentuais efetivos de cada tributo federal da respectiva faixa, segundo a LC n. 155/2016.

Quando o valor do RBT12 for superior ao limite da 5ª faixa, para a parcela que não ultrapassar o sublimite, o percentual efetivo do ISSQN será calculado conforme segue:

$$\{[(RBT12 \times 21\%) - R\$ 125.640,00]/RBT12\} \times 33,5\%$$

O percentual efetivo resultante também ficará limitado a 5%, redistribuindo-se eventual diferença para os tributos federais na forma acima prevista, de acordo com os seguintes percentuais:

Redistribuição do ISSQN excedente	IRPJ	CSLL	Cofins	PIS/Pasep	CPP	IPI	Total
	8,09%	5,15%	16,93%	3,66%	55,14%	11,03%	100%

Exemplo

1. A Indústria Poços de Caldas, que produz manilhas de cimento, tem uma receita bruta no mês de janeiro de R$ 140.000,00. A receita bruta, acumulada nos últimos 12 meses, anteriores ao período de apuração, totalizou R$ 1.680.000,00.

Determine o valor do DAS do Simples Nacional a recolher em fevereiro.

Enquadramento:

Anexo II

Receita bruta nos últimos 12 meses = R$ 140.000,00.

Alíquota = 11,2%.

Parcela dedutível = R$ 22.500,00.

Solução:

$$\text{Alíquota efetiva} = \frac{(R\$~1.680.000,00 \times 11,2\%) - R\$~22.400,00}{R\$~1.680.000,00}$$

Alíquota efetiva = 0,0986 × 100% = 9,86%

Cálculo do Simples Nacional = R$ 140.000,00 × 9,86%

Valor do DAS do Simples Nacional a recolher = R$ 13.804,00

ANEXO III – Alíquotas e Partilha do Simples Nacional – Receitas de locação de bens móveis e de prestação de serviços descritos no inciso III do § 1° do art. 25, e serviços descritos no inciso V quando o Fator "r" for igual ou superior a 28% (Resolução CGSN n. 140/2018)

Receita bruta em 12 meses (em R$)		Alíquota nominal	Valor a deduzir (em R$)
1ª faixa	Até 180.000,00	6,00%	–
2ª faixa	De 180.000,01 a 360.000,00	11,20%	9.360,00
3ª faixa	De 360.000,01 a 720.000,00	13,50%	17.640,00
4ª faixa	De 720.000,01 a 1.800.000,00	16,00%	35.640,00
5ª faixa	De 1.800.000,01 a 3.600.000,00	21,00%	125.640,00
6ª faixa	De 3.600.000,01 a 4.800.000,00	33,00%	648.000,00

Faixas	Percentual de repartição dos tributos					
	IRPJ	CSLL	Cofins	PIS/Pasep	CPP	ISSQN
1ª faixa	4,00%	3,50%	12,82%	2,78%	43,40%	33,50%
2ª faixa	4,00%	3,50%	14,05%	3,05%	43,40%	32,00%
3ª faixa	4,00%	3,50%	13,64%	2,96%	43,40%	32,50%
4ª faixa	4,00%	3,50%	13,64%	2,96%	43,40%	32,50%
5ª faixa	4,00%	3,50%	12,82%	2,78%	43,40%	33,50%
6ª faixa	35,00%	15,00%	16,03%	3,47%	30,50%	–

Quando o percentual efetivo do ISSQN for superior a 5%, o resultado limitar-se-á a 5%, transferindo-se a diferença para os tributos federais, de forma proporcional aos percentuais a seguir. Os percentuais redistribuídos serão acrescentados aos percentuais efetivos de cada tributo federal da respectiva faixa, segundo a LC n. 155/2016.

Quando o valor do RBT12 for superior ao limite da 5ª faixa, para a parcela que não ultrapassar o sublimite, o percentual efetivo do ISSQN será calculado conforme segue:

$$\{[(RBT12 \times 21\%) - R\$ 125.640,00]/RBT12\} \times 33,5\%$$

Esse percentual também ficará limitado a 5%, redistribuindo-se eventual diferença para os tributos federais na forma acima prevista, de acordo com os seguintes percentuais:

Redistribuição do ISSQN excedente	IRPJ	CSLL	Cofins	PIS/Pasep	CPP	Total
	6,02%	5,26%	19,28%	4,18%	65,26%	100%

A tabela do Anexo III será aplicada sobre a receita decorrente:
- da locação de bens móveis, desconsiderando-se os percentuais ao ISSQN;
- creche, pré-escola e estabelecimento de ensino fundamental, escolas técnicas, profissionalizantes e de ensino médio, de língua estrangeiras, de artes, cursos técnicos de pilotagem, preparatórios para concursos, gerenciais e escolas livres;
- agência terceirizada de correios;
- agência de viagem e turismo;
- centro de formação de condutores de veículos automotores de transporte terrestre de passageiros e de carga;
- agência lotérica;
- serviços de instalação, de reparos e de manutenção em geral, bem como de usinagem, solda, tratamento e revestimento em metais;
- transporte municipal de passageiros;
- escritórios de serviços contábeis;
- produções cinematográficas, audiovisuais, artísticas e culturais, sua exibição ou apresentação, inclusive no caso de música, literatura, artes cênicas, artes visuais, cinematográficas e audiovisuais;
- de prestação de serviços de transportes intermunicipais e interestaduais de cargas e de comunicação sem substituição tributária do ICMS, desconsiderando-se o percentual relativo ao ISSQN e adicionando-se o percentual relativo ao ICMS previsto na tabela do Anexo I.

O serviço de transporte intermunicipal e interestadual de passageiros permanece vedado ao Simples Nacional, exceto quando na modalidade fluvial ou quando possuir características de transporte urbano ou metropolitano ou realizar-se sob fretamento contínuo em área metropolitana para o transporte de estudantes ou trabalhadores, conforme o art. 15, XVI, § 6°, da Resolução CGSN n. 117/2014.

Quando a relação, no mês, entre a folha de pagamento de salários paga e a receita bruta auferida nos últimos 12 meses for inferior a 28%, para as atividades mencionadas, a tributação passará do Anexo III para o Anexo V.

Considera-se folha de salários, incluídos os encargos, o montante pago, nos 12 meses anteriores ao período de apuração, a título de remunerações a pessoas físicas decorrentes do trabalho, acrescido do montante efetivamente recolhido a título de contribuição patronal previdenciária e FGTS, incluídas as retiradas de pró-labore, segundo a LC n. 155/2016.

Exemplos

1. A Empresa Crepaldi Advogados Associados, que presta serviços advocatícios e consultoria geral, obteve uma receita bruta em janeiro no valor de R$ 39.845,11. A receita bruta, acumulada nos 12 meses anteriores ao período de apuração, foi de R$ 1.181.109,07.

   Determine o DAS do Simples Nacional a recolher em fevereiro.

   Enquadramento:

   Anexo III

   Alíquota = 16,00%

   Parcela a deduzir = R$ 35.640,00

   Cálculo:

   $$\text{Alíquota efetiva} = \frac{(\text{R\$ } 1.181.109,07 \times 16,00\%) - \text{R\$ } 35.640,00}{\text{R\$ } 1.181.109,07}$$

   Alíquota efetiva = 0,1298 × 100% = 12,98%

   Cálculo do Simples Nacional = R$ 39.845,11 × 12,98%

   Valor do DAS do Simples Nacional a recolher = R$ 5.172,89

2. A Empresa Imobiliária Elói Mendes, que comercializa imóveis e presta serviços de locação, obteve uma receita bruta em janeiro no valor de R$ 89.797,21. A receita bruta, acumulada nos 12 meses anteriores ao período de apuração, foi de R$ 1.061.432,61. A folha de pagamento acumulada nos últimos 12 meses totalizou a importância de R$ 380.292,75.

   Determine o DAS do Simples Nacional a recolher em fevereiro.

   Enquadramento:

   Anexo III

   Alíquota = 16,00%

   Parcela a deduzir = R$ 35.640,00

   Percentual da folha de pagamento bruta total 12 × RBT 12 = 35,83%

   Cálculo:

   $$\text{Alíquota efetiva} = \frac{(\text{R\$ } 1.061.432,61 \times 16,00\%) - \text{R\$ } 35.640,00}{\text{R\$ } 1.061.432,61}$$

Alíquota efetiva = 0,1264 × 100% = 12,64%

Cálculo do Simples Nacional = R$ 89.797,21 × 12,64%

Valor do DAS do Simples Nacional a recolher = R$ 11.350,37

ANEXO IV – Alíquotas e Partilha do Simples Nacional — Receitas decorrentes da prestação de serviços relacionados no inciso IV do § 1° do art. 25 (Resolução CGSN n. 140/2018)

	Receita bruta em 12 meses (em R$)	Alíquota nominal	Valor a deduzir (em R$)
1ª faixa	Até 180.000,00	4,50%	–
2ª faixa	De 180.000,01 a 360.000,00	9,00%	8.100,00
3ª faixa	De 360.000,01 a 720.000,00	10,20%	12.420,00
4ª faixa	De 720.000,01 a 1.800.000,00	14,00%	39.780,00
5ª faixa	De 1.800.000,01 a 3.600.000,00	22,00%	183.780,00
6ª faixa	De 3.600.000,01 a 4.800.000,00	33,00%	828.000,00

Faixas	Percentual de repartição dos tributos				
	IRPJ	CSLL	Cofins	PIS/Pasep	ISSQN
1ª faixa	18,80%	15,20%	17,67%	3,83%	44,50%
2ª faixa	19,80%	15,20%	20,55%	4,45%	40,00%
3ª faixa	20,80%	15,20%	19,73%	4,27%	40,00%
4ª faixa	17,80%	19,20%	18,90%	4,10%	40,00%
5ª faixa	18,80%	19,20%	18,08%	3,92%	40,00%
6ª faixa	53,50%	21,50%	20,55%	4,45%	–

O percentual efetivo máximo devido ao ISSQN será de 5%, transferindo-se a diferença, de forma proporcional, aos tributos federais da mesma faixa de receita bruta anual. Sendo assim, na 5ª faixa, quando a alíquota efetiva for superior a 12,5%, a repartição será:

5ª faixa, com alíquota efetiva superior a 12,5%	(Alíquota efetiva – 5%) x 31,33%	(Alíquota efetiva – 5%) x 32,00%	(Alíquota efetiva – 5%) x 30,13%	(Alíquota efetiva – 5%) x 6,54%	Percentual de ISSQN fixo em 5%

Quando o percentual efetivo do ISSQN for superior a 5%, o resultado limitar-se-á a 5%, transferindo-se a diferença para os tributos federais, de forma proporcional aos percentuais a seguir. Os percentuais redistribuídos serão acrescentados aos percentuais efetivos de cada tributo federal da respectiva faixa, segundo a LC n. 155/2016.

Quando o valor do RBT12 for superior ao limite da 5ª faixa, para a parcela que não ultrapassar o sublimite, o percentual efetivo do ISSQN será calculado conforme segue:

$$\{[(RBT12 \times 22\%) - R\$ 183.780,00]/RBT12\} \times 40\%$$

Esse percentual também ficará limitado a 5%, redistribuindo-se eventual diferença para os tributos federais na forma acima prevista, de acordo com os seguintes percentuais:

Redistribuição do ISSQN excedente	IRPJ	CSLL	Cofins	PIS/Pasep	Total
	31,33%	32%	30,13%	6,54%	100%

A tabela do Anexo IV será aplicada sobre a receita decorrente da prestação de serviços:
* construção de imóveis e obras de engenharia em geral, inclusive sob a forma de subempreitada, execução de projetos e serviços de paisagismo, bem como decoração de interiores;
* serviço de vigilância, limpeza ou conservação;
* serviços advocatícios.

Exemplo

1. A Empresa Imobiliária Serrania, prestadora de consultoria e assessoria, obteve uma receita bruta em janeiro no valor de R$ 170.935,10. A receita bruta, acumulada nos 12 meses anteriores ao período de apuração, foi de R$ 2.017.100,00.
Verifique o Anexo III da LC n. 123/2006 (com redação dada pela LC n. 155/2016) – Alíquotas e Partilha do Simples Nacional – Receitas de locação de bens móveis e prestação de serviços não relacionados no § 5°-C do art. 18 desta Lei Complementar:

Receita bruta em 12 meses (em R$)		Alíquota	Valor a deduzir (em R$)
1ª faixa	Até 180.000,00	6,00%	–
2ª faixa	De 180.000,01 a 360.000,00	11,20%	9.360,00
3ª faixa	De 360.000,01 a 720.000,00	13,50%	17.640,00
4ª faixa	De 720.000,01 a 1.800.000,00	16,00%	35.640,00
5ª faixa	De 1.800.000,01 a 3.600.000,00	21,00%	125.640,00
6ª faixa	De 3.600.000,01 a 4.800.000,00	33,00%	648.000,00

Faixas	Percentual de repartição dos tributos					
	IRPJ	CSLL	Cofins	PIS/Pasep	CPP	ISSQN
1ª faixa	4,00%	3,50%	12,82%	2,78%	43,40%	33,50%
2ª faixa	4,00%	3,50%	14,05%	3,05%	43,40%	32,00%

3ª faixa	4,00%	3,50%	13,64%	2,96%	43,40%	32,50%
4ª faixa	4,00%	3,50%	13,64%	2,96%	43,40%	32,50%
5ª faixa	4,00%	3,50%	12,82%	2,78%	43,40%	33,50% (*)
6ª faixa	35,00%	15,00%	16,03%	3,47%	30,50%	–

(*) O percentual efetivo máximo devido ao ISSQN será de 5%, transferindo-se a diferença, de forma proporcional, aos tributos federais da mesma faixa de receita bruta anual. Sendo assim, na 5ª faixa, quando a alíquota efetiva for superior a 14,92537%, a repartição será:

	IRPJ	CSLL	Cofins	PIS/Pasep	CPP	ISSQN
5ª faixa, com alíquota efetiva superior a 14,92537%	(Alíquota efetiva – 5%) x 6,02%	(Alíquota efetiva – 5%) x 5,26%	(Alíquota efetiva – 5%) x 19,28%	(Alíquota efetiva – 5%) x 4,18%	(Alíquota efetiva – 5%) x 65,26%	Percentual de ISSQN fixo em 5%

Então, com esses dados e efetuando o mesmo cálculo anteriormente demonstrado, temos uma alíquota efetiva de

R$ 3.082.017,10 × 21% – R$ 125.640,00

R$ 521.583,59 / R$ 3.082.017,10

16,92%

Então, qual será a alíquota de ISSQN dentro destes 12,18%?

ISSQN: 33,50 / 100 = 0,335 × 16,92 = 5,67%

Como 5,67% é maior que 5%, então teremos de limitar a alíquota do ISSQN a 5%, e o 0,67% restante será separado entre os demais impostos que compõem o cálculo.

Então, seguindo as orientações da LC n. 155/2016 dispostas na última tabela apresentada, teremos:

16,92 – 5 = 11,92

IRPJ: 11,92 × 6,02%= 0,71

CSLL: 11,92 × 5,26% = 0,62

Cofins: 11,92 × 19,28% = 2,30

PIS: 11,92 × 4,18% = 0,50

CPP: 11,92 × 4,18% = 7,79

ISSQN: 5%

Se somarmos as alíquotas encontradas e os 5% de ISSQN, encontraremos a mesma alíquota efetiva de 16,92%.

10.16.1 Contribuição Previdenciária Patronal (CPP)

O art. 189 da IN RFB n. 971/2009 estabelece que a ME e a EPP optantes pelo Simples Nacional, sujeitas ao Anexo IV, devem recolher a CPP segundo a legislação aplicável aos demais contribuintes ou responsáveis. Essa legislação consta da Lei n. 8.212/1991.

A CPP corresponderá ao recolhimento de 20% sobre o total das remunerações pagas ou creditadas a qualquer título, durante o mês, aos segurados empregados, trabalhadores avulsos e contribuintes individuais que lhe prestem serviços; 1%, 2% ou 3% para o financiamento do benefício da aposentadoria especial e daqueles concedidos em razão do grau de incidência de incapacidade laborativa decorrentes dos Riscos Ambientais do Trabalho (RAT), sobre o total das remunerações pagas ou creditadas no decorrer do mês aos segurados empregados e trabalhadores avulsos, e 15% sobre o valor bruto da nota fiscal ou fatura de prestação de serviços relativos a serviços que lhe são prestados por cooperados por intermédio de cooperativa de trabalho, segundo a LC n. 155/2016.

ANEXO V – Alíquotas e Partilha do Simples Nacional – Receitas de prestação de serviços descritos no inciso V do § 1° do art. 25, quando o Fator "r" for inferior a 28% (Resolução CGSN n. 140/2018)

Receita bruta em 12 meses (em R$)		Alíquota nominal	Valor a deduzir (em R$)
1ª faixa	Até 180.000,00	15,50%	–
2ª faixa	De 180.000,01 a 360.000,00	18,00%	4.500,00
3ª faixa	De 360.000,01 a 720.000,00	19,50%	9.900,00
4ª faixa	De 720.000,01 a 1.800.000,00	20,50%	17.100,00
5ª faixa	De 1.800.000,01 a 3.600.000,00	23,00%	62.100,00
6ª faixa	De 3.600.000,01 a 4.800.000,00	30,50%	540.000,00

Faixas	Percentual de repartição dos tributos					
	IRPJ	CSLL	Cofins	PIS/Pasep	CPP	ISSQN
1ª faixa	25,00%	15,00%	14,10%	3,05%	28,85%	14,00%
2ª faixa	23,00%	15,00%	14,10%	3,05%	27,85%	17,00%
3ª faixa	24,00%	15,00%	14,92%	3,23%	23,85%	19,00%
4ª faixa	21,00%	15,00%	15,74%	3,41%	23,85%	21,00%
5ª faixa	23,00%	12,50%	14,10%	3,05%	23,85%	23,50%
6ª faixa	35,00%	15,50%	16,44%	3,56%	29,50%	–

Quando o percentual efetivo do ISSQN for superior a 5%, o resultado limitar-se-á a 5%, transferindo-se a diferença para os tributos federais, de forma proporcional aos percentuais abaixo. Os percentuais redistribuídos serão acrescentados aos percentuais efetivos de cada tributo federal da respectiva faixa, segundo a LC n. 155/2016.

Quando o valor do RBT12 for superior ao limite da 5ª faixa, para a parcela que não ultrapassar o sublimite, o percentual efetivo do ISSQN será calculado conforme segue:

$$\{[(RBT12 \times 23\%) - R\$ 62.100,00]/RBT12\} \times 23,5\%$$

Esse percentual também ficará limitado a 5%, redistribuindo-se eventual diferença para os tributos federais na forma acima prevista, de acordo com os seguintes percentuais:

Redistribuição do ISSQN excedente	IRPJ	CSLL	Cofins	PIS/Pasep	CPP	Total
	30,07%	16,34%	18,43%	3,99%	31,17%	100%

A tabela do Anexo V será aplicada sobre aquela receita decorrente da prestação dos serviços:
- administração e locação de imóveis de terceiros;
- academias de dança, de capoeira, de ioga e de artes marciais;
- academias de atividades físicas, desportivas, de natação e escolas de esportes;
- elaboração de programas de computadores, inclusive jogos eletrônicos, desde que desenvolvidos em estabelecimento do optante;
- licenciamento ou cessão de direito de uso de programas de computação;
- planejamento, confecção, manutenção e atualização de páginas eletrônicas, desde que realizados em estabelecimento do optante;
- empresas montadoras de estandes para feiras;
- laboratórios de análises clínicas ou de patologia clínica;
- serviços de tomografia, diagnósticos médicos por imagem, registros gráficos e métodos óticos, bem como ressonância magnética;
- serviço de prótese em geral.

10.16.2 Aplicação do Fator "r"

De acordo com o art. 26 da Resolução CGSN n. 94/2011, na hipótese de a ME ou a EPP optante do Simples Nacional obter receitas previstas para o Anexo V, deverá apurar o Fator "r", que deve ser encontrado para que seja apurada a contribuição previdenciária patronal unificada juntamente com os outros tributos abrangidos no Simples Nacional.

O Fator "r" deve ser encontrado mediante a relação entre a:

I – folha de salários, incluídos os encargos, nos 12 (doze) meses anteriores ao período de apuração; e a

II – receita bruta total acumulada auferida nos mercados interno e externo nos 12 (doze) meses anteriores ao período de apuração.

$$(r) = \frac{\text{Folha de salários incluídos encargos (em 12 meses)}}{\text{Receita Bruta (em 12 meses)}}$$

Considera-se folha de salários, incluídos os encargos, o montante pago nos últimos 12 (doze) meses anteriores ao do período de apuração, a título de salários, retiradas de pró-labore, acrescidos do montante efetivamente recolhido a título de contribuição para a Seguridade Social destinada à Previdência Social e para o Fundo de Garantia do Tempo de Serviço.

- Deverão ser considerados os salários dados relacionados a fatos geradores, base de cálculo e valores devidos da contribuição previdenciária e outras informações de interesse do INSS ou do Conselho Curador do FGTS.
- Consideram-se salários o valor da base de cálculo da contribuição prevista nos incisos I e III do art. 22 da Lei n. 8.212/1991, agregando-se o valor do 13º salário na competência da incidência da referida contribuição. Nota-se que não são considerados valores pagos a título de aluguéis e de distribuição de lucros.

Exemplo

1. A Empresa Campestre, que presta serviços de assessoria e consultoria empresarial e tributária, obteve uma receita bruta em janeiro no valor de R$ 200.000,00. A receita bruta, acumulada nos 12 meses anteriores ao período de apuração, foi de R$ 3.000.000,00.
A folha de pagamento acumulada nos últimos 12 meses totalizou a importância de R$ 144.000,00.
Determine o DAS do Simples Nacional a recolher em fevereiro.

Enquadramento:

Do Anexo III vai para o Anexo V.

A partir das informações e aplicando as normas do Simples Nacional, verifica-se que a relação no mês, entre a folha de pagamento de salários paga e a receita bruta obtida nos últimos 12 meses, é inferior a 28%. Dessa forma, a tributação passará do Anexo III para o Anexo V.

Percentual da folha de pagamento bruta total 12 × RBT 12

$$\frac{R\$ 144.000,00}{R\$ 3.000.000,00} = 4,8\%$$

Alíquota = 23,00%

Parcela a deduzir = R$ 62.100,00

Solução:

$$\text{Alíquota efetiva} = \frac{(R\$ 3.000.000,00 \times 23,00\%) - R\$ 62.100,00}{R\$ 3.000.000,00}$$

Alíquota efetiva = 0,2093 × 100% = 20,93%

Cálculo do Simples Nacional = R$ 200.000,00 × 20,93%

Valor do DAS do Simples Nacional a recolher = R$ 41.860,00

10.17 Retenção do ISSQN na fonte

A previsão legal encontra-se no art. 3º da LC n. 116/2003, sendo:

- regra geral: estabelecimento prestador;
- exceções: ISSQN devido no local da prestação;

- alíquota: constante nos Anexos III, IV ou V da LC n. 123/2006, a ser informada pelo contribuinte.

A alíquota aplicável na retenção na fonte deverá ser informada no documento fiscal. Se a empresa não informar, aplica-se a maior alíquota, que é de 5%. Ocorrendo diferença entre a alíquota utilizada e a efetivamente apurada, o recolhimento da diferença deverá ser realizado no mês subsequente ao do início de atividade DAM. As ME ou EPP sujeitas à tributação fixa não sofrem retenção na fonte (escritórios de serviços contábeis e MEI, segundo a LC n. 155/2016).

São responsáveis tributários, conforme o § 2° do art. 6° da LC n. 116/2003, a pessoa jurídica, ainda que imune ou isenta, tomadora ou intermediária dos serviços descritos nos subitens 3.05, 7.02, 7.04, 7.05, 7.09, 7.10, 7.12, 7.14, 7.15, 7.16, 7.17, 7.19, 11.02, 17.05 e 17.10 da lista anexa.

10.18 Investidor-anjo

Para incentivar as atividades de inovação e os investimentos produtivos, a sociedade enquadrada como microempresa ou empresa de pequeno porte, nos termos da Lei Complementar n. 123/2006, poderá admitir o aporte de capital, que não integrará o capital social da empresa, segundo arts. 61-A, 61-B, 61-C e 61-D da LC n. 123/2006.

As finalidades de fomento à inovação e investimentos produtivos deverão constar do contrato de participação, com vigência não superior a sete anos.

O aporte de capital poderá ser realizado por pessoa física ou por pessoa jurídica, denominadas investidor-anjo.

A atividade constitutiva do objeto social é exercida unicamente por sócios regulares, em seu nome individual e sob sua exclusiva responsabilidade.

O investidor-anjo:

- não será considerado sócio nem terá qualquer direito à gerência ou voto na administração da empresa;
- não responderá por qualquer dívida da empresa, inclusive em recuperação judicial, não se aplicando a ele o art. 50 da Lei n. 10.406/2002 — Código Civil;
- será remunerado por seus aportes, nos termos do contrato de participação, pelo prazo máximo de cinco anos.

Para fins de enquadramento da sociedade como microempresa ou empresa de pequeno porte, os valores de capital aportado não são considerados receitas da sociedade.

Ao final de cada período, o investidor-anjo fará jus à remuneração correspondente aos resultados distribuídos, conforme contrato de participação, não superior a 50% (cinquenta por cento) dos lucros da sociedade enquadrada como microempresa ou empresa de pequeno porte, segundo a LC n. 155/2016.

O investidor-anjo somente poderá exercer o direito de resgate depois de decorridos, no mínimo, dois anos do aporte de capital, ou prazo superior estabelecido no contrato de participação, e seus haveres serão pagos na forma do art. 1.031 da Lei n. 10.406/2002 — Código Civil, não podendo ultrapassar o valor investido devidamente corrigido. Não impede a transferência da titularidade do aporte para terceiros.

A transferência da titularidade do aporte para terceiro alheio à sociedade dependerá do consentimento dos sócios, salvo estipulação contratual expressa em contrário. A emissão e a titularidade de aportes especiais não impedem a fruição do Simples Nacional.

Caso os sócios decidam pela venda da empresa, o investidor-anjo terá direito de preferência na aquisição, bem como direito de venda conjunta da titularidade do aporte de capital, nos mesmos termos e condições que forem ofertados aos sócios regulares.

Os fundos de investimento poderão aportar capital como investidores-anjos em microempresas e empresas de pequeno porte.

A IN n. 1.719/2017 dispõe sobre a tributação dos rendimentos decorrentes dos contratos de participação com aportes de capital efetuados nos termos do art. 61-A da LC n. 123/2006, pelos denominados investidores-anjos. Existem duas formas de rendimento:

- Remuneração periódica correspondente aos resultados distribuídos, conforme definido no contrato, não superior a 50% dos lucros da sociedade que receber o aporte de capital.
- Alienação da titularidade dos direitos do contrato de participação para sócios da sociedade que receberem o aporte ou para terceiros, com deliberação estipulada em contrato.

10.18.1 Nova obrigação – Escrituração Contábil Digital (ECD)

A partir de 1° de janeiro de 2017, a ME ou EPP que receber aporte de capital (investidor-anjo) na forma prevista nos arts. 61-A a 61-D da LC n. 123/2006, deverá manter Escrituração Contábil Digital (ECD), e ficará desobrigada de cumprir o disposto no inciso I do *caput* e no § 3° (arts. 2°, inciso I e § 6°, 26, § 15, e 27, LC n. 123/2006).

Prazo de entrega da ECD – IN RFB n. 1.420/2013:

> A ECD será transmitida anualmente ao Sped até o último dia útil do mês de maio do ano seguinte ao ano-calendário a que se refira a escrituração.

10.18.2 Venda de Ativo Imobilizado

A Resolução CGSN n. 133/2017 determina, dentre outras medidas, que se consideram bens do ativo imobilizado ativos tangíveis cuja desincorporação ocorra a partir do 13° mês contado da respectiva entrada. Enquadram-se nessa classificação os bens que sejam disponibilizados para uso na produção ou no fornecimento de bens ou serviços, ou para locação por outros, para investimento, ou para fins administrativos.

A receita de venda de bem considerado por lei ativo imobilizado não compõe a receita bruta da empresa optante pelo Simples Nacional, de que trata a Lei Complementar n. 123/2006. Se a venda do bem ocorrer antes do 13° mês de entrada, a receita será tributada pelo Simples Nacional (Anexo I).

Sobre o ganho de capital decorrente da venda de bem do ativo, a empresa optante pelo Simples Nacional deve recolher Imposto de Renda (alíquota varia entre 15% e 22,5%), conforme inciso II, § 5°, do art. 2° da Resolução CGSN n. 94/2011, Lei n. 13.259/2016, que alterou a Lei n. 8.981/1995.

10.19 Ganho de capital

Em relação aos fatos geradores ocorridos a partir de 1/1/2017 (Lei n. 13.259/2016, resultante da conversão, com alterações, da MP n. 692/2015):
*   15% sobre a parcela dos ganhos que não ultrapassar R$ 5.000.000,00;
*   17,5% sobre a parcela dos ganhos que exceder R$ 5.000.000,00 e não ultrapassar R$ 10.000.000,00;
*   20% sobre a parcela dos ganhos que exceder R$ 10.000.000,00 e não ultrapassar R$ 30.000.000,00; e
*   22,5% sobre a parcela dos ganhos que ultrapassar R$ 30.000.000,00.

10.20 Distribuição dos lucros aos sócios

De acordo com o art. 14 da LC n. 123/2006, consideram-se isentos do Imposto de Renda, na fonte e na declaração e ajuste do beneficiário, os valores efetivamente pagos ou distribuídos ao titular ou sócio da microempresa ou empresa de pequeno porte optante pelo Simples Nacional, salvo os que corresponderem a pró-labore, aluguéis ou serviços prestados.

A isenção para fins do imposto ficará limitada ao valor resultante da aplicação dos percentuais de determinação da estimativa mensal (art. 15 da Lei n. 9.249/1995), sobre a receita bruta mensal, no caso de antecipação na fonte, ou da receita bruta total anual, tratando-se de declaração de ajuste, subtraído do valor devido na forma do Simples Nacional no período, relativo ao IRPJ.

Essa isenção não será aplicada se a ME ou EPP mantiver escrituração contábil e demonstrar lucro superior ao estipulado na isenção.

Exemplo

Considerar os seguintes dados:
*   a) empresa comercial com receita bruta em determinado mês de R$ 10.000,00;
*   b) percentual de 8% aplicável sobre a receita bruta mensal, conforme o art. 15 da Lei n. 9.249/1995, logo, o valor passível de pagamento aos sócios refere-se a R$ 800,00.

R$ 10.000,00 × 8% = R$ 800,00
R$ 10.000,00 × 0,27% = R$ 27,00
Valor a ser pago (R$ 10.000,00 × 8% = R$ 800,00)

Será subtraído o valor devido ao Simples Nacional no período, relativo ao IRPJ, que, no caso, corresponde a R$ 27,00 (R$ 10.000,00 × 0,27%).

Neste mês, poderá ser distribuído aos sócios, com isenção, até R$ 773,00 (R$ 800,00 – R$ 27,00).

10.20.1 Lucros apurados mediante a escrituração contábil

A limitação à distribuição de lucros com isenção não se aplica na hipótese de a pessoa jurídica manter escrituração contábil e evidenciar lucro superior a esse limite.

Dessa forma, se for comprovado por meio da contabilidade que o lucro apurado é superior ao determinado mediante a regra anteriormente exposta, esse lucro poderá ser distribuído com a isenção do imposto de renda, segundo o art. 14 da LC n. 123/2006; art. 6°, § 2°, da Resolução CGSN n. 4/2007.

10.21 Fiscalização do Simples Nacional

A competência, regra geral, é da Secretaria da Receita Federal (SRF).

Entretanto, o município exercerá a fiscalização do ISSQN nas hipóteses do art. 3° da LC n. 116/2003 (estabelecimento e exceções).

O procedimento de fiscalização nos termos da legislação municipal será: preparo, seleção e programação da ação fiscal, através do Sistema Único de Fiscalização — Lançamento e Contencioso — Sefisc.

As funções do Sefisc são:

• controlar as ações fiscais de empresas optantes pelo Simples Nacional;
• possibilitar o lançamento do crédito mediante lavratura do Auto de Infração e Notificação Fiscal (Ainf).

Poderá ocorrer por meio do Portal do Simples Nacional com o acesso por usuário habilitado mediante certificação digital. Oportunizará um único auto de infração todos os tributos que compõem o Simples Nacional e o compartilhamento de dados entre os fiscos, elevando o poder da fiscalização sobre as empresas do Simples Nacional para as competências de 2011, 2012, 2013 e 2014.

Enquanto não disponibilizado o Sefisc (2015 e 2016), o lançamento será conforme os procedimentos fiscais estabelecidos na legislação local, exceto para os valores já declarados no PGDAS-D, que deverão ser cobrados pela RFB (confissão de dívida).

Obedecerá à aplicação de alíquota, base de cálculo, juros/multa, inscrição em Dívida Ativa e cobrança judicial conforme legislação do Simples Nacional.

A fiscalização será orientadora para:

• trabalhista, metrológico, sanitário, ambiental, de segurança, de relações de consumo e de uso e ocupação do solo;

- inclusão das matérias ligadas ao consumo;
- exceção: falta de registro de empregado ou anotação da Carteira de Trabalho e Previdência Social (CTPS) e reincidência, fraude, resistência ou embaraço à fiscalização.

As microempresas e empresas de pequeno porte optantes pelo Simples Nacional poderão, opcionalmente, adotar contabilidade simplificada para os registros e controles das operações realizadas, conforme regulamentação do Comitê Gestor, conforme art. 27 da LC n. 123/2006.

A microempresa ou empresa de pequeno porte optante pelo Simples Nacional deverá apresentar anualmente à Secretaria da Receita Federal do Brasil declaração única e simplificada de informações socioeconômicas e fiscais, que deverá ser disponibilizada aos órgãos de fiscalização tributária e previdenciária, observados prazo e modelo aprovados pelo CGSN e observado o disposto no § 15-A do art. 18, segundo o art. 25 da LC n. 123/2006.

10.21.1 Omissão de receitas

- Aplicação de todas as presunções de omissão de receita na legislação, de todos os impostos e contribuições incluídos no Simples Nacional.
- Planejamento ou procedimento fiscal ou preparatório – prestação de assistência mútua e permuta de informações entre a Fazenda Pública da União, Estados e municípios.
- Notificação prévia para que o autor regularize a situação, segundo regulamentação do CGSN e não constituição de procedimento fiscal.

10.22 Vantagens do regime do Simples Nacional

- Apuração e recolhimento unificado de até oito tributos – Guia DAS.
- Tributação progressiva, reduzindo a carga para negócios iniciantes e aumentando de acordo com a maturidade (faturamento) da empresa.
- Dispensa do pagamento das contribuições destinadas ao financiamento do Sistema S e contribuições sindicais.
- Descontos para a obtenção de determinadas licenças e certificações do governo.
- Preferência em determinadas licitações.
- Dispensa da entrega de diversas obrigações acessórias.
- Possibilidade de encerrar a empresa mesmo com dívidas tributárias.
- Quanto maiores os gastos com folha de pagamento menor será a carga tributária – contribuição previdenciária patronal.

Perfil das empresas com vantagens:
- Empresas com margens de lucro médias e altas.
- Com custos operacionais baixos.

- Ter uma boa participação das despesas com folha de pagamentos.
- Transacionar mercadorias não beneficiadas por redução da base de cálculo do ICMS.
- Não ter mercadorias no regime de substituição tributária.
- Seus consumidores serem clientes finais.

10.23 Desvantagens

- Impossibilidade de redução de tributos por meio de benefícios/incentivos fiscais.
- Tributação por meio de alíquota sobre a receita bruta e não sobre o lucro, não permitindo a compensação de prejuízos e despesas.
- Impossibilidade de pagar menos tributos utilizando despesas, ou seja, a empresa pagará tributos mesmo que tenha prejuízo.
- Dificuldades nas relações comerciais com empresas não optantes por esse regime, em razão de questões tributárias.
- Limite para distribuição de dividendos, caso a empresa não adote uma contabilidade semelhante à de uma empresa tributada pelo Regime do Lucro Real.

10.24 Obrigações acessórias do Simples Nacional

As obrigações acessórias do Simples Nacional são:

- Declaração de Informações Socioeconômicas e Fiscais (DEFIS).
- Declaração do Imposto de Renda Retido na Fonte (DIRF).
- Sistema de Escrituração Digital das Obrigações Fiscais, Previdenciárias e Trabalhistas (eSocial).
- Cadastro geral de Empregados e Desempregados (CAGED).
- Relação Anual de Informações Sociais (RAIS).
- Escrituração contábil.
- Declaração de Substituição Tributária, Diferencial de Alíquota e Antecipação devida por Contribuintes da categoria Simples Nacional (DeSTDA).

CONSIDERAÇÕES FINAIS

Esse é o regime tributário simplificado. A maior parcela das empresas brasileiras estão enquadradas nesse regime, que atinge as que faturam até R$ 4,8 milhões por ano. É o regime, em tese, menos complexo, com alíquotas definidas, progressivas e mais fáceis de serem aplicadas.

Alguns cuidados são indispensáveis, como as regras de exclusão do regime, quando um sócio da empresa do Simples Nacional é sócio com mais de 10% de outra empresa, e a soma dos faturamentos fica acima do limite de R$ 4,8 milhões.

QUANDO VALE A PENA OPTAR PELO SIMPLES NACIONAL?
De maneira geral, quanto maior a folha de pagamento, maior a vantagem do Simples Nacional. Isso ocorre porque, no Simples Nacional, o INSS já está embutido na alíquota unificada, enquanto em outros regimes o INSS incide diretamente sobre a folha de pagamento (normalmente representando 26,8% sobre a folha).

As empresas com vantagens apresentam as seguintes características:
- Margens de lucros médias e altas.
- Custos operacionais baixos.
- Boa participação das despesas com folha salarial.
- Transacionam mercadorias não beneficiadas por redução da base de cálculo do ICMS.
- Não possuem mercadorias no regime de Substituição Tributária.
- Seus consumidores são clientes finais.

Conforme estabelece a Lei Complementar n. 123/2006, as microempresas e as empresas de pequeno porte optantes pelo Simples Nacional não farão jus à apropriação nem transferirão créditos relativos a impostos ou contribuições abrangidas pelo Simples Nacional. O contribuinte do ICMS não optante pelo Simples Nacional terá direito a crédito correspondente ao ICMS incidente sobre as suas aquisições de mercadorias provenientes de empresas do Simples Nacional, desde que destinadas a comercialização ou industrialização, com saída tributada no valor do ICMS pago pelo fornecedor em relação à venda (art. 23, § 1°, LC n. 123/2006).

O registro dos atos constitutivos de suas alterações e extinções (baixas), referentes a empresários e pessoas jurídicas em qualquer órgão dos 3 (três) âmbitos de governo, ocorrerá independentemente da regularidade de obrigações tributárias, previdenciárias ou trabalhistas, principais ou acessórias, do empresário, da sociedade, dos sócios, dos administradores ou de empresas de que participem, sem prejuízo das responsabilidades do empresário, dos titulares, dos sócios ou dos administradores por tais obrigações, apuradas antes ou após o ato de extinção, consoante o art. 9° da LC n. 123/2006. A baixa do empresário ou da pessoa jurídica não impede que, posteriormente, sejam lançados ou cobrados tributos, contribuições e respectivas penalidades, decorrentes da falta do cumprimento de obrigações ou da prática comprovada e apurada em processo administrativo ou judicial de outras irregularidades praticadas pelos empresários, pelas pessoas jurídicas ou por seus titulares, sócios ou administradores. A solicitação de baixa do empresário ou da pessoa jurídica importa responsabilidade solidária dos empresários, dos titulares, dos sócios e dos administradores no período da ocorrência dos respectivos fatos geradores.

As alterações contemplam significativas e benéficas mudanças para as ME e EPP.

A forma de tributação progressiva que acontece após a primeira faixa de tributação é um avanço, e crescer (faturar mais) não trará um susto tão grande no pagamento mensal do DAS (Documento de Arrecadação do Simples Nacional).

A mudança das atividades de tecnologia para o Anexo III reduziu consideravelmente os impostos para a área.

A regulação do investidor-anjo trará maior segurança jurídica aos negócios.

Nem mesmo a exclusão do ISSQN e do ICMS do DAS para os que faturarem mais que R$ 3,6 milhões é tão assustadora, apesar de trazer maior complexidade para essas empresas (mais obrigações acessórias e impostos a recolher), que representam 84% em média das empresas optantes pelo Simples Nacional, que faturam menos de R$ 540.000,00 por ano.

Outros aspectos do regime do Simples Nacional são:
- recolhimento unificado de oito tributos;
- não se beneficia com incentivos fiscais;
- não é possível a compensação de prejuízos; e
- não utiliza da dedução de custos e despesas.

CASO PRÁTICO 10.1

Efetue os cálculos e determine a melhor forma de tributação.

Samuel Amorim precisa optar por um dentre os três métodos de tributação possíveis para sua empresa (lucro real trimestral, lucro presumido trimestral ou Simples Nacional).

A empresa dele presta serviços de manutenção e comercialização de equipamentos de informática. A empresa de Amorim, nos últimos 12 meses, faturou R$ 241.170,00, então, por este critério, pode optar pelo Simples Nacional, se compensar, é claro.

Para que fizesse o planejamento tributário ideal, Amorim refez o movimento contábil da empresa no último trimestre, aplicando as três formas de tributação. Ao final, decidiu pela que se pagavam menos tributos.

Eis o movimento do último trimestre da empresa de Amorim:
- Faturamento bruto no mês 10/2019 no valor de R$ 18.000,00; em 11/2019, R$ 17.500,00; e em 12/2019, R$ 21.000,00. Considere serviços 30% do faturamento.
- Compras: 10/2019 — R$ 13.000,00; 11/2019 — R$ 11.500,00; e 12/2019 — R$ 17.000,00.
- Energia elétrica: 10/2019 — R$ 800,00; 11/2019 — R$ 700,00; e 12/2019 — R$ 750,00
- Resultado contábil/fiscal apurado no quarto trimestre: lucro de R$ 9.950,00.

CASO PRÁTICO 10.2

Efetue os cálculos e determine a melhor forma de tributação.

Maria Eduarda precisa optar por um dentre os três métodos de tributação possíveis para sua empresa (lucro real trimestral, lucro presumido trimestral ou Simples Nacional).

A empresa dela comercializa sapatos femininos de luxo. A empresa de Maria Eduarda, nos últimos 12 meses, faturou R$ 1.287.000,00, então, por este critério, pode optar pelo Simples Nacional, se compensar, é claro.

Para que fizesse o planejamento tributário ideal, Maria Eduarda refez o movimento contábil da empresa no último trimestre, aplicando as três formas de tributação. Ao final, decidiu pela que se pagavam menos tributos.

Eis o movimento do último trimestre da empresa de Maria Eduarda:
- Faturamento bruto no mês 10/2017 no valor de R$ 125.000,00; em 11/2017, R$ 147.500,00; e em 12/2017, R$ 147.000,00.
- Compras: 10/2017 — R$ 110.000,00; 11/2017 — R$ 141.000,00; e 12/2017 — R$ 137.000,00.
- Energia elétrica: 10/2017 — R$ 1.800,00; 11/2017 — R$ 1.700,00; e 12/2017 — R$ 1.750,00.
- Resultado contábil/fiscal apurado no terceiro trimestre: prejuízo de R$ 1.250,00.

CASO PRÁTICO 10.3

Efetue os cálculos e determine a melhor forma de tributação.

Ludmila precisa optar por um dentre os três métodos de tributação possíveis para sua empresa (lucro real trimestral, lucro presumido trimestral ou Simples Nacional).

A empresa dela industrializa parafusos e porcas. A empresa de Ludmila, nos últimos 12 meses, faturou R$ 2.287.000,00, então, por este critério, pode optar pelo Simples Nacional, se compensar, é claro.

Para que fizesse o planejamento tributário ideal, Ludmila refez o movimento contábil da empresa no último trimestre, aplicando as três formas de tributação. Ao final, decidiu pela que se pagavam menos tributos.

Eis o movimento do último trimestre da empresa da Ludmila:
- Faturamento bruto no mês 10/2017 no valor de R$ 325.000,00; em 11/2017, R$ 258.000,00; e em 12/2017, R$ 357.000,00.
- Compras: 10/2017 — R$ 280.000,00; 11/2017 — R$ 181.000,00; e 12/2017 — R$ 287.000,00.
- Energia elétrica: 10/2017 — R$ 7.800,00; 11/2017 — R$ 12.500,00; e 12/2017 — R$ 21.200,00.
- Resultado contábil/fiscal apurado no terceiro trimestre: lucro de R$ 57.000,00.

CASO PRÁTICO 10.4

Efetue os cálculos e determine a melhor forma de tributação.

Cristiane Dias precisa optar por um dentre os três métodos de tributação possíveis para sua empresa (lucro real trimestral, lucro presumido trimestral ou Simples Nacional).

A empresa dela presta serviços de manutenção de veículos automotores e vendas de peças automotivas. A empresa de Cristiane, nos últimos 12 meses, faturou R$ 117.000,00, então, por este critério, pode optar pelo Simples Nacional, se compensar, é claro.

Para que fizesse o planejamento tributário ideal, Cristiane refez o movimento contábil da empresa no último trimestre, aplicando as três formas de tributação. Ao final, decidiu pela que se pagavam menos tributos.

Eis o movimento do último trimestre da empresa da Cristiane:
- Faturamento bruto no mês 10/2017 no valor de R$ 15.000,00; em 11/2017, R$ 18.000,00; e em 12/2017, R$ 17.000,00. Considere serviços 40% do faturamento.
- Compras: 10/2017 — R$ 10.000,00; 11/2017 — R$ 11.000,00; e 12/2017 — R$ 12.000,00.
- Energia elétrica: 10/2017 — R$ 200,00; 11/2017 — R$ 250,00; e 12/2016 — R$ 200,00.
- Resultado contábil/fiscal apurado no terceiro trimestre: prejuízo de R$ 400,00.

CAPÍTULO 11 # Planejamento tributário em operações típicas

Objetivo

Neste capítulo, você aprenderá:

- o emprego do planejamento tributário em operações típicas das empresas.

Introdução

Um estudo sobre planejamento tributário visa promover a difusão de procedimentos amparados por lei que auxiliem os contribuintes a ampliar suas responsabilidades de redução no recolhimento de seus impostos. Por meio de informações teóricas confiáveis e com modelos aplicados a situações reais, tais procedimentos permitem a observação das possibilidades perfeitamente aplicáveis e os benefícios oferecidos pela tributação com base em operações típicas.

11.1 Operação de vendas pela internet

No sistema atual de tributação sobre circulação de mercadorias, o Imposto sobre Operações relativas à Circulação de Mercadorias e sobre prestações de Serviços de Transporte Interestadual, Intermunicipal e de Comunicação (ICMS) incide no Estado de origem do produto.

Eventualmente, serviços alcançados pelo Imposto Sobre Serviços de Qualquer Natureza (ISSQN), cuja execução possa ser efetivada pela internet, também terão seu local de pagamento no estabelecimento domicílio do prestador.

Dessa forma, é plausível o planejamento seguinte:

- **venda de produtos ao consumidor final**: efetuar as vendas por meio de estabelecimento situado em Estado cuja incidência de ICMS (alíquota sobre consumidor final — alíquota interna) seja menor;
- **venda de serviços**: o estabelecimento prestador estar localizado em município com menor alíquota do ISSQN.

Crepaldi e Crepaldi[1] afirmam que a Emenda Constitucional n. 87/2015 trouxe impactos substanciais no processo das empresas que praticam esse tipo de comercialização, pois são atores indispensáveis em sua nova forma de distribuição, bem como trará impactos na arrecadação dos Estados que concentram essas empresas.

A alteração legislativa modificou justamente a regra que beneficiava o Estado origem:

> **Art. 1°** Os incisos VII e VIII do § 2° do art. 155 da Constituição Federal passam a vigorar com as seguintes alterações:
>
> "Art. 155 (...)
>
> § 2° (...)
>
> VII — nas operações e prestações que destinem bens e serviços a consumidor final, contribuinte ou não do imposto, localizado em outro Estado, adotar-se-á a alíquota interestadual e caberá ao Estado de localização do destinatário o imposto correspondente à diferença entre a alíquota interna do Estado destinatário e a alíquota interestadual;
>
> a) (revogada);
>
> b) (revogada);
>
> VIII — a responsabilidade pelo recolhimento do imposto correspondente à diferença entre a alíquota interna e a interestadual de que trata o inciso VII será atribuída:

---

1 CREPALDI, S. A.; CREPALDI, G. S. *Direito tributário*: teoria e prática. 3. ed. Rio de Janeiro: Forense, 2011.

a) ao destinatário, quando este for contribuinte do imposto;

b) ao remetente, quando o destinatário não for contribuinte do imposto;

(...)"

Nesse sentido, Crepaldi e Crepaldi[2] analisam a nova redação alterada pela Emenda Constitucional n. 87/2015 e afirmam que os Estados destinatários, independentemente de o adquirente que lá reside ser contribuinte ou não do ICMS, sempre receberão a diferença entre a alíquota do Estado destinatário e a interestadual, considerando assim uma maior equalização da aplicação do tributo. Outro ponto a ressaltar é o que determina a alteração constitucional sobre a responsabilidade pelo recolhimento do imposto aos remetentes das mercadorias no caso de o destinatário ser consumidor final não contribuinte de ICMS. Nesse aspecto, as empresas ganham mais uma obrigação acessória que pode trazer complicações futuras.

11.2 Reembolsos de despesas

Reembolsos de despesas correspondem a valores pagos cujo ônus deva ser reembolsado por terceiro. No nível de planejamento tributário, tais operações precisam ser corretamente contabilizadas, evitando tratá-las como receitas na contabilidade da empresa que recebeu o reembolso.

Normalmente, tais despesas ocorrem entre empresas contratantes, em que, por conveniência, um dos contratantes paga as despesas e, pelo contrato, tem direito ao ressarcimento delas pelo outro contratante. É o caso, por exemplo, de um contrato de consultoria em que a empresa contratante assume as despesas de viagem, alimentação etc. das pessoas que irão prestar os serviços e que são empregados ou sócios da empresa contratada.

A contabilização deve ser simultânea, nas empresas contratantes, à vista dos documentos ou relatórios gerados.

Tais reembolsos também podem ocorrer entre empregados e empregadores, em decorrência, por exemplo, do uso de veículos dos empregados nas atividades do empregador.

11.2.1 Reembolsos de despesas entre empresas

Exemplo

Uma empresa de consultoria pagou as despesas decorrentes de um contrato firmado com a contratante e deve, então, ser ressarcida. Os valores deverão ser contabilizados da seguinte forma:

- Por ocasião do pagamento da despesa a ser reembolsada por terceiro:

  D – Valores a Receber (Ativo Circulante)

  C – Caixa

- Por ocasião do recebimento do reembolso:

  D – Caixa

  C – Valores a Receber (Ativo Circulante)

---

2 CREPALDI; CREPALDI, 2011.

O documento contábil para suporte de tal contabilização — além do próprio contrato — é o relatório de despesas de viagem.

Na empresa contratante, que suportará tais despesas, a contabilização será a seguinte:

- Por ocasião do recebimento do relatório de despesas, à vista dos documentos pertinentes:

  D – Despesas de Viagens (Conta de Resultado)

  C – Contas a Pagar — Reembolsos de Despesas (Passivo Circulante)

- Por ocasião do pagamento do reembolso respectivo:

  D – Contas a Pagar — Reembolsos de Despesas (Passivo Circulante)

  C – Caixa

11.2.2 Reembolsos de despesas *versus* receitas

Pelo fato de não serem receitas, a contabilização de tais valores não deve ser procedida em contas de resultados. Somente devem ser contabilizadas como receitas aquelas que representarem ingressos de novos recursos na empresa (por exemplo, a obtenção de receita financeira, a venda de serviços e mercadorias etc.).

Existe muita confusão entre receitas, reembolsos de despesas e recuperação de custos ou despesas. Os três fatos são distintos, sendo receita, em síntese, um fato que gere criação de nova riqueza (ou novo patrimônio) para a empresa.

Para fins de Imposto de Renda (IR), o Decreto n. 9.580/2018 assim define: "A receita bruta das vendas e serviços compreende o produto da venda de bens nas operações de conta própria, o preço dos serviços prestados e o resultado auferido nas operações de conta alheia".

Reembolso de despesa, como vimos, é a simples antecipação de valores que devem ser reembolsados por terceiro. Recuperação de custo ou despesa é o evento em que ocorre uma recuperação de uma despesa ou custo da própria empresa (assumida por esta), como o crédito do Programa de Integração Social (PIS) não cumulativo (Lei n. 10.637/2002).

11.2.3 Reembolso de despesas de veículos de empregados

Exemplo

Determinada empresa utiliza o veículo de um funcionário para vendas externas, reembolsando as despesas ocorridas com seu uso à vista dos documentos (notas fiscais de combustíveis, manutenção, pedágios etc.). A empresa contabilizará como segue:

- Por ocasião da entrega dos documentos ou relatório de despesas pelo funcionário:

  D – Despesas de Veículos (Conta de Resultado)

  C – Contas a Pagar — Reembolsos de Despesas (Passivo Circulante)

- Por ocasião do pagamento do reembolso respectivo:

  D – Contas a Pagar — Reembolsos de Despesas (Passivo Circulante)

  C – Caixa

Nota: recomenda-se que haja contrato por escrito, entre empregado e empresa, estipulando as condições de uso, a fim de assegurar a dedutibilidade de tais despesas na apuração do lucro real.

11.3 Brindes ou bonificação em mercadorias

Os brindes são mercadorias que não constituem objeto normal da atividade do contribuinte e que tenham sido adquiridas para distribuição gratuita a consumidor ou a usuário final. Não existe nenhum impedimento para a empresa realizar a distribuição de mercadorias de sua fabricação ou adquiridas de terceiros, isto é, que fazem parte do objeto normal da sua atividade econômica, mas nesses casos a operação será classificada como bonificação ou doação.

Tanto a bonificação como a doação são tributadas normalmente pelo ICMS e pelo Imposto sobre Produtos Industrializados (IPI), cujo fato gerador é a circulação e/ou a saída das mercadorias. A distribuição de brindes pode ser realizada por meio de três modalidades:

- pelo adquirente, por conta própria;
- pelo adquirente, por intermédio de outro estabelecimento;
- por conta e ordem de terceiros.

11.3.1 Distribuição pelo próprio adquirente

O contribuinte que adquirir brindes para serem distribuídos diretamente a consumidor ou usuário final deve realizar os seguintes procedimentos:

- **escrituração da nota fiscal de compra**: a nota fiscal deverá ser lançada no Livro Registro de Entrada de Mercadorias e tomando o crédito do ICMS destacado no documento;
- **distribuição dos brindes:** deverá ser emitida, no ato da entrada dos brindes, nota fiscal com lançamento do ICMS pela alíquota interna da Unidade Federal do estabelecimento adquirente. No valor unitário das mercadorias dessa nota fiscal de saída deverá estar incluída a parcela do IPI, caso tenha sido cobrado pelo fornecedor;
- **escrituração da nota fiscal de distribuição:** a nota fiscal deverá ser lançada no Livro Registro de Saída de Mercadorias em Operações com Débito de ICMS. Na entrega direta dos brindes ao consumidor ou usuário final, realizada no próprio local do estabelecimento adquirente, não é necessária a emissão de documento fiscal.

11.3.2 Distribuição por intermédio de outro estabelecimento

A distribuição poderá ser feita por intermédio de outro estabelecimento da mesma empresa ou outro qualquer, desde que observados os seguintes procedimentos:

- Procedimentos do estabelecimento adquirente:
  - registrar a nota fiscal de compra emitida pelo fornecedor no Livro Registro de Entrada de Mercadorias, com o crédito do ICMS;

- emitir, nas remessas para quaisquer estabelecimentos destinatários, nota fiscal com lançamento do ICMS, incluindo no valor da mercadoria adquirida a parcela do IPI eventualmente destacada na nota fiscal emitida pelo fornecedor;
- emitir, no final de cada dia, referente às entregas diretas a consumidor final ou usuário final, nota fiscal com lançamento de ICMS, incluindo no valor da mercadoria adquirida a parcela do IPI eventualmente destacada na nota fiscal emitida pelo fornecedor;
- lançar as notas fiscais no Livro Registro de Saída de Mercadorias em Operações com débito de ICMS.
- Procedimentos do estabelecimento destinatário:
  - caso o destinatário que receber as mercadorias para distribuição a consumidor ou usuário final apenas efetue entregas diretas no próprio estabelecimento, deverá ele proceder conforme uma distribuição feita pelo próprio adquirente;
  - caso a mercadoria seja ainda remetida para distribuição, deverá remeter para aquele que a recebeu originalmente.

11.3.3 Entrega por conta e ordem de terceiros

O fornecedor das mercadorias, a pedido do adquirente, poderá entregar os brindes em endereço de pessoa diversa.

Uma empresa que concede brindes de produtos aos seus clientes poderá transformar tais brindes em bonificações de mercadorias, viabilizando a redução fiscal.

Isso porque, como brindes, a baixa deles é despesa indedutível, para fins de apuração do Imposto de Renda Pessoa Jurídica (IRPJ) e da Contribuição Social sobre o Lucro Líquido (CSLL) sobre o lucro real, conforme o art. 249, VIII, Regulamento do IR.

Há ainda de se considerar que a remessa dos brindes, quando decorrentes de produção própria, constitui receita tributável do PIS e da Contribuição para o Financiamento da Seguridade Social (Cofins), além, é claro, do ICMS e do IPI, salvo em relação a amostras gratuitas de diminuto valor.

Porém, como bonificação em mercadorias, tais inconvenientes tributários são minimizados. A bonificação se caracteriza como um desconto comercial dado mediante acréscimo da quantidade entregue.

Exemplo[3]

Em vez de brindar o cliente com 100 unidades do produto X, a R$ 2,00 cada, mediante remessa específica a título de brindes, incluem-se as 100 unidades do produto X como desconto incondicional na aquisição dos demais produtos (exemplo: 200 unidades do produto Y a R$ 3,00 cada):

---

3 Adaptado de ZANLUCA, J. C. Planejamento tributário – luxo ou necessidade? *Portal tributário*, 2012. Disponível em: http://www.portaltributario.com.br/artigos/planejamento.htm. Acesso em: 02 ago. 2018.

Produto	Valor R$
200 unidades Y a R$ 3,00 cada uma	600,00
100 unidades X a R$ 2,00 cada uma	200,00
Desconto incondicional	−200,00
Valor líquido da nota fiscal	**600,00**

Um contribuinte tributado pelo lucro real que tenha uma despesa anual de brindes de produção própria no valor de R$ 100.000,00, segundo o procedimento citado, poderá economizar até:

Tributo	Alíquota
IRPJ	15%
Adicional de IRPJ	10%
CSLL	9%
PIS	1,65%
Cofins	7,6%
ICMS	18%
Total	**61,25%**

Valor da economia tributária: R$ 100.000,00 × 61,25% = R$ 61.250,00/ano.

11.4 Gastos com formação profissional

Muitos contribuintes, por desconhecimento da legislação, têm maior ônus tributário em determinados gastos com formação profissional. A seguir, será apresentado um resumo das principais práticas que poderão permitir economia fiscal nesses dispêndios.

11.4.1 Doação de bolsas de estudo

O PN CST n. 326/1971 definiu que, para os efeitos do IR, entende-se por bolsa de estudo a quantia despendida por determinada pessoa, física ou jurídica, destinada ao custeio do aprimoramento cultural, técnico ou profissional de terceiros, sem beneficiar diretamente a pessoa concedente.

11.4.1.1 Isenção do imposto para o beneficiário

O Decreto n. 9.580/2018 determina que são isentas do IR, na fonte e na declaração de ajuste do beneficiário, as bolsas de estudo e de pesquisa caracterizadas como doação, quando recebidas exclusivamente para proceder a estudos ou pesquisas, desde que os resultados dessas atividades não representem vantagem para o doador nem importem em contraprestação de serviços.

Observe que esse caso somente ocorre quando o doador da bolsa de estudo não se beneficiar, mesmo que indiretamente, com os resultados das pesquisas ou da profissionalização do beneficiário da doação. É possível citar como exemplo um caso em que uma pessoa jurídica doa para uma instituição de ensino o valor de uma bolsa de estudo e essa instituição, por sua vez, sorteia ou doa essa bolsa a determinado aluno de acordo com critérios próprios da instituição, sem a interferência da pessoa jurídica doadora.

11.4.1.2 Indedutibilidade da despesa na pessoa jurídica doadora

Para que a bolsa de estudo seja assim considerada, a pessoa jurídica concedente não pode ser beneficiada pela concessão, ou seja, consiste em mera liberalidade. Entretanto, para a pessoa física beneficiária, tal valor será considerado rendimento isento, desde que tal fato não represente vantagem e não importe em contraprestação de serviços em favor da empresa doadora. A partir de 1º de janeiro de 1996, as bolsas de estudo caracterizadas como doação são indedutíveis, tanto para fins de determinação do lucro real como da base de cálculo da CSLL (art. 13, inciso VI, Lei n. 9.249/1995).

Portanto, para fins de planejamento tributário, é interessante que não se caracterizem como doações as respectivas bolsas, e sim como patrocínios institucionais. Em vez de simplesmente doar as bolsas, a empresa poderia, por exemplo, formular contrato de patrocínio institucional diretamente com a entidade de ensino, com cláusula de pagamento em espécie e vinculado à promoção institucional na forma de bolsas de estudo. O dispêndio torna-se dedutível por constituir despesa de publicidade e propaganda.

11.4.2 Treinamento

11.4.2.1 Caracterização como despesa dedutível da pessoa jurídica

Os gastos realizados pela pessoa jurídica com o objetivo de aperfeiçoar tecnicamente os seus empregados, desde que condizentes com a atividade da empresa e que, portanto, revertam em seu benefício, bem como aqueles que constituem complemento da remuneração do empregado, não tendo caráter de mera liberalidade, podem ser considerados dedutíveis para efeito de apuração do lucro real.

O Decreto n. 9.580/2018, ao normatizar as dedutibilidades, determina que são operacionais as despesas pagas ou incorridas não computadas nos custos, necessárias à atividade da empresa e à manutenção da respectiva fonte produtora, para a realização das transações ou operações exigidas pela atividade da empresa. Observa-se que as despesas operacionais admitidas são as usuais ou normais no tipo de transações, operações ou atividades da empresa. Há previsão de dedutibilidade, como despesa operacional, de gastos realizados pela pessoa jurídica com a formação profissional de empregados. Cabe ressaltar que todos os gastos com educação e formação profissional serão contabilizados como despesa operacional da empresa. Logo, tal valor contribuirá para a diminuição do lucro da empresa. O lucro real final sofrerá a tributação.

Cabe ainda ressaltar que as despesas não serão deduzidas na íntegra do valor do imposto a pagar: seu impacto será sobre a base de cálculo.

11.4.2.2 Tributação como rendimento do beneficiário

No caso de formação profissional, não há caracterização como doação. Portanto, os dispêndios são tributáveis como rendimento do beneficiário, na fonte e na Declaração de Ajuste Anual, conforme previsto no Decreto n. 9.580/2018. Nesse caso, eles devem ser somados aos demais rendimentos pagos, dentro do mês, para cálculo do IRRF.

Para melhor demonstração dos fatos, criamos duas situações que estão nos Quadros 11.1 e 11.2.

Quadro 11.1 Simulação 1

Discriminação	R$
Lucro	200.000,00
IRPJ	30.000,00
Adicional IRPJ	14.000,00
CSLL	18.000,00
Carga tributária 1	**62.000,00**

Fonte: elaborado pelo autor.

Quadro 11.2 Simulação 2

Discriminação	R$
Lucro	200.000,00
(–) Gastos com a formação profissional	(15.000,00)
Novo lucro	**185.000,00**
IRPJ	27.500,00
Adicional IRPJ	12.500,00
CSLL	16.650,00
Carga tributária 2	**56.900,00**

Fonte: elaborado pelo autor.

Logo, observa-se que a empresa de fato realizou um desembolso financeiro no valor de R$ 15.000,00 com a formação profissional de seus funcionários. Ocorre que, desse gasto, ela reduziu no seu imposto o valor de R$ 5.100,00. Sendo assim, a empresa terá, na verdade, um desembolso no valor de R$ 9.900,00.

Quadro 11.3 Simulação 3

Discriminação	R$
Gastos com a formação profissional	15.000,00
Economia tributária	5.100,00
Gasto real da empresa	9.900,00

Fonte: elaborada pelo autor.

É importante ressaltar que, para que tais valores sejam dedutíveis da base de cálculo do imposto, todo contrato deverá ser feito em nome da empresa e não em nome de seus funcionários ou gerentes.

Vale ressaltar, ainda, que os valores repassados a funcionários a fim de viabilizar seu crescimento profissional serão tributados na pessoa física.

Para a empresa tomar a decisão de viabilizar ou não as atividades para crescimento profissional, é necessário um estudo de viabilidade levando em consideração os resultados anteriores e a prospecção de resultados futuros.

11.4.3 Remuneração de estagiário

A Lei n. 11.788/2008 determina que somente poderá estagiar quem estiver cursando uma escola que tenha incluído no seu projeto pedagógico o estágio, sendo exigida uma correlação entre o que é ensinado e o campo de atuação do estagiário.

Os estagiários prestam serviço à fonte pagadora, que os remunera; consequentemente, conforme concluiu o PN CST n. 326/1971, os pagamentos feitos a estagiários, mesmo que intitulados bolsas-auxílio, constituem rendimento tributável, submetendo-se à incidência do IR Retido na Fonte e na Declaração de Ajuste do beneficiário. O Decreto n. 9.580/2018 prevê a tributação da remuneração de estagiários como rendimentos do trabalho assalariado.

Os pagamentos feitos a estagiário utilizados nas atividades próprias são dedutíveis como despesa operacional da pessoa jurídica que o contrata e o remunera. No caso das empresas e profissionais liberais, conceder um estágio não deve ser busca de vantagem financeira com utilização do trabalho de estudantes, mas sim uma contribuição significativa para o processo educacional mediante a utilização do sistema mais indicado para seleção de futuros colaboradores.

11.5 Postergação do faturamento

Para as empresas que apuram o lucro real ou presumido, a data de 31 de dezembro constitui-se em oportunidade de planejamento fiscal. Veja como:

- O faturamento dos últimos dias de dezembro, se adiado para início de janeiro, poderá gerar uma economia fiscal, pois as receitas serão reconhecidas no trimestre subsequente.
- Nessa hipótese, as mercadorias ou serviços que deixaram de ser faturados irão compor o custo dos estoques.
- No lucro real, normalmente, esse valor é significativamente inferior ao preço de venda.
- No lucro presumido, obtém-se o adiamento da tributação (IRPJ, CSLL, PIS e Cofins).

Exemplo 1

Admitindo-se um custo de estoque de 60% sobre o preço de venda, cujo faturamento foi postergado de dezembro para janeiro, no valor de R$ 1.000.000,00, em uma empresa optante pelo lucro real.

Contabilização dos estoques:
D – Estoques de Produtos Acabados (Ativo Circulante)
C – Transferências de Custos Apurados (Conta de Resultado) → R$ 600.000,00

Histórico: saldo de estoques de produtos acabados apurados em 31 de dezembro. Deixou-se de lançar o seguinte em 31 de dezembro, pela venda não efetivada (faturada):
D – Clientes (Ativo Circulante)
C – Vendas de Produtos (Conta de Resultado) → R$ 1.000.000,00

Admitindo-se um ICMS de 12% e PIS e Cofins de 9,25% (alíquota de 1,65% do PIS e 7,6% da Cofins não cumulativos):
D – Impostos sobre Vendas (Conta de Resultado)
C – Impostos a Pagar ICMS/PIS/Cofins (Passivo Circulante) → R$ 212.500,00

O valor líquido da diferença apurada no resultado é de R$ 1.000.000,00 (venda não faturada) → R$ 600.000,00 (estoques) → R$ 212.500,00 (impostos sobre vendas) = R$ 187.500,00.

Nesse exemplo, o lucro líquido submetido à tributação do IRPJ e da CSLL (lucro real) seria menor em R$ 187.500,00, podendo resultar em uma tributação até 34% menor, ou R$ 63.750,00, em 31 de dezembro.

Já em uma empresa de serviços, a diferença seria bem maior (normalmente, o custo dos estoques é mínimo).

Exemplo 2

Admitindo-se um custo de estoques de serviços de 20%, teríamos a seguinte redução de IRPJ e CSLL sobre o lucro real, sobre uma postergação de faturamento de R$ 500.000,00:

D – Estoques de Serviços em Andamento (Ativo Circulante)
C – Transferências de Custos Apurados (Conta de Resultado) → R$ 100.000,00

Histórico: saldo de estoques de serviços em andamento em 31/12.
Deixou-se de lançar o seguinte em 31/12, pela venda não efetivada (faturada):
D – Clientes (Ativo Circulante)
C – Vendas de Serviços (Conta de Resultado) → R$ 500.000,00

Admitindo-se um ISSQN de 5% e PIS e Cofins de 9,25% (alíquota de 1,65% do PIS e 7,6% da Cofins não cumulativos):

D – Impostos sobre Vendas
C – Impostos a Pagar ISSQN/PIS/Cofins (Passivo Circulante) → R$ 71.250,00

O valor líquido da diferença apurada no resultado é de R$ 500.000,00 (faturamento postergado) – R$ 100.000,00 (estoques) – R$ 71.250,00 (impostos sobre vendas) = R$ 328.750,00.

Nesse exemplo, o lucro líquido submetido à tributação do IRPJ e da CSLL (lucro real) seria menor em R$ 328.750,00, podendo resultar em uma tributação até 34% menor, ou R$ 111.775,00, em 31 de dezembro.

11.6 Atenção no balanço para a compensação do imposto pago no exterior

A tributação obrigatória sobre resultados obtidos no exterior pode ser amenizada mediante os procedimentos de compensação previstos no Decreto n. 9.580/2018.

Como os resultados advindos do exterior devem ser reconhecidos no balanço de 31 de dezembro, convém estar atento aos procedimentos a seguir.

Essa compensação é muitas vezes desconhecida pelas empresas, ou aplicada inadequadamente, bastando, para fazê-la, ater-se aos detalhes expostos na legislação.

11.6.1 Admissão de compensação

A pessoa jurídica poderá compensar o IR incidente no exterior sobre os lucros, rendimentos, ganhos de capital e receitas decorrentes da prestação de serviços efetuada diretamente, computados no lucro real, até o limite do IR incidente, no Brasil, sobre os referidos lucros, rendimentos, ganhos de capital e receitas de prestação de serviços, consoante a Lei n. 9.249/1995, art. 26, e a Lei n. 9.430/1996.

11.6.2 Proporcionalidade

Para efeito de determinação do limite fixado, o imposto incidente no Brasil correspondente aos lucros, rendimentos, ganhos de capital e receitas de prestação de serviços auferidos no exterior será proporcional ao total do imposto e adicional devidos pela pessoa jurídica no Brasil (art. 26, § 1°, Lei n. 9.249/1995).

11.6.3 Conversão em reais

O IR a ser compensado será convertido em quantidade de reais, de acordo com a taxa de câmbio, para venda, na data em que o imposto foi pago. Caso a moeda em que o imposto foi pago não tenha cotação no Brasil, será ela convertida em dólares norte-americanos e, em seguida, em reais.

11.6.4 Data-limite

Os créditos de IR pagos no exterior relativos a lucros, rendimentos e ganhos de capital auferidos no exterior somente serão compensados com o imposto devido no Brasil se os referidos lucros, rendimentos e ganhos de capital forem computados na base de cálculo do imposto, no Brasil, até o final do segundo ano-calendário subsequente ao de sua apuração (art. 1°, § 4°, Lei n. 9.532/1997). Portanto, o planejamento deverá levar em conta esse limite de prazo.

11.6.5 Compensação do IR retido na fonte – Remessas ao exterior

O IR retido na fonte sobre rendimentos pagos ou creditados a filial, sucursal, controlada ou coligada de pessoa jurídica domiciliada no Brasil, não compensado em virtude de a beneficiária ser domiciliada em país enquadrado nas disposições do art. 245 (países com tributação favorecida), poderá ser compensado com o imposto devido sobre o lucro real da matriz, controladora ou coligada no Brasil quando os resultados da filial, sucursal, controlada ou coligada, que contenham os referidos rendimentos, forem computados na determinação do lucro real da pessoa jurídica no Brasil.

11.7 Crédito presumido do IPI como ressarcimento do PIS e da Cofins – Opção pelo critério mais vantajoso

A IN n. 420/2004 permite a escolha, pelo contribuinte, do critério de ressarcimento mais vantajoso, a título de PIS e Cofins na exportação (Lei n. 9.363/1996 e Lei n. 10.276/2001), como crédito presumido do IPI.

Alternativamente, na base de cálculo do crédito presumido, poderão ser incluídos:

• custos de energia elétrica e combustíveis, adquiridos no mercado interno, utilizados no processo produtivo (inciso II do art. 6°);

- valor da prestação de serviços decorrente de industrialização por encomenda (inciso III do art. 6°).

Já o ICMS não será excluído dos custos dos materiais, energia e combustíveis, bem como frete e seguro, gerando com isso uma base de cálculo maior (art. 18).

Portanto, o critério alternativo será interessante para a empresa exportadora que tiver um alto custo de energia/combustíveis na produção e/ou também empregar empresas terceirizadas para o processamento da produção.

De qualquer forma, antes de fazer a opção é necessário efetuar os dois cálculos (o da Lei n. 9363/1996 e o da Instrução Normativa).

CONSIDERAÇÕES FINAIS

O planejamento tributário em operações típicas visa otimizar o montante dos encargos tributários a serem suportados por uma pessoa física ou jurídica. Assim, por exemplo, ele tem em mira casos em que a legislação prevê a possibilidade de escolha entre regimes de tributação que podem levar a uma carga tributária menor.

CAPÍTULO 12 # Planejamento tributário nas exportações

Objetivo

Neste capítulo, você aprenderá:

- o emprego do planejamento tributário nas operações envolvendo exportações.

Introdução

O comércio internacional assumiu, a partir dos anos 1980, relevância muito superior à qual até então vinha desempenhando na economia mundial — importância essa que vem crescendo desde os primeiros anos do século XXI.

Cada vez mais as empresas precisam buscar novos mecanismos para crescer ou, simplesmente, manter-se no mercado. É preciso repensar os processos de toda a cadeia de valor, encontrando formas não convencionais de reduzir custos e despesas em todo o processo, desde a matéria-prima até a chegada do produto ou serviço ao consumidor final.

Conforme Galhardo,[1]

> as exportações brasileiras são beneficiadas por incentivos fiscais e tributários que têm o objetivo de deixar o produto brasileiro mais competitivo no mercado internacional. O exportador tem imunidade de pagamento do Imposto de Produtos Industrializados (IPI) e a não incidência do Imposto sobre Circulação de Mercadorias e Serviços (ICMS).

Uma ferramenta importante na redução de despesas é o planejamento tributário, cujo conjunto de ações visa mitigar os ônus dos tributos, permitindo às firmas exportadoras aumentar sua competitividade.

12.1 Imposto sobre Operações relativas à Circulação de Mercadorias e sobre prestações de Serviços de Transporte Interestadual, Intermunicipal e de Comunicação (ICMS)

As Secretarias da Fazenda dos Estados e da Polícia Federal fiscalizam grandes empresas que, sem tradição de atuar no mercado externo, têm contabilizado exportações milionárias. Essas operações de exportação levadas a efeito por empresas não tradicionais nesse mercado, como redes varejistas, têm origem na frenética busca, por parte de exportadores tradicionais, de caminhos alternativos para receber crédito acumulado de ICMS decorrente de exportações não honradas pelo Fisco com agilidade compatível com suas necessidades de capital de giro.

Para Crepaldi e Crepaldi,[2] o legislador complementar, visando dar maior competitividade aos produtos brasileiros destinados ao mercado internacional e atendendo aos objetivos da política governamental de incentivo às exportações, concedeu imunidade tributária às operações que destinam mercadorias e serviços ao exterior — sejam elas efetivadas de forma direta ou indireta —, conforme redação do art. 3°, II, da LC n. 87/1996, popularmente conhecida como *Lei Kandir*.

O aludido benefício teve origem no art. 155, X, "a", da Constituição Federal (CF/1988), que prescreve que o ICMS "não incidirá sobre operações que destinem mercadorias para o

---

1 GALHARDO, A. *Quais os benefícios fiscais para quem quer exportar?* Disponível em: http://blogdireitotributario.blogspot.com.br/2011/04/quais-os-beneficios-fiscais-para-quem.html. Acesso em: 11 out. 2016.

2 CREPALDI, S. A.; CREPALDI, G. S. *Direito tributário*: teoria e prática. 3. ed. Rio de Janeiro: Forense, 2011.

exterior, nem sobre serviços prestados a destinatários no exterior, assegurada a manutenção e o aproveitamento do montante do imposto cobrado nas operações e prestações anteriores".

Já o art. 3°, II, da LC n. 87/1996, possui atualmente a seguinte redação:

> **Art. 3°.** O imposto não incide sobre:
>
> (...)
>
> II – operações e prestações que destinem ao exterior mercadorias, inclusive produtos primários e produtos industrializados semielaborados, ou serviços; (...).

Como as vendas para o exterior são isentas de ICMS, tais contribuintes, acumuladores crônicos de crédito, chegaram à óbvia conclusão de que, se em vez de exportarem diretamente o fizerem por meio de algum intermediário, em operação interna tributada, estarão transferindo para esses créditos no exato montante do ICMS que onerou essa saída e que será pago ao Fisco com seus legítimos créditos acumulados de ICMS.

Dessa forma, tais detentores de crédito acumulado de ICMS evitam o complicado e moroso processo tradicional de apropriação e transferência previsto na legislação tributária. Se todos os documentos que lastreiam tal operação forem efetivos e legítimos, será esse um bom exemplo de planejamento tributário.

A exportação de produtos industrializados é imune ao ICMS, segundo a Constituição Federal de 1988, art. 155, § 2°, inciso X, alínea "a".

Conforme a LC n. 87/1996, art. 3°, apesar de não imune, a exportação de produtos primários e semielaborados constituirá hipótese de não incidência. Em virtude da edição da LC n. 87/1996, as leis ordinárias estaduais que previam a sua tributação deixam de ser aplicáveis.

Em suma, não são tributáveis as operações das quais decorra a exportação de produtos:

- industrializados, em virtude de imunidade;
- semielaborados, em virtude de não incidência;
- primários, em virtude de não incidência.

É admitido o crédito do ICMS relativo a matérias-primas, produtos intermediários e material de embalagem adquiridos para emprego na industrialização de produtos destinados à exportação ou a mercadorias e serviços que venham a ser objeto de operações ou prestações destinadas ao exterior.

Os créditos acumulados do ICMS decorrentes da exportação, após exame de sua legitimidade pelo Fisco, poderão ser transferidos para outros estabelecimentos da mesma empresa, e o saldo remanescente poderá ser repassado para outros contribuintes, dependendo de previsão legal estabelecida no Regulamento do ICMS de cada unidade da Federação.

12.2 Imposto sobre Produtos Industrializados (IPI)

São imunes da incidência do Imposto sobre Produtos Industrializados (IPI) todos os produtos, de origem nacional ou estrangeira, destinados ao exterior (Constituição Federal, art. 153, § 3°, inciso III). Além disso, o estabelecimento exportador pode creditar-se do IPI pago na aquisição dos insumos que industrializou.

12.3 Saldo credor do IPI

No caso de remanescer saldo credor, após efetuada a compensação com débitos do próprio IPI, o saldo credor remanescente de cada período de apuração será transferido para o período de apuração subsequente ou ao final de cada trimestre-calendário. Permanecendo saldo credor, este poderá ser utilizado para ressarcimento ou compensação com débitos do contribuinte relativos a quaisquer tributos ou contribuições sob a administração da Secretaria da Receita Federal do Brasil.

12.4 Crédito presumido

As empresas que vendem para o exterior têm uma nova possibilidade de calcular o crédito presumido do IPI originado do recolhimento do PIS e da Cofins devidos na fabricação de mercadorias para exportação.

Trata-se de uma opção, e antes de escolher é preciso analisar. Os cálculos são trabalhosos, pois levam em consideração custos e fórmulas de fatores que serão aplicados depois sobre uma base de cálculo, mas se as receitas de exportações são significativas para sua empresa, vale a pena fazer as contas.

É importante usar a legislação a seu favor quando o assunto é o recolhimento de PIS e Cofins. Juntos, esses dois tributos representam 3,65% da receita bruta, incluídas as receitas financeiras. Não é pouco, sobretudo se levarmos em consideração que essas contribuições serão pagas de qualquer jeito, independentemente da existência de lucros.

A empresa produtora e exportadora de mercadorias nacionais fará jus a crédito presumido do imposto, como ressarcimento do PIS e da Cofins incidentes sobre as respectivas aquisições, no mercado interno, de matérias-primas, produtos intermediários e material de embalagem para utilização no processo produtivo (art. 1°, Lei n. 9.363/1996).

O crédito presumido aplica-se, inclusive, nos casos de venda à empresa comercial exportadora com o fim específico de exportação. Fará jus ao crédito presumido a pessoa jurídica produtora e exportadora de produtos industrializados nacionais.

O direito ao crédito presumido aplica-se, inclusive:

- a produto industrializado sujeito à alíquota zero;
- nas vendas à empresa comercial exportadora, com o fim específico de exportação.

A partir de 1° de fevereiro de 2004, por força da Lei n. 10.833/2003, art. 14, o direito de ressarcimento do PIS e da Cofins não mais se aplicará às empresas sujeitas ao PIS e à Cofins não cumulativos.

Atualmente, as empresas têm duas alternativas para calcular o crédito presumido de IPI relativo ao PIS e à Cofins pagos na exportação. A mais antiga é a prevista na Lei n. 9.393/1996. Essa lei leva em consideração que os produtos industrializados, até ficarem prontos para exportação, têm, em média, duas etapas internas de industrialização e comercialização. Ou seja, a cadeia de produção e venda da mercadoria só tem duas etapas. A legislação considerou o PIS de 0,65% e a Cofins de 3%.

Foi apresentada uma fórmula para o cálculo. Ficou definido que, entre os custos dos produtos exportados, 5,37% seriam relativos ao PIS e à Cofins e corresponderiam ao crédito presumido que as empresas podem ter na hora de pagar o IPI. A medida, apesar de amenizar a carga tributária das duas contribuições, não ficou imune a críticas na época. Isso porque o cálculo previsto na lei leva em consideração duas etapas de produção e venda, e muitos produtos exigem uma cadeia maior.

Como o PIS e a Cofins são cumulativos, a representatividade das duas contribuições nos custos de produção poderia ser muito mais alta que 5,37%.

O método alternativo do crédito presumido é determinado pela relação entre as receitas de exportação e o lucro bruto total da empresa. Quanto mais significativa for a participação das receitas de exportação em relação ao lucro bruto total, maior tende a ser o crédito de IPI.

Na nova metodologia, é preciso calcular um fator multiplicando 0,0365 pelo resultado da divisão entre a receita de exportação e a receita operacional bruta menos os custos de produção. O fator resultante será aplicado sobre o valor dos custos de produção, que é a base de cálculo do crédito presumido.

Vale lembrar que o resultado da divisão entre a receita de exportação e a receita operacional bruta menos os custos de produção tem o teto de 5. Ou seja, se o resultado for maior, fica reduzido a 5. Essa limitação leva em consideração o ressarcimento do PIS e da Cofins em até cinco fases do processo produtivo.

12.5 Saídas para terceiros

Poderão partir com suspensão do imposto os produtos destinados à exportação que saírem do estabelecimento industrial para (art. 39, Lei n. 9.532/1997):

- empresas comerciais exportadoras, com o fim específico de exportação — consideram-se adquiridos com o fim específico de exportação os produtos remetidos diretamente do estabelecimento industrial para embarque de exportação ou para recintos alfandegados, por conta e ordem da empresa comercial exportadora (art. 39, § 2°, Lei n. 9.532/1997);
- recintos alfandegados (art. 39, inciso II, Lei n. 9.532/1997);
- outros locais onde se processe o despacho aduaneiro de exportação (art. 39, inciso II, Lei n. 9.532/1997).

12.6 PIS

As exportações são isentas do PIS, de acordo com o art. 14, § 1°, da MP n. 2.158-35/2001.

Com relação ao PIS não cumulativo, instituído pela Lei n. 10.637/2002, o art. 5° estipula a não incidência sobre as receitas decorrentes das operações de exportação de mercadorias para o exterior.

Observe que, para os contribuintes que apuram o PIS pelo sistema não cumulativo (Lei n. 10.637/2002), existe o direito ao crédito, nas condições fixadas pela lei.

12.7 Cofins

O art. 7° da LC n. 70/1991 concedeu isenção de Cofins sobre as receitas oriundas da exportação de mercadorias, mesmo quando a exportação for realizada por meio de cooperativas, consórcios ou entidades semelhantes, bem como de empresas comerciais exportadoras, nos termos do Decreto-lei n. 1.248/1972, desde que destinadas ao fim específico de exportação para o exterior.

Com relação à Cofins não cumulativa, instituída pela Lei n. 10.833/2003, o art. 6° estipula a não incidência sobre as receitas decorrentes das exportações de mercadorias ou serviços, admitido, ainda, o crédito das referidas aquisições.

12.8 Imposto Sobre Serviços de Qualquer Natureza (ISSQN)

O Imposto Sobre Serviços de Qualquer Natureza (ISSQN) não incide sobre as exportações de serviços para o exterior do país, conforme o art. 2°, I, da LC n. 116/2003.

Nota: são tributáveis os serviços desenvolvidos no Brasil cujo resultado aqui se verifique, ainda que o pagamento seja feito por residente no exterior.

12.9 Imposto de Renda Pessoa Jurídica (IRPJ) e Contribuição Social sobre o Lucro Líquido (CSLL)

O Imposto de Renda Pessoa Jurídica (IRPJ) e a Contribuição Social sobre o Lucro Líquido (CSLL) deverão ser calculados normalmente sobre as operações de exportação, exceto quando as empresas forem beneficiadas com programas específicos do Lucro da Exploração, como os Benefícios Fiscais a Programas Especiais de Exportação (Befiex).

12.10 Receita de exportação

A receita bruta de vendas nas exportações de produtos manufaturados nacionais deve ser determinada pela conversão, em reais, de seu valor expresso em moeda estrangeira à taxa de câmbio fixada no boletim de abertura pelo Banco Central do Brasil, para compra, em vigor na data de embarque dos produtos para o exterior, como tal entendida a data averbada pela autoridade competente na Guia de Exportação ou documento equivalente, segundo a Portaria MF n. 356/1988.

12.11 Contribuição previdenciária – Vendas de produtos rurais ao exterior

O Instituto Nacional do Seguro Social (INSS) não incide sobre as receitas decorrentes de exportação de produtos rurais, cuja comercialização ocorra a partir de 12 de dezembro de 2001, por força do disposto no inciso I, § 2°, do art. 149 da Constituição Federal, alterado pela EC n. 33/2001.

12.12 Diferenças decorrentes de alteração na taxa de câmbio

As diferenças decorrentes de alteração na taxa de câmbio, ocorridas entre a data do fechamento do contrato de câmbio e a data do embarque, devem ser consideradas variações monetárias ativas ou passivas, consoante a Portaria MF n. 356/1988.

12.13 Prêmio sobre saque de exportação

O prêmio sobre saque de exportação é a importância que for liberada pelo banco interveniente na operação de câmbio, a favor do exportador, tendo por referência a diferença correspondente à desvalorização estimada do real entre a data do fechamento do contrato de câmbio e a liquidação do saque, representando prêmio complementar à taxa cambial, nos casos de venda de câmbio para entrega futura.

Assim, considera-se prêmio sobre contratos de exportação a parcela da remuneração paga ao exportador pelo banco interveniente nos contratos de câmbio que exceder a correção monetária do valor contratado no período correspondente.

O prêmio sobre saque de exportação constitui receita financeira para fins de determinação do lucro real, conforme a Portaria MF n. 356/1988, item IV.

12.14 Exportação sem saída física do território brasileiro

A exportação de produtos nacionais sem que tenha ocorrido sua saída do território brasileiro somente será admitida, produzindo todos os efeitos fiscais e cambiais, quando o pagamento for efetivado em moeda estrangeira de livre conversibilidade, segundo o art. 6° da Lei n. 9.826/2000.

12.15 Notas e observações às práticas tributárias na exportação

- Para equiparar a venda, é necessário comprovar que a empresa comercial exportadora está registrada na Secretaria de Comércio Exterior do Ministério da Indústria e do Comércio, bem como constituída nos termos do Decreto-lei n. 1.248/1972, observadas as demais normas pertinentes.
- Observar as normas para tributação dos preços de transferência, conforme Decreto n. 9.580/2018.
- Sobre o crédito prêmio de IPI decorrente da exportação incentivada — Befiex, ver IN n. 51/1978 e ADN n. 19/1981.

12.16 Desembolsos no Programa de Recuperação Fiscal (Refis) 1 e 2

Muitas empresas optantes pelo Programa de Recuperação Fiscal (Refis) 1 e o novo Refis 2 (Lei n. 10.684/2003), com plano de expansão, terão de rever seus procedimentos para não onerar as parcelas mensais calculadas com base no faturamento.

Nesse caso, recomenda-se:

- que a empresa separe suas atividades operacionais atuais das atividades que pretende desenvolver;
- que a empresa integralize o capital necessário para montagem dos novos negócios em empresa controlada, para que o faturamento advindo desses negócios não seja incluído na base de cálculo do Refis mensal.

Dessa forma, o Refis mensal não irá extrair recursos dos novos negócios.

Exemplo

Se a empresa fatura hoje R$ 1.000.000,00/mês em seus atuais negócios, e pretende investir em novas atividades para alavancar seu faturamento para R$ 1.500.000,00/mês, é possível ter um menor desembolso com o Refis por conta do planejamento citado, em valores/ano:

- R$ 36.000,00, no caso de pessoa jurídica submetida ao regime de tributação com base no lucro presumido;
- R$ 72.000,00, no caso de pessoa jurídica submetida ao regime de tributação com base no lucro real, relativamente às receitas decorrentes das atividades comerciais, industriais, de transporte, de construção civil, de ensino e médico-hospitalares;
- R$ 90.000,00 nos demais casos.

Esses cálculos valem para o Refis 1. No caso do Refis 2, a parcela mensal é de 1,5% da receita, ou seja, a diferença de recolhimento é de R$ 90.000,00/ano.

CASO PRÁTICO 12.1

A fabricante de carrocerias Marcopolo livrou-se de uma autuação da Receita Federal do Brasil (RFB), que a acusava de simular exportações para subsidiárias no exterior com o propósito de excluir, da contabilidade brasileira, parte do lucro com as vendas. Segundo o Fisco, a empresa buscava assim reduzir o pagamento do IRPJ e CSLL. O caso foi julgado pelo Conselho Administrativo de Recursos Fiscais (Carf), a última instância administrativa para discussão de autuações fiscais federais. Os conselheiros decidiram, por unanimidade, que houve planejamento tributário, mas sem infringir a lei e sem qualquer tipo de simulação. O caso é considerado um precedente relevante para diversas empresas que operam de forma semelhante nas vendas ao exterior.

A RFB autuou a Marcopolo por operações feitas de 2001 a 2007, por meio de um desenho pelo qual a empresa gaúcha exporta para duas subsidiárias: a Marcopolo International Corporation (MIC), com sede nas Ilhas Virgens Britânicas, e a Ilmot International Corporation, no Uruguai. Também foram questionadas vendas para empresas não pertencentes ao grupo, mas sediadas em paraísos fiscais. A localização permite a redução da tributação no Brasil. Por exemplo: se a mercadoria é exportada para a subsidiária por R$ 100.000,00, esta posteriormente faz a revenda ao consumidor final por R$ 115.000,00. A RFB apontou que essa diferença — no caso, R$ 15.000,00 — não era tributada no Brasil. Segundo o Fisco, seria um artifício, pois os produtos sequer passariam pelas subsidiárias. O objetivo seria reduzir o valor das exportações feitas, na realidade, diretamente do Brasil.

Eventual irregularidade no planejamento tributário deveria ser verificada no resultado das coligadas no exterior. A lei determina a tributação, no Brasil, dos resultados obtidos fora do país pelas coligadas.

A empresa argumentou, no entanto, que não se trata de planejamento tributário, mas da forma comercial em que estruturou seu sistema de vendas ao mercado externo. A companhia apresentou provas de que as subsidiárias atuavam de fato como representantes comerciais, negociando diretamente com os clientes. Todas as operações praticadas observaram fielmente os limites da legislação de preço de transferência e de lucro no exterior.

A RFB poderá recorrer para a Câmara Superior da 1ª Seção do Carf, já que o julgamento foi tomado por uma turma ordinária.

12.17 Exportação por meio de comercial exportadora ou da sociedade de propósito específico

Uma modalidade de exportação é a exportação realizada por meio de uma sociedade empresarial exportadora ou da Sociedade de Propósito Específico (SPE).

A exportação de mercadorias pode se dar direta ou indiretamente pelo contribuinte. A exportação direta é aquela em que o contribuinte brasileiro vende sua mercadoria diretamente a um cliente situado no exterior, sem qualquer intermediário. Já na exportação indireta ocorre a venda com o fim específico de exportação.

Dessa forma, a legislação do Simples Nacional equipara a exportação indireta à exportação direta. Assim, as receitas decorrentes das exportações realizadas por meio de comercial exportadora ou da sociedade de propósito específico deverão ser segregadas juntamente com as receitas decorrentes da exportação direta.

Como ocorre com a receita da exportação de mercadorias realizada diretamente pelo optante do Simples Nacional, as receitas decorrentes de exportações indiretas (realizadas por meio de comercial exportadora ou sociedade de propósito específico) não serão tributadas pelos percentuais relativos ao ICMS, ao IPI, ao PIS/Pasep e à Cofins, conforme art. 18, 4°A, IV, LC n. 123/2006.[3]

---

3 Disponível em: http://blog.planizza.com.br/2015/07/exportacao.html. Acesso em: 12 out. 2016.

CONSIDERAÇÕES FINAIS

A necessidade de inovação é uma das principais características das empresas que participam do comércio internacional. No entanto, ao contrário do que muitos podem pensar, a inovação não se restringe à criação de novos produtos ou ao aprimoramento dos que já estão no mercado. Inovar é também buscar processos produtivos mais eficientes, com menores custos, que promovam ganhos em competitividade.

O planejamento tributário surge como uma ferramenta capaz de determinar uma forma de produção que minimize os custos fiscais. Fazer uso desse planejamento pode ajudar a gerar inovações nos meios de produção que garantam às empresas maior competitividade.

CAPÍTULO 13 # Planejamento tributário nas reorganizações empresariais: cisão, fusão e incorporação

Objetivos

Neste capítulo, você aprenderá:

- a aplicabilidade do uso das metodologias de reestruturação societária com foco específico no planejamento tributário;
- os aspectos societários e tributários relacionados aos processos de reorganização empresarial, estruturando-o de forma que seja possível compreender que muitas são as alternativas de viabilizar — dos pontos de vista negocial e legal — processos de reorganização empresarial;
- a possibilidade de as organizações alcançarem uma melhor postura perante o mercado e seus sócios, que poderão ter suas participações societárias asseguradas de forma eficaz, isto é, utilizando metodologias de reestruturação societária como ferramenta de planejamento tributário.

Introdução

O atual cenário econômico brasileiro, influenciado pela tendência mundial de concentração de atividades produtivas, tem causado mudanças em grande parte das empresas de quase todos os setores da atividade econômica. A fusão, a incorporação e a cisão das sociedades têm grande importância em virtude da competitividade atual do mercado globalizado, onde várias empresas são obrigadas a se unirem para ganhar força no mercado. Tal influência se justifica com base na acirrada concorrência e na busca constante de melhorias dos resultados econômico-financeiros.

Com o intuito de manter a competitividade, algumas empresas estão adotando modelos societários diferentes daqueles definidos em seus planos organizacionais originais. A utilização de metodologias de reestruturação societária é uma das maneiras encontradas pelas empresas para sobreviver no atual mercado nacional e enfrentar a grande concorrência externa.

São razões que podem levar uma empresa à reorganização societária:

- O mercado competitivo, que faz com que as empresas se reorganizem.
- A pesada carga tributária, que faz com que as empresas busquem uma maneira legal de minimizar essa carga.
- Conflitos entre acionistas.
- Concentração administrativa ou o contrário.

Negrão[1] afirma que são consideradas modificações nas estruturas empresariais os procedimentos pelos quais as sociedades buscam um modo mais adequado para a realização dos negócios sociais. As sociedades gozam da prerrogativa de modificar sua estrutura fundamental, por meio de operações de transformação, incorporação, fusão e cisão, as quais somente poderão ser efetivadas nas condições aprovadas se os peritos nomeados determinarem que o valor do patrimônio ou patrimônios líquidos a serem vertidos para a formação de capital social, é, ao menos, igual ao montante do capital a realizar.

A Lei n. 6.404/1976 — Lei das Sociedades por Ações —, no art. 220 e seguintes, regulamenta os procedimentos. Os demais tipos societários são regulados pelo Código Civil, arts. 1.113 a 1.122. Nas sociedades anônimas, a assembleia geral possui competência privativa para deliberar sobre transformação, fusão, incorporação e cisão da companhia, sua dissolução e liquidação, eleger e destituir liquidantes, assim como para julgar-lhes as contas (art. 228, § 1°, LSA).

Em um ambiente globalizado, onde a concorrência não dá trégua e tende apenas ao acirramento, a busca por eficiência e controle de mercados atinge todas as variáveis de uma organização, que investe em alternativas para ampliar sua capacidade operacional.

Outro mecanismo utilizado pelas empresas em meio à crescente competitividade é o planejamento tributário, parte da gestão de tributos, que tem por finalidade obter a diminuição, postergação ou anulação dos altos custos tributários das sociedades dos empresários.

---

1 NEGRÃO, R. *Direito empresarial*: estudo unificado. 15. ed. São Paulo: Saraiva, 2014.

Cisão, fusão e incorporação são formas societárias cuja adoção permite, a depender do caso, economias significativas de tributos. A reestruturação societária tem se tornado uma etapa natural nesse processo, quando não essencial à sobrevivência e ao fortalecimento dos negócios.

Figura 13.1 Exemplos de reestruturação societária

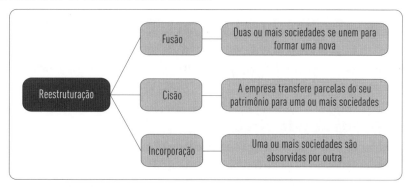

Fonte: Lei n. 6.404/1976 e Código Civil.

13.1 Transformação societária – Lei das Sociedades Anônimas (LSA), arts. 220 a 222

A transformação societária ocorre quando uma sociedade empresarial altera seu tipo societário, segundo Crepaldi e Crepaldi,[2] e consiste na operação pela qual a sociedade passa de um tipo a outro, não havendo necessidade de se proceder à sua dissolução ou liquidação (art. 1.113, Código Civil; art. 220, Lei das Sociedades por Ações). Não se deve confundir a transformação societária com a incorporação, a fusão, a cisão ou a sucessão, pois não acarreta a sua dissolução nem a criação de pessoa jurídica nova. A mudança do nome empresarial se faz necessária. Exemplo: transformação de Sociedade Limitada em Sociedade Anônima.

Figura 13.2 Transformação de Sociedade Limitada em S.A.

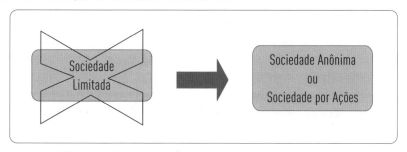

Fonte: Lei n. 6.404/1976 e Código Civil.

---

2 CREPALDI, S. A.; CREPALDI, G. S. *Direito empresarial:* teoria e prática. 3. ed. Curitiba: Juruá, 2012.

A transformação não afeta a pessoa jurídica, que permanece intacta: mesmo capital social, mesmo ativo, mesmo passivo etc. É possível inclusive a transformação de empresário individual em sociedade empresária e vice-versa (art. 968, § 3°, Código Civil). Da mesma forma, é possível que uma sociedade empresária se transforme em empresário individual ou em empresa individual de responsabilidade limitada (art. 1.033, parágrafo único, Código Civil).

13.2 Cisão societária – LSA, art. 229 e ss.

Cisão societária é a operação pela qual uma sociedade subdivide, total ou parcialmente, seu patrimônio para outra(s) sociedade(s), já constituída(s) ou não, com ou sem extinção de sua personalidade jurídica (LSA, art. 229).

13.2.1 Modalidades de cisão

- **Total ou cisão pura**: extinção da sociedade. A empresa que recebeu o patrimônio obriga-se pelos direitos dos credores. Se mais de uma empresa recepcionou os bens da cindida, haverá solidariedade entre elas no pagamento aos credores.

Figura 13.3 Cisão total

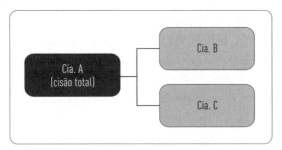

Fonte: Lei n. 6.404/1976 e Código Civil.

- **Absorção**: com a transferência total do patrimônio da sociedade para duas ou mais sociedades já existentes, é extinta a sua personalidade jurídica.
- **Parcial**: divisão do patrimônio. O instrumento da cisão pode estabelecer quais as obrigações que passam à outra empresa.

O acionista dissidente da deliberação que aprovar a cisão tem direito a se retirar da companhia, mediante reembolso do valor de suas ações. Exemplo: A divide-se em C e D.

Nos casos de cisão, a economia fiscal pode ser atingida se a empresa cindida tiver um nível de faturamento tal que a lei não lhe permita optar por outro critério de apuração de Imposto de Renda (IR) e Contribuição Social sobre o Lucro Líquido (CSLL) que não o critério do lucro real. Nesse caso, admitindo-se que essa empresa seja muito lucrativa, pelo referido critério ela teria um alto montante de tributos a pagar.

Ao proceder à cisão, a empresa poderia optar pelo critério do lucro presumido, em que a base de cálculo seria o faturamento, podendo com essa escolha despender menos recursos aos cofres públicos de uma forma perfeitamente legal.

Se, na cisão de sociedade, houver alteração do seu objeto social, os acionistas dissidentes possuirão o direito de retirada da empresa.

13.3 Fusão societária – Código Civil, arts. 1.119 a 1.121, e LSA, art. 228

Fusão societária é a operação em virtude da qual duas ou mais sociedades se unem (extinguem) para dar lugar a uma nova sociedade, sob outra denominação e com o mesmo ou diferente objeto social, com soma dos patrimônios, dos direitos e das obrigações. Para que a fusão seja possível, impõe-se que os sócios de cada sociedade venham a deliberar nesse sentido, de acordo com o modo fixado para o tipo societário correspondente, valendo observar que, para a sociedade limitada, o Código Civil, art. 1.071, VI, e art. 1.076, I, estabelece que a decisão a ser tomada dependerá da aprovação de sócios que respondam por, pelo menos, três quartos do capital social.

Figura 13. 4 Fusão societária

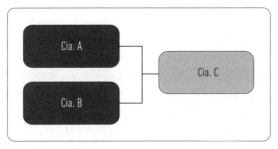

Fonte: Lei n. 6.404/1976 e Código Civil.

A fusão determina a extinção das sociedades que se unem para formar uma sociedade nova que a elas sucederá em todos os direitos e obrigações. Deve haver aprovação dos sócios de ambas as sociedades; portanto, a fusão tem um efeito extintivo-associativo. Da mesma forma, a nova empresa garantirá os direitos dos credores.

- **Quórum**: mesma regra da incorporação.
- **Protocolo**: instrumento que viabiliza a fusão, incorporação ou cisão; espécie de pré-contrato (LSA, art. 224).

Em reunião ou assembleia dos sócios de cada sociedade, deliberada a fusão e aprovado o projeto do ato constitutivo da nova sociedade, bem como o plano de distribuição do capital social, serão nomeados os peritos para a avaliação do patrimônio da sociedade (art. 1.120, § 1°, CC). Apresentados os laudos, os administradores convocarão reunião ou assembleia dos sócios para tomar conhecimento deles, decidindo sobre a constituição definitiva da nova sociedade (art. 1.120, § 2°, CC). É vedado aos sócios votar o laudo de avaliação do patrimônio da sociedade de que façam parte (art. 1.120, § 3°, CC). Constituída a nova sociedade, aos administradores incumbe fazer inscrever, no registro próprio da sede, os atos relativos à fusão (CC, art. 1.121). Exemplo: A + B + C = D.

A fusão de empresas traz consigo otimização da produção, diminuição de custos, cooperação tecnológica, maior fatia de mercado, combate mais eficaz à concorrência, e, portanto, maior perspectiva de lucros — além de tornar factível uma redução da carga tributária.

Como forma de reduzir esse fardo tributário, a fusão seria recomendada para unificar duas empresas na situação hipotética em que uma delas venha auferindo lucros — portanto, pagando tributos sobre esses resultados — e a ela se uniria outra que vem acumulando prejuízos. Nessas circunstâncias, ao serem fundidas, em tese, aumentariam o faturamento, reduziriam seus custos e obteriam lucro em consequência da nova estrutura societária decorrente da fusão. No entanto, elas poderiam compensar os prejuízos acumulados, outrora auferidos pela empresa deficitária fundida, reduzindo dessa maneira os futuros tributos a pagar pela nova empresa. Isso sob a condicionante de que os prejuízos superem os lucros acumulados e sejam respeitados os limites legais previstos na Lei n. 8.981/1995 em seu art. 42, para utilização do prejuízo, exercendo o direito de abater em até 30% o imposto a pagar nos próximos exercícios decorrentes dos eventuais lucros que venham a se concretizar.

13.4 Incorporação

Incorporação é uma operação pela qual uma sociedade incorpora outra (ou outras), que deixa(m) de existir, sucedendo-lhe(s) em todos os direitos e obrigações (art. 227, LSA; arts. 1.116 e 1.118, CC). Verifica-se o fenômeno da concentração de empresas. A incorporação pode ser operada entre sociedades de tipos iguais ou diferentes, e sua efetivação será causa de extinção da sociedade incorporada.

Figura 13.5 Incorporação societária

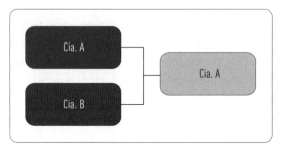

Fonte: Lei n. 6.404/1976 e Código Civil.

A incorporação não dá origem a uma nova sociedade, pois a incorporadora absorve e sucede a uma ou mais sociedades (incorporadas). Por outro lado, não ocorre, na incorporação, uma compra e venda, mas a agregação do patrimônio da sociedade incorporada ao patrimônio da incorporadora, com sucessão em todos os direitos e obrigações (art. 1.118, CC). Exemplo: A incorpora B, permanecendo apenas A.

Com a extinção da personalidade jurídica da sociedade incorporada, seus bens passam a ser de propriedade da incorporadora (art. 227, LSA). O mesmo ocorre com as obrigações.

A incorporação poderá ser usada como forma de planejamento tributário quando uma empresa detiver parte do capital de outra e as duas se constituírem em pessoas jurídicas distintas. A redução da carga tributária poderá se materializar quando essas empresas se situarem em unidades diferentes da Federação.

Se uma empresa A incorpora uma empresa B, então deve-se fazer um balanço na empresa A que corresponda ao balanço combinado de A e B antes da incorporação.

Suponha que A seja incorporadora e B, incorporada. Suponha, ainda, que A detenha 50% das ações de B. Nessa situação, as ações representativas do capital de B de propriedade da incorporadora A poderão ser substituídas por ações em tesouraria. Segundo o § 1° do art. 226 da Lei n. 6.404/1976, as ações ou quotas do capital da sociedade a ser incorporada que forem de propriedade da companhia incorporadora poderão, conforme dispuser o protocolo de incorporação, ser extintas, ou substituídas por ações em tesouraria da incorporadora, até o limite dos lucros acumulados e reservas, exceto a legal.

Na incorporação de sociedade anônima pela sua controladora, a justificação apresentada à assembleia-geral da controlada deverá conter, além de outras informações, o cálculo das relações de substituição das ações dos acionistas não controladores da controlada com base no valor do patrimônio líquido das ações da controladora e da controlada. Esses dois patrimônios deverão ser avaliados segundo os mesmos critérios e na mesma data, a preços de mercado, segundo o art. 264 da Lei n. 6.404/1976.

13.5 Sociedades *holding*

A expressão *holding* tem suas raízes no idioma inglês, derivada do verbo *to hold*, que significa segurar, manter, controlar, guardar. Sociedade *holding*, portanto, é aquela que participa do capital social de outras sociedades, podendo ser a níveis suficientes para controlá-las, ou não. Observe-se que a expressão *holding* não reflete a existência de um tipo de sociedade especificamente considerado na legislação, mas apenas identifica a sociedade que tem por objeto participar de outras sociedades.

Conforme o art. 2°, § 3°, da Lei n. 6.404/1976 (LSA), sociedade *holding* é a companhia que tem por objetivo participar de outras sociedades e, ainda que não prevista no estatuto, a participação é facultada como meio de realizar o objetivo social ou para beneficiar-se de incentivos fiscais.

Apesar dessa previsão na LSA, nada impede que as sociedades *holding* se revistam da forma de sociedade empresária limitada ou de outros tipos societários, pois a expressão *holding* não reflete a existência de um tipo societário específico, mas sim a propriedade de ações ou quotas que lhe assegurem a participação de outra(s) sociedade(s).

As sociedades *holding*, tradicionalmente, são classificadas como *holding* pura, quando de seu objetivo social conste somente a participação no capital de outras sociedades; e *holding* mista, quando, além da participação, exerce a exploração de alguma outra atividade empresarial. A doutrina ainda aponta outras classificações para sociedades *holding*, tais como *holding* administrativa, *holding* de controle, *holding* de participação e *holding* familiar.

Pessoas físicas de alta renda frequentemente formam *holdings* pessoais ou familiares, visando administrar seus investimentos. Essas *holdings* pessoais proporcionam o sigilo, a privacidade e a segurança de que não desfrutariam no país de origem, e muitas vezes ainda permitem economizar tributos sobre a renda, dependendo do lugar onde são pagos os rendimentos.

A *holding offshore* tem sido muito utilizada para fins de proteção patrimonial, aquisição e venda de ativos, aplicações financeiras etc., além de permitir a transmissão de propriedade e de heranças sem incidência tributária (a exemplo de ITBI, ITCMD, IRPJ e CSLL), a depender de onde esteja localizada. Nesse contexto, deve-se levar em consideração, entre outros fatores, os seguintes: estabilidade econômica e política, isenções fiscais ou tributação reduzida sobre os rendimentos, sigilo bancário e fiscal e liberdade de câmbio do local onde foi constituída.

13.6 Aspectos econômico-estratégicos e regulatórios

Entre os aspectos econômico-estratégicos que levam as empresas a implementar processos de reorganização empresarial, destacam-se os relacionados à economia de escala, à concentração de poder de mercado, à redução de capacidade ociosa ou mesmo a uma imposição legal regulatória.

A economia de escala tem sido o motivo mais alegado para justificar, principalmente, reorganizações entre grandes empresas. Economias de escala são atingidas por meio da diluição de custos fixos, estejam eles relacionados aos ativos (operacionais e não operacionais), ou à ociosidade de estoques, ou ainda aos canais de distribuição, entre outros. Portanto, operações que almejem economias de escala devem ter bem definidas a presença do custo fixo e a forma como ele será diluído.

A concentração de poder de mercado está quase sempre relacionada à capacidade de impor aos clientes um preço mais alto, ou aos fornecedores um preço mais baixo, do que aquele que seria possível em um mercado mais competitivo, por meio de uma posição dominante em tamanho ou do poder de monopólio sobre um determinado recurso, deixando a outra parte sem muitas alternativas, o que encontra grande resistência das autoridades reguladoras e de defesa da concorrência.

A redução de capacidade ociosa é uma das principais razões para a ocorrência de reorganizações empresariais. A existência de capacidade ociosa incentiva os concorrentes a reduzirem preço, tentando aumentar sua ocupação de capacidade, com perdas inerentes a essa decisão.

Quanto à imposição legal regulatória, trata-se de reorganização empresarial motivada pela lei, e normalmente está relacionada a atividades empresariais que estão sob concessão ou permissão do Estado, como energia, petróleo, telecomunicação, transporte, atividade de instituições financeiras e assemelhadas, e, consequentemente, sujeitas às determinações de entidades reguladoras.

13.7 Aspectos societários

Os aspectos societários relacionam-se à forma de remuneração dos sócios, ao desenvolvimento de novos negócios, ao reinvestimento em negócios existentes e à não pulverização de participações societárias.

Quando se busca a não pulverização das participações societárias, a intenção é organizar ou reorganizar o grupo empresarial, muitas vezes via criação de empresas de participação (*holding*), com o objetivo de separar e proteger a gestão do negócio das questões pessoais ou familiares, evitando que afetem seu perfeito funcionamento. Essas estruturas também têm a finalidade de facilitar e viabilizar a solução de questões de natureza sucessória, uma vez que tais assuntos estarão concentrados e serão discutidos e resolvidos em uma única empresa (no caso, a *holding*), e não nas operacionais.

13.8 Aspectos tributários

As reorganizações empresariais procuram, basicamente, as vantagens no âmbito tributário, entre as quais se pode citar aquela cujo objetivo é transformar o ágio pago na aquisição de participações societárias em despesa dedutível, quando amortizado contabilmente, para fins de redução dos valores a pagar, a título de IRPJ e de CSLL.

O ICMS e o IPI também podem ser objeto de planejamento tributário em decorrência de reorganizações empresariais. Há casos, por exemplo, em que determinadas pessoas jurídicas acumulam créditos de ICMS e/ou IPI, e que não são normalmente aproveitados em bases correntes, em função de aspectos peculiares das próprias atividades. Logo, faria sentido que outra atividade geradora de saldos a pagar de ICMS e/ou IPI fosse exercida sob a mesma personalidade jurídica, propiciando assim um melhor aproveitamento dos créditos existentes.

13.9 Reorganização empresarial

Muitas são as possibilidades de viabilizar, societariamente, processos de reorganização empresarial, tanto entre empresas pertencentes ao mesmo grupo econômico como a grupos distintos, a exemplo de:

- abertura de empresa nova e dissolução de empresa existente;
- compra e venda de participações societárias, de ativos, de estabelecimentos, de fundo de comércio;
- subscrição (aumento) e redução de capital social;
- transformação, fusão, incorporação e cisão;
- incorporação de ações;
- participação em grupo de sociedades;
- consórcio.

Os eventos de fusão, incorporação e cisão constituem um processo de sucessão em que uma pessoa jurídica transfere para outra um conjunto de direitos e obrigações, de modo que, sem que haja solução de continuidade, uma pessoa jurídica prossiga uma atividade até então exercida por outra.

13.10 Compensação de prejuízos

A pessoa jurídica sucessora por incorporação, fusão ou cisão não poderá compensar prejuízos fiscais da sucedida. No caso de cisão parcial, a pessoa jurídica cindida poderá compensar os seus próprios prejuízos fiscais proporcionalmente à parcela remanescente do patrimônio líquido (art. 33, parágrafo único, Decreto-lei n. 2.341/1987).

Exemplo 1

A empresa C é cindida parcialmente, na proporção de 30% do seu patrimônio líquido, e tem prejuízos fiscais remanescentes de R$ 100.000,00, na parte B do Livro de Apuração do Lucro Real (Lalur). Portanto, deverá baixar R$ 100.000,00 × 30% = R$ 30.000,00 de tais prejuízos, na parte B do Lalur. O restante (R$ 70.000,00) poderá compensar com seus próprios prejuízos fiscais, apurados posteriormente à cisão.

Já nos casos de fusão e incorporação, em hipótese alguma a sucessora pode levar para o seu Lalur prejuízos fiscais apurados na empresa sucedida. Assim, os prejuízos fiscais que não puderem ser compensados na apuração do lucro real relativo ao evento não mais poderão ser aproveitados, exceto no caso de cisão parcial.

Nessa forma de reestruturação de empresas, a pessoa jurídica cindida parcialmente pode continuar a compensar seus próprios prejuízos proporcionalmente à parte remanescente do patrimônio líquido.

Exemplo 2

Uma cisão parcial é realizada e 40% do patrimônio líquido da cindida é vertido para uma empresa nova. A empresa cindida mantinha registrado na parte B do Lalur um prejuízo fiscal de períodos anteriores de R$ 100.000,00. O lucro real relativo ao evento, antes da compensação de prejuízos, resultou em R$ 50.000,00.

Assim, na apuração do lucro real, obrigatório em virtude da cisão parcial, absorveu R$ 15.000,00 (30% de 50.000,00). Por outro lado, pode permanecer no Lalur, para compensação futura, o valor de R$ 51.000,00 [(R$ 100.000,00 → R$ 15.000,00) × 60%], devendo ser baixado, além dos R$ 15.000,00, o valor de R$ 34.000,00 (R$ 100.000,00 → R$ 15.000,00 → R$ 51.000,00).

13.11 Incorporação e absorção de prejuízos pela incorporadora

A incorporação é utilizada em planejamento fiscal quando há empresa com lucro fiscal e outra com prejuízo fiscal. Os arts. 509 a 515 do Regulamento do IR/2018 não permitem a compensação de prejuízos da incorporada pela incorporadora. Dessa forma, se a incorporada tiver prejuízos fiscais de R$ 1.000.000,00, esse valor não poderá ser aproveitado pela incorporadora.

Porém, não há vedação de que a empresa que tem prejuízo incorpore uma que tenha lucros. Dessa forma, os lucros advindos da incorporação passam a ser compensados com os prejuízos fiscais da incorporadora.

Exemplo

A Cia. Alpinópolis tem prejuízos fiscais de R$ 3.000.000,00. Ela incorpora a Cia. Bambui, cujo lucro tributável previsto após a incorporação (não tendo prejuízos fiscais acumulados) é de R$ 10.000.000,00. Assim teremos, após a incorporação, a seguinte projeção fiscal:

- Cia. Alpinópolis – prejuízos fiscais de R$ 3.000.000,00.
- Cia. Bambui – lucro fiscal previsto (antes da compensação de prejuízos): R$ 10.000.000,00.
- Cia. Alpinópolis – lucro fiscal previsto: R$ 10.000.000,00 – R$ 3.000.000,00 (prejuízo compensável) = R$ 7.000.000,00.

Diferença de tributação antes e depois da incorporação:

Descrição/R$	Antes	Depois	Diferença
Lucro/Prejuízo	10.000.000,00	7.000.000,00	3.000.000,00
IRPJ devido 15%	1.500.000,00	1.050.000,00	450.000,00
IRPJ adicional 10%	998.000,00	698.000,00	300.000,00
CSLL	900.000,00	630.000,00	270.000,00
Total IRPJ e CSLL	3.398.000,00	2.378.000,00	1.020.000,00

Apesar de ser uma operação plenamente legal, a Receita Federal do Brasil (RFB) vem questionando tal planejamento. Infelizmente, o Judiciário, por meio do Superior Tribunal de Justiça (STJ), vem dando ganho de causa ao Fisco, em detrimento da estrita legalidade. Mesmo não havendo impedimento legal, o STJ considerou que houve simulação para pagar menos tributo. Lamentável a atitude do Judiciário; porém, os planejadores devem levar em conta tal situação e alertar os administradores sobre os questionamentos havidos antes de decidir efetuar o planejamento citado.

13.12 Cisão sem apuração de ganho de capital

A cisão pode evitar a ocorrência de ganho de capital na alienação de bens ou direitos. Utiliza-se a possibilidade existente no Decreto n. 9.580/2018.

A empresa vendedora dos bens ou direitos, em primeiro lugar, os integralizará em uma S.A. por seu valor contábil. Não haverá apuração de ganho de capital nessa conferência.

Tal S.A. fará o lançamento de ações e a empresa compradora adquirirá tais ações, com ágio, no valor de aquisição dos bens e direitos. O ágio será registrado em conta de reserva de capital, sem tributação.

O registro da variação da participação societária, na empresa vendedora, será mediante equivalência patrimonial; a seguir, o ágio é capitalizado na S.A. também sem tributação.

Então, faz-se uma cisão da S.A., indo os bens e direitos para uma nova sociedade cuja participação pertencerá à empresa compradora. Os recursos financeiros ficarão com a S.A. de participação da empresa vendedora. Os recursos são transferidos para a empresa vendedora por meio da extinção da nova sociedade, após a conclusão da operação de cisão.

Exemplo

A empresa Varginha S.A. tem uma participação societária na Cia. Alfenas que está registrada pelo valor contábil de R$ 10.000.000,00, recebendo uma oferta de R$ 15.000.000,00 por sua aquisição.

A venda direta irá representar um ganho de capital de R$ 15.000.000 → R$ 10.000.000 = R$ 5.000.000,00, sobre os quais incidirão IRPJ de 25% e CSLL de 9%:

Discriminação	R$
Valor contábil	10.000.000,00
Valor de venda	15.000.000,00
Ganho de capital	5.000.000,00
IRPJ e AIR (Adicional de Imposto de Renda) (15% + 10%)	1.250.000,00
CSLL (9%)	450.000,00
Total IRPJ e CSLL	**1.700.000,00**

Ora, decidiu-se entre comprador e vendedor executar a venda em forma de cisão de nova companhia, constituída com a participação societária em negócio.

Primeiro, a participação societária foi integralizada na nova companhia, chamada Itanhaém S.A., pela Varginha S.A., no seu valor contábil (R$ 10.000.000,00), correspondente a 900.000 ações ordinárias. O lançamento contábil será simples transferência entre contas:

D – Participações — Itanhaém S.A. (Investimentos)

C – Participações — Cia. Alfenas (Investimentos) → R$ 10.000.000,00

Histórico: pela integralização de capital, mediante conferência de participação societária na Cia. Alfenas.

A seguir, a Itanhaém S.A. lançou 600.000 ações ordinárias, sendo elas subscritas e integralizadas pela compradora, no valor de R$ 15.000.000,00, mediante depósito bancário.

O capital social da Itanhaém S.A. ficará como segue:

Participação	Número ações	Valor participação / R$
Varginha S.A.	900.000	10.000.000,00
Compradora	600.000	6.666.666,67
Total	**1.500.000**	**16.666.666,67**

A diferença entre o valor da participação da compradora (R$ 6.666.666,67) e o valor total de integralização (R$ 15.000.000,00) constituirá ágio na emissão de ações, no valor de R$ 8.333.333,33.

O balancete da Itanhaém S.A., após as operações citadas, ficará como segue:

Itanhaém S.A.	
Ativo	**R$**
Bancos Conta Movimento	15.000.000,00
Participações Societárias Cia. Alfenas	10.000.000,00
Total do ativo	**25.000.000,00**
Passivo	**R$**
Capital Social Subscrito	16.666.666,67
Ágio na emissão de ações	8.333.333,33
Total do passivo	**25.000.000,00**

A seguir, a reserva de capital, formada pelo ágio na emissão de ações, é capitalizada. O balancete ficará como segue:

Itanhaém S.A.	
Ativo	**R$**
Bancos Conta Movimento	15.000.000,00
Participações Societárias Cia. Alfenas	10.000.000,00
Total do ativo	**25.000.000,00**
Passivo	**R$**
Capital Social Subscrito	25.000.000,00
Ágio na emissão de ações	—
Total do passivo	**25.000.000,00**

O registro contábil da variação percentual na empresa Varginha S.A., em decorrência da variação na percentagem de participação na Itanhaém S.A., será mediante equivalência patrimonial.

Cálculo da equivalência:

Total de ações detidas na Investidora S.A.: 900.000

Total de ações do capital social de Investidora S.A.: 1.500.000

Participação: 900.000 dividido por 1.500.000 = 60%

Patrimônio líquido da Investidora S.A.: R$ 25.000.000,00

Equivalência patrimonial: R$ 25.000.000,00 × 60% = R$ 15.000.000,00

Resultado da equivalência patrimonial:

R$ 15.000.000,00 (total da equivalência)

(–) R$ 10.000.000,00 (valor contábil)

(=) R$ 5.000.000,00 (resultado da equivalência)

O lançamento será:

D – Participações — Itanhaém S.A. (Investimentos)

C – Resultado da equivalência patrimonial (resultado): → R$ 5.000.000,00

No passo seguinte, é realizada a cisão da Itanhaém S.A., formando uma nova sociedade, sendo vertido 60% do capital social (R$ 15.000.000,00) para ela, com transferência equivalente de Bancos Conta Movimento.

Tal sociedade (Nova Lima S.A.) será controlada 100% da empresa Varginha S.A. A empresa Itanhaém S.A. ficará com as participações societárias e será controlada 100% pela compradora. Os balancetes das duas empresas, após a cisão, ficarão como segue:

Nova Lima S.A. (controlada pela Varginha S.A.)	
Ativo	**R$**
Bancos Conta Movimento	15.000.000,00
Total do ativo	**15.000.000,00**
Passivo	**R$**
Capital Social Subscrito	15.000.000,00
Total do passivo	**15.000.000,00**

Itanhaém S.A. (controlada pela compradora)	
Ativo	**R$**
Participações Societárias Cia. Alfenas	10.000.000,00
Total do ativo	**10.000.000,00**
Passivo	**R$**
Capital Social Subscrito	10.000.000,00
Total do passivo	**10.000.000,00**

Após a conclusão de todas as operações, a empresa Nova Lima S.A. é extinta, transferindo-se ao caixa da Varginha S.A. os recursos financeiros. Não há ganho de capital a apurar, já que a participação extinta (de R$ 15.000.000,00 após a equivalência patrimonial) é igual aos recursos financeiros transferidos. A compradora poderá extinguir ou manter a Itanhaém S.A.

13.13 Questionamento do fundamento econômico

A RFB vem fiscalizando e autuando os contribuintes que utilizaram essa forma de planejamento. Vários julgamentos nos Conselhos de Contribuintes mantêm a autuação, sob a alegação de falta de fundamento econômico.

Entende o autor que não há óbice legal para o planejamento, porém, cabe ao contribuinte analisar os fundamentos econômicos e adotar as medidas jurídicas de salvaguardas adicionais que julgar necessárias.

13.14 Participação extinta em fusão, incorporação ou cisão

Na fusão, incorporação ou cisão de sociedades com extinção de ações ou quotas de capital de uma possuída por outra, a diferença entre o valor contábil das ações ou quotas extintas e o valor de acervo líquido que as substituir será computada na determinação do lucro real, de acordo com as seguintes normas, segundo o Decreto-lei n. 1.598/1977,

> somente será dedutível como perda de capital a diferença entre o valor contábil e o valor do acervo líquido avaliado a preços de mercado, e o contribuinte poderá, para efeito de determinar o lucro real, optar pelo tratamento da diferença como ativo diferido, amortizável no prazo máximo de dez anos.

A hipótese do diferimento não é interessante pelo prisma do planejamento, pois importa em postergar uma despesa. Será computado como ganho de capital o valor pelo qual tiver sido recebido o acervo líquido que exceder ao valor contábil das ações ou quotas extintas, mas o contribuinte poderá diferir a tributação sobre a parte do ganho de capital em bens do ativo permanente, até que este seja realizado.

13.15 Condições de diferimento

O contribuinte somente poderá diferir a tributação da parte do ganho de capital correspondente a bens do ativo permanente se (art. 34, § 1°, Decreto-lei n. 1.598/1977):

- discriminar os bens do acervo líquido recebido a que corresponder o ganho de capital diferido, de modo a permitir a determinação do valor realizado em cada período de apuração;
- mantiver, no Lalur, controle do ganho de capital ainda não tributado, cujo saldo ficará sujeito à atualização monetária até 31 de dezembro de 1995 (art. 6°, *caput* e parágrafo único, Lei n. 9.249/1995).

13.16 Realização

O contribuinte deve computar no lucro real de cada período de apuração a parte do ganho de capital realizada mediante alienação ou liquidação, ou por meio de quotas de depreciação, amortização ou exaustão, e respectiva atualização monetária até 31 de dezembro de 1995, quando for o caso, deduzidas como custo ou despesa operacional (art. 34, § 2°, Decreto-lei n. 1.598/1977; art. 6°, *caput* e parágrafo único, Lei n. 9.249/1995).

13.17 Novas reestruturações societárias no Brasil

A prática de fusões e aquisições no Brasil pode ser substancialmente alterada no decorrer dos próximos meses. Não de forma temporária, como reflexo da volatilidade do mercado global, mas de forma permanente, mediante a transposição de supervisão e controle de reorganizações societárias e ofertas públicas, o chamado *takeover panel* — traduzido, no Brasil, como Comitê de Aquisições e Fusões (CAF).

Embora a notícia não seja particularmente nova — a adoção de tais regras vem sendo discutida pela Bolsa Mercantil e Futuros (Bovespa) e alguns investidores institucionais desde meados de 2009 —, ela ainda não recebeu a atenção devida pelo mercado. Agora, porém, entender o assunto tornou-se premente: a minuta do código ficou pronta e entrou em vigor no decorrer de 2014.

Em linhas gerais, o código prevê a criação de um órgão regulador, o CAF, cujo poder tem origem contratual e que não seria imposto pela via legislativa. Assim, a exemplo do novo mercado, a submissão às regras do CAF é uma questão de escolha: adere a companhia aberta que quiser. Cabe ao CAF analisar reorganizações societárias que resultem em mudança de controle e ofertas públicas, inclusive voluntárias.

Embora as razões para a adesão tenham sido variadas, elas consistiam, essencialmente, no aprimoramento da governança corporativa e em um grau de proteção mais efetivo para acionistas minoritários e demais investidores.

Isso porque a aplicação das regras pelo CAF asseguraram uma avaliação prévia e independente dos termos e condições de transações societárias submetidas, garantindo condições equitativas para todos os acionistas, e sem detrimento ao mercado em geral. O CAF pode, por exemplo, em operações realizadas entre sociedades controladoras e controladas, exigir a elaboração de laudos de avaliação independentes, caso determinado percentual de acionistas minoritários discorde do laudo contratado pela administração das empresas envolvidas. O aprimoramento da governança corporativa ocorre mediante a imposição de um cronograma rigoroso de divulgação de informações antes, durante e após operações societárias.

Sob o ponto de vista econômico, ao amparar uma revisão independente e aumentar o volume de informação disponível, a atuação do comitê acarreta redução do custo de agência e do espaço de manobra, por parte de acionistas majoritários e administradores, para subtrair valor da companhia. O mercado tende, portanto, a precificar positivamente a adesão de uma companhia aberta ao CAF, ocasionando um potencial aumento do valor da ação por ela emitida.

CONSIDERAÇÕES FINAIS

Pode-se constatar a importância que as reorganizações societárias têm alcançado no mundo empresarial nos últimos tempos utilizando-se principalmente dos institutos da incorporação e da cisão. Ao investir em um negócio, qualquer que seja a pessoa, física ou jurídica, certamente buscará o retorno do seu capital investido. Isso, na maioria das vezes, acontece via distribuição de lucros de uma sociedade. No entanto, para que isso aconteça, as empresas dependem de apurar lucros em suas demonstrações financeiras.

O custo tributário no Brasil vem crescendo constantemente. Atualmente, já se pode dizer que o tributo compõe um dos principais custos de produção de um negócio. Sendo assim, torna-se imprescindível reduzir esses custos tributários de forma legal, objetivando a maximização dos resultados econômico-financeiros das empresas, tornando-as mais competitivas em seus respectivos mercados, além de possibilitar, de forma rápida, o retorno aos investidores do seu capital investido.

Tal fato é visto com tanta importância aos olhos dos investidores que estes, muitas vezes, sujeitam-se a situações arriscadas, ilegais e até mesmo à prática de crime contra a ordem tributária, em prol da redução da carga tributária do seu negócio. Tal importância se deve a vários fatores, sejam eles mercadológicos, econômicos, financeiros, administrativos, tecnológicos ou societários, ou mesmo pela forma desburocratizada com que essas operações promovem alterações empresariais. Porém, a possibilidade de alcançar benefícios tributários tornou-se, para as empresas, motivo de maior relevância para a realização das reorganizações societárias, tendo em vista a elevada carga tributária no Brasil e a consequente necessidade de redução do custo tributário para a manutenção da competitividade das empresas no mercado.

Embora a carga tributária brasileira seja considerada elevada, é possível minimizá-la utilizando metodologias de reestruturação societária como ferramenta de planejamento tributário, sem cometer um ilícito ou a evasão fiscal. As reestruturações possibilitam, ainda, resguardar as reais participações societárias dos sócios/investidores e usufruir de economias tributárias, tudo isso de forma legal.

A empresa que segregar o seu negócio por meio da cisão parcial em suas duas atividades poderá optar por outro regime tributário em ambas, o que reduzirá sua carga tributária e permitirá uma maximização dos lucros, aumentando o fluxo financeiro e a eficiência empresarial, segundo Santana, Pereira e Rodrigues (2019).

CAPÍTULO 14 # Planejamento tributário com *offshore*

Objetivo

Neste capítulo, você aprenderá:

- o uso do planejamento tributário com a constituição de uma *offshore*.

Introdução

Abrir uma companhia *offshore* pode ser uma excelente alternativa para empresas e pessoas físicas que desejam investir no exterior sem a necessidade de pagar impostos exorbitantes, os quais, em muitos casos, podem inviabilizar o investimento feito.

> *Offshore* envolve a prática de atividades de empresas que buscam expandir os seus negócios em áreas que podem oferecer mais recursos, porém o termo recebeu conotações negativas quando algumas companhias passaram a utilizar esse mecanismo para obter maiores lucros e pagar menores tributações ao governo.[1]

É comum, por exemplo, grandes empresas abrirem uma companhia *offshore* para testar determinado produto ou serviço antes de disponibilizá-lo comercialmente. A baixa carga fiscal e a facilidade de operar em diversos países do mundo são os principais atrativos dos locais que mantêm as fronteiras abertas para a instalação de companhias *offshore*.

O interesse do empresário ou pessoa física em uma *offshore* está ligado, quase sempre, aos problemas relativos à carga tributária de seu país, bem como aos problemas referentes à legislação civil sucessória (Direito das Sucessões).

As *offshore* são organizações com personalidade jurídica própria, não se confundindo com a personalidade de seus sócios (ou de uma só pessoa), sendo que suas atividades econômicas têm como objetivo a produção ou circulação de bens ou de serviços. Não têm uma forma jurídica determinada, por essa razão moldam-se às necessidades de cada caso específico, atingindo, assim, sua finalidade principal, que é a de atender aos interesses de seus sócios, suas outras empresas e/ou o controle destas.

Não podem, quando sediadas em paraísos fiscais, desenvolver suas atividades nesses países, devendo operar tão somente fora desses territórios. Por exemplo, se a *offshore* está sediada no Uruguai, ou nas Ilhas Cayman, não poderá efetivamente operar nesses países, mas sim no exterior.

14.1 Objetivos das *offshore*

O objetivo de determinados países, em seu planejamento estratégico de globalização, é adotar políticas de isenção fiscal e liberdade cambial para atrair investimentos e capitais estrangeiros. Na América Latina, o Uruguai é um exemplo típico dessa política.

Uma *offshore company* é uma entidade situada no exterior, sujeita a um regime legal diferente, extraterritorial em relação ao país de domicílio de seus associados.

Essa expressão é aplicada mais especificamente a sociedades constituídas em países ou locais denominados paraísos fiscais (*tax havens*), onde gozam de privilégios tributários (impostos reduzidos ou até mesmo isenção de impostos), dependendo da política de atrativos do país ou região.

Os motivos que levam o empresário a se decidir pela abertura de uma *offshore* estão ligados aos seguintes fatores: moeda forte, estabilidade econômica e política, isenções

---

1 Disponível em: https://www.significadosbr.com.br/offshore. Acesso em: 12 out. 2016.

fiscais ou impostos reduzidos sobre os rendimentos, segurança, sigilo e privacidade nos negócios, liberdade de câmbio, economia de custos administrativos e eventual acesso a determinados tipos de financiamento internacional a juros baixos.

As *offshore* são revestidas da maior legalidade, não se admitindo, assim, os entendimentos contrários dos menos avisados, que impedem o empresário de fazer um real planejamento financeiro, tributário e comercial, o que lhe traria excepcionais vantagens, ficando esse mercado adstrito ao alcance de poucos.

14.2 A utilidade das *offshore*

Vários tipos de negócios podem se beneficiar da legislação dos países que permitem a abertura de companhias *offshore*: desde uma empresa de importação e exportação, que pode atender aos pedidos de compradores de diversas partes do mundo por meio de uma companhia *offshore*, até aquelas que querem comprar ou arrendar os direitos de uso de *copyright*, patente, marca registrada ou tecnologia dos seus detentores originais.

A gama de beneficiários é imensa. Além dos negócios citados, é comum constituir uma *holding offshore*, cuja função é controlar todo o movimento de subsidiárias em diversos países. Esse recurso possibilita que uma empresa se capitalize sem precisar pagar impostos elevados, ao mesmo tempo que faculta às subsidiárias obterem o benefício de deduções de impostos em juros pagos, além de pagar impostos mais baixos gerados pela cobrança de *royalties* e dividendos.

Empresas do setor financeiro, como bancos e seguradoras, usam normalmente as companhias *offshore*, operando por meio de suas filiais. Também as transportadoras registram seus navios em nome de companhias *offshore* e circulam pelo mundo ostentando as bandeiras de países que cobram menos tributação.

Para as pessoas físicas, uma companhia *offshore* também é interessante. Ela possibilita aplicações financeiras, compra e venda de patrimônio pessoal, bem como transmissão de herança sem os custos, as discussões e a demora inerentes a um inventário. Tudo isso dentro de um ambiente que garante sigilo, privacidade nos negócios, segurança, isenções fiscais e eventual acesso a determinados tipos de financiamento internacional a juros reduzidos.

Profissionais liberais também podem recorrer a essa alternativa, recebendo pelos serviços prestados por intermédio de uma companhia *offshore*, como forma de aliviar a carga tributária referente aos seus honorários. Também os que querem explorar seus direitos autorais podem constituir uma companhia *offshore* e entrar em contato com licenciadores em todo o mundo.

Essas empresas pessoais se traduzem em legítimos interesses de sigilo, privacidade e segurança — algo impossível de ser desfrutado em seus países de origem. Dependendo do lugar onde são distribuídos os rendimentos, fica o permissível da economia do Imposto de Renda (IR).

Quanto aos dividendos, existe a considerável redução de impostos retidos na fonte, que pode ser obtida utilizando-se uma companhia constituída em países de imposto zero.

No direito sucessório (heranças por sucessão — inventários, arrolamentos etc.), verifica-se que, nesses países, são possíveis as transmissões sem que haja custos e problemas relativos a tais procedimentos jurídicos, sem levar em conta o tempo perdido nos longos processos sucessórios.

14.3 Vantagens e desvantagens das *offshore*

De acordo com Castro,[2] as vantagens e desvantagens acerca da constituição de *offshore* são:

- **Aumento da proteção patrimonial de empresários:** A blindagem patrimonial é maneira lícita com o objetivo de garantir e preservar o patrimônio da pessoa ou empresa por meio de estrutura jurídica. Tal proteção patrimonial não objetiva burlar a receita ou fraudar credores, mas sim fornecer aos acionistas ou quotistas responsabilidade limitada ao valor a ele conferido no capital social da sociedade, não pondo em risco seu patrimônio pessoal independentemente do que possa com o negócio ocorrer.

- **Gozo de benefícios tributários:** As *offshore* representam mecanismo para isso [a economia financeira] de maneira internacional, motivo pelo qual as *offshore* vêm adquirindo notoriedade e garantindo o êxito econômico de organizações, sem que distâncias territoriais se tornem obstáculos para o comércio internacional. A internacionalização das empresas busca competitividade com investimentos em outra jurisdição, como operações comerciais ou unidades produtivas. Tal forma de internacionalização tem um retorno certo, por meio de avanços tecnológicos, diminuição de preços, majoração dos lucros, melhora de produtos, modernização das operações e custos mais baixos. Esses fatores facilitam a interação no mercado globalizado.

- **Facilidade de acesso a créditos internacionais:** Algumas pessoas físicas e jurídicas usam empresas *offshore* como instrumento a fim de administrar suas carteiras de investimento, incluindo aplicações em valores mobiliários, títulos governamentais, depósitos em pecúnia e outros produtos. Depósitos bancários de empresas *offshore* podem oferecer juros maiores, por vezes sem imposto retido na fonte, ou ainda podem ser aplicados em fundos de investimento coletivos. A *offshore* que ofereça garantias, eventualmente obterá acesso a financiamentos no exterior, a juros e condições melhores do que obteria a controladora com sede numa jurisdição como a brasileira, considerada de alto risco. Aplicações financeiras em ações e opções, em especial em mercados fortes como as Bolsas de Hong Kong, Londres e Nova York, e feitas por meio de uma *offshore* estruturada com tal objetivo, por certo oferecerão mais vantagens fiscais que a mesma

---

2 Adaptado de CASTRO, A. F. Vantagens e desvantagens das empresas offshore. Disponível em: *Jusbrasil*, nov. 2014. Disponível em: https://mandinha10fc.jusbrasil.com.br/artigos/149355249/vantagens-e-desvantagens-das-empresas-offshore. Acesso em: 02 ago. 2018.

aplicação feita no mercado nacional, seja feita como pessoa física ou jurídica, isso se assim houver permissão, o que claramente não é o caso da jurisdição brasileira.

- **Expansão de empresas brasileiras no exterior:** Assim como no Brasil, muitos países também exigem excessivas burocracias para a constituição de empresas, que acabam resultando em elevados custos e extrema morosidade para sua constituição, o que acaba sendo um ponto relevante na hora de se decidir sobre a expansão internacional de uma empresa. Com a expansão do comércio internacional, chegaram ao fim as barreiras que impediam os Estados de utilizarem suas opções negociais em âmbito fiscal. Desta feita, as relações internacionais vêm ganhando papel de destaque no desenvolvimento da economia nacional e em diversas espalhadas pelo mundo.

- **As desvantagens das empresas** *offshore*: Tendo em vista se tratarem de longas cadeias de suprimento, as *offshore* são frágeis às bruscas alterações políticas e ambientais, fazendo com que tais empresas sejam obrigadas a utilizar grandes lotes e estoques a alto fluxo de custo. Assim, as empresas constituídas sob *offshore* possuem menor flexibilidade para se adaptarem às fortes mudanças de mercado.

  Não obstante, os custos relativos à instalação de uma unidade *offshore* são bastante elevados e, no que se refere aos postos de trabalho, podem ser consideradas em certa medida como ameaças aos postos de trabalho dos países em que a empresa estava instalada antes do processo de internacionalização.

14.4 Transferência de patrimônio

O patrimônio do interessado é transferido para uma fundação, que nomeia um administrador para operar no exterior com uma gama de poderes administrativos que lhe permitem providências específicas para a transmissão de bens, nos casos de divórcio ou falecimento, inerentes às suas partilhas, transmitindo-se as rendas pessoais, bens imóveis e participações societárias única e exclusivamente aos beneficiários que foram legalmente indicados pelo titular, podendo a transferência, ainda, ser facilitada pela simples transmissão de quotas societárias, livrando-se o interessado dos impostos relativos à ordem sucessória.

A globalização do mercado, uma realidade inconteste, faz que o uso de *offshore* se propague cada vez mais, tornando-se frequente e necessário.

A tentativa ou decisão de agir de forma a reduzir sua carga tributária, em alternativas legais, é um direito de todo cidadão, que não é — nem poderia ser — obrigado a seguir normas no sentido de aumentar a arrecadação tributária de seu país. Para as organizações que operam em mercado internacional, é, sem dúvida, um alto negócio admitir e operar uma *offshore*, favorecendo suas transações de importação e exportação, quer no tocante à matéria-prima, quer no tocante a material e produto acabados para o revendedor ou usuário final.

A *offshore* pode oferecer garantias e quase sempre acaba tendo acesso a financiamentos bancários no exterior, com condições de prazo e juros bem mais favoráveis do que poderia obter para a empresa com sede em seu país, como no Brasil, por exemplo, onde essa negociação é considerada de alto risco. As operações nos citados paraísos fiscais, por meio de uma *offshore* ou de outra modalidade, são hoje um instrumento imprescindível para todos aqueles que prestam serviços, investem ou mantêm-se atrelados aos complexos comerciais e industriais de nível internacional, bem como nos casos de salvaguarda de interesses patrimoniais de pessoas físicas.

A operação *offshore* mais comum em casos de planejamento sucessório é a transferência de patrimônio no Brasil — sejam imóveis, direitos, marcas, patentes, participações societárias — para uma *holding* no exterior, com distribuição de ações da companhia para os herdeiros.

Quanto ao IR, para que não haja tributação, basta que a *offshore* receba o imóvel pelo mesmo valor registrado no balanço da pessoa jurídica ou na declaração de rendimentos da pessoa física, não se verificando, nessa hipótese, nenhum ganho de capital, e, consequentemente, inexistindo qualquer tributação a título de IR.

Quando há a realização dos lucros e a transferência deles para o Brasil, o herdeiro paga IR como pessoa física recebendo rendimentos do exterior.

A transferência de bens para o exterior é uma operação lícita, desde que, obviamente, devidamente declarada à Receita Federal do Brasil (RFB) — Declaração de Imposto de Renda da Pessoa Física (DIPF) ou Declaração de Imposto de Renda da Pessoa Jurídica (DIPJ) — e ao Banco Central do Brasil (Bacen), nos termos da lei.

14.5 A lógica da economia tributária

Em tese, a geração de lucros que bens ou direitos propiciarem no exterior, em paraísos fiscais, terão menor tributação sobre a renda que a correspondente no Brasil.

No entanto, haverá custos administrativos e taxas locais que podem inviabilizar a manutenção de uma pequena *holding*. O volume de negócios e rendas é importante para diluir tais custos administrativos.

Também é possível observar que o pagamento de aluguéis, juros e outros rendimentos da sociedade situada em paraíso fiscal são tributáveis na fonte, no Brasil, em 25%. No caso de acordo internacional, deverá ser observado o disposto naquele ato.

Os rendimentos decorrentes de qualquer operação em que o beneficiário seja residente ou domiciliado em país que não tribute a renda ou que a tribute à alíquota inferior a 20%, a que se refere o art. 24 da Lei n. 9.430/1996, sujeitam-se à incidência do IR na fonte à alíquota de 25% (Decreto n. 9.580/2018; art. 17, § 3°, IN SRF n. 252/2002).

Portanto, se considerarmos uma *holding* brasileira *versus* uma *holding* em paraíso fiscal, teremos:

- **rendimentos da *holding* brasileira:** Imposto de Renda Pessoa Jurídica (IRPJ) e Contribuição Social sobre o Lucro Líquido (CSLL) sobre o lucro de até 34% +

Programa de Integração Social (PIS), Contribuição para o Financiamento da Seguridade Social (Cofins), no lucro real, de 9,25% sobre a receita + Imposto Sobre Serviços de Qualquer Natureza (ISSQN), conforme o caso;

- **rendimentos da *holding offshore*:** tributação do local (podendo ser zero) + IRRF no Brasil (25% sobre os rendimentos). Observe que haverá tributação adicional por ocasião da distribuição dos rendimentos à pessoa física ou jurídica instalada no Brasil. No caso de pagamentos a título de remuneração de direitos tecnológicos, incidirá ainda a Contribuição de Intervenção no Domínio Econômico (Cide/Tecnologia) de 10%.

14.6 Tributação no Brasil dos rendimentos e ganhos de capital dos investimentos da pessoa física no exterior

- Rendimentos como lucros, dividendos e juros são tributados pela tabela progressiva do IR até a alíquota máxima de 27,5% (Carnê-Leão) e são passíveis de compensação na Declaração de Ajuste Anual do Imposto sobre a Renda da Pessoa Física (Dirpf).
- Os ganhos de capital — como os valores auferidos em venda de ações, quotas, imóveis etc. — sofrem tributação exclusiva do IR à alíquota de 15%.
- Qualquer crédito de valores na conta corrente estrangeira que implique rendimento ou ganho de capital deverá ser tributado no momento da sua efetivação, independentemente do seu posterior envio para o Brasil.

O fato gerador do imposto — quando a renda se torna disponível — ocorrerá somente quando a *offshore* distribuir seu lucro, o que necessariamente não precisa coincidir com o recebimento dessa renda no exterior.

14.7 Tributação no Brasil pela pessoa jurídica

No caso de pessoa jurídica, a tributação dos rendimentos gerados no exterior ocorrerá pelo regime de competência, compondo o lucro real (para fins de recolhimento do IRPJ e da CSLL) em 31 de dezembro de cada ano.

14.8 Relação de paraísos fiscais

A República Federativa do Brasil (RBF), por meio da IN n. 108/2002, relacionou, para todos os efeitos previstos nos dispositivos legais, os países ou dependências que não tributam a renda ou que tributam à alíquota inferior a 20% ou, ainda, cuja legislação interna oponha sigilo relativo à composição societária de pessoas jurídicas ou à sua titularidade.

Quadro 14.1 Relação de paraísos fiscais

Andorra	Dominica	Ilhas Montserrat
Anguilla	Emirados Árabes Unidos	Nauru
Antígua e Barbuda	Gibraltar	Ilha Niue
Antilhas Holandesas	Granada	Sultanato de Omã
Aruba	Hong Kong	Panamá
Comunidade das Bahamas	Labuan	Federação de São Cristóvão e Nevis
Bahrein	Líbano	Samoa Americana
Barbados	Libéria	Samoa Ocidental
Belize	Liechtenstein	San Marino
Ilhas Bermudas	Luxemburgo (no que respeita às sociedades *holding* regidas, na legislação luxemburguesa, pela Lei de 31 de julho de 1929)	São Vicente e Granadinas
Campione d'Italia	Macau	Santa Lúcia
Ilhas do Canal (Alderney, Guernsey, Jersey e Sark)	Ilha da Madeira	Seychelles
Ilhas Cayman	Maldivas	Tonga
Chipre	Malta	Ilhas Turks e Caicos
Cingapura	Ilha de Man	Vanuatu
Ilhas Cook	Ilhas Marshall	Ilhas Virgens Americanas
República da Costa Rica	Ilhas Maurício	Ilhas Virgens Britânicas
Djibouti	Mônaco	

Fonte: RFB.

14.9 Preços de transferência

14.9.1 Conceito

O termo "preço de transferência" refere-se ao preço praticado na compra e venda (transferência) de bens, direitos e serviços entre partes relacionadas (pessoas vinculadas). Em razão das circunstâncias peculiares existentes nas operações realizadas entre empresas vinculadas, esse preço pode ser artificialmente estipulado e, consequentemente, divergir do preço de mercado negociado por empresas independentes em condições análogas → preço com base no princípio *arm's length*.

14.9.2 Aplicação

O preço de transferência é o modo utilizado pelas empresas do mesmo grupo para limitar as receitas e custos de exportações e importações, respectivamente. Representa os preços pelos quais uma empresa transfere bens materiais e intangíveis ou presta serviços a empresas associadas. As empresas se utilizam de meios lícitos para driblar as normas impostas pelo governo que não podem ser modificadas; elas aplicam ferramentas, a exemplo do *offshore*, para diminuir a incidência de taxas. Previstos somente a partir de 1997, os preços de transferência foram instituídos pela Lei n. 9.430/1996, cuja disciplina se encontra disposta em seus arts. 18 a 22.

A Lei n. 9.430/1996 tem por objetivo assegurar que os preços de venda ou compra de bens, serviços e direitos em operações realizadas por pessoas físicas ou jurídicas residentes no Brasil com pessoas físicas ou jurídicas residentes no exterior com as quais exista vinculação, sejam aqueles apuráveis segundo os métodos que determina para fins de incidência da tributação brasileira pelo IR.

Desse modo, abrange:

- as operações com pessoas vinculadas;
- as importações, ordenando que somente será dedutível do lucro real sujeito à tributação pelo IR o preço determinado pelos métodos que indica;
- as exportações, determinando que as receitas do exportador devam ser arbitradas sempre que o seu preço médio for inferior a 90% do preço médio no mercado brasileiro;
- os juros — cuja dedutibilidade do lucro real está sujeita às taxas que indica;
- as operações com paraísos fiscais e países que adotem o sigilo quanto à composição societária, que serão tratados como se houvesse vinculação.

O preço de transferência é uma ferramenta pela qual a RFB compara o valor de uma operação entre empresas do mesmo grupo com o valor de uma operação entre duas empresas sem nenhum tipo de vínculo. A ideia é eliminar a exportação de lucros a partir de um controle maior nas operações internacionais de compra e venda entre empresas vinculadas. As distorções podem dar origem a um subfaturamento ou superfaturamento que reduzirá o lucro declarado no Brasil e, como consequência, o IRPJ e a CSLL.

Há uma série de fórmulas relativas à definição dos preços de transferência. São cálculos destinados a operações de exportação e de importação e que tentam alcançar os mais diversos casos, desde aqueles empreendedores que apenas revendem o que foi adquirido no mercado externo até os que importam matéria-prima e a submetem à industrialização.

Estão submetidas ao controle de preços de transferência as operações entre empresas brasileiras e pessoas físicas ou jurídicas vinculadas no exterior.

Também são atingidas as operações com empresa não vinculada, domiciliada em países considerados paraísos fiscais, além das operações com empresas protegidas pelo sigilo societário. A fiscalização pode ser feita na importação e na exportação de bens, direitos ou serviços e no reconhecimento de receitas e rendimentos derivados de exportação, entre outros.

Exemplo 1

Determinada empresa norte-americana detém o capital de uma subsidiária no Brasil. A empresa brasileira fabrica produtos veterinários, os quais são comercializados no Brasil, e cuja matéria-prima é importada pela empresa brasileira de sua matriz no exterior. Essa transação é efetuada com empresas ligadas à empresa no exterior também titular dos direitos sobre as tecnologias relacionadas aos produtos fabricados pela subsidiária no Brasil, cujos *royalties* nunca foram dela cobrados.

Os preços de transferência visam evitar que as subsidiárias brasileiras transfiram lucros para suas matrizes no exterior por meio de operações de importação, exportação e financeiras, em prejuízo do pagamento do IRPJ e da CSLL. Tal prejuízo se dá, por exemplo, na hipótese de as importações contratadas pela subsidiária brasileira com a matriz no exterior serem realizadas por valor superior ao que seria pago se a transação fosse contratada com terceira pessoa, com a qual não houvesse vínculo societário.

Isso também ocorre quando a subsidiária brasileira exporta mercadorias para suas coligadas no exterior por valor menor do que seria praticado caso a operação fosse pactuada com terceiro não ligado. Trata-se, portanto, de disposição que visa evitar a redução do lucro tributável pelo IRPJ e pela CSLL por meio das práticas de superavaliação de custos de importação ou da diminuição das receitas de exportação, pela realização de operações com valores inadequados em face de parâmetros de independência.

Exemplo 2

Uma subsidiária brasileira efetuou importação de matéria-prima no valor de R$ 120.000,00. Com a aplicação da legislação de preços de transferência, o valor máximo que poderia ser deduzido na apuração do IRPJ e da CSLL é de R$ 90.000,00.

Itens	R$
Importação	120.000,00
Limite dedutível pelo preço de transferência	90.000,00
Excesso (indedutível)	30.000,00
IRPJ – 15%	4.500,00
Adicional de IRPJ – 10%	3.000,00
CSLL – 9%	2.700,00
Carga tributária	10.200,00

Nessa situação, o valor de R$ 30.000,00 seria indedutível na apuração do IRPJ e da CSLL, embora constante da operação de importação pela subsidiária e pago à matriz no exterior.

A importação acarretou uma carga tributária de R$ 10.200,00 porque o custo indedutível no Brasil representa também uma receita tributável no exterior, visto que sobre o valor da importação incidirá tributação nos dois países.

14.10 Métodos de apuração de preços parâmetro

O preço parâmetro é o preço apurado por meio dos métodos de preços de transferência constantes da legislação brasileira que servirá de referência na comparação com o preço que foi efetivamente praticado pela empresa. São métodos determinados em lei, com o propósito de assegurar que os preços considerados para apurar o lucro real, presumido ou arbitrado e a base de cálculo da CSLL se aproximem, tanto quanto possível, dos preços de mercado.

Cada um dos métodos possui o seu respectivo ajuste, cujo objetivo é permitir a comparação entre os preços pelos quais são vendidos/comprados bens, serviços e direitos idênticos ou similares, mesmo quando negociados em condições diferentes. Assim, o Método dos Preços Independentes Comparados (PIC) autoriza ajustes de preços relacionados, por exemplo, a prazos de pagamento e quantidades negociadas.

Resultando diferença, o contribuinte procederá conforme listado a seguir.

- **Exportação:** quando o preço parâmetro apurado pelos métodos de exportação for superior ao preço praticado na exportação, significa que o contribuinte reconheceu uma receita a menor; portanto, a diferença que exceder ao valor já apropriado na escrituração da empresa deverá ser adicionada ao lucro líquido para determinação do lucro real, bem como deverá ser computada na determinação do lucro presumido ou arbitrado e na base de cálculo da CSLL. Até o ano-calendário de 2001, a diferença deve ser adicionada ao lucro líquido para cálculo do lucro da exploração (art. 20, IN SRF n. 32/2001). A partir do ano-calendário de 2002, a parcela a ser adicionada ao lucro da exploração deverá ser computada no valor das respectivas receitas, incentivadas ou não (art. 21, parágrafo único, IN SRF n. 243/2002).
- **Importação:** quando o preço parâmetro apurado pelos métodos de importação for inferior ao preço praticado na importação, significa que o contribuinte reconheceu como custo ou despesa um valor maior que o devido, portanto, essa diferença deverá ser tributada. Até o ano-calendário de 2001, o valor correspondente ao excesso de custo ou despesa, computado nos resultados da empresa, deve ser adicionado ao lucro real e à base de cálculo da CSLL (art. 5°, inciso I, IN SRF n. 32/2001).

Os métodos de apuração de preços parâmetro na importação são:
- PIC;
- Método do Preço de Revenda menos Lucro (PRL Revenda), com margem de lucro de 20%;
- Método do Preço de Revenda menos Lucro (PRL Produção), com margem de lucro de 60%;
- Método do Custo de Produção mais Lucro (CPL).

Na exportação:
- Método do Preço de Venda nas Exportações (PVEx);
- Método do Preço de Venda por Atacado no País de Destino Diminuído do Lucro (PVA);

- Método do Preço de Venda a Varejo no País de Destino Diminuído do Lucro (PVV);
- Método do Custo de Aquisição ou de Produção Mais Tributos e Lucro (CAP).

Para juros decorrentes de mútuo: taxa Libor, para depósitos em dólares pelo prazo de seis meses, acrescida de 3% anuais a título de *spread*, proporcionalizados em função do período a que se referirem os juros.

14.10.1 PIC

O preço de comparação determinado por esse método corresponde à média aritmética ponderada dos preços de bens, serviços ou direitos, idênticos ou similares, apurados no mercado brasileiro ou de outros países em operações de compra e venda, em condições de pagamento semelhantes (art. 8°, IN n. 243/2002).

Por esse método, os preços dos bens, serviços ou direitos adquiridos no exterior de uma empresa vinculada serão comparados com os preços idênticos ou similares:
- vendidos pela mesma empresa exportadora, a pessoas jurídicas não vinculadas, residentes ou domiciliadas no Brasil ou no exterior;
- adquiridos pela mesma importadora, de pessoas jurídicas não vinculadas, residentes ou domiciliadas no Brasil ou no exterior;
- em operações de compra e venda praticadas entre outras pessoas jurídicas não vinculadas, residentes ou domiciliadas no Brasil ou no exterior.

No preço apurado como parâmetro, os valores de transporte e seguro, cujo ônus tenha sido da empresa importadora, e os de tributos não recuperáveis, devidos na importação, poderão ser adicionados ao custo dos bens adquiridos no exterior, desde que sejam, da mesma forma, considerados no preço praticado, para efeito de comparação (art. 4°, IN n. 243/2002).

Os valores dos bens, serviços ou direitos serão ajustados de forma a minimizar os efeitos provocados sobre os preços a serem comparados, por diferenças nas condições de negócio, de natureza física e de conteúdo, tais como prazo para pagamento, quantidades negociadas, obrigação por garantia, custo de intermediação, acondicionamento, frete e seguro etc. (art. 9°, IN n. 243/2002). Os parágrafos desse artigo definem como serão efetuados os ajustes.

Os ajustes em função de diferenças de quantidades negociadas serão efetuados com base em documentos de emissão da empresa vendedora que demonstrem a prática de preços menores quanto maiores as quantidades adquiridas por um mesmo comprador.

Não sendo possível identificar operações de compra e venda no mesmo período a que se referirem os preços sob investigação, a comparação poderá ser feita com preços praticados em operações efetuadas em períodos anteriores ou posteriores, desde que ajustados por eventuais variações nas taxas de câmbio das moedas de referência, ocorridas entre a data de uma e de outra operação. O ajuste de operação efetuada em país cuja moeda não tenha cotação em moeda nacional será feito mediante conversão pelo dólar americano. No caso de *commodities*, serão consideradas no ajuste as variações acidentais de preços comprovadas pelas cotações de bolsa de âmbito nacional.

14.10.2 PRL

O preço de comparação determinado por esse método encontra-se disciplinado pelo inciso II do art. 18 da Lei n. 9.430/1996, alterado pelo art. 2º da Lei n. 9.959/2000, que dispõe:

> II – Método do Preço de Revenda menos Lucro (PRL): definido como a média aritmética dos preços de revenda dos bens ou direitos, diminuídos:
>
> a) dos descontos incondicionais concedidos;
>
> b) dos impostos e contribuições incidentes sobre as vendas;
>
> c) das comissões e corretagens pagas;
>
> d) da margem de lucro de:
>
> 1. 60%, calculada sobre o preço de revenda após deduzidos os valores referidos nas alíneas anteriores e do valor agregado no País, na hipótese de bens importados aplicados à produção;
>
> 2. 20%, calculada sobre o preço de revenda, nas demais hipóteses.

A Receita Federal expediu a IN n. 243/2002, que altera profundamente os cálculos para determinação do preço de comparação dos bens e serviços importados para fins de determinação do lucro real e da base de cálculo da CSLL, com base no método em questão. A maioria das empresas calcula o preço de comparação dos bens importados com base no mérito do PRL de que trata o art. 12 da IN n. 243/2002.

Contrastada a metodologia de cálculo do preço de comparação por aquele método constante do art. 12 da revogada IN n. 32/2001, com a do art. 12 da IN n. 243/2002, nota-se aumento na carga tributária do IRPJ e da CSLL em decorrência da diminuição do preço de comparação. Se a Receita Federal não provar que a metodologia constante do art. 12 da IN n. 243/2002 está em consonância com o art. 18 da Lei n. 9.430/1996, na redação dada pelo art. 2º da Lei n. 9.959/2000, o ato administrativo é ilegal.

O art. 146 da Constituição dispõe que cabe à lei complementar estabelecer as bases de cálculo de tributos, e o art. 97 do CTN dispõe que somente a lei pode estabelecer a fixação da base de cálculo dos tributos.

No caso de arbitramento de lucros da pessoa jurídica por mais de um período de apuração, houve época em que a portaria do ministro da Fazenda autorizava o agravamento do coeficiente de arbitramento do lucro. O Primeiro Conselho de Contribuintes decidiu em inúmeros julgados que o agravamento era ilegal, por tratar-se de majoração de tributo não instituída por lei.

A ilegalidade do agravamento do coeficiente de arbitramento por ato administrativo é idêntica à da alteração de cálculos na determinação do preço de comparação dos valores de transferência por meio de instrução normativa.

14.10.3 CPL

O preço de comparação determinado por esse método corresponde ao custo médio de produção de bens, serviços ou direitos, idênticos ou similares, no país onde tiverem sido produzidos, acrescido de (art. 13, IN n. 243/2002):

- impostos e taxas cobrados pelo referido país, na exportação;
- margem de lucro de 20%, calculada sobre o custo apurado.

O § 4° do art. 13 enumera a natureza dos gastos e encargos que podem ser imputados na determinação do custo de produção para efeito do método CPL. Geralmente, os países não exportam tributos, isto é, não cobram impostos na exportação de produtos. Esse método é pouco usado na apuração do preço de comparação, pois as empresas no exterior não abrem os custos de produção de bens.

Na determinação do preço de comparação poderão ser adicionados, ao custo dos bens adquiridos no exterior, os valores de transporte e seguro, cujo ônus tenha sido da empresa importadora, e os de tributos não recuperáveis devidos na importação, desde que sejam, da mesma forma, considerados no preço praticado para fins de dedutibilidade na tributação do lucro real (§ 5°, art. 4°, IN n. 243/2002).

14.11 Diferença entre preço praticado pela empresa e preço parâmetro

Custo ou preço praticado pela empresa é a média aritmética ponderada dos preços pelos quais a empresa efetivamente comprou ou vendeu determinado produto durante o ano-calendário. Deve ser calculado, obrigatoriamente, produto a produto.

Custo ou preço médio calculado, ou preço parâmetro, é a média aritmética ponderada de preços coletados e ajustados, conforme método definido em lei, escolhido pelo contribuinte. Também deve ser calculado produto a produto.

Caso seja apurada diferença tributável entre o preço praticado e o preço parâmetro, o valor dessa diferença será adicionado à base de cálculo do IR e da CSLL.

14.12 Hipóteses de operações de importação não sujeitas à apuração de preços parâmetro

Somente estão sujeitas à apuração de preços parâmetro as operações com pessoas vinculadas residentes ou domiciliadas no exterior, bem como aquelas previstas no art. 38 da IN SRF n. 32/2001.

14.13 Alternativas para redução da carga tributária

Poderá ser minorada a incidência da carga tributária com formalização de um contrato de transferência de tecnologia e cessão de direito de uso de marcas.

As empresas firmam um contrato de licenciamento da tecnologia e estabelecem uma remuneração no montante do excesso indedutível a ser paga pela subsidiária no Brasil para a sua matriz. Para obedecer às normas tributárias com a transferência de tecnologia e pagamento de *royalties*, o contrato deverá ser registrado no Instituto Nacional da Propriedade Industrial (Inpi) e no Bacen.

As despesas com *royalties* são dedutíveis na apuração do IRPJ e da CSLL, desde que necessárias à atividade da empresa e ao uso e gozo dos direitos que visam remunerar. Essas despesas são limitadas a 5% do faturamento da empresa.

Os *royalties* são excluídos da legislação dos preços de transferência, conforme o § 9° do art. 18 da Lei n. 9.430/1996. Contudo, o pagamento de *royalties* está sujeito ao pagamento do IRRF à alíquota de 15%, e da Cide à alíquota de 10%, conforme art. 2° da Lei n. 10.168/2000, alterada pela Lei n. 10.332/2001.

Com a aprovação do contrato de transferência de tecnologia, as empresas pactuam as operações de compra e venda de matéria-prima, reduzindo o preço nos valores decorrentes dos preços de transferência. Assim, não haverá custos indedutíveis na apuração do IRPJ e da CSLL.

A subsidiária pagará *royalties* à sua matriz pelo uso da tecnologia. Essa despesa será dedutível na apuração do IRPJ e da CSLL.

14.14 Frete não entra no preço de transferência

O Conselho Administrativo de Recursos Fiscais (Carf) decidiu que, em operações comerciais entre empresas brasileiras com coligadas no exterior, não é obrigatório incluir o custo de frete e o seguro no preço de transferência quando esses serviços forem contratados por empresas não relacionadas com a importadora.

O preço de transferência é usado pela RFB para fiscalizar as operações entre empresas vinculadas, sediadas em diferentes países, com o objetivo de evitar a perda de arrecadação. Esse preço serve como base para calcular o IRPJ e a CSLL nas compras entre empresas com uma filial no exterior ou com a própria matriz estrangeira.

A dedução dos custos de frete e de seguro implica uma redução dos tributos pagos pela importadora, desde que esses serviços sejam praticados por terceiros. Quando os serviços são feitos por empresas do mesmo grupo, os valores já eram incluídos no cálculo do preço de transferência. A medida valia para que não houvesse manipulação dos valores dos serviços prestados.

Na defesa, o contribuinte pode alegar que a IN n. 38/1987 da RFB não obriga a inclusão dos custos, mesmo que o cálculo do preço de transferência seja feito pelo método do PRL. A IN n. 38/1987 diz que, nas condições enumeradas, os valores do transporte e do seguro poderão ser computados como custo de bens adquiridos no exterior. Os valores pagos a terceiros pelos serviços não integram o preço que a empresa pagou ao exterior e, portanto, não teria como a companhia modificar os custos a fim de beneficiar a importadora.

A Procuradoria Geral da Fazenda Nacional (PGFN) é de posição que, quando o ônus tenha sido do importador e os tributos incidentes na importação, a legislação tributária federal impõe a inclusão dos valores dos serviços, pois são agregados ao custo de importação, o que sempre é repassado para o preço final. Deve-se interpretar a IN n. 38/1987 junto com a Lei n. 9.430/1996.

Para o Carf, a norma da RFB tem mais força por limitar e orientar o Fisco e o contribuinte. Existia uma divergência conceitual da lei e da instrução normativa, e o fundamento do Carf foi que, na dúvida, prevalece o contribuinte.

14.15 Os riscos do preço de transferência

Fruto da globalização, o comércio entre empresas vinculadas cresceu a partir dos anos 1950, chamando a atenção dos diversos Fiscos para os preços de transferência, já que o alto custo nas importações de partes ligadas (ou baixo preço de exportação) pode reduzir o lucro e, consequentemente, o imposto pago. Daí ter-se desenvolvido um critério, amplamente aceito, segundo o qual partes ligadas devem praticar preços e condições semelhantes a terceiros independentes (*arm's length*). Se há consenso quanto a este, a prática difícil é sua concretização, com o risco de o preço mínimo exigido no Estado vendedor ultrapassar o custo máximo no Estado importador. Ciente desse problema, a Organização para a Cooperação e Desenvolvimento Econômico (OCDE) busca aproximar tais práticas.

O Brasil não integra a OCDE, e os critérios propostos pela OCDE não são adequados à realidade de um país em desenvolvimento. Daí não ser censurável a decisão do legislador, por meio da Lei n. 9.430/1996, de adaptar as práticas internacionais. Houve, por certo, exagero na simplificação, quando, por exemplo, impuseram-se margens predeterminadas, sem a necessária flexibilização. A maior crítica, entretanto, que se pode fazer não é ao legislador, mas ao Fisco, cuja interpretação inviabiliza a lei.

Sintomático é o caso do método do Preço de Revenda menos Lucro (PRl). Sua concepção é singela: o preço de mercado de um bem importado deve partir do preço de revenda, deduzido de uma margem predeterminada de 20%. Quando o bem era aplicado na produção de outro bem, o Fisco pretendeu vedar a aplicação do PRl, como se não houvesse revenda, o que foi rechaçado pela jurisprudência.

A Lei n. 9.959/2000 expressamente admitiu o PRl na importação de insumos. Em vez da margem de 20%, entretanto, previu margem variável segundo o valor agregado no país. Ou seja: se o bem tivesse pouco valor local, exigir-se-ia margem de 60%; quanto maior o valor agregado no país, menor a margem. É o que se chama norma tributária indutora: por meio do tributo, estimula-se a economia.

O Fisco, no início, adotou esse entendimento — IN n. 32/2000 —, mas lamentavelmente voltou atrás, editando a IN n. 243/2001, que exigiu que o fabricante no país tivesse, sempre, 60% de lucro sobre seu preço de revenda. O raciocínio não tem substrato econômico e fere os parâmetros da razoabilidade. Infelizmente, há decisões administrativas e judiciais confirmando esse absurdo. Sinaliza-se com forte incentivo à desindustrialização do país: quem se disporá a fabricar um bem no país se tiver que tributar lucro (inexistente) de 60% do preço da venda? Muito mais conveniente revender produtos acabados, quando a margem exigida é só de 20%.

A interpretação da IN n. 243/2001 não tem respaldo no texto da lei. O Fisco insiste em seu posicionamento, dizendo que seria o único caminho lógico. Propõe-se que se considere o percentual de participação dos bens importados no custo total do bem, antes de aplicar a margem de 60%.

Não se respalda na lógica o raciocínio, pois utiliza como premissa algo que, afinal, se quer provar. Ou seja: se quero provar o custo adequado do bem importado, não posso partir daquele mesmo custo.

Veja um exemplo absurdo: um bem cujo item importado custe, em valores de mercado, 1, enquanto os custos nacionais sejam 9, totalizando custo de 10. Seja um preço de venda de 25. A participação do bem importado é de 10% e, portanto, aplicar-se-á o PRI sobre o valor de 2,5. Com margem de lucro de 60% (1,5), chega-se a preço de mercado tolerado 1 e nenhum ajuste será exigido. Se ò contribuinte inflar o bem importado para 6, o custo total passará a 15. Nesse caso, o percentual de participação do bem importado será de 40%. Aplicando o percentual sobre o preço de venda de 25, temos o PRI sobre 10, dando um preço máximo tolerado de 4. Ou seja: o contribuinte sextuplicou o preço de transferência e teve um ajuste de meros 2.

Basta continuar os exercícios matemáticos para ver que o erro é sistêmico: quanto maior o valor da importação, maior o percentual do bem importado no custo total, ampliando o preço de mercado apurado pelo PRI.

Evidencia o erro o fato de que quando se aplica o método, alcançando-se um preço parâmetro, e se emprega este mesmo preço novamente na fórmula, chega-se a novo parâmetro.

Tal erro lógico poderia ser corrigido se, em vez de partir do custo do bem importado, se partisse do custo local. Ou seja: no exemplo acima, o custo local era 9. Agregue uma margem de lucro para o custo local, os mesmos 150% (a margem de 60% sobre o preço de venda é o mesmo que 150% em cima do custo), e se chegará a um valor de 22,50. Deduza-se esse valor do preço de venda (25) e se alcançará o valor de venda do bem importado (2,5). Aplique a margem de 60% e se terá PRI de 1.

Não se quer sustentar o acerto da administração ao exigir margem de 60%. Como dito, contribui para a desindustrialização do país e deve ser rechaçada. No entanto, os cálculos mostram que a interpretação do Fisco para a Lei n. 9.959/2000, além de não ter base no texto da lei, tampouco tem lógica, merecendo repulsa.

14.16 A Contabilidade de Custos e o Fisco

A Contabilidade no Brasil é fortemente influenciada pela RFB, que, por meio de decretos e leis, dita regras relativas a critérios de mensuração em desacordo com os princípios e normas contábeis.

Uma dessas regras corresponde à avaliação dos estoques e apuração do custo dos produtos vendidos, procedimentos dos mais importantes na determinação do lucro das empresas.

A RFB, pelo Regulamento do Imposto de Renda, determina que os estoques devem ser avaliados pelo sistema de custos, de acordo com os princípios e convenções contábeis. As empresas que não mantêm o sistema de custos avaliam os estoques por valores arbitrados.

Como o primeiro procedimento é obrigatório somente às sociedades anônimas de capital aberto, a maioria das empresas avalia seus estoques de matérias-primas, produtos em processo e produtos acabados pelos valores arbitrados pela legislação fiscal.

Por exemplo, um produto acabado cujo maior preço de venda é de R$ 1.000,00 tem seu custo arbitrado em 70% desse valor, ou seja, R$ 700,00.

Esse procedimento não se configura como sistema contábil de custos, mas como uma fórmula matemática criada pela RFB para padronizar a avaliação dos estoques, e nada tem a ver com contabilidade e com custos reais de produção. A RFB, na ânsia de tributar, reduziu a Contabilidade de Custos a mero instrumento para atingir seus objetivos.

Os esforços do Conselho Federal de Contabilidade (CFC) para dar à Contabilidade de Custos seu verdadeiro significado sempre foram em vão.

Somente agora, com a adoção pelo Brasil das Normas Internacionais de Contabilidade, a avaliação dos estoques por valores arbitrados não é mais aceita. Com a adoção das normas internacionais, a contabilidade societária foi desvinculada da contabilidade fiscal.

Dessa forma, todas as empresas, independentemente da receita e do regime tributário, devem avaliar seus estoques por meio da Contabilidade de Custos, pelo sistema contábil de custos. A obrigatoriedade não é por força de lei e sim por regulamentação da profissão contábil, cujo poder de fiscalização é do CFC. Assim, o contador que não cumprir as Normas Internacionais ficará sujeito às penalidades previstas, como advertência, multa, suspensão e até cassação do registro contábil.

O contador também deve observar o Regime Tributário Transitório, criado pela RFB para neutralizar os efeitos tributários da adoção das novas normas, até que se possa regular definitivamente o modelo de integração da legislação tributária com os novos métodos e critérios internacionais de contabilidade.

Na verdade, a Contabilidade de Custos sempre existiu como ramo da Contabilidade Geral ou Financeira, que trata da apropriação dos gastos incorridos aos produtos fabricados.

Nada mais natural que, após a contabilização dos gastos, estes sejam transferidos, por meio dos rateios, aos produtos em elaboração e aos produtos fabricados, formando o estoque de Produtos em Processo e Produtos Acabados.

Assim, quando a venda do produto é efetuada, a receita é confrontada com o custo real do produto fabricado para se obter o lucro verdadeiro.

Os procedimentos das Normas Internacionais de Contabilidade, como avaliar os estoques por valor presente, calcular custos com base na capacidade normal de produção e reconhecer como despesas custos indiretos de produção, permitem utilizar os relatórios contábeis para tomar decisões como analisar rentabilidade por produto, otimizar a capacidade produtiva, formar preço de venda, planejar a produção e maximizar o lucro.

Aqueles que criticam as Normas Internacionais de Contabilidade como incentivadoras de ingresso de capitais especulativos nas empresas estão equivocados. Na realidade, o que elas procuram demonstrar é a contabilidade verdadeira, sem influência da intervenção do Estado. Assim, as atribuições dos contadores, que sempre estiveram associados a pagamento de impostos, passam a envolver a elaboração de relatórios contábeis que irão posicionar o gestor em relação a como os negócios de sua empresa estão se portando, qual o grau de endividamento, a capacidade de solvência etc.

Portanto, é fundamental que a RFB reconheça as Normas Internacionais de Contabilidade, eliminando os ajustes fiscais cujos controles tornam-se cada vez mais complexos.

A RFB não pode ignorar a tendência mundial de utilização das normas, já adotadas por mais de cem países, e representar um retrocesso em relação à evolução contábil já conquistada. Mesmo porque, com a aplicação das Normas Internacionais, não haverá redução da carga tributária. O que pode ocorrer é eventual postergação do recolhimento dos impostos, sem prejuízo aos cofres públicos.

CONSIDERAÇÕES FINAIS

A constituição de uma *offshore* ou de uma *holding* em determinado paraíso fiscal não deve ser generalizada como sinônimo de atividade ilegal, pois ninguém é obrigado a administrar seu patrimônio e seus negócios de forma a propiciar maior arrecadação de tributos ao Estado. Nesse sentido, qualquer norma antielisiva geral, como aquela veiculada pelo parágrafo único do CTN, introduzida pela Lei Complementar n. 104/2001, configura atentado ao direito de o contribuinte eleger a via menos onerosa em termos de encargo tributário. O que o contribuinte não pode é afrontar a lei tributária — atitude que não se confunde com a opção de trilhar o caminho não abrangido pela norma tributária.

É extremamente sofisticado o sistema introduzido pela Lei n. 9.430/1996, altamente oneroso para o Estado e para o contribuinte; o controle de preços de transferência apresenta aplicação problemática, devendo exigir da administração fiscal brasileira aparelhamento de alto custo, de tal modo que a relação custo-benefício deveria ser objeto de maior atenção antes de se copiarem legislações.

CAPÍTULO 15 # Planejamento tributário no *trust*

Objetivo

Neste capítulo, você aprenderá:

- o uso do planejamento tributário no *trust*.

Introdução

O forador/instituidor do *trust* (*settlor*) é aquele que deposita o patrimônio com o administrador (fiduciário ou *trustee*) e, assim, transfere a propriedade legal desse patrimônio para o administrador. É essa transferência de propriedade que fornece ao *trust* muitos dos seus benefícios legais. O forador do *trust* é normalmente uma pessoa nomeada para administrar o patrimônio.

Quando um forador deposita patrimônios em um *trust*, ele normalmente irá definir os termos desse *trust* em um acordo formal por escrito conhecido como *Trust Deed*. Dependendo se os aforados têm controle total ou parcial na gestão do *trust*, o instituidor deverá ter algum grau de influência sobre a forma como o *trust* será administrado, por meio dos termos do *Trust Deed* ou por meio de Cartas de Desejos (*Letters of Wishes*).

O aforado (fiduciário ou *trustee*) é uma pessoa física ou jurídica que tenha recebido a propriedade do patrimônio do *trust* do instituidor do *trust*. Em outras palavras, o administrador passa a ser o proprietário legal do patrimônio. De acordo com a Lei Fiduciária, os aforados são responsáveis perante os beneficiários pela boa administração do fundo e têm estrita obrigação legal de agir sempre no seu melhor interesse.

É aconselhável que o papel do administrador seja atribuído a uma empresa administrada por mais de uma pessoa qualificada.

O beneficiário é a pessoa ou outras entidades que se beneficiarão do *Trust Deed*. O beneficiário pode ou não ser especificamente nomeado por parte do instituidor do fundo, e os benefícios podem ser especificamente fixados. O instituidor do fundo pode também ser um beneficiário, mas não deve ser o único beneficiário, já que isso normalmente invalida o fundo.

O protetor cuida dos interesses do instituidor do *trust*, orientando e restringindo (se necessário) as atividades do administrador em relação à sua gestão do patrimônio do *trust*. O protetor pode ser uma pessoa física ou jurídica com qualificações específicas, e é geralmente de alta confiança do forador.

O *trust* consiste no patrimônio do *trustee*. Alguns exemplos de patrimônio que podem ser depositados em um *trust* incluem dinheiro, ações, carteiras de crédito, depósitos bancários, propriedades e até mesmo empresas.

Diversos tipos de bens podem ser objeto do *trust*, tais como investimentos, direitos de propriedade intelectual, joias, pedras preciosas, bens imóveis etc. Com a instituição do *trust* torna-se possível realizar a transferência de bens para herdeiros e outros beneficiários com custos tributários mais reduzidos e de forma mais simplificada. Mediante a sua criação, não só as incidências fiscais podem ser mitigadas, mas também os problemas que envolvem a sucessão podem deixar de existir. Esse instituto, no entanto, não está presente na legislação brasileira, mas é muito comum nos Estados Unidos, na Inglaterra e em outros países que possuem carga tributária mais branda (paraísos fiscais).

Trust é um veículo ideal de planejamento fiscal que pode ser usado para uma série de atividades, tais como proteção patrimonial, planejamento imobiliário, *holding* de investimentos e gestão financeira. Permite a propriedade legal ou propriedade distinta e separada dos direitos adquiridos de uso e gozo dos bens.

15.1 Objetivo do *trust*

O objetivo essencial do *trust* é receber rendimentos e redistribuí-los aos beneficiários com um mínimo de tributação possível e assegurar a sucessão do constituinte nas condições que ele determinou para dar continuidade à gestão da fortuna.

O *trustee* continuará a assegurar a gestão da fortuna e os credores não poderão ter do constituinte recursos contra o patrimônio *trust*, desde que o constituinte aja dentro da lei no momento da constituição, evitando subterfúgios como a transferência de bens para impedir a execução de dívidas fiscais já constituídas.

É possível observar que os bens que vão compor o patrimônio *trust* deverão estar declarados à Receita Federal do Brasil (RFB), para não ferir a legislação.

15.2 Transferência de bens para as *offshore* sem a incidência do ITBI e do Imposto de Renda (IR)

Suponha que uma pessoa física ou jurídica brasileira seja detentora de um imóvel e queira transferi-lo com a máxima economia tributária. Pois bem, tal patrimônio será capitalizado em uma *offshore* cujo poder acionário ficará com a antiga proprietária do bem brasileiro.

Como já se pode depreender, nessa transferência patrimonial não há qualquer incidência do Imposto sobre Transmissão de Bens Imóveis (ITBI), de competência municipal. Nessa modalidade de operação de capitalização não há tributação, em face da imunidade prevista em casos como esse, em que há conferência de bens imóveis para fins de integralização das ações subscritas, conforme o art. 156, § 2º, I, da Constituição Federal.

Quanto ao IR, para que não haja tributação, bastará que a *offshore* receba o imóvel pelo mesmo valor registrado no balanço da pessoa jurídica ou na declaração de rendimentos da pessoa física, não se verificando, nessa hipótese, nenhum ganho de capital, e, consequentemente, inexistindo tributação a título de IR.

15.3 Características

As características de um *trust* são: expropriação do patrimônio e flexibilidade. Na verdade, os recursos dentro do *trust* constituem um patrimônio separado, que não pode ser atacado por terceiros e é gerido pelo administrador de acordo com as instruções constantes do contrato fiduciário.

Graças aos efeitos de expropriação, o instituidor não tem de incluir esses bens na sua declaração de rendimentos e/ou declaração patrimonial, uma vez que a propriedade jurídica é transferida ao administrador.

Nas relações entre os indivíduos e o patrimônio, o *trust* tem as características que seguem:

- O principal efeito desse instrumento é que o aforado tem a propriedade legal dos ativos, enquanto os beneficiários têm a propriedade econômica, e os bens não pertencem ao instituidor.

- Envolve bens afetos à confiança que não fazem parte dos bens do administrador e, portanto, não podem ser tocados por eventuais credores.
- O *trust* é um instituto e não uma pessoa jurídica. Desse modo, os bens estão em nome do aforado, que tem plenos poderes de gestão dentro dos limites estabelecidos pelas instruções especificadas no *Trust Deed* e variações posteriores.
- O protetor tem plenos poderes de inspeção imediata e intervenção na gestão dos ativos detidos pelo administrador.
- O guardião pode ter a opção de cancelar o mandato do aforado caso manifestem-se falhas evidentes na gestão dos ativos de acordo com especificações do *Trust Deed*. Pela mesma razão, os beneficiários podem instaurar um processo contra o aforado.
- As relações entre o *trust*, beneficiários e protetor normalmente são reguladas por um acordo pré-assinado por parte do instituidor e administrador, em conformidade com os termos e procedimentos estabelecidos pela legislação vigente no país em que o *trust* foi fundado. Esse contrato normalmente é classificado como secreto e publicado apenas para fins testamentários.

15.4 Vantagens

Muitas são as vantagens da constituição de um *trust*, destacando-se as seguintes:
- planejamento tributário, especialmente relacionado à sucessão, pois os tributos podem ser diferidos ou reduzidos;
- planejamento sucessório, já que serve como estrutura para garantir a integridade do patrimônio entregue a pessoas que, por incapacidade legal ou inabilidade, não estejam em condições de administrar seus bens;
- formalidades judiciais necessárias que podem ser evitadas após um falecimento, de modo a economizar tempo e despesas. Um *trust* que inclui todos os imóveis sobrevive após o falecimento do instituidor, tornando medidas judiciais suplementares desnecessárias;
- anonimato e sigilo. Perante terceiros, os bens são de propriedade do *trustee* e não do instituidor ou dos beneficiários;
- registro não obrigatório perante autoridades fiscais ou governamentais, ocorrendo o mesmo com o registro da contabilidade.

CONSIDERAÇÕES FINAIS

Trusts têm grande valia como ferramental propiciador de redução da exorbitante carga tributária hoje impingida ao contribuinte brasileiro. Deve-se analisar caso a caso, a fim de realmente concluir pela licitude elisiva, ou, ao revés, pela ilicitude da prática evasiva. A verdade, no entanto, é que, via de regra, o uso dos *trusts* não se tem configurado como conduta delituosa; ao contrário, tem se apresentado como extraordinário meio de planejamento tributário.

Eis aí a real importância do que por certo em breve será esmiuçado por nossos juristas de tomo.

CAPÍTULO 16 Planejamento tributário da Contribuição de Intervenção no Domínio Econômico (Cide)/Tecnologia

Objetivo

Neste capítulo, você aprenderá:

- os principais contratos de transferência de tecnologia e a tributação incidente sobre a utilização da propriedade intelectual.

Introdução

A utilização da tecnologia gera obrigação tributária e a forma de operacionalização da tributação varia de Estado para Estado. Alguns tributam a receita bruta paga ou remetida ao fornecedor da tecnologia, outros permitem a dedução das despesas e exigem tributo da margem de lucro da prestadora de serviços.

A Lei n. 10.168/2000, alterada pela Lei n. 10.332/2001 e, mais recentemente, pela Lei n. 11.452/2007, instituiu a Contribuição de Intervenção no Domínio Econômico (Cide), devida pela pessoa jurídica detentora de licença de uso ou adquirente de conhecimentos tecnológicos, bem como aquela signatária de contratos que impliquem transferência de tecnologia, firmados com residentes ou domiciliados no exterior.

16.1 Contratos de fornecimento de tecnologia

Os contratos de fornecimento de tecnologia objetivam a aquisição de conhecimentos e de técnicas não amparados por direitos de propriedade industrial, destinados à produção de bens industriais e serviços. O objeto da contratação deverá ser detalhado com clareza. Os contratos de fornecimento de tecnologia deverão conter uma identificação perfeita dos produtos e/ou processos, bem como o setor industrial em que será aplicada a tecnologia.

As remunerações e as formas de pagamento são estabelecidas de acordo com a negociação contratual, devendo ser levados em conta os níveis de preços praticados nacional e internacionalmente em contratações similares. No caso de empresas com vínculo majoritário de capital, além de observados os valores praticados no mercado, devem ser respeitados os limites de dedutibilidade fiscal estabelecidos na Lei n. 4.131/1962 e na Portaria MF n. 436/1958, conforme o art. 50 da Lei n. 8.383/1991. As formas de pagamento mais usuais negociadas nesse tipo de contrato são valor fixo por unidade vendida e percentual sobre o preço líquido de venda.

O prazo deve estar relacionado à necessidade de capacitação da empresa. Em geral, os contratos são averbados por um prazo máximo de cinco anos, conforme o art. 12 da Lei n. 4.131/1962, passível de renovação por igual período, desde que apresentadas as justificativas cabíveis. O requerimento de prorrogação deve ser protocolado no Instituto Nacional da Propriedade Industrial (Inpi) até o último dia de vigência do certificado de averbação inicialmente expedido.

16.2 Tributação sobre o uso da propriedade intelectual

A Cide está prevista na Constituição Federal na forma de norma atributiva de competência exclusiva da União Federal, que prevê como uma das condições para a instituição a existência de uma finalidade.

Consideram-se, para fins da Cide/Tecnologia, contratos de transferência de tecnologia relativos à exploração de patentes ou de uso de marcas e os de fornecimento de tecnologia e prestação de assistência técnica.

Portanto, qualquer planejamento fiscal envolvendo operações com o exterior que impliquem remuneração de direitos tecnológicos precisará atentar para a incidência da Cide/Tecnologia.

Sobre os contratos de transferência de tecnologia entre empresas nacionais e estrangeiras, incidem os tributos: IRRF (pagamentos a pessoas domiciliadas no exterior); Cide; Imposto Sobre Serviços de Qualquer Natureza (ISSQN); Contribuição para os Programas de Integração Social e de Formação do Patrimônio do Servidor Público (PIS/Pasep); Imposto sobre Operações Financeiras (IOF).

16.2.1 Base de cálculo

A Cide/Tecnologia é devida pelas pessoas jurídicas signatárias de contratos que tenham por objeto serviços técnicos e de assistência administrativa e semelhantes a serem prestados por residentes ou domiciliados no exterior, bem assim pelas pessoas jurídicas que pagarem, creditarem, entregarem, empregarem ou remeterem *royalties*, a qualquer título, a beneficiários residentes ou domiciliados no exterior, segundo a Lei n. 10.332/2001.

16.2.2 Alíquota

A alíquota da contribuição será de 10%, segundo o art. 6° da Lei n. 10.332/2001.

16.2.3 Pagamento

O pagamento da contribuição será efetuado até o último dia útil da quinzena subsequente ao mês de ocorrência do fato gerador, conforme o art. 6° da Lei n. 10.332/2001, e será utilizado o código 8741 do Darf.

16.3 Crédito sobre contribuição devida a título de *royalties*

É concedido crédito incidente sobre a Cide/*Royalties* da Lei n. 10.168/2000, aplicável às importâncias pagas, creditadas, entregues, empregadas ou remetidas para o exterior a título de *royalties* referentes a contratos de exploração de patentes e de uso de marcas.

O crédito, conforme o art. 4° da MP n. 2.159-70/2001:

> I — será determinado com base na contribuição devida, incidente sobre pagamentos, créditos, entregas, emprego ou remessa ao exterior a título de *royalties*, mediante utilização do seguinte percentual:
>
> 30% (trinta por cento), relativamente aos períodos de apuração encerrados a partir de 1° de janeiro de 2009 até 31 de dezembro de 2013.
>
> II — será utilizado, exclusivamente, para fins de dedução da contribuição incidente em operações posteriores, relativas a *royalties*.

16.4 Destinação da Cide

Os valores arrecadados com a contribuição deverão ser direcionados à finalidade que motivou sua instituição. Apesar de o objetivo primordial da instituição da contribuição não ser a arrecadação, mas sim a intervenção regulatória, todos os valores decorrentes da incidência da respectiva norma deverão ser revertidos para o segmento atingido pela exação com o principal objetivo de restabelecer o equilíbrio visado quando da instituição da contribuição.

A contribuição da Cide/Tecnologia será recolhida ao Tesouro Nacional e destinada ao Fundo Nacional de Desenvolvimento Científico e Tecnológico (FNDCT), criado pelo Decreto-lei n. 719/1969 e restabelecido pela Lei n. 8.172/1991.

Do total da arrecadação da Cide, instituída pela Lei n. 10.168/2000, serão destinados:
- 17,5% ao Programa de Ciência e Tecnologia para o Agronegócio;
- 17,5% ao Programa de Fomento à Pesquisa em Saúde;
- 7,5% ao Programa de Biotecnologia e Recursos Genéticos — Genoma;
- 7,5% ao Programa de Ciência e Tecnologia para o Setor Aeronáutico;
- 10% ao Programa de Inovação para Competitividade.

Estatui o Decreto n. 4.195/2002 que 40% dos recursos provenientes da Cide aqui referida serão alocados ao FNDCT, em categoria de programação específica denominada CT-Verde Amarelo, e utilizados para atender ao Programa de Estímulo à Interação Universidade-Empresa para o Apoio à Inovação.

Do total desses recursos, 30%, no mínimo, serão aplicados em programas de fomento à capacitação tecnológica e ao amparo à pesquisa científica e ao desenvolvimento tecnológico nas regiões Norte, Nordeste e Centro-Oeste.

16.5 A Lei n. 11.452/2007, uma norma interpretativa

A cobrança da Cide, exigida pelo Fisco, das empresas que remetem *royalties* ao exterior em contraprestação às licenças de uso e distribuição de *software* sem que ocorra a transferência de tecnologia, é indevida.

Diversas empresas questionavam a incidência de tal contribuição sobre operações nas quais não ocorria a transferência de tecnologia, baseando-se no disposto no *caput* do art. 2° da Lei n. 10.168/2000, pois, de sua leitura, podemos perceber que a transferência da tecnologia é requisito para a incidência da contribuição nas operações de remessa ao exterior.

Com a publicação da Lei n. 11.452/2007, encerrou-se a discussão sobre a incidência da Cide criada pela Lei n. 10.168/2000 relativamente ao período posterior a janeiro de 2006, data de início da vigência daquela lei. Entretanto, uma nova discussão surgiu, dessa vez quanto à natureza jurídica da Lei n. 11.452/2007, afinal, se interpretativa, restará encerrada toda e qualquer exigência do Fisco relativa a tal contribuição incidente nas operações de remessa ao exterior de valores relativos a pagamento em contraprestação às licenças de uso e distribuição de *software* sem a transferência de tecnologia.

Pela forma como a Lei n. 11.452/2007 tratou a questão, pode-se perceber que a intenção do legislador foi esclarecer a questão — já sendo discutida no Poder Judiciário —, interpretando a norma inserida no sistema jurídico pela Lei n. 10.168/2000. Assim, colocou um ponto-final no debate sobre a incidência da Cide nos contratos de licença de uso e distribuição de *software* firmados com empresas estrangeiras e, enfim, deixou claro que tais operações não devem ser oneradas pela contribuição.

Com a caracterização da natureza interpretativa da norma inserida no sistema jurídico pela Lei n. 11.452/2007, pode-se entender que não só as operações realizadas a partir de janeiro de 2006, data do início da vigência da mencionada lei, mas também todas as operações da mesma natureza sobre as quais o Fisco tentava impor a incidência da Cide estão livres da aplicação de tal contribuição criada pela Lei n. 10.168/2000.

CONSIDERAÇÕES FINAIS

A transferência de tecnologia (negociação de conhecimentos) conjuga os interesses do detentor da tecnologia e de terceiros que pretendem utilizá-la. O contrato de transferência de tecnologia é condicionado a uma série de normas legais, entre elas, as relacionadas à incidência tributária.

As implicações tributárias nas relações de licença, uso e transferência de tecnologia revelam que os países exportadores de tecnologia normalmente tributam as receitas derivadas da venda de tecnologia. Cada Estado elenca fatos geradores ligados à transferência de tecnologia, sobre os quais incidirá tributação.

Não é habitual a concessão de incentivos fiscais à exportação de tecnologia pura, seja por isenção, seja por qualquer outro modo. Assim, o controle do pagamento de tributo sobre a utilização da tecnologia, como pelo uso de patentes e marcas, pode representar uma forma de incentivo ou desincentivo dos setores da economia (fim fiscal e extrafiscal).

CAPÍTULO 17 # Planejamento tributário da pessoa física

Objetivo

Neste capítulo, você aprenderá:

- o emprego do planejamento tributário na pessoa física.

Introdução

Muito se tem escrito sobre o planejamento de tributos nas pessoas jurídicas (empresas), mas a elisão tributária da pessoa física tem tido pouca abordagem por parte dos autores brasileiros, talvez porque supõe-se que paguem pouco imposto.

Os profissionais da contabilidade têm condições de prestar serviços de planejamento financeiro e orientar a Declaração do Imposto de Renda da Pessoa Física (Dirpf). A declaração de IR obriga as pessoas físicas a levantarem e apresentarem anualmente um demonstrativo financeiro pessoal em um formato conveniente para a Receita Federal do Brasil (RFB) realizar análises e cobranças. Cabe ao planejador financeiro mostrar aos seus clientes como registrar e avaliar a situação financeira ao longo do ano, inclusive com uma planilha do fluxo de caixa pessoal que possibilite avaliar e planejar as entradas de dinheiro e os desembolsos.

O contribuinte médio é taxado pelo IR em até 27,5%. Se praticar alguma operação sujeita ao ganho de capital, terá custo de até 15% sobre o lucro. Isso, fora o desconto do INSS (até 11% do salário), mais contribuições assistenciais e outras taxas dos sindicatos representativos, mais taxas de exercício profissional (CRC, CRA, OAB etc.), IPTU, IPVA, ITBI, ITR etc.

O fato é que a classe média brasileira é penosamente onerada pelo Fisco, pois, além dos impostos diretos citados anteriormente, ela paga, de forma indireta, tributos na aquisição de bens e serviços de consumo (ICMS, IPI, ISSQN, PIS e Cofins).

Vamos ver algumas formas lícitas de reduzir esses tributos.

17.1 Deduções para a fonte pagadora

Para não sofrer retenção excessiva do imposto na fonte, é necessário apresentar à fonte pagadora os seguintes documentos e informações, que constituem deduções da base de cálculo:

* declaração de dependentes, por escrito — cada dependente deduz da base de cálculo;
* o INSS retido deduz da base de cálculo, tanto para o autônomo como para o assalariado;
* contribuição de previdência privada, para os assalariados e dirigentes de empresa, desde que o valor seja encargo da pessoa física, no limite de 12% da renda tributável do contribuinte;
* pensão alimentícia judicial, quando a fonte pagadora tiver a obrigação de reter.

17.2 Imposto de Renda Pessoa Física (IRPF) – Utilização de imóvel residencial para exercício de atividade profissional

Para os profissionais liberais é admissível a dedução, no livro-caixa, das despesas decorrentes de suas atividades. Quando o profissional, para o exercício de suas atividades, utiliza-se de seu imóvel residencial, pode deduzir parte das despesas (como condomínio, luz, água, IPTU etc.), da seguinte forma:

- Imóvel alugado: dedução de 1/5 do aluguel, sendo essa mesma parcela admitida para quantificar as demais despesas, desde que efetivamente suportadas pelo contribuinte.

Exemplo

Despesa suportada pelo contribuinte	Valor R$
Aluguel	1.000,00
Luz	280,00
Água	100,00
IPTU	90,00
Condomínio	300,00
Total	1.770,00
Parcela dedutível (1/5)	354,00

Fonte: adaptado de PN CST n. 60/1978.

- Imóvel próprio: dedução de 1/5 das despesas decorrentes da propriedade e utilização do bem, não sendo dedutíveis, entretanto, os dispêndios com reparos, conservação e recuperação do imóvel, nem qualquer percentual sobre o seu valor locativo ou venal ou sobre os valores das prestações porventura pagas para aquisição do imóvel.

Exemplo

Despesa suportada pelo contribuinte	Valor R$
Luz	270,00
Água	120,00
IPTU	100,00
Condomínio	250,00
Total	740,00
Parcela dedutível (1/5)	148,00

Fonte: adaptado de PN CST n. 60/1978.

17.3 Deduções anuais

Ao longo do ano, vá guardando os recibos (ou cópias dos cheques nominais emitidos, também considerados comprovantes válidos) referentes a despesas médicas, odontológicas e pagamentos de seguro-saúde e planos médicos. Esses valores são dedutíveis na apuração anual do imposto, desde que tenham sido ônus da pessoa física declarante.

17.4 Ganho de capital isento

A partir de 16 de junho de 2005, fica isento do Imposto de Renda (IR) o ganho de capital auferido na alienação de bens e direitos de pequeno valor, cujo preço unitário de alienação, no mês em que se realizar, seja igual ou inferior a:

- R$ 20.000,00 (vinte mil reais), no caso de alienação de ações negociadas no mercado de balcão;
- R$ 35.000,00 (trinta e cinco mil reais), nos demais casos.

Os limites são considerados em relação:

- ao bem, ao direito ou ao valor do conjunto dos bens ou direitos da mesma natureza, alienados no mesmo mês;
- à parte de cada condômino ou coproprietário, no caso de bens possuídos em condomínio, inclusive na união estável;
- a cada um dos bens ou direitos possuídos em comunhão e ao valor do conjunto dos bens ou direitos da mesma natureza, alienados no mesmo mês, no caso de sociedade conjugal.

Consideram-se bens ou direitos da mesma natureza aqueles que guardam as mesmas características entre si, tais como automóveis e motocicletas, imóvel urbano e terra nua, quadros e esculturas (Lei n. 9.250/1995, art. 22, na redação dada pelo art. 35, MP n. 252/2005 — período de 16 de junho de 2005 a 13 de outubro de 2005 —; art. 38, Lei n. 11.196/2005 — a partir de 14/10/2005 —; e art. 1°, IN SRF n. 599/2005).

17.5 Alienação do único imóvel

Também é isento o ganho de capital auferido na alienação do único imóvel que o titular possua, cujo valor de alienação seja de até R$ 440.000,00, desde que não tenha sido realizada qualquer outra alienação nos últimos cinco anos, segundo a Lei n. 9.250/1995, art. 23.

17.6 Venda de ações e ouro – Ativo financeiro

São isentos os ganhos líquidos auferidos por pessoa física em operações no mercado à vista de ações nas bolsas de valores e em operações com ouro — ativo financeiro. O valor das alienações realizadas em cada mês deve ser igual ou inferior a R$ 4.143,50 para o conjunto de ações e para o ouro — ativo financeiro — respectivamente, conforme a Lei n. 8.981/1995, art. 72, § 8°.

17.7 Venda de imóveis residenciais

É isento do IR o ganho auferido por pessoa física residente no país na venda de imóveis residenciais, desde que o alienante, no prazo de 180 dias, contado da celebração do contrato, aplique o produto da venda na aquisição de imóveis residenciais localizados no país.

Considera-se imóvel residencial a unidade construída em zona urbana ou rural para fins residenciais, segundo as normas disciplinadoras das edificações da localidade em que se situar.

A aplicação parcial do produto da venda implicará tributação do ganho proporcionalmente ao valor da parcela não aplicada.

No caso de aquisição de mais de um imóvel, a isenção se aplicará ao ganho de capital correspondente apenas à parcela empregada na aquisição de imóveis residenciais.

A inobservância das condições estabelecidas para isenção importará em exigência do imposto com base no ganho de capital, acrescido de:

- juros de mora, calculados a partir do segundo mês subsequente ao do recebimento do valor ou de parcela do valor do imóvel vendido;
- multa, de mora ou de ofício, calculada a partir do segundo mês seguinte ao do recebimento do valor ou de parcela do valor do imóvel vendido, se o imposto não for pago até 30 dias após o prazo de 180 dias da celebração do contrato.

O contribuinte somente poderá usufruir do benefício de isenção citado uma vez a cada cinco anos, contados a partir da data da celebração do contrato relativo à operação de venda com o referido benefício ou, no caso de venda de mais de um imóvel residencial, à primeira operação de venda com o referido benefício.

A isenção se aplica, inclusive:

- aos contratos de permuta de imóveis residenciais;
- à venda ou aquisição de imóvel residencial em construção ou na planta.

17.7.1 Não aplicação

A isenção não se aplica, entre outros:

- à hipótese de venda de imóvel residencial com o objetivo de quitar, total ou parcialmente, débito remanescente de aquisição a prazo ou a prestação de imóvel residencial já possuído pelo alienante;
- à venda ou aquisição de terreno;
- à aquisição somente de vaga de garagem ou de boxe de estacionamento.

17.7.2 Alienação de mais de um imóvel

No caso de venda de mais de um imóvel, o prazo referido será contado a partir da data de celebração do contrato relativo à primeira operação. Nesse caso, estarão isentos somente os ganhos de capital auferidos nas vendas de imóveis residenciais anteriores à primeira aquisição de imóvel residencial.

17.7.3 Alienação em operações à prestação

Relativamente às operações realizadas à prestação, aplica-se a isenção:

- nas vendas à prestação e nas aquisições à vista, à soma dos valores recebidos dentro do prazo de 180 dias, contado da data da celebração do primeiro contrato de venda e até a(s) data(s) da(s) aquisição(ões) do(s) imóvel(is) residencial(is);
- nas vendas à vista e nas aquisições à prestação, aos valores recebidos à vista e utilizados nos pagamentos dentro do prazo de 180 dias, contado da data da celebração do primeiro contrato de venda;
- nas vendas e aquisições à prestação, à soma dos valores recebidos e utilizados para o pagamento das prestações, ambos dentro do prazo de 180 dias, contado da data da celebração do primeiro contrato de venda.

17.7.4 Despesas de corretagem

Não integram o produto da venda, para efeito do valor a ser utilizado na aquisição de outro imóvel residencial, as despesas de corretagem pagas pelo alienante. (Art. 39, Lei n. 11.196/2005, e arts. 2° e 5°, IN SRF n. 599/2005.)

17.8 Redução do ganho de capital

Se você realizou operação sujeita à operação de ganho de capital (venda de imóvel, por exemplo), poderá reduzir a base de cálculo tributável, considerando o seguinte: o valor pago a título de corretagem na alienação será diminuído do valor da alienação, desde que o ônus não tenha sido transferido ao adquirente.

Podem integrar o custo de aquisição os dispêndios realizados com conservação, reparos, comissão ou corretagem, quando não transferido o ônus ao adquirente, desde que comprovados com documentação idônea e discriminados na declaração de bens.

Nas alienações a prazo, o ganho de capital deverá ser apurado como venda à vista e tributado na proporção das parcelas recebidas em cada mês, considerando-se a respectiva atualização monetária, se houver.

17.9 Como reduzir impostos sobre os ganhos nos investimentos

O governo tributa os ganhos nos investimentos tentando direcionar o comportamento dos investidores. Dessa forma, ao observar o tipo de investimento que está sendo incentivado, torna-se possível usufruir de alíquotas menores.

O Imposto sobre Operações Financeiras (IOF) sobre ganhos em aplicações de renda fixa, por exemplo, pune as aplicações de curtíssimo prazo, isto é, as que forem resgatadas antes de completar um mês. Já a alíquota do Imposto de Renda sobre esse tipo de aplicação privilegia investimentos de longo prazo, já que cai de 22,5% em aplicações resgatadas antes de seis meses para 15% em aplicações que sejam resgatadas a partir de dois anos.

O investidor deve buscar sempre um horizonte de pelo menos alguns anos, e mudar de aplicação com frequência não é uma boa estratégia: a cada movimentação, o prazo de investimento daqueles recursos começa a contar novamente.

O vencimento de títulos também reinicia a contagem do prazo. Nesse caso, os fundos de investimento podem ser uma alternativa interessante. No entanto, para fundos de renda fixa existe um regime diferenciado de tributação, o "come-cotas", que recolhe IR duas vezes ao ano, mesmo que o investidor não resgate suas aplicações. Existem fundos com alíquota de 15% (longo prazo) e outros de 20% (curto prazo).

Outro ponto importante é o momento em que o imposto é cobrado. Nos títulos de renda fixa, a retenção é feita somente no momento em que o investidor recebe seus recursos de volta. Por esse motivo, títulos com cupom (fluxo intermediário de pagamento) possuem impacto significativo e são menos interessantes.

Existem investimentos que têm incentivos específicos e são isentos de IR, como é o caso de instrumentos lastreados no agronegócio ou em crédito imobiliário. A Letra de Crédito do Agronegócio (LCA) e a Letra de Crédito Imobiliário (LCI), entre outros, são exemplos de títulos que podem oferecer retornos líquidos excelentes e ainda contam com a proteção do Fundo Garantidor de Créditos (FGC).

Nas ações, os dividendos costumam ser ignorados pela maioria dos investidores, que só querem saber "quanto o preço da ação subiu". Além de os dividendos não serem tributados para o investidor (a tributação sobre o lucro da empresa já aconteceu), reduzem o ganho de capital, cujos ganhos são tributados à alíquota de 15% apenas quando forem vendidas. Cabe aqui lembrar que os *daytrades* são tributados a uma alíquota mais elevada, de 20% dos ganhos.

Outra vantagem das ações é a isenção de IR para vendas de até R$ 20.000,00 por mês. Pode parecer pouco, mas é o suficiente para possibilitar diversas estratégias de reinvestimento e diversificação. Os fundos de ações, por outro lado, contam com o benefício de reter IR sobre os ganhos somente no resgate.

17.10 Aplicações financeiras no exterior

Em geral, as aplicações financeiras no exterior de pessoa física residente no Brasil são tributadas pelo Imposto de Renda Pessoa Física (IRPF) à alíquota de 15% sobre o ganho de capital apurado no momento de sua liquidação ou resgate, independentemente do retorno dos recursos ao Brasil.

O ganho de capital é a diferença positiva entre o valor na liquidação ou resgate e o valor original da aplicação, sempre em reais, utilizando-se as cotações do dólar americano fixadas pelo Banco Central (Bacen), respectivamente, para compra e para venda.

Verificada perda, não incidirá o IRPF e ela não poderá ser utilizada para diminuir ganhos futuros de mesma natureza.

Quanto à variação cambial, inerente a esse tipo de investimento, em regra, ela integra o cálculo do ganho de capital. A variação cambial não integrará o ganho de capital quando verificado que os recursos utilizados para a respectiva aplicação financeira no exterior decorrem de rendimentos originalmente auferidos em moeda estrangeira.

O IRPF deve ser recolhido pela pessoa física até o último dia do mês subsequente à apuração do ganho.

Imposto de Renda pago no país da aplicação financeira pode ser abatido do IRPF devido se houver tratado contra dupla tributação com o Brasil ou reciprocidade.

17.11 Fator de redução – Alienações de bens imóveis

Para a apuração da base de cálculo do imposto sobre a renda incidente sobre o ganho de capital por ocasião da alienação de bens imóveis realizada, a qualquer título, por pessoa física residente no país, a partir de 14 de outubro de 2005, serão aplicados fatores de redução (FR1 e FR2) do ganho de capital apurado.

A base de cálculo do imposto corresponderá à multiplicação do ganho de capital pelos fatores de redução, que serão determinados pelas seguintes fórmulas:

- FR1 = $1/1,0060^{m1}$, onde "m1" corresponde ao número de meses-calendário ou fração decorridos entre a data de aquisição do imóvel e o mês de novembro/2005, inclusive na hipótese de a alienação ocorrer no referido mês;
- FR2 = $1/1,0035^{m2}$, onde "m2" corresponde ao número de meses-calendário ou fração decorridos entre dezembro/2005 ou o mês da aquisição do imóvel, se posterior, e o de sua alienação.

Exemplo

Imóvel vendido por pessoa física, no valor de R$ 100.000,00, em 5/2/2006. O custo de aquisição do imóvel é de R$ 60.000,00, na data de 9/1/2000.

Então teremos:

Fator de Redução = FR1 × FR2

- FR1 = $1/1,0060^{m1}$

  m1 = número de meses-calendário ou fração decorridos entre a data de aquisição do imóvel (janeiro/2000) e o mês de novembro/2005.

  Anos 2000 a 2004 = 12 meses (a fração de janeiro/2000 é considerada 1 mês, para fins de cálculo) × 5 anos = 60 meses

  Ano 2005 = 11 meses (janeiro a novembro)

  Total de meses até novembro/2005 = 60 + 11 = 71 meses

  FR1 = $1/1,0060 \times 71 = 1/1,529173 = $ **0,653948**

- FR2 = $1/1,0035^{m2}$

m2 = número de meses-calendário ou fração decorridos entre dezembro/2005 ou o mês da aquisição do imóvel, se posterior, e o de sua alienação.

Total de meses de dezembro/2005 a fevereiro/2006 = 3 meses (a fração de fevereiro/2006 é considerada 1 mês, para fins de cálculo).

FR2 = 1/1,0035 × 3 = 1/ 1,010537 = **0,989573**

Fator de Redução = FR1 × FR2 = 0,653948 × 0,989573 = **0,64713**

Ganho de Capital = Valor de Alienação → Valor do Custo

Ganho de Capital = R$ 100.000,00 → R$ 60.000,00 = R$ 40.000,00

Ganho de Capital Tributável = R$ 40.000,00 × Fator de Redução = R$ 40.000,00 × 0,64713 = R$ 25.885,18.

17.11.1 Alienação de imóvel constituído por terreno

Na alienação de imóvel constituído por terreno adquirido até 31 de dezembro de 1995 e de edificação, ampliação ou reforma iniciada até essa data, ainda que concluída em ano posterior, informada na Declaração de Ajuste Anual, os fatores de redução são determinados em função do ano de aquisição do terreno e aplicados sobre todo o ganho de capital, conforme o § 6° do art. 3 da IN SRF n. 599/2005.

17.12 Simples – Distribuição de lucros

São isentos os valores pagos ao titular ou a sócio da microempresa ou empresa de pequeno porte, que optaram pelo Simples Federal, salvo os que corresponderem a pró-labore, aluguéis ou serviços prestados (art. 25, Lei n. 9.317/1996).

A partir de 1° de julho de 2007, com o Simples Nacional, a isenção fica limitada ao valor resultante da aplicação dos percentuais de que trata o art. 15 da Lei n. 9.249/1995, sobre a receita bruta mensal, no caso de antecipação de fonte, ou sobre a receita bruta total anual, tratando-se de declaração de ajuste, subtraído do valor devido na forma do Simples Nacional no período.

17.13 IRPF: declaração simplificada ou completa?

Antes de escolher o formulário em que você irá declarar, faça os cálculos, somando suas deduções (dependentes, contribuições ao INSS, despesas com educação, médicos, dentistas, hospitais, planos de saúde etc.). Ocorre que o desconto simplificado de 20% tem limite de valor. Se suas deduções (dependentes, educação etc.) forem superiores a 20% dos rendimentos tributáveis ou maiores que o limite previsto, declare pelo formulário completo. Assim você terá menor imposto a pagar.

Se estiver na dúvida sobre o que é melhor para você, faça o comparativo das duas declarações, uma no modelo simplificado e outra no completo.

17.14 Atividade rural

As despesas de custeio e os investimentos da atividade rural poderão ser deduzidos da respectiva receita da pessoa física produtora (art. 60 do Regulamento do Imposto de Renda). A comprovação se dá por meio de documentos idôneos, como nota fiscal, fatura, duplicata, recibo, contrato de prestação de serviços e arrendamento e folha de pagamento de empregados, devidamente escriturados em livro-caixa.

A falta da escrituração implicará arbitramento da base de cálculo à razão de 20% da receita bruta do ano-calendário (Decreto n. 9.580/2018). Portanto, se as despesas com a atividade forem superiores a 80% das receitas, é vantajosa a escrituração do livro-caixa.

Os arrendatários, os condôminos e os parceiros na exploração da atividade rural, comprovada a situação documentalmente, pagarão o imposto, separadamente, na proporção dos rendimentos que couberem a cada um (art. 13, Lei n. 8.023/1990). Na hipótese de parceria rural, o disposto nesse artigo aplica-se somente em relação aos rendimentos para cuja obtenção o parceiro houver assumido os riscos inerentes à exploração da respectiva atividade.

Portanto, é interessante que os arrendatários, os condôminos e os parceiros comprovem a situação mediante documentação (contrato por escrito, por exemplo, entre os arrendatários), para que haja uma menor tributação global pelo Imposto de Renda.

Os investimentos serão considerados despesas no mês do pagamento (art. 4°, §§ 1° e 2°, Lei n. 8.023/1990). Portanto, não apenas as despesas diretas, mas também a aplicação de valores investidos pode ser usada como dedução da receita no livro-caixa.

Considera-se investimento na atividade rural a aplicação de recursos financeiros durante o ano-calendário, exceto a parcela que corresponder ao valor da terra nua, com vistas ao desenvolvimento da atividade para expansão da produção ou melhoria da produtividade e que seja realizada com (art. 6°, Lei n. 8.023/1990):

- benfeitorias resultantes de construção, instalações, melhoramentos e reparos;
- culturas permanentes, essências florestais e pastagens artificiais;
- aquisição de utensílios e bens, tratores, implementos e equipamentos, máquinas, motores, veículos de carga ou utilitários de emprego exclusivo na exploração da atividade rural;
- animais de trabalho, de produção e de engorda;
- serviços técnicos especializados, devidamente contratados, visando elevar a eficiência do uso dos recursos da propriedade ou exploração rural;
- insumos que contribuam destacadamente para a elevação da produtividade, tais como reprodutores e matrizes, girinos e alevinos, sementes e mudas selecionadas, corretivos do solo, fertilizantes, vacinas e defensivos vegetais e animais;
- atividades que visem especificamente à elevação socioeconômica do trabalhador rural, tais como casas de trabalhadores, prédios e galpões para atividades recreativas, educacionais e de saúde;
- estradas que facilitem o acesso ou a circulação na propriedade;

- instalação de aparelhagem de comunicação e de energia elétrica;
- bolsas para formação de técnicos em atividades rurais, inclusive gerentes de estabelecimentos e contadores.

O bem adquirido por meio de financiamento rural será considerado despesa no mês do pagamento do bem e não no mês do pagamento do empréstimo.

As despesas relativas às aquisições a prazo somente serão consideradas no mês do pagamento de cada parcela.

Os encargos financeiros, exceto a atualização monetária, pagos em decorrência de empréstimos contraídos para financiamento da atividade rural, poderão ser deduzidos no mês do pagamento (art. 4°, § 1°, Lei n. 8.023/1990).

Considera-se resultado da atividade rural a diferença entre o valor da receita bruta recebida e o das despesas pagas no ano-calendário, correspondente a todos os imóveis rurais da pessoa física (art. 4°, Lei n. 8.023/1990, e art. 14, Lei n. 8.383/1991).

O resultado auferido em unidade rural comum ao casal deverá ser apurado e tributado pelos cônjuges proporcionalmente à sua parte.

O resultado positivo obtido na exploração da atividade rural pela pessoa física poderá ser compensado com prejuízos apurados em anos-calendário anteriores, consoante Decreto n. 9.580/2018.

17.15 Aluguéis de imóveis

Não integrarão a base de cálculo para incidência do imposto, no caso de aluguéis de imóveis, segundo a Lei n. 7.739/1989, art. 14:

> I – o valor dos impostos, taxas e emolumentos incidentes sobre o bem que produzir o rendimento;
>
> II – o aluguel pago pela locação do imóvel sublocado;
>
> III – as despesas para cobrança ou recebimento do rendimento;
>
> IV – as despesas de condomínio.

17.16 Mesclando atividades autônomas *versus* prestação de serviços S/C

Os profissionais liberais constituídos em sociedade poderão minimizar parte dos seus custos tributários, desde que separem as receitas por tipo de cliente.

Para os clientes pessoa física, poderá ser interessante fornecer recibos de pagamento a autônomo (RPA), contabilizando o recebimento em livro-caixa, sujeito ao Carnê-Leão (IRPF) mensal.

Isso poderá significar uma redução do custo tributário, em relação à emissão de nota fiscal da sociedade civil (S/C), correspondente a:

- até 8% de IRPJ (lucro presumido);
- 2,88% de CSLL (lucro presumido);
- 3,65% de PIS e Cofins.

Fornecendo RPA, cada sócio será tratado como profissional liberal perante a legislação do Imposto de Renda, tendo que escriturar o livro-caixa e podendo abater suas despesas operacionais (aluguéis, luz, água, telefone, folha de pagamento etc.) na determinação da renda tributável.

No lucro presumido, não existe a opção de abater as despesas operacionais na base tributável do Imposto de Renda.

Outra vantagem para o profissional liberal é que parte de sua receita terá isenção na tabela do Imposto de Renda, além de se poderem deduzir na base de cálculo sujeito ao imposto o INSS pago/retido como contribuinte individual (GPS) e os dependentes.

No entanto, a vantagem fiscal é restrita aos recibos emitidos contra pessoa física, pois, quando o autônomo emite RPA para pessoas jurídicas (não inscritas no Simples), incidem 20% de INSS para o tomador do serviço + IRRF, além de 11% de INSS retido, que inviabilizam a economia tributária pretendida.

Para visualizar melhor, expomos o exercício a seguir.

Situação atual: escritório de advocacia que atende pessoas jurídicas e físicas. Tem dois advogados, unidos em forma de S/C optante pelo lucro presumido.

Faturamento mensal:

R$ 5.500,00 de pessoas físicas e R$ 8.000,00 de pessoas jurídicas.

Despesas do escritório (folha de pagamento, encargos, material de expediente, luz, aluguel etc.): R$ 3.500,00/mês.

Comparativo do custo tributário mensal e anual considerando:

- **opção 1:** emissão de RPA para as pessoas físicas;
- **opção 2:** somente emissão de notas fiscais via S/C para todos os clientes.

Quadro 17.2 Comparativo da tributação de cada opção e da diferença tributária

Discriminação	Opção 1: RPA + S/C			Opção 2: NF S/C	Diferença 1 menos 2
	RPA	NF S/C	Total		
Base: receita bruta/mês	5.500,00	8.000,00	13.500,00	13.500,00	
Despesas escrituradas em livro-caixa pessoa física					
Despesas (aluguel etc.)	3.500,00		3.500,00	3.500,00	
Base tributável	2.000,00	8.000,00	10.000,00	13.500,00	
Número de sócios	2				
Discriminação	Opção 1: RPA + S/C			Opção 2: NF S/C	Diferença 1 menos 2
	RPA	NF S/C	Total		
Base tributável por sócio	1.000,00				

Custos tributários devidos					
IRPF devido (considerando-se distribuição de lucros isentos na S/C)	–	–	–	–	–
IRPJ lucro presumido	–	384,00	384,00	648,00	(264,00)
CSLL lucro presumido (a partir de 1/9/2003)	–	230,40	230,40	388,80	(158,40)
PIS e Cofins	–	292,00	292,00	492,75	(200,75)
Total mensal	–	906,40	906,40	1.529,55	(623,15)
Total/ano					**(7.477,80)**

Fonte: elaborado pelo autor.

Nota: nessa simulação, deixamos de comparar as opções do ISSQN, já que cada município tem uma legislação própria, podendo ou não tratar diferentemente as S/C dos autônomos.

Também não está inclusa a retenção de 11% do INSS sobre pagamentos a autônomos em vigor a partir de 1/4/2003.

Conclusão: pela simples mudança de procedimentos na emissão dos documentos, a economia tributária dessa sociedade poderá chegar a R$ 7.477,80/ano, sem considerar os possíveis reflexos no ISSQN.

17.17 Evite o excesso de desconto do INSS

A partir de 1º de abril de 2003, a empresa passa a descontar a contribuição previdenciária dos profissionais autônomos.

O profissional autônomo que presta serviço a mais de uma empresa deve ficar atento ao limite máximo de contribuição, para não sofrer retenção indevida. Isso porque ele deve informar a todas as empresas onde trabalha os valores descontados nas demais, para não ultrapassar o limite de contribuição daquele mês.

A empresa que contrata autônomo deve descontar 11% de sua remuneração e repassar à Previdência Social, como já faz com a contribuição de seus empregados. Para que o autônomo não pague uma contribuição superior ao teto, ele deve apresentar a todas as empresas o comprovante de pagamento das demais.

No comprovante de pagamento a empresa deve informar os valores da remuneração, do desconto, a sua identificação (incluindo número do CNPJ) e o número de identificação de contribuinte individual no INSS do contratado.

Esse mesmo procedimento deve ser adotado pelo trabalhador que exerce atividade de autônomo e de empregado ou trabalhador avulso, concomitantemente.

17.18 Pró-labore *versus* plano de previdência privada

Parte dos rendimentos auferidos por sócios ou administradores, em vez de ser paga diretamente na forma de pró-labore, poderá ser efetuada mediante plano de previdência privada, gerando economia fiscal para ambos os lados.

Para a empresa, o plano de previdência pago não entrará no cômputo de INSS (20%) sobre pró-labore, desde que disponível para a totalidade de seus empregados e dirigentes (alínea "p" do § 9° do art. 28 da Lei n. 8.212/1991, acrescentada pela Lei n. 9.528/1997).

Já o sócio-administrador deixará de sofrer retenção de até 27,5% do IRRF, já que os benefícios não estão sujeitos à tributação (art. 6°, inciso VIII, Lei n. 7.713/1998). Também não haverá a retenção de 11% do INSS.

As contribuições da empresa são dedutíveis na apuração do lucro real, conforme Lei n. 9.249/1995, art. 13, inciso V, e art. 361 do Regulamento do Imposto de Renda. Nesse caso, a dedução, somada aos planos de Fundo de Aposentadoria Programada Individual — Fapi (Lei n. 9.477/1997), não poderá exceder, em cada período de apuração, a 12% do total dos salários dos empregados e da remuneração dos dirigentes da empresa vinculados ao referido plano (art. 11, § 2°, Lei n. 9.532/1997).

Exemplo

Situação 1
Pró-labore mensal atual: R$ 6.000,00
Encargos atuais:
INSS (20% empresa) = R$ 1.200,00
IR Fonte = até R$ 1.009,25*
Total da tributação 1 = até R$ 2.209,25/mensais
* Base de cálculo do IRRF/tabela 2008:
  R$ 6.000,00 menos INSS 11% retido (sobre o teto do INSS) R$ 334,29 = R$ 5.665,71.

Situação 2
Alteração procedida na forma de remuneração:
Pró-labore R$ 4.800,00 e plano de previdência privada: R$ 1.200,00
Encargos após a alteração procedida:
INSS (20% empresa) = R$ 960,00
IR Fonte = até R$ 679,25
Total da tributação 2 = até R$ 1.639,25/mensais
Diferença entre as situações 1 e 2 = até R$ 570,00 mensais ou R$ 6.840,00/ano

17.19 Declaração em conjunto ou separada?

Antes de fazer a declaração de IRPF e incluir nela um dependente com renda, faça as contas para ver se não compensa mais entregar declarações em separado. Isso porque, na declaração conjunta, as deduções serão somadas, mas os rendimentos também. Só compensa fazer a declaração conjunta quando as deduções são superiores aos rendimentos.

Para ver qual a opção que apresenta menos imposto a pagar ou mais a restituir, o melhor é fazer um cálculo prévio, usando o próprio programa eletrônico da Receita: preparar a conjunta e as separadas.

Você poderá perceber diferenças significativas. Pode ocorrer que, na declaração conjunta, a soma dos rendimentos faça você passar de faixa de renda e, portanto, pagar imposto a uma alíquota bem maior.

17.20 Planejamento tributário na previdência privada

O conceito de previdência, para muitos, ainda significa acumular riqueza para a aposentadoria, isto é, uma forma de investimento de longo prazo, com o objetivo de garantir uma renda mensal no futuro. No entanto, a previdência pode ser utilizada para outros objetivos, tais como planejamento fiscal, sucessório ou até mesmo como um simples investimento — o que a torna um produto bastante atrativo.

Ao contratar um plano de previdência complementar, um dos primeiros desafios a enfrentar é descobrir o que significa PGBL e VGBL. Criados em 1999 e 2002, respectivamente, pela Superintendência de Seguros Privados (Susep), o Plano Gerador de Benefícios Livres (PGBL) e o Vida Geradora de Benefícios Livres (VGBL) são produtos formulados para facilitar a comercialização dos planos de previdência aberta no país.

Pode-se encontrar no mercado esses dois principais tipos de planos — PGBL e VGBL —, que não podem ser alterados após a contratação. Para cada um deles, é possível escolher dois tipos de regime de tributação: regressiva ou progressiva. Nesse caso, quando o regime escolhido for progressivo, ele pode ser revisto e alterado para regressivo durante o período de contribuição para o plano.

O PGBL é ideal para quem declara o IR no formulário completo, pois todas as contribuições realizadas no plano podem ser deduzidas da base de cálculo do IR até o limite de 12% da renda bruta anual. O regime de tributação definido pelo investidor incidirá sobre todo o montante acumulado, isto é, aporte mais rendimentos. Dessa forma, o recurso que deveria ser tributado no momento da declaração do IR será investido ao longo do tempo e tributado apenas no resgate.

Para os investidores que fazem declaração pelo formulário simplificado ou já contribuíram com o montante de 12% da renda tributável, normalmente o plano mais indicado é o VGBL, em que o regime tributário escolhido incide apenas sobre os rendimentos.

Na tributação progressiva, o pagamento de IR é feito em duas etapas: no momento do resgate são debitados 15% na fonte, independentemente do valor, e na segunda etapa o investidor deverá realizar eventuais acertos na declaração anual de ajuste do IR sobre as diferenças entre o valor pago e o valor devido.

Na opção de tributação regressiva, o IR será cobrado exclusivamente na fonte e não poderá ser compensado ou restituído em sua declaração de ajuste anual. Nessa opção, a alíquota inicia-se com 35% e será decrescente conforme o prazo de aplicação. A cada dois anos decresce 5%. Com isso, após dez anos de permanência, a alíquota chegará ao mínimo de 10%. Portanto, esse regime torna-se mais indicado para investimentos de longo prazo.

Os planos de previdência possuem características que os tornam atraentes para diversos objetivos, como um simples investimento, por exemplo.

Quando os produtos que farão parte de um portfólio são selecionados, os planos de previdência não devem ser esquecidos por dois motivos principais. Primeiro, entre os produtos tributados, esse é o que pode obter a menor alíquota de IR — 10% após dez anos de investimento no regime regressivo. Segundo, quando comparado a um fundo de investimento de renda fixa ou multimercado, possui a vantagem de não ser tributado durante o período de investimento, mas apenas quando acontecer o resgate. Isso porque, nos fundos tradicionais, a cada seis meses calcula-se o rendimento obtido e, sobre esse montante, serão deduzidos 15% de IR.

Outro objetivo para a contratação de um plano é o planejamento sucessório. Ocorrendo o óbito do participante durante o período de investimento, os recursos aplicados na previdência privada não farão parte do processo de inventário, dando aos beneficiários agilidade no recebimento dos recursos e reduzindo despesas processuais e tributárias.

Portanto, para definir o regime tributário mais adequado é importante verificar qual é o principal objetivo para a contratação do plano e qual o prazo pretendido para manter o recurso aplicado.

17.21 Revisão do planejamento tributário e alterações na legislação

Um dos pontos pouco observados por consultores é a questão das mudanças na legislação fiscal, que implicam mudanças no próprio planejamento ou oportunizam novas formas de economia.

Se, por exemplo, uma Medida Provisória aumentar determinada alíquota de tributo, vigorando a partir de 90 dias de sua publicação, então se deve considerar:

- a possibilidade de antecipar ações, promovendo o fato gerador antes de 90 dias, para pagar o tributo com a alíquota "antiga";
- o efeito de tais alterações no planejamento já em curso (terceirizações, coligadas etc.).

Nem sempre essas possibilidades serão tão óbvias, daí a necessidade de planejadores e consultores estarem sempre atualizados sobre a legislação e atentos às novidades.

17.22 Terceirização e mudanças tributárias

A opção de terceirizar parte das operações de uma empresa, além dos aspectos operacionais e trabalhistas, pode propiciar uma redução de custos fiscais em função das diferenças de tratamento da legislação previdenciária. Observe também que o planejamento é "atropelado" por constantes mudanças nas regras do jogo promovidas pelo Governo Federal, o que dificulta uma avaliação dos ganhos objetivos.

Compare algumas opções.

* **Terceirização com empresa optante pelo Simples:** diferença entre a alíquota total do Simples e a alíquota normal do INSS, computando INSS + Entidades (Sesi, salário-educação etc.), que chega a 27,8% sobre a folha.

Entretanto, poderá haver retenção do INSS de 11% sobre o valor da fatura se ocorrer cessão de mão de obra. Observe-se que determinadas atividades de serviços exigem o recolhimento do INSS patronal + Riscos de Acidentes de Trabalho (RAT), além da alíquota do Simples Nacional.

A partir de 1º de julho de 2007, foi instituído o Simples Nacional ("Super Simples") — LC n. 123/2006. Considere as sucessivas regulamentações que vêm ocorrendo nesse novo regime antes de planejar a terceirização de atividades.

Para fins previdenciários (retenção de 11% do INSS), o conceito de cessão de mão de obra é "a colocação à disposição da empresa contratante, em suas dependências ou nas de terceiros, de trabalhadores que realizem serviços contínuos, relacionados ou não com sua atividade-fim, quaisquer que sejam a natureza e a forma de contratação, inclusive por meio de trabalho temporário na forma da Lei n. 6.019/1974".

Observe-se, por exemplo, que a atividade de vigilância é, para fins previdenciários, uma cessão de mão de obra, enquanto, para fins de enquadramento no Simples Nacional, essa atividade é permitida.

* **Terceirização com empresa não optante pelo Simples:** o ganho tributário, se houver, será da diferença da alíquota do Seguro-Acidente (SAT/RAT), que varia de 1% a 3%. Poderá haver retenção do INSS de 11% sobre o valor da fatura caso a terceirização envolva cessão de mão de obra.
* **Terceirização com cooperativa de trabalho:** o INSS será de 15% sobre o valor da fatura.

Para o correto cálculo da economia líquida, deve-se levar em conta que a terceirizada terá seus próprios custos tributários, operacionais e trabalhistas, lembrando também que ela pode compensar os 11% do INSS retidos na fatura (art. 31 da Lei n. 8.212/1991, com a nova redação dada pela Lei n. 9.711/1998 e o Decreto n. 3.048/1999).

Na opção 3, a cooperativa pode optar pela prestação de serviços dos cooperados (sobre cujos valores não há incidência de INSS) em vez de contratar funcionários.

CONSIDERAÇÕES FINAIS

Todos os anos, os contribuintes cumprem a obrigação de prestar contas à RFB e declaram seus rendimentos, pagamentos, bens e obrigações, apurando a variação patrimonial no exercício fiscal. Essa prestação de contas é feita mediante a utilização de um formulário eletrônico, disponível em dois modelos: a declaração simplificada e a declaração completa.

A variável que determina a escolha de um ou de outro é o total das despesas dedutíveis que o contribuinte teve naquele ano.

Modelo simplificado

Os contribuintes podem optar pelo desconto simplificado de 20% sobre os rendimentos tributáveis — esse desconto substitui as deduções legais. Não necessita de comprovação e está limitado a um valor definido anualmente pela RFB.

Suponha que sua renda tributável seja de R$ 50.000,00 neste ano e que suas despesas dedutíveis somem R$ 4.000,00. Pode-se (e deve-se) utilizar o modelo simplificado e deduzir R$ 10.000,00 (20% de R$ 50.000,00), mesmo que não haja comprovantes.

Modelo completo

Sua renda tributável será de R$ 50.000,00, mas durante o ano você teve muitas despesas médicas, todas comprováveis, cujo somatório chega a R$ 15.000,00.

O valor é superior a 20% da sua renda tributável e também excede ao limite definido pela RFB. Deve-se optar pelo formulário completo e deduzir os R$ 15.000,00, sem limite.

PGBL ou VGBL

A escolha do plano de previdência está atrelada ao modelo de declaração.

Se em um determinado ano o contribuinte tem despesas dedutíveis de valor elevado, e tudo indica que utilizará a declaração no modelo completo, então deverá optar pelo PGBL. Poderá diferir — é diferente de deduzir — até 12% da renda tributável e adiar o pagamento do IRPF sobre essa parcela para a data do resgate.

Se o contribuinte não tem renda tributável ou se suas despesas dedutíveis não alcançam o limite estipulado pela RFB, tudo indica que a opção será pela declaração no modelo simplificado. Nesse caso, o plano de previdência mais indicado para o contribuinte é o VGBL.

Sua estratégia deve ser reavaliada a cada ano. O melhor plano de previdência em um ano pode não ser adequado no ano seguinte. Uma boa solução é ter os dois planos e alterar os aportes, conforme o caso.

Regime de tributação

O contribuinte deve lembrar que outra escolha importante a ser feita depende, fundamentalmente, do prazo durante o qual o plano será mantido. Se o objetivo do contribuinte é aposentadoria e o prazo de permanência estimado for superior a dez anos, deve-se optar pelo regime de tributação exclusiva na fonte (também chamado de regressivo).

Quanto maior o prazo de permanência, menor o imposto devido.

Se o prazo for curto ou incerto, deve-se optar pelo regime tributável (também chamado de progressivo). O IRPF será definido pela sua faixa de renda (até 27,5%), independentemente do prazo de operação.

Base de cálculo

O IRPF incide sobre o valor de resgate (capital mais rendimentos) no caso do PGBL. Aplicar em PGBL só é compensador se o contribuinte, de fato, diferiu o valor do ano em que fez o aporte.

No caso do VGBL, o contribuinte pagará IRPF somente sobre o rendimento obtido, já que não desfrutou, na declaração, do benefício de diferir o valor depositado.

CAPÍTULO 18 # Planejamento tributário em incentivos e regimes fiscais específicos

Objetivo

Neste capítulo, você aprenderá:

- o emprego do planejamento tributário em incentivos e regimes fiscais específicos.

Introdução

É de grande importância pesquisar incentivos e regimes fiscais específicos para produtos ou operações, a fim de viabilizar (ou não) sua implantação com redução da carga fiscal global.

Dentre alguns incentivos e regimes, destacam-se os seguintes:

Drawback

Drawback é um regime aduaneiro especial cujo principal objetivo é incentivar as exportações brasileiras. Foi instituído pelo Decreto-lei n. 37/1966, e consiste na suspensão ou eliminação de tributos incidentes sobre insumos importados para utilização em produto exportado. O mecanismo funciona como um incentivo às exportações, pois reduz os custos de produção de produtos exportáveis, tornando-os mais competitivos no mercado internacional.

Existem três modalidades de *drawback*: isenção, suspensão e restituição de tributos.

A primeira modalidade consiste na isenção dos tributos incidentes na importação de mercadoria, em quantidade e qualidade equivalentes, destinada à reposição de outra importada anteriormente, com pagamento de tributos, e utilizada na industrialização de produto exportado. A segunda consiste na suspensão dos tributos incidentes na importação de mercadoria a ser utilizada na industrialização de produto que deve ser exportado. A terceira trata da restituição de tributos pagos na importação de insumo importado utilizado em produto exportado.

O *drawback* de restituição praticamente não é mais utilizado. O instrumento de incentivo à exportação em exame compreende, basicamente, as modalidades de isenção e suspensão.

Em ambas as modalidades, isenção e suspensão, os comunicados mencionados destacam ainda duas operações especiais: *drawback* intermediário e *drawback* para embarcação.

O *drawback* intermediário consiste na importação, por empresas denominadas fabricantes-intermediários, de mercadoria para industrialização de produto intermediário a ser fornecido a empresas industriais exportadoras e utilizado na industrialização de produto final destinado à exportação.

O *drawback* para embarcação refere-se à importação de mercadoria para industrialização de embarcação e venda no mercado interno.

Concessão

O regime especial de *drawback* é concedido a empresas industriais ou comerciais, tendo a Secretaria de Comércio Exterior (Secex) desenvolvido com o Serviço Federal de Processamento de Dados (Serpro) um sistema de controle para tais operações, denominado Sistema *Drawback* Eletrônico, implantado desde novembro de 2001 em módulo específico do Sistema Integrado de Comércio Exterior (Siscomex).

As principais funções do sistema são:

- o registro de todas as etapas do processo de concessão do *drawback* em documento eletrônico (solicitação, autorização, consultas, alterações, baixa);
- tratamento administrativo automático nas operações parametrizadas;
- acompanhamento das importações e exportações vinculadas ao sistema.

O Ato Concessório é emitido em nome da empresa industrial ou comercial, que, após realizar a importação, envia a mercadoria ao estabelecimento para industrialização, devendo a exportação do produto ser realizada pela própria detentora do *drawback*.

A empresa deve, tanto na modalidade de isenção como na de suspensão de tributos, utilizar o Relatório Unificado de *Drawback* para informar os documentos registrados no Siscomex, tais como Registro de Exportação (RE), Declaração de Importação (DI) e Registro de Exportação Simplificado (RES), bem como manter em seu poder as notas fiscais de venda no mercado interno.

Esses documentos, identificados no Relatório Unificado de *Drawback*, comprovam as operações de importação e exportação vinculadas ao regime especial de tributação e devem estar vinculados ao Ato Concessório para o processamento de sua baixa no sistema.

As exportações vinculadas ao regime de *drawback* estão sujeitas às normas gerais em vigor para o produto, inclusive quanto ao tratamento administrativo aplicável. Um mesmo Registro de Exportação não pode ser utilizado para comprovação de Atos Concessórios de *Drawback* distintos de uma mesma beneficiária: é obrigatória a vinculação do Registro de Exportação ao Ato Concessório de *Drawback*.

A concessão do regime especial de *drawback* não assegura a obtenção de quota de importação para mercadoria ou de exportação para produto sujeito a contingenciamento, nem exime a importação e a exportação da anuência prévia de outros órgãos, quando for o caso.

Também não pode ser concedido o regime de *drawback* para importação de mercadoria utilizada na industrialização de produto destinado ao consumo na Zona Franca de Manaus e em áreas de livre comércio, para importação ou exportação de mercadoria suspensa ou proibida, para exportações contra pagamento em moeda nacional e em moeda-convênio ou outras não conversíveis, para importação de petróleo e seus derivados — conforme o disposto no Decreto n. 1.495/1995 — e para exportações vinculadas à comprovação de outros regimes aduaneiros ou incentivos à exportação.

O regime de *drawback* concede isenção ou suspensão do Imposto de Importação (II), do Imposto sobre Produtos Industrializados (IPI), do Imposto sobre Operações relativas à Circulação de Mercadorias e sobre prestações de Serviços de Transporte Interestadual, Intermunicipal e de Comunicação (ICMS) e do Adicional ao Frete para Renovação da Marinha Mercante (AFRMM), além da dispensa do recolhimento de taxas que não correspondam à efetiva contraprestação de serviços, nos termos da legislação em vigor.

18.1 Incentivos à inovação tecnológica

A Lei n. 11.196/2005 possibilita à pessoa jurídica usufruir diversos incentivos fiscais, a seguir elencados, desde que cumpridas algumas condições.

- Dedução, para efeito de apuração do lucro líquido, de valor correspondente à soma dos dispêndios realizados no período de apuração com pesquisa tecnológica e desenvolvimento de inovação tecnológica, classificáveis como despesas operacionais pela legislação do Imposto de Renda Pessoa Jurídica (IRPJ) ou como pagamento de pesquisa tecnológica e desenvolvimento de inovação tecnológica contratados no país com universidade, instituição de pesquisa ou inventor independente de que trata o inciso IX do art. 2º da Lei n. 10.973/2004, desde que a pessoa jurídica que efetuou o dispêndio fique com a responsabilidade, o risco empresarial, a gestão e o controle da utilização dos resultados dos dispêndios.

- Redução de 50% do IPI incidente sobre equipamentos, máquinas, aparelhos e instrumentos, bem como os acessórios sobressalentes e ferramentas que acompanhem esses bens, destinados à pesquisa e ao desenvolvimento tecnológico.
- Depreciação acelerada, calculada pela aplicação da taxa de depreciação usualmente admitida, multiplicada por 2, sem prejuízo da depreciação normal das máquinas, equipamentos, aparelhos e instrumentos novos destinados à utilização nas atividades de pesquisa tecnológica e desenvolvimento de inovação tecnológica, para efeito de apuração do IRPJ.
- Amortização acelerada, mediante dedução como custo ou despesa operacional, no período de apuração em que forem efetuados, dos dispêndios relativos à aquisição de bens intangíveis, vinculados exclusivamente às atividades de pesquisa tecnológica e desenvolvimento de inovação tecnológica, classificáveis no ativo diferido do beneficiário, para efeito de apuração do IRPJ.
- Crédito do imposto sobre a renda retido na fonte incidente sobre os valores pagos, remetidos ou creditados a beneficiários residentes ou domiciliados no exterior, a título de *royalties*, de assistência técnica ou científica e de serviços especializados, previstos em contratos de transferência de tecnologia averbados ou registrados nos termos da Lei n. 9.279/1996, em determinados percentuais e desde que o beneficiário assuma o compromisso de realizar dispêndios em pesquisa no país, em montante equivalente a, no mínimo:
  - uma vez e meia o valor do benefício, para pessoas jurídicas nas áreas de atuação das extintas Sudene e Sudam;
  - o dobro do valor do benefício, nas demais regiões.

O Decreto n. 6.260/2007 regulamenta o art. 19-A da Lei n. 11.196/2005, incluído pela Lei n. 11.487/2007. O dispositivo permite à pessoa jurídica, sujeita ao regime de tributação do IR com base no lucro real, que contratar a Instituição Científica e Tecnológica (ICT) para executar projeto de pesquisa científica e tecnológica e de inovação tecnológica, excluir do lucro líquido, para efeito de apuração do lucro real e da base de cálculo da CSLL, o valor dos gastos investidos no projeto.

O valor da exclusão poderá corresponder, no mínimo, à metade e, no máximo, a duas vezes e meia o valor dos gastos efetuados pela pessoa jurídica com o projeto, ficando limitado ao valor do lucro real e da base de cálculo da Contribuição Social sobre o Lucro Líquido (CSLL) antes da própria exclusão, vedado o aproveitamento de eventual excesso em período de apuração posterior.

A participação da pessoa jurídica contratante na titularidade dos direitos sobre a criação e a propriedade industrial e intelectual gerada pelo projeto corresponderá à razão entre a diferença do valor gasto e o valor do efetivo benefício fiscal utilizado, de um lado, e o valor total do projeto, de outro. A ICT (Poder Público) ficará com a parte remanescente, o que lhe assegurará sempre participação na propriedade intelectual.

O criador do projeto poderá ter participação mínima de 5% e máxima de ⅓ nos ganhos econômicos auferidos pela ICT pela exploração dos direitos sobre a criação e a propriedade industrial e intelectual gerada por um projeto.

18.2 Regime Especial de Aquisição de Bens de Capital para Empresas Exportadoras (Recap)

A competitividade das empresas exportadoras depende diretamente do custo dos investimentos em bens de capital. Para atender a essa necessidade foi instituído, pela Lei n. 11.196/2005, o Regime Especial de Aquisição de Bens de Capital para Empresas Exportadoras (Recap), destinado a empresas cujas vendas externas representam mais de 80% do faturamento no ano-calendário anterior ao do pedido de habilitação no regime.

Com o Recap, a empresa habilitada usufrui da suspensão da exigência quanto à contribuição para os Programas de Integração Social e de Formação do Patrimônio do Servidor Público (PIS/Pasep) e da Contribuição para Financiamento da Seguridade Social (Cofins) nas importações ou nas aquisições, no mercado interno, de máquinas, aparelhos, instrumentos e equipamentos novos, relacionados em decreto, a serem incorporados ao ativo imobilizado. Essa suspensão referente ao PIS/Cofins converte-se em alíquota zero após cumpridas as condições estabelecidas na lei.

Caso a empresa não cumpra com o percentual de receita proveniente da exportação, será aplicada a multa, de mora ou de ofício, sobre o valor das contribuições não recolhidas, proporcionalmente à diferença entre o percentual mínimo de exportações estabelecido e o efetivamente alcançado.

Para se habilitar no Recap, a pessoa jurídica deve ser preponderantemente exportadora, assim considerada aquela cuja receita bruta decorrente de exportação para o exterior, no ano-calendário imediatamente anterior à adesão ao Recap, houver sido igual ou superior a 70% de sua receita bruta total de venda de bens e serviços no período.

Até 12 de maio de 2008, o percentual exigido era de 80%, porém foi reduzido para 70% com a edição da Lei n. 11.774/2008, e, para as pessoas jurídicas que fabricam os produtos mencionados no art. 1° da Lei n. 11.529/2007, o percentual foi reduzido para 60%. Entre esses produtos, podem-se destacar alguns tipos de válvulas, embreagens, cilindros e motores.

Na apuração do valor da receita bruta total de venda de bens e serviços, para efeito do cálculo do percentual de 70%, devem ser consideradas as receitas de todos os estabelecimentos da pessoa jurídica e devem ser excluídos valores de impostos e contribuições incidentes sobre a venda.

A empresa que deseja se habilitar deve assumir o compromisso de manter esse percentual de exportação mencionado anteriormente durante o período de dois anos-calendário. As pessoas jurídicas em início de atividade, ou que não tenham atingido no ano anterior o percentual de receita de exportação exigido, poderão se habilitar no regime desde que assumam compromisso de auferir, no período de três anos-calendário, receita bruta decorrente de exportação para o exterior de, no mínimo, 70% de sua receita bruta total de venda de bens e serviços.

A habilitação é requerida por meio de formulário próprio constante da IN SRF n. 605/2006 e que deve ser apresentado à Delegacia da Receita Federal do Brasil (DRF) com jurisdição sobre o estabelecimento matriz da pessoa jurídica.

A habilitação será concedida por meio de Ato Declaratório Executivo (ADE) emitido pelo delegado da Receita Federal do Brasil (RFB) e publicado no *Diário Oficial da União*, para o número do CNPJ do estabelecimento matriz, sendo aplicável a todos os estabelecimentos da pessoa jurídica requerente.

18.3 Regime Especial de Tributação para a Plataforma de Exportação de Serviços de Tecnologia da Informação (Repes)

A Lei n. 11.196/2005 instituiu o Regime Especial de Tributação para a Plataforma de Exportação de Serviços de Tecnologia da Informação (Repes).

Tal regime beneficia a pessoa jurídica que exerça exclusivamente as atividades de desenvolvimento de *software* ou de prestação de serviços de Tecnologia da Informação (TI), cumulativamente ou não, e que, por ocasião da sua opção pelo Repes, assuma compromisso de exportação igual ou superior a 80% de sua receita bruta anual de venda de bens e serviços.

Nos termos do art. 1°, § 1°, do Decreto n. 5.712/2006, que regulamenta o Repes, esse regime suspende a exigência:

- da contribuição para o PIS/Pasep e da Cofins, incidente sobre a receita bruta decorrente da venda de bens novos quando adquiridos por pessoa jurídica beneficiária do regime para incorporação ao seu ativo imobilizado, e sobre a receita bruta auferida pela prestadora de serviços, quando tomados por pessoa jurídica beneficiária do regime;
- da contribuição para o PIS/Pasep e Cofins — importação — incidentes sobre bens novos, quando importados diretamente por pessoa jurídica beneficiária do regime para incorporação ao seu ativo imobilizado e serviços;
- do IPI, incidente sobre a importação de bens novos, sem similar nacional, quando efetuada diretamente por pessoa jurídica beneficiária do regime para incorporação ao seu ativo imobilizado.

O PIS/Pasep e a Cofins incidentes sobre a receita bruta da venda no mercado interno, consoante o Decreto n. 5.713/2006, ficam suspensos no caso de venda ou de importação de bens novos, classificados nos códigos 84.71, 8473.30 e 85.17 da Tabela de Incidência do Imposto sobre Produtos Industrializados (Tipi), destinados ao desenvolvimento, no país, de *software* e de serviços de TI, quando os referidos bens forem adquiridos por pessoa jurídica beneficiária do Repes para incorporação ao seu ativo imobilizado.

As contribuições PIS/Pasep e Cofins incidentes sobre a importação ficam suspensas quando os referidos bens forem importados diretamente por pessoa jurídica beneficiária do Repes para incorporação ao seu ativo imobilizado.

O IPI, por sua vez, fica suspenso no caso de importação de bens novos, classificados nos códigos 84.71, 8473.30 e 85.17, sem similar nacional, quando efetuada diretamente por pessoa jurídica beneficiária do Repes para incorporação ao seu ativo imobilizado.

No caso de venda ou de importação de serviços (listados a seguir) destinados ao desenvolvimento, no país, de *software* e de serviços de TI, fica suspensa a exigência do PIS e da Cofins sobre a receita bruta, bem como a suspensão dessas mesmas contribuições quando incidentes sobre a importação:

- armazenagem, gerenciamento, processamento e transmissão de dados;
- desenvolvimento de *software*;
- suporte técnico em equipamentos de informática, sistemas de comunicação e *softwares*;
- assessoria e consultoria em sistemas de comunicação e TI;
- manutenção e atualização de equipamentos de informática, sistemas de comunicação e *softwares*;
- certificação digital;
- administração de redes.

No mais, a suspensão da exigência de tributos na forma do Repes converte-se em alíquota zero após cumprido o compromisso de exportação, no caso das contribuições, e em isenção após cumprido o compromisso de exportação, no caso do IPI incidente sobre importações. Tal benefício não se aplica às pessoas jurídicas que tenham suas receitas, no todo ou em parte, submetidas ao regime de incidência cumulativa do PIS/Pasep e da Cofins, nem às optantes pelo Simples.

Para gozar os benefícios do Repes, faz-se necessário que as pessoas jurídicas interessadas procedam à habilitação, que se subordina às seguintes condições:

- estar em condição regular em relação aos tributos e contribuições administrados pela Secretaria da Receita Federal e Secretaria da Receita Previdenciária;
- exercer exclusivamente atividades de desenvolvimento de *software* ou de prestação de serviços de TI, cumulativamente ou não, e que, por ocasião da opção pelo Repes, assuma compromisso de exportação igual ou superior a 80% de sua receita bruta anual de venda de bens e serviços.

A habilitação ao Repes pode ser cancelada a pedido do beneficiário ou de ofício, nas hipóteses em que o beneficiário não satisfaça ou deixe de satisfazer, ou não cumpra ou deixe de cumprir os requisitos para habilitação ao regime ou descumprir o compromisso de exportação anteriormente referido. Cancelada a habilitação, a pessoa jurídica somente poderá efetuar nova adesão após o prazo de dois anos, contado da data do cancelamento.

18.4 Incentivos fiscais – Áreas de atuação das extintas Sudene e Sudam

O art. 31 da Lei n. 11.196/2005 instituiu incentivos fiscais para microrregiões nas áreas de atuação das extintas Sudene e Sudam. As microrregiões alcançadas, bem como os limites e condições para fruição do benefício, serão definidas em regulamento.

Sem prejuízo das demais normas em vigor aplicáveis à matéria, para bens adquiridos a partir do ano-calendário de 2006 e até 31 de dezembro de 2013, as pessoas jurídicas que tenham projeto aprovado para instalação, ampliação, modernização ou diversificação enquadrado em setores da economia considerados prioritários para o desenvolvimento regional, em microrregiões menos desenvolvidas localizadas nas áreas de atuação das extintas Sudene e Sudam, terão direito a incentivos fiscais.

As normas para utilização do benefício foram tratadas pelo Decreto n. 5.988/2006.

18.4.1 Depreciação acelerada incentivada

Para efeito de cálculo do imposto sobre a renda, a beneficiária poderá utilizar depreciação acelerada incentivada, consistindo na depreciação integral, no próprio ano da aquisição.

A quota de depreciação acelerada, correspondente ao benefício, constituirá exclusão do lucro líquido para fins de determinação do lucro real e será escriturada no livro fiscal de apuração do lucro real.

18.4.2 Desconto do PIS e da Cofins

Esse benefício consiste no desconto, no prazo de 12 meses contados da aquisição, dos créditos do PIS e da Cofins de que tratam o inciso III do § 1° do art. 3° da Lei n. 10.637/2002, o inciso III do § 1° do art. 3° da Lei n. 10.833/2003, e o § 4° do art. 15 da Lei n. 10.865/2004, na hipótese de aquisição de máquinas, aparelhos, instrumentos e equipamentos novos, relacionados em regulamento, destinados à incorporação ao seu ativo imobilizado.

Os créditos serão apurados mediante a aplicação, a cada mês, das alíquotas de 1,65% e 7,60%, respectivamente, para o PIS e a Cofins, sobre o valor correspondente a 1/12 do custo de aquisição do bem.

18.5 Bens de informática – Zona Franca de Manaus – Lei n. 11.077/2004

As empresas que invistam em atividades de pesquisa e desenvolvimento na Amazônia poderão pleitear isenção do IPI e redução do Imposto sobre Importação (II) para bens de informática.

Referido incentivo foi regulamentado pelo Decreto n. 6.008/2006.

18.6 Programa de Apoio ao Desenvolvimento Tecnológico da Indústria de Equipamentos para a TV Digital (PATVD)

É beneficiária do Programa de Apoio ao Desenvolvimento Tecnológico da Indústria de Equipamentos para a TV Digital (PATVD) a pessoa jurídica que realize investimento em pesquisa e desenvolvimento (P&D), na forma do art. 17 da Lei n. 11.484/2007, e que exerça as atividades de desenvolvimento e fabricação de equipamentos transmissores de sinais por radiofrequência para televisão digital, classificados no código 8525.50.2 da Nomenclatura Comum do Mercosul (NCM).

Consiste em redução a zero do PIS, da Cofins, do IPI, da Contribuição de Intervenção no Domínio Econômico (Cide) e do Imposto de Importação (II) sobre determinadas operações.

18.7 Programa de Apoio ao Desenvolvimento Tecnológico da Indústria de Semicondutores (Padis)

É beneficiária do Programa de Apoio ao Desenvolvimento Tecnológico da Indústria de Semicondutores (Padis) a pessoa jurídica que realize investimento em P&D, na forma do art. 6° da Lei n. 11.484/2007, e que exerça isoladamente, ou em conjunto, as atividades de desenvolvimento e fabricação de dispositivos eletrônicos semicondutores e mostradores de informação (*displays*) classificados nas posições 85.41 e 85.42 da NCM.

Consiste em redução a zero do PIS, da Cofins, do IPI, da Cide e do Imposto de Importação (II) sobre determinadas operações.

18.8 Regime Especial de Incentivos para o Desenvolvimento da Infraestrutura (Reidi)

O Regime Especial de Incentivos para o Desenvolvimento da Infraestrutura (Reidi) visa reduzir o custo inicial dos investimentos em obras de infraestrutura e a atrair investimentos privados, de forma que a carência de infraestrutura não se torne um entrave ao crescimento econômico do país.

Os bens de capital que serão alcançados pela suspensão do PIS/Pasep e da Cofins ainda serão relacionados pelo Poder Executivo, que regulamentará as normas para a fruição desses benefícios.

É beneficiária do Reidi a pessoa jurídica que tenha projeto aprovado para implantação de obras de infraestrutura nos setores de transportes, portos, energia, saneamento básico e irrigação, como uma das medidas fiscais no âmbito do Programa de Aceleração do Crescimento (PAC), conforme a Lei n. 11.488/2007 e regulamentado pelo Decreto n. 6.416/2008.

18.8.1 Suspensão do PIS e da Cofins – Mercado interno

O Reidi suspende a exigência da contribuição para o PIS/Pasep e da Cofins incidentes sobre a receita decorrente da:

- venda de máquinas, aparelhos, instrumentos e equipamentos novos, quando adquiridos por pessoa jurídica habilitada ao regime, para incorporação em obras de infraestrutura destinadas ao seu ativo imobilizado;
- venda de materiais de construção, quando adquiridos por pessoa jurídica habilitada ao regime, para utilização ou incorporação em obras de infraestrutura destinadas ao seu ativo imobilizado;
- prestação de serviços, por pessoa jurídica estabelecida no país, à pessoa jurídica habilitada ao regime, quando aplicados em obras de infraestrutura destinadas ao ativo imobilizado.

18.8.2 Suspensão do PIS e da Cofins – Importação

O Reidi suspende a exigência do PIS/Pasep e da Cofins — importação — incidentes sobre (arts. 1° a 5°, Lei n. 11.488/2007; Decretos n. 6.144/2007 e n. 6.167/2007):

- máquinas, aparelhos, instrumentos e equipamentos novos, quando importados diretamente por pessoa jurídica habilitada ao regime, para incorporação em obras de infraestrutura destinadas ao seu ativo imobilizado;
- materiais de construção, quando importados diretamente por pessoa jurídica habilitada ao regime, para incorporação ou utilização em obras de infraestrutura destinadas ao seu ativo imobilizado;
- o pagamento de serviços importados diretamente por pessoa jurídica habilitada ao regime, quando aplicados em obras de infraestrutura destinadas ao ativo imobilizado.

18.8.3 Procedimentos para habilitação e co-habilitação

A habilitação e a co-habilitação ao Reidi devem ser requeridas por meio de formulários constantes dos Anexos I e II da IN RFB n. 758/2007, a serem apresentados à DRF ou à Delegacia da Receita Federal do Brasil de Administração Tributária (Derat) com jurisdição sobre o estabelecimento matriz da pessoa jurídica, acompanhados da portaria expedida pelo ministério incumbido da análise do projeto.

18.9 Projeto de pesquisa científica e tecnológica e de inovação tecnológica

A pessoa jurídica sujeita ao regime de tributação do imposto sobre a renda com base no lucro real poderá excluir do lucro líquido, para efeito de apuração do IRPJ e da base de cálculo da CSLL, o valor dos dispêndios efetivados em projeto de pesquisa científica e tecnológica e de inovação tecnológica a ser executado por Instituição Científica e Tecnológica, a que se refere o inciso V do *caput* do art. 2° da Lei n. 10.973/2004, observado o disposto no Decreto n. 6.260/2007.

18.10 Empresas de TI

18.10.1 Exclusão no lucro real – Despesas com capacitação de pessoal

As empresas dos setores de TI e de tecnologia da informação e da comunicação (TIC) poderão excluir do lucro líquido os custos e despesas com capacitação de pessoal que atua no desenvolvimento de programas de computador (*software*), para efeito de apuração do lucro real, sem prejuízo da dedução normal.

A exclusão fica limitada ao valor do lucro real antes da própria exclusão, vedado o aproveitamento de eventual excesso em período de apuração posterior, segundo o art. 13 da MP n. 428/2008.

18.10.2 Redução do INSS

As alíquotas de que tratam os incisos I e III do art. 22 da Lei n. 8.212/1991 (INSS 20%), em relação às empresas que prestam serviços de tecnologia da informação e de tecnologia da informação e comunicação, poderão ser reduzidas pela subtração de um décimo do percentual correspondente à razão entre a receita bruta de venda de serviços para o mercado externo e a receita bruta total de vendas de bens e serviços, conforme disposto no art. 14 da MP n. 428/2008.

18.10.3 Créditos do PIS/Cofins não cumulativos – Depreciação – Aproveitamento em 12 meses

O art. 1° da MP n. 428 prevê a possibilidade de as empresas apropriarem o crédito de PIS/Cofins sobre suas aquisições de máquinas e equipamentos em 12 meses. Esse incentivo só é aplicável às aquisições realizadas a partir do mês de maio de 2008 de bens novos — máquinas e equipamentos relacionados em regulamento — destinados à produção de bens e serviços.

Para melhor compreensão do contexto em que esse benefício está inserido, é preciso lembrar que as Leis n. 10.637/2002 e n. 10.833/2003 preveem o direito de os contribuintes apropriarem como crédito, para abatimento do PIS e da Cofins apurados pela sistemática não cumulativa, o valor dos encargos de depreciação relativos às máquinas, equipamentos e outros bens incorporados ao ativo imobilizado, adquiridos ou fabricados para locação a terceiros, ou para utilização na produção de bens destinados à venda ou na prestação de serviços. A locação de bens, como se verifica, não foi contemplada pela MP n. 428.

18.11 Lucro da exploração – Sudene e Sudam

O Decreto n. 6.539/2008 consolida os critérios que estabelecem o enquadramento de projeto de instalação, de diversificação ou modernização total, e de ampliação ou modernização parcial de empreendimento, para efeito de redução do IRPJ e adicional, calculados com base no lucro da exploração.

As pessoas jurídicas que tenham projeto protocolizado e aprovado, a partir de 2000 até 31 de dezembro de 2013, para instalação, ampliação, modernização ou diversificação, enquadrado em setores da economia considerados, em ato do Poder Executivo, prioritários para o desenvolvimento regional nas áreas de atuação da Sudam e da Sudene, terão direito à redução de 75% do imposto sobre a renda e adicional, calculados com base no lucro da exploração (MP n. 2.199-14/2001, art. 1°, *caput*).

Considera-se instalação de empreendimento, para efeito do direito à redução referida no decreto, o estabelecimento de nova unidade produtora, com a utilização de maquinários e equipamentos novos, para o desenvolvimento da atividade a ser explorada em setores da economia considerados prioritários para o desenvolvimento regional na área de atuação da Sudam e da Sudene, quando a pessoa jurídica não possuir instalações idênticas ou similares no local em que o empreendimento será instalado.

18.12 IPI – Isenção – Zona Franca de Manaus

A Zona Franca de Manaus pertence a uma área incentivada e protegida pela Constituição Federal até o ano de 2023, o que permite a indústrias e estabelecimentos comerciais lá instalados gozarem de diversos benefícios tributários, inclusive quanto ao ICMS e ao IPI.

Os benefícios relacionados a esses dois impostos alcançam, ainda, as empresas que não estão instaladas nas áreas incentivadas, mas que possuam clientes lá estabelecidos, de forma que suas remessas sejam amparadas pela isenção.

Os arts. 26 e 27 da Lei n. 11.898/2009 dispõem que os produtos industrializados na área de livre comércio de importação e exportação de que tratam as Leis n. 7.965/1989, n. 8.210/1991, n. 8.387/1991 e n. 8.857/1994 ficam isentos do IPI, quer se destinem ao consumo interno, quer à comercialização em qualquer outro ponto do território nacional.

O benefício aplica-se exclusivamente aos produtos elaborados por estabelecimentos industriais cujos projetos tenham sido aprovados pela Superintendência da Zona Franca de Manaus.

18.13 Redução das alíquotas da contribuição previdenciária – Serviços de TI e *call center*

As alíquotas da contribuição previdenciária das empresas que prestam serviços de TI e de TIC foram reduzidas com a publicação do Decreto n. 6.945/2009. A medida beneficia as empresas exportadoras de serviços de análise e desenvolvimento de sistemas, programação, processamento de dados e congêneres, elaboração de programas de computadores — inclusive de jogos eletrônicos —, licenciamento ou cessão de direito de uso de programas de computação, assessoria e consultoria em informática, suporte técnico em informática e planejamento, confecção, manutenção e atualização de páginas eletrônicas.

As empresas de *call center* também foram incluídas no decreto, sobretudo aquelas que prestam serviços a consumidores de outros países.

Para serem beneficiadas, as empresas terão pelo menos 10% da redução auferida em capacitação de pessoal, na certificação dos serviços, no desenvolvimento de serviços, produtos e processos e em apoio a projetos de desenvolvimento científico ou tecnológico por instituição de pesquisa e desenvolvimento reconhecida pelo governo.

A Contribuição Previdenciária Patronal das empresas que prestam serviços de TI, TIC e serviços de *call center* pode ser reduzida na proporção da receita obtida com a exportação e a receita total auferida.

É importante observar, no tocante à utilização desse benefício, as regras constantes no art. 201-D do Regulamento da Previdência Social (RPS), segundo o art. 14 da Lei n. 11.774/2008 e o Decreto n. 6.945/2009, que acresceu o art. 201-D ao RPS.

A redução das alíquotas da contribuição previdenciária se dará de acordo com a aplicação sucessiva das seguintes operações:

I – subtrair do valor da receita bruta total de venda de bens e serviços relativa aos 12 meses imediatamente anteriores ao trimestre-calendário o valor correspondente aos impostos e às contribuições incidentes sobre venda;

II – identificar, no valor da receita bruta total resultante da operação prevista no item (I), a parte relativa aos serviços de TI e TIC que foram exportados;

III – dividir a receita bruta de exportação resultante do item (II) pela receita bruta total resultante do item (I);

IV – multiplicar a razão decorrente do item (III) por um décimo;

V – multiplicar o valor encontrado de acordo com a operação do item (IV) por 100, para que se chegue ao percentual de redução;

VI – subtrair de 20% o percentual resultante do item (V), de forma que se obtenha a nova alíquota percentual a ser aplicada sobre a base de cálculo da contribuição previdenciária.

Ainda, no caso de empresa em início de atividades ou sem receita de exportação até 18 de setembro de 2008 (data de publicação da Lei n. 11.774/2008), a apuração da redução das alíquotas em questão poderá ser realizada com base em período inferior a 12 meses, observado o mínimo de três meses anteriores.

Outrossim, no caso das empresas que prestam os serviços de TI e TIC, as contribuições devidas a terceiros, denominados outras entidades ou fundos (com exceção do Fundo Nacional de Desenvolvimento da Educação — FNDE), serão calculadas com a aplicação de alíquota reduzida, a ser apurada com aplicação sucessiva das seguintes operações:

a) calcular a contribuição devida no mês a cada entidade ou fundo, levando em consideração as regras aplicadas às empresas em geral;

b) aplicar o percentual de redução, resultante do item (V) anteriormente referido, sobre o valor resultante do item (a);

c) subtrair, do valor apurado na forma do item (a), o valor obtido no item (b), o que resultará no valor a ser recolhido a cada entidade ou fundo no mês.

Registre-se que, para gozo das reduções das alíquotas devidas para cálculo das contribuições previdenciárias, seja para as *empresas em geral*, seja para o caso das contribuições devidas a *outras entidades* ou *fundos*, a legislação traz um rol de requisitos específicos, os quais devem ser observados sob pena de cobrança da diferença relativa às contribuições em questão, com os acréscimos legais cabíveis (multa e juros).

Por fim, o benefício de redução das alíquotas será aplicado pelo prazo de cinco anos, contado a partir do dia 1º de setembro de 2009, podendo esse prazo ser prorrogado pelo Poder Executivo.

18.14 IRPJ, CSLL, PIS e Cofins – Não incidência – Redução de multa e juros

A Lei n. 11.941/2009 permite o parcelamento dos débitos das pessoas físicas e jurídicas com a União. Pela lei, os débitos inscritos ou não em Dívida Ativa da União, mesmo em fase de execução, poderão ser parcelados em até 180 meses.

O novo programa permite que qualquer dívida com o Fisco vencida até novembro de 2008 seja paga em até 180 meses, com abatimento de multas e juros de mora e prestações mínimas de R$ 50,00 (pessoas físicas) e R$ 100,00 (jurídicas). Para beneficiários de programas anteriores, a prestação mínima deve ser equivalente a 85% da atual ou, para inadimplentes, da mais recente.

Não será computada na apuração da base de cálculo do Imposto de Renda (IR), da CSLL, do PIS e da Cofins a parcela equivalente à redução do valor das multas, juros e encargo legal em decorrência do disposto nos arts. 1º, 2º e 3º da Lei n. 11.941/2009 (parcelamento de débitos tributários).

Poderão aderir ao novo parcelamento as pessoas físicas ou jurídicas cujas dívidas tenham vencido até 30 de novembro de 2008, inclusive aquelas enquadradas nas seguintes situações:

- Programa de Recuperação Fiscal (Refis);
- Parcelamento Especial (Paes);
- Parcelamento Excepcional (Paex);
- Parcelamento pela Lei Orgânica da Seguridade Social ou pela Lei do Cadin;
- aproveitamento indevido de créditos do IPI relativos à compra de matérias-primas, material de embalagem ou produtos intermediários.

Ficam de fora do parcelamento as dívidas relacionadas à disputa judicial envolvendo o crédito prêmio do IPI de exportação.

18.15 Planejamento tributário no âmbito do contencioso fiscal

A área tributária, nos últimos anos, contou com inúmeras alterações, caracterizadas pela efetiva criação de novos impostos e contribuições. Porém, constitui-se direito de todo contribuinte procurar licitamente diminuir o pesado ônus fiscal que o governo impõe contundentemente às empresas. Faz-se necessário, assim, um planejamento fiscal, ou seja, uma gestão interna em que, de forma preventiva, busquem-se as melhores alternativas de economia legal de impostos e de proteção do patrimônio.

A recessão econômica e a consequente retração da demanda interna, somada ao alto custo do dinheiro no mercado financeiro, faz que o planejamento tributário seja um fator de suma importância.

É muito comum — principalmente em épocas de crise — as empresas buscarem no planejamento tributário preventivo a redução dos seus custos fiscais, mediante a melhor adequação das suas operações à legislação tributária, com foco no resultado financeiro.

Nota-se, porém, que frequentemente as empresas não possuem a mesma preocupação quando se enveredam pela seara do contencioso tributário, fazendo que muitos questionamentos de tributos — administrativos e judiciais — acarretem grandes e negativos impactos financeiros em seu resultado, independentemente do sucesso do processo.

O planejamento tributário eficiente no âmbito do chamado contencioso fiscal pode reduzir significativamente inúmeros reflexos negativos no resultado da empresa, em especial quando a estratégia processual adotada for a mais adequada.

Há consultores que defendem essa redução dos reflexos negativos. Entretanto, por sua natureza dependente de evento futuro e incerto (uma decisão judicial), não há como caracterizar o contencioso fiscal como um planejamento tributário.

O fato é que o contencioso é uma categoria especial de planejamento, chamado planejamento jurídico, o qual pode, em determinadas situações, representar significativa economia fiscal.

O planejamento tributário contencioso é constituído de duas fases: fase de diagnóstico e fase de solução.

18.15.1 Fase de diagnóstico

Nessa fase, verifica-se a existência de ilegalidades e/ou inconstitucionalidades nos aspectos da hipótese de incidência tributária nas seguintes situações:

- entidade política competente para arrecadar e/ou fiscalizar tributos;
- verificação do momento da ocorrência do fato gerador do tributo;
- âmbito territorial da lei que determina o recolhimento do tributo;
- análise do fato jurídico que determina o recolhimento do tributo — patrimônio, renda, produção, consumo de bens e prestação de serviços;
- verificação da correta determinação dos valores que constituem a base de cálculo do tributo;
- verificação do correto percentual aplicado sobre a base de cálculo.

18.15.2 Fase de solução

Utilização do instrumento jurídico mais bem indicado, quer na via administrativa, quer na via judicial, para restituição ou compensação do tributo ilegal e/ou inconstitucional.

18.15.3 Planejamento tributário e o contencioso fiscal

A realidade da carga tributária brasileira impõe às empresas nacionais uma contínua e progressiva análise da carga fiscal incidente sobre suas atividades, especialmente para evitar, dentro dos parâmetros legais, o ônus tributário. A competitividade existente no mercado brasileiro atual, decorrente do crescente ingresso de novos competidores globais, exige o aperfeiçoamento de práticas empresariais voltadas ao planejamento tributário e ao contencioso fiscal.

Com o objetivo de auxiliar a condução das atividades empresariais, há uma variedade de serviços destinados a viabilizar o desenvolvimento da atividade empresarial, propiciando uma adequada e eficaz redução de custos tributários, sendo:

- Contencioso Tributário (administrativo e judicial): o contencioso administrativo consiste na defesa contra autuações lavradas pelo Fisco federal (inclusive INSS) e pelos diversos Fiscos estaduais e municipais. O contencioso judicial compreende a oposição de embargos a execuções fiscais, a propositura de ações preventivas para a sustentação de teses que impliquem economia fiscal e a atuação perante Tribunais de Justiça, Tribunais Regionais Federais e Tribunais Superiores — ajuizamento de ações originárias e produção de memoriais e sustentações orais. A atuação no contencioso fiscal é pautada por uma conduta proativa e pessoal junto aos órgãos administrativos e judiciais, buscando conferir eficácia e agilidade às demandas patrocinadas.
- Consultoria Tributária: a consultoria abrange a elaboração de pareceres jurídicos e o assessoramento das decisões empresariais concernentes à redução da carga tributária, à prevenção de riscos fiscais, à formatação de projetos empresariais e à definição de estratégias de atuação no contencioso administrativo e judicial.

Como exemplo, podem-se enumerar os seguintes serviços:
- consultoria e atuação preventiva mediante orientação permanente aos responsáveis pela área fiscal e jurídica dos clientes;
- recuperação de créditos fiscais;
- assessoria na elaboração de planejamento sucessório;
- avaliação, planejamento e reorganização da carga tributária;
- elaboração de consultas a órgãos administrativos;
- acompanhamento de regimes especiais de tributação e avaliação de incentivos fiscais;
- gerenciamento de certidões negativas de débito;
- acompanhamento de procedimentos de fiscalização.

18.16 O ônus do questionamento tributário no lucro real

Os tributos e contribuições cuja exigibilidade esteja suspensa, nos termos dos incisos II a IV do art. 151 da Lei n. 5.172/1966, não são dedutíveis na apuração do IR sob o regime do lucro real, enquanto persistir a suspensão.

Os citados incisos referem-se às condições de suspensão da exigibilidade, exceto o inciso I do art. 151 do CTN, que trata da moratória. Observe, a transcrição dos incisos II a IV:

II – o depósito do seu montante integral;

III – as reclamações e os recursos, nos termos das leis reguladoras do processo tributário administrativo;

IV – a concessão de medida liminar em mandado de segurança.

Os valores da suspensão adicionados ao lucro real deverão ser controlados na parte B do Livro de Apuração do Lucro Real (Lalur), em folha específica, pois, no momento em que houver sentença definitiva da lide, tais montantes deverão ser excluídos no lucro real. Na apuração da base de cálculo da CSLL, aplicar-se-á o mesmo procedimento. Assim, há um custo tributário indireto, de qualquer questionamento, de até 34% da causa.

Exemplo

Admitamos que determinada empresa questiona judicialmente o recolhimento do PIS e da Cofins sobre as receitas financeiras. Suponhamos que tais recolhimentos, em um ano, correspondam a R$ 1.000.000,00. Como esse valor questionado, se lançado como despesa tributária na contabilidade da empresa, deve ser adicionado ao lucro real e à base de cálculo da CSLL, então poderá ocorrer um custo tributário indireto, pela adição de tal valor nas respectivas bases de cálculo, de até:

- 25% a título de IRPJ = R$ 1.000.000,00 × 25% = R$ 250.000,00;
- 9% a título de CSLL = R$ 90.000,00.

Se a empresa não questionasse tal recolhimento, poderia simplesmente deduzir essa despesa em sua contabilidade. Então, o "efeito líquido" de uma eventual vitória no Judiciário será de R$ 1.000.000,00 menos R$ 340.000,00 igual a R$ 660.000,00.

Como as causas tributárias podem demorar mais de dez anos para serem decididas pelo Judiciário (têm-se causas tributárias que levaram até 15 anos, desde a petição inicial até o julgamento definitivo pelo Supremo Tribunal de Justiça [STJ] ou pelo Superior Tribunal Federal [STF]), então haverá um recolhimento "antecipado" de IRPJ e CSLL, só por essa causa, de R$ 340.000,00/ano. Se a causa durar dez anos, a empresa poderá ter de desembolsar no período R$ 3.400.000,00, de forma indireta (mediante recolhimento de IRPJ e CSLL sobre as parcelas indedutíveis), só para questionar o PIS e a Cofins.

Esse absurdo tributário que observamos no Brasil leva obrigatoriamente o administrador a refletir que não deve se precipitar e decidir por todas as ações de questionamento fiscal admissíveis, sem antes avaliar:

- as possibilidades de sucesso, com base na jurisprudência dominante ou na tendência dos tribunais superiores em relação a assuntos análogos;
- o fôlego de caixa da empresa e o impacto no pagamento do IRPJ e da CSLL devidos pelo lucro real, resultado da adição dos respectivos tributos questionados no lucro real.

CONSIDERAÇÕES FINAIS

O planejamento tributário constitui uma das mais importantes práticas de gestão empresarial dos dias atuais. Seja visando à obtenção de maior competitividade ou de retorno para o capital investido, quando se trata de desagravar as atividades empresariais, seja buscando um menor custo tributário a incidir sobre o patrimônio, quando se trata de pessoas físicas, é fato que os contribuintes visam sempre sofrer o menor ônus impositivo possível.

CAPÍTULO 19 # Planejamento tributário para a atividade rural

Objetivo

Neste capítulo, você aprenderá:

- o emprego do planejamento tributário para a atividade rural.

Introdução

A agricultura é um dos setores mais importantes do Brasil e necessita cada vez mais de um trabalho de profissionalização e renovação de conhecimento por parte dos empresários rurais. Hoje, é preciso que eles sejam capazes de racionalizar a produção (terra, capital e mão de obra) para poder se manter no mercado competitivo que se apresenta.

É necessário fazer que o produtor rural se torne um empresário rural que saiba administrar sua propriedade de forma mais profissional, e seja capaz de tomar decisões acertadas, analisar os resultados e dar ênfase à diversificação do negócio para obter o máximo de eficiência com vistas à lucratividade da atividade agrícola.

O fato é que não é de hoje que a carga tributária gera problemas para os empresários rurais brasileiros, porque o Brasil tem uma das mais altas cargas tributárias do mundo. Diante desse cenário, todo produtor rural que almeja ter sucesso em seu negócio deve voltar sua atenção para as questões tributárias do setor.

A efetivação do planejamento tributário permite a racionalização da carga de impostos, possibilitando a redução do pagamento e recolhimento dos mais variados tipos de impostos, tributos, taxas e contribuições que existem no Brasil. Desse modo, a forma mais eficiente e lícita de controle fiscal e tributário para empresas rurais diz respeito ao planejamento tributário. Somente por meio de um estudo detalhado dos encargos fiscais e tributários é que as empresas rurais se tornarão mais competitivas e terão maiores chances de sobrevivência e desenvolvimento, interna e externamente.

Direta ou indiretamente, somos todos contribuintes, pois qualquer mercadoria que compramos em um supermercado já traz embutidos em seu preço os valores referentes a ICMS, PIS e Cofins, variando as percentagens de acordo com o Estado.

Em se tratando de reestruturação tributária, alguns impostos podem ser planejados, como é o caso do Imposto de Renda Pessoa Física (IRPF). É importante que o produtor rural não deixe para se preocupar com o IRPF somente no final do exercício ou na data da entrega da declaração, pois poderá ficar insatisfeito com o valor a ser pago. Para que isso não ocorra é que se deve fazer um planejamento tributário, também chamado de elisão fiscal, em que o objetivo é reduzir o pagamento de impostos.

A elisão fiscal não pode ser confundida com a evasão fiscal, mais conhecida como sonegação fiscal. A sonegação ou evasão é utilizada ilegalmente, pois evita o pagamento de taxas e impostos por meio da omissão de dados e de falsas declarações. Já o planejamento tributário ou elisão fiscal permite que se diminuam os encargos de forma legal e planejada.

Algumas das finalidades do planejamento tributário são:

- **evitar incidência do tributo:** adotar procedimentos com o fim de impedir a ocorrência do fato gerador;
- **reduzir o montante do tributo:** as providências serão no sentido de reduzir a base de cálculo ou alíquota do tributo;
- **retardar o pagamento do tributo:** o contribuinte adota medidas que têm por fim postergar o pagamento do tributo, sem ocorrência da multa.

É claro que não existe um modelo padrão para o planejamento tributário, mas ele deve estar de acordo com as características de cada propriedade, uma vez que cada ramo de atuação tem suas peculiaridades.

Ocorre que a efetiva implementação desse planejamento tributário esbarra na falta de informação dos produtores rurais, principalmente sobre a adoção de condutas que poderiam evitar a ocorrência do fato gerador, reduzir a base de cálculo do tributo e retardar o pagamento, sem a ocorrência de multas. Inúmeras empresas rurais ainda não utilizam o planejamento tributário, muito embora conheçam a necessidade de sua utilização.

O ideal é buscar um serviço preventivo e especializado que fará o acompanhamento do valor dos impostos que os produtores rurais deverão pagar, permitindo, com isso, que se faça uma reestruturação administrativa, de forma que resulte em menos impostos, de acordo com as possibilidades da legislação vigente, e em maiores ganhos, aumentando assim a lucratividade agrícola.

19.1 Tributação do resultado da atividade rural

A pessoa jurídica que desejar usufruir do benefício fiscal concedido à atividade rural deve apurar o lucro real em conformidade com as leis comerciais e fiscais, inclusive com a manutenção do Livro de Apuração do Lucro Real (Lalur), segregando contabilmente as receitas, os custos e as despesas referentes à atividade rural das demais atividades, tendo em vista que somente por meio dessa forma de tributação se poderá proceder à correta determinação dos resultados da atividade rural, com vistas à utilização dos citados incentivos. A pessoa jurídica deverá ratear proporcionalmente a percentagem que a receita líquida de cada atividade representar em relação à receita líquida total: os custos e as despesas comuns a todas as atividades; os custos e as despesas não dedutíveis, comuns a todas as atividades, a serem adicionados ao lucro líquido na determinação do lucro real; os demais valores, comuns a todas as atividades, que devam ser computados no lucro real.

O resultado da atividade rural, quando positivo, integrará a base de cálculo do imposto na Declaração de Ajuste Anual. Para sua apuração, as receitas e despesas são computadas mensalmente pelo regime de caixa, segundo o Decreto n. 9.580/2018 e a IN SRF n. 83/2001, art. 11.

O resultado da exploração da atividade rural exercida pela pessoa física é apurado mediante a escrituração do livro-caixa, abrangendo as receitas, as despesas, os investimentos e demais valores que integram a atividade.

A escrituração e a apuração devem ser feitas separadamente, por contribuinte, em relação a todas as unidades rurais exploradas individualmente, em conjunto ou em comunhão em decorrência do regime de casamento.

É permitido à pessoa física apurar o resultado pela forma contábil. Nesse caso, deve efetuar os lançamentos em livros próprios de contabilidade, necessários para cada tipo de atividade (diário, caixa, razão etc.), de acordo com as normas contábeis, comerciais e fiscais pertinentes a cada um dos livros utilizados.

Ressalte-se que, no caso de exploração de uma unidade rural por mais de uma pessoa física, cada produtor rural deve escriturar as parcelas que lhe cabem da receita, da despesa de custeio, dos investimentos e dos demais valores que integram a atividade rural.

As pessoas jurídicas que se dedicam à exploração de atividade rural sujeitam-se, atualmente, às mesmas regras de incidência do Imposto de Renda (IR) — inclusive adicional — e da Contribuição Social sobre o Lucro Líquido (CSLL) aplicáveis às demais pessoas jurídicas, podendo, atendidas as condições e limites da legislação vigente, enquadrar-se no lucro real, presumido ou arbitrado.

19.1.1 Lucro real

A atividade rural é beneficiada com determinados incentivos que somente podem ser utilizados pela pessoa jurídica quando tributada com base no lucro real. A regra geral de apuração do lucro real é trimestral. No entanto, a empresa pode optar pelo regime de estimativa, que consiste no levantamento de balanço anual em 31 de dezembro, a fim de determinar o IRPJ e a CSLL efetivamente devidos no ano-calendário. Para se enquadrar no balanço anual, a pessoa jurídica deverá:

- recolher mensalmente o IRPJ e a CSLL, com base na receita bruta e acréscimo;
- suspender ou reduzir o pagamento mensal do imposto com base em balanços ou balancetes levantados a cada período em curso, com observância das leis comerciais e fiscais.

A expressão "lucro real" significa o próprio lucro tributável, para fins da legislação do IR, distinto do lucro líquido apurado contabilmente. De acordo com o Decreto n. 9.580/2018, lucro real é o lucro líquido do período de apuração ajustado pelas adições, exclusões ou compensações prescritas ou autorizado pela legislação fiscal. A determinação do lucro real será precedida da apuração do lucro líquido de cada período de apuração, com observância das leis comerciais.

As pessoas jurídicas submetidas à tributação com base no lucro real deverão apurar o lucro líquido de cada período de apuração com observância das disposições da Lei n. 6.404/1976 (Lei das S.A.), o qual será, no Lalur, ajustado pelas adições, exclusões ou compensações prescritas ou autorizadas pela legislação do IR para a determinação do lucro real, observando-se que:

- serão adicionados ao lucro líquido:
  - os custos, despesas, encargos, perdas, provisões, participações e quaisquer outros valores deduzidos na apuração do lucro líquido que, de acordo com a legislação tributária, não sejam dedutíveis na determinação do lucro real;
  - os resultados, rendimentos, receitas e quaisquer outros valores não incluídos na apuração do lucro líquido que, de acordo com a legislação tributária, devam ser computados na determinação do lucro real.

- poderão ser excluídos do lucro líquido:
  - os valores cuja dedução seja autorizada pela legislação tributária e que não tenham sido computados na apuração do lucro líquido do período de apuração (exemplo: depreciação acelerada incentivada);
  - os resultados, rendimentos, receitas e quaisquer outros valores incluídos na apuração do lucro líquido que, de acordo com a legislação tributária, não sejam computados no lucro real.

19.1.2 Lucro presumido

Lucro presumido é uma forma de tributação em que se usa, como base de cálculo do imposto, o valor apurado mediante a aplicação de um determinado percentual sobre a receita bruta. Nesse regime, a apuração do imposto será feita trimestralmente, por períodos encerrados em 31 de março, 30 de junho, 30 de setembro e 31 de dezembro de cada ano-calendário, conforme o Decreto n. 9.580/2018.

A opção pela tributação com base no lucro presumido será manifestada por ocasião do pagamento da primeira quota ou quota única do imposto devido no primeiro trimestre do ano-calendário, vencível no último dia útil de abril.

Será considerada formalizada a opção mediante a indicação, no campo 04 do Darf, do código de receita próprio do imposto apurado no regime do lucro presumido (2089).

A pessoa jurídica que iniciar atividade a partir do segundo trimestre manifestará a opção pelo lucro presumido com o pagamento da primeira quota ou quota única do imposto devido no trimestre do início de atividade.

A alíquota do IRPJ sobre o lucro presumido é de 15%. Sobre a parcela do lucro bruto presumido trimestral que exceder a R$ 60.000,00 deverá ser aplicada alíquota de 10% a título adicional do IRPJ, ou, no caso de início de atividades, ao limite correspondente à multiplicação de R$ 20.000,00 pelo número de meses do período de apuração.

As pessoas jurídicas optantes pelo lucro presumido determinarão a base de cálculo da CSLL, de 12%, em regra geral, sobre a receita bruta com adições devidas. A alíquota da CSLL é de 9%, como regra geral.

O IRPJ e a CSLL apurados deverão ser recolhidos até o último dia útil do mês seguinte ao do encerramento do trimestre ou, por opção da empresa, em até três quotas mensais, desde que o valor de cada quota não seja inferior a R$ 1.000,00.

19.1.3 Simples Nacional

O Simples Federal previsto na Lei n. 9.317/1996, deixou de ser aplicado às ME e às EPP, sendo substituído pelo Simples Nacional a partir de 1º de julho de 2007. Desde então, tornaram-se sem efeito todos os regimes especiais de tributação para microempresas e empresas de pequeno porte próprios da União, dos Estados, do Distrito Federal e dos municípios.

O Simples Nacional é um tratamento tributário favorecido e diferenciado, previsto na LC n. 123/2006, que institui o Estatuto Nacional da Microempresa e da

Empresa de Pequeno Porte (também conhecido como Lei Geral das Microempresas), o qual estabelece normas gerais relativas às microempresas e às empresas de pequeno porte no âmbito dos poderes não só da União, como também dos Estados, do Distrito Federal e dos municípios.

A opção pelo Simples dar-se-á mediante a inscrição da pessoa jurídica, enquadrada na condição de microempresa ou empresa de pequeno porte, no Cadastro Nacional das Pessoas Jurídicas (CNPJ). Por ocasião da inscrição, serão prestadas informações pela empresa sobre os impostos dos quais é contribuinte (Imposto sobre Produtos Industrializados — IPI, ICMS e Imposto Sobre Serviços de Qualquer Natureza — ISSQN) e sobre o seu porte (ME ou EPP). O documento hábil para formalizar a opção é a Ficha Cadastral da Pessoa Jurídica, com utilização do código de evento próprio.

A inscrição no Simples implica pagamento mensal unificado dos seguintes impostos e contribuições:

- IRPJ;
- Contribuição para os Programas de Integração Social e de Formação do Patrimônio do Servidor Público (PIS/Pasep);
- CSLL;
- Contribuição para Financiamento da Seguridade Social (Cofins);
- IPI;
- Contribuições para a Seguridade Social, a cargo da pessoa jurídica, de que tratam o art. 22 da Lei n. 8.212/1991 e o art. 25 da Lei n. 8.870/1994;
- ICMS ou ISSQN.

O pagamento do Simples não exclui a incidência dos seguintes impostos ou contribuições, devidos na qualidade de contribuinte ou responsável, em relação aos quais será observada a legislação aplicável às demais pessoas jurídicas (IN SRF n. 608/2006, art. 5°, § 2°):

- Imposto sobre Operações de Crédito, Câmbio e Seguro, ou relativas a Títulos ou Valores Mobiliários (IOF);
- Imposto de Importação (II) de produtos estrangeiros;
- Imposto sobre Exportação, para o exterior, de produtos nacionais ou nacionalizados (IE);
- IR, relativo aos pagamentos ou créditos efetuados pela pessoa jurídica e aos rendimentos ou ganhos líquidos auferidos em aplicações de renda fixa ou variável, bem assim relativo aos ganhos de capital obtidos na alienação de ativos;
- Imposto sobre a Propriedade Territorial Rural (ITR);
- Contribuição para o Fundo de Garantia do Tempo de Serviço (FGTS);
- Contribuição para a Seguridade Social, relativa ao empregado.

19.2 Operações típicas do empresário rural

A atividade rural pode ter prejuízo apenas no exercício ou até mesmo ao longo de vários exercícios, desde que tenha origem para justificá-lo. Um exemplo claro de uma situação com prejuízo seria o investimento em uma unidade de secagem e armazenagem, feito por meio de financiamento, que poderá gerar um prejuízo para a atividade rural no ano em que foi feito o investimento. Nesse caso, o prejuízo é justificável, uma vez que o investimento foi realizado mediante a obtenção de um financiamento de investimento.

Os tratores, colheitadeiras, equipamentos e implementos adquiridos por meio de financiamento por instituições financeiras são lançados como despesa na data do pagamento do bem, mesmo sendo esse pagamento efetuado parte com recursos próprios e outra parte com recursos financiados. O valor dos financiamentos deverá ser lançado no quadro específico de dívidas vinculadas à atividade rural.

Na ocasião do pagamento das parcelas do financiamento, somente os juros e acessórios serão considerados despesas da atividade rural, enquanto o capital é amortização de dívida. Não se pode lançar a amortização do capital como despesa da atividade rural, pois, nesse caso, estaríamos duplicando a despesa, uma vez que já foi lançada a compra do bem.

19.3 Contabilização das atividades rurais

A forma de escrituração das operações é de livre escolha da pessoa jurídica rural, desde que mantenha registros permanentes com obediência aos preceitos da legislação comercial e fiscal e aos princípios fundamentais de contabilidade, devendo observar métodos ou critérios contábeis uniformes no tempo e registrar as mutações patrimoniais segundo o regime de competência, sendo obrigatória a manutenção do Lalur para fins da apuração do lucro real, conforme o Decreto n. 9.580/2018.

As receitas operacionais são aquelas provenientes do giro normal da pessoa jurídica, decorrentes da exploração das atividades consideradas rurais, que define como lucro operacional o resultado das atividades principais ou acessórias que constituam objeto da pessoa jurídica.

As despesas de custeio são os gastos necessários à percepção dos rendimentos e à manutenção da fonte produtora, relacionados diretamente com a natureza da atividade exercida; investimento é a aplicação de recursos financeiros que visem ao desenvolvimento da atividade rural para a expansão da produção e melhoria da produtividade (PN CST n. 32/1981, PN CST n. 7/1982 e IN SRF n. 257/2002).

Podem ser incluídos como custo ou despesa da atividade rural o custo de demarcação de terrenos, cercas, muros ou valas; de construção ou de manutenção de escolas primárias e vocacionais; de dependências recreativas; de hospitais e ambulatórios para seus empregados; as despesas com obras de conservação e utilização do solo e das águas; de estradas de acesso e de circulação, de saneamento e de distribuição de água; as despesas de compra, transporte e aplicação de fertilizantes e corretivos do solo; o custo de construção de casas de trabalhadores; as despesas com eletrificação rural; o custo das novas instalações indispensáveis ao desenvolvimento da atividade rural e relacionadas com a expansão da produção e melhoria da atividade (IN SRF n. 257/2002 e Portaria MF-GB n. 1/1971).

Podem ser incluídos como investimento da atividade rural e imobilizados as benfeitorias resultantes de construção, instalações, melhoramentos, culturas permanentes, essências florestais e pastagens artificiais; a aquisição de tratores, implementos e equipamentos, máquinas, motores, veículos de carga ou utilitários, utensílios e bens de duração superior a um ano e animais de trabalho, de produção e de engorda; os serviços técnicos especializados, devidamente contratados, visando elevar a eficiência do uso dos recursos da propriedade ou da exploração rural; os insumos que contribuam destacadamente para a elevação da produtividade, tais como reprodutores, sementes e mudas selecionadas, corretivos do solo, fertilizantes, vacinas e defensivos vegetais e animais; as atividades que visem especificamente à elevação socioeconômica do trabalhador rural, prédios e galpões para atividades recreativas, educacionais e de saúde; as estradas que facilitem o acesso ou a circulação na propriedade; a instalação de aparelhagem de comunicação e de energia elétrica; as bolsas para a formação de técnicos em atividades rurais, inclusive gerentes de estabelecimento e contadores. Sobre investimento na atividade rural, *vide* RIR/1999, art. 62, § 2°; e sobre imobilizações de animais, *vide* PN CST n. 57/1976 (IN SRF n. 257/2002).

A receita bruta da atividade rural decorrente da comercialização dos produtos deverá ser sempre comprovada por documentos usualmente utilizados nessa atividade, tais como nota fiscal de produtores, nota fiscal de entrada, nota promissória rural vinculada à nota fiscal do produtor e demais documentos reconhecidos pelas fiscalizações estaduais.

As despesas de custeio e os investimentos serão comprovados por meio de documentos idôneos, tais como nota fiscal, fatura, duplicata, recibo, contrato de prestação de serviços, laudo de vistoria de órgão financiador e folha de pagamentos de empregados, de modo que possa ser identificada a destinação dos recursos.

Ressalte-se que, de acordo com as regras da legislação fiscal que regem a dedutibilidade de despesas e custos, todos os gastos e dispêndios efetuados pela pessoa jurídica deverão, obrigatoriamente, encontrar-se lastreados e comprovados por documentos hábeis e idôneos, sob pena de serem considerados indedutíveis, na determinação do lucro real, para fins da apuração do IRPJ (PN CST n. 7/1976, n. 58/1977, n. 32/1981 e IN SRF n. 257/2002).

19.3.1 Exemplo de planejamento tributário

Na operacionalização de uma venda de R$ 240.000,00 como produtor rural pessoa física, é possível que a seguinte situação aconteça: os impostos incidentes sobre essa venda totalizam R$ 18.720,00, sendo R$ 13.200,00 de IR à alíquota de 27,5% utilizando-se do arbitramento, ou seja, 20% da receita bruta e mais R$ 5.520,00 referente ao INSS/Funrural à alíquota de 2,3%.

Se esse mesmo produtor rural tiver uma empresa constituída e for optante pelo Simples como empresa de pequeno porte (EPP), o imposto incidente será no total de R$ 12.960,00, que se refere à alíquota de 5,4% sobre o faturamento. Isso geraria ao contribuinte um imposto de R$ 5.760,00, ou seja, um percentual de redução de imposto de 30,77%.

19.4 Suspensão do recolhimento do PIS e da Cofins sobre venda de café verde

A partir de janeiro de 2012, o setor do café passa a ter o recolhimento de PIS e Cofins suspenso, que passará a recair sobre a empresa que faz o café torrado ou moído, que, em troca, terá direito a um crédito presumido equivalente a 80% do valor da compra. As medidas de simplificação do regime tributário do setor estão na MP n. 545/2011.

Além da simplificação tributária, o governo anunciou incentivos à exportação de café com maior valor agregado. O crédito presumido obtido pelos exportadores do produto primário — o café verde — foi reduzido de 35% para 10%, enquanto aquele oriundo das vendas externas dos grãos torrados ou moídos foi elevado, dos atuais 35% para 80%.

CONSIDERAÇÕES FINAIS

A profissionalização da gestão de empresas é primordial para a sobrevivência no mercado. Na agroindústria, paulatinamente têm aparecido bons exemplos dessa atuação profissional, que não deve se resumir à gestão de custos e planejamento estratégico. Ela deve ser mais abrangente para sobreviver ao mercado.

Conhecer o planejamento tributário e aplicá-lo às agroindústrias, aos agricultores e aos demais elos da cadeia produtiva, comprovando-se as vantagens competitivas desse instrumento, certamente renderá muitos frutos para o estudo de estratégias e para a prática no agronegócio brasileiro.

O setor agrícola brasileiro, com sua carga excessiva de impostos que ataca as margens de lucro dos empresários do setor, ainda tem de lutar em outros segmentos, como os fatores climáticos e econômicos internacionais.

O planejamento tributário constitui uma das mais importantes práticas de gestão empresarial dos dias atuais. Seja com o objetivo de obter maior competitividade ou maior retorno para o capital investido, quando se trata de desagravar as atividades empresariais, seja quanto à busca de um menor custo tributário a incidir sobre o patrimônio, quando se trata de pessoas físicas, é fato que os contribuintes visam sempre sofrer o menor ônus impositivo possível.

Tais práticas não devem ser tratadas de maneira simplista como evasão tributária, ou, como comumente é denominada, como sonegação fiscal. De fato, a economia de tributos pode se dar por meio de instrumentos lícitos do ponto de vista do direito privado, suportados por direitos e garantias individuais legitimados pela própria Constituição Federal.

Respostas dos Casos práticos

CAPÍTULO 3

CASO PRÁTICO 3.1

O art. 132 do CTN prevê que a "pessoa jurídica de direito privado que resultar de fusão, transformação ou incorporação de outra ou em outra é responsável pelos tributos devidos até a data do ato pelas pessoas jurídicas de direito privado fusionadas, transformadas ou incorporadas". Ao utilizar a expressão "tributos", segundo a interpretação consolidada pelo STJ em sede de Recurso Repetitivo n. 923.012/MG, o legislador não quis restringir a sucessão dos créditos tributários somente aos débitos decorrentes de inadimplemento no pagamento do tributo, mas também as multas de caráter moratório ou punitivo, eis que no art. 129 do CTN, o legislador expressamente utilizou a expressão "créditos tributários", sem qualquer restrição. Portanto, as multas constituídas ou em fase de constituição até a data do ato de incorporação permanecem como devidas pela empresa incorporadora.

Na mesma linha, as obrigações chamadas de acessórias também são consideradas devidas pela empresa incorporadora, pois conforme prevê o art. 113, § 3º, do CTN, as obrigações acessórias, pelo simples fato de sua inobservância, convertem-se em obrigação principal. Portanto, não há fundamento jurídico para excluí-las da sucessão por incorporação.

CAPÍTULO 4

CASO PRÁTICO 4.1

a) O tributo, pelo descrito, tem natureza de imposto, pois tem como fato gerador uma situação independente da atuação do Estado em relação ao contribuinte, art. 16 do CTN.

b) No entanto, por nascer previamente afetado, afronta o art. 167, IV, da CF.

CASO PRÁTICO 4.2

A taxa de coleta de lixo pode ser divisível e específica. Portanto, pode se justificar por taxa. Já a segunda taxa não se justifica, uma vez que a limpeza pública não é específica e individual (art. 77 do CTN e art. 145, II, da CF).

- Taxa de serviço é cobrado por tarifa, sendo facultado o uso do serviço público específico colocado à sua disposição (art. 79 do CTN).

- Taxa de polícia é obrigação instituída em lei e tem por hipótese de incidência um ato de polícia de efeitos concretos, sendo serviço público específico e divisível (art. 78 do CTN).

CAPÍTULO 7

CASO PRÁTICO 7.1

a) Sim, para a contribuição previdenciária, conforme art. 135, III, do CTN, os diretores, gerentes ou representantes de pessoas jurídicas de direito privado são pessoalmente responsáveis pelos créditos correspondentes a obrigações tributárias resultantes de atos praticados com excesso de poderes ou infração de lei, contrato social ou estatutos.

b) Não, em relação ao IRPJ, visto que neste caso se trata de inadimplemento da obrigação tributária, razão pela qual deve ser aplicada a Súmula 430 do STJ.

Nas Sociedades Anônimas, os diretores não respondem pessoalmente pelas obrigações contraídas em nome da sociedade, mas respondem para com esta e para com terceiros, solidária e ilimitadamente, pelo excesso de mandato e pelos atos praticados com violação do estatuto ou lei (art. 158, I e II, da Lei n. 6.404/1976).

Os sócios (diretores, gerentes ou representantes da pessoa jurídica) são responsáveis, por substituição, pelos créditos correspondentes a obrigações tributárias resultantes da prática de ato ou fato eivado de excesso de poderes ou com infração de lei, contrato social ou estatutos, nos termos do art. 135, III, do CTN.

O referido dispositivo trata da responsabilidade por substituição. Aqueles que representam a sociedade e agem de má-fé merecem, por inteiro, o peso da responsabilidade tributária decorrente de atos praticados sob essas circunstâncias.

Sempre que a empresa deixa de recolher o tributo na data do respectivo vencimento, a impontualidade ou a inadimplência é da pessoa jurídica, não do sócio-gerente (ou diretor). Ademais, o simples inadimplemento não caracteriza infração legal, segundo a Súmula 430 do STJ.

Contudo, a falta de recolhimento das contribuições previdenciárias descontadas dos empregados se afigura em infração à lei, apropriação indébita.

CAPÍTULO 8

CASO PRÁTICO 8.1

Itens	Vendas de mercadorias (R$)	Prestação de serviços (R$)
Receitas Brutas	500.000,00	60.000,00
Deduções para Apuração da Base de Cálculo		
Imposto sobre Produtos Industrializados	50.000,00	
Vendas Canceladas e Devoluções	15.000,00	
Descontos Incondicionais	4.000,00	
Total das Deduções	69.000,00	3.000,00
Receitas Líquidas para efeito da apuração da Base de Cálculo	431.000,00	60.000,00
Aplicação do Percentual sobre a Receita Bruta	8%	32%
Lucro Estimado = RL x %	34.480,00	19.200,00
Total do Lucro Estimado = Vendas de Mercadorias + Prestação de Serviços	53.680,00	
Ganhos de Capital	38.000,00	
Base de Cálculo do IR Mensal	91.680,00	
Cálculo do IR por Estimativa = 15% x R$ 91.680,00	13.752,00	
Adicional = 10% x (R$ 91.680,00 – R$ 20.000,00)	7.168,00	
IR a Pagar	20.920,00	

Dedução dos Incentivos Fiscais com o Programa de Alimentação do Trabalhador (PAT).
R$ 13.752,00 x 4% = R$ 550,08

Imposto a recolher:	R$
Imposto de Renda calculado	20.920,00
(–) Incentivo Fiscal	(550,08)
(–) IR Retido na Fonte sobre Ganhos de Capital	(50,00)
Imposto de Renda a Recolher	20.319,92

CASO PRÁTICO 8.2

Itens	Vendas de mercadorias (R$)	Prestação de serviços (R$)
Receitas Brutas	500.000,00	60.000,00
Deduções para Apuração da Base de Cálculo		
Imposto sobre Produtos Industrializados	50.000,00	
Vendas Canceladas e Devoluções	15.000,00	
Descontos Incondicionais	4.000,00	
Total das Deduções	69.000,00	
Receitas Líquidas para efeito da apuração da Base de Cálculo	431.000,00	60.000,00
Base de Cálculo	12%	32%
Receita – Base de Cálculo	51.720,00	19.200,00

Total das Receitas Líquidas	70.920,00
Ganho de Capital	38.000,00
Base de Cálculo da CSLL	108.920,00
CSLL = R$ 108.920,00 x 9%	9.802,80

CASO PRÁTICO 8.3

Itens	Vendas de mercadorias (R$)	Prestação de serviços (R$)
Receitas Brutas	600.000,00	40.000,00
Deduções para Apuração da Base de Cálculo		
Imposto sobre Produtos Industrializados	30.000,00	
Vendas Canceladas e Devoluções	10.000,00	
Descontos Incondicionais	4.000,00	
Total das Deduções	44.000,00	
Receitas Líquidas para efeito da apuração da Base de Cálculo	556.000,00	40.000,00
Aplicação do Percentual sobre a Receita Bruta	8%	32%
Lucro Estimado = Receita Líquida x %	44.480,00	12.800,00
Total do Lucro Estimado = Vendas de mercadorias + Prestação de serviços	57.280,00	
Ganhos de Capital	28.000,00	
Base de Cálculo do IR Mensal	85.280,00	
Cálculo do IR por Estimativa = 15% x R$ 85.280,00	12.792,00	
Adicional = 10% x (R$ 85.280,00 – R$ 20.000,00)	6.528,00	
IR a Pagar	19.320,00	

Imposto a recolher:	R$
Imposto de Renda calculado	19.320,00
(–) IR retido na Fonte sobre Ganhos de Capital	(100,00)
Imposto de Renda a Recolher	19.220,00

CASO PRÁTICO 8.4

Itens	Vendas de mercadorias (R$)	Prestação de serviços (R$)
Receitas Brutas	600.000,00	40.000,00
Deduções para Apuração da Base de Cálculo		
Imposto sobre Produtos Industrializados	30.000,00	
Vendas Canceladas e Devoluções	10.000,00	
Descontos Incondicionais	4.000,00	
Total das Deduções	44.000,00	
Receitas Líquidas	556.000,00	40.000,00
Base de Cálculo	12%	32%
Receita Líquida – Base de Cálculo	66.720,00	12.800,00

Total das Receitas Líquidas	79.520,00
Ganho de Capital	28.000,00

Base de Cálculo da CSLL	107.520,00
CSLL = R$ 107.520,00 x 9%	9.676,80

RESPOSTA DOS CASOS PRÁTICOS 371

Referências

AMARAL, G. L. (coord.). *Planejamento tributário e a norma geral antielisão*. Curitiba: Juruá, 2002.

AMARAL, G. L. *Auditoria de impostos e contribuições*. 7. ed. São Paulo: Atlas, 2010.

AMARO, L. *Direito tributário brasileiro*. 21. ed. São Paulo: Saraiva, 2016.

AMARO, L. *Direito tributário*. 18. ed. São Paulo: Saraiva, 2012.

ANDRADE FILHO, E. O. *Imposto de renda das empresas*. 2. ed. São Paulo: Atlas, 2005.

BATISTA JUNIOR, O. A. *O planejamento fiscal e a interpretação no direito tributário*. Belo Horizonte: Melhoramentos, 2002.

BORGES, H. B. *Planejamento tributário*: IPI, ICMS, ISS, IR. 10. ed. São Paulo: Atlas, 2010.

BORGES, H. B. *Auditoria de tributos*. 4. ed. São Paulo: Atlas, 2008.

BRASIL. *Código civil*. 54. ed. São Paulo: Saraiva, 2003.

BRASIL. Constituição da República Federativa do Brasil (1988). *Diário Oficial [da] República Federativa do Brasil*. Poder Executivo, Brasília, DF , 5 out. 1988. Col. 1, p. 1, Anexo.

BRASIL. Lei Ordinária n. 5.172, de 25 de outubro de 1966. *Diário [da] República Federativa do Brasil*, Poder Executivo, Brasília, DF, 27 out. 1966. Col. 1, p. 12.452.

BRASIL. *Lei das sociedades por ações*: Lei n. 6.404, de 15 de dezembro de 1976. 8. ed. São Paulo: Atlas, 2002.

BULGARELLI, W. *A incorporação das sociedades anônimas*. São Paulo: Leud, 1975.

CAMPOS, C. H. *Prática de planejamento tributário*: como fazer planejamento tributário. São Paulo: Quartier Latin, 2007.

CARVALHOSA, M. *Comentários à lei de sociedade anônima*: Lei n. 6.404, de 15 de dezembro de 1976, com as modificações das Leis n. 9.457, de 5 de maio de 1997, e n. 10.303, de 31 de outubro de 2001. São Paulo: Saraiva, 2002.

CARRAZA, A. R. *Curso de direito constitucional tributário*. 25. ed. São Paulo: Malheiros, 2009.

CARVALHO, P. de B. *Curso de direito tributário*. 23. ed. São Paulo: Saraiva, 2011.

CASTRO, A. F. Vantagens e desvantagens das empresas offshore. *Jusbrasil*, nov. 2014. Disponível em: https://mandinha10fc.jusbrasil.com.br/artigos/149355249/vantagens-e-desvantagens-das-empresas-offshore. Acesso em: 02 ago. 2018.

CHAVES, F. C. *Planejamento tributário na prática*: gestão tributária aplicada. 2. ed. São Paulo: Atlas, 2010.

GARCIA, A. V. Planejamento tributário. *Portal da classe contábil*, 2007. Disponível em: https://classecontabil.com.br/planejamento-tributario-2. Acesso em: 02 ago. 2018.

CREPALDI, S. A. *Curso básico de contabilidade*. 7. ed. São Paulo: Atlas, 2013.

CREPALDI, S. A.; CREPALDI, G. S. *Direito financeiro*: teoria e prática. Rio de Janeiro: Forense, 2009.

CREPALDI, S. A.; CREPALDI, G. S. *Direito tributário*: teoria e prática. 3. ed. Rio de Janeiro: Forense, 2011.

CREPALDI, S. A.; CREPALDI, G. S. *Direito empresarial*: teoria e prática. 3. ed. Curitiba: Juruá, 2012.

CREPALDI, S. A.; CREPALDI, G. S. *Contabilidade fiscal e tributária*: teoria e prática. São Paulo: Saraiva, 2014.

CREPALDI, S. A.; CREPALDI, G. S. *Orçamento público*: planejamento, elaboração e controle. São Paulo: Saraiva, 2014.

DANTAS, F. D. *Planejamento tributário*. Rio de Janeiro: Grupo Ibmec Educacional, 2016.

FABRETTI, L. C. *Contabilidade tributária*. 11. ed. São Paulo: Atlas, 2009.

GALHARDO, A. Como fazer um planejamento tributário? *Exame*, São Paulo, 25 mar. 2011. Disponível em: http://exame.abril.com.br/pme/como-fazer-um-planejamento-tributario. Acesso em: 02 ago. 2018.

GALHARDO, A. *Quais os benefícios fiscais para quem quer exportar?* Disponível em: http://blogdireitotributario.blogspot.com.br/2011/04/quais-os-beneficios-fiscais-para-quem.html. Acesso em: 11 out. 2016.

GRECCO, M. A. *Planejamento tributário*. 2. ed. São Paulo: Dialética, 2008.

GUTIERREZ, M. D. *Planejamento tributário*: elisão e evasão fiscal. São Paulo: Quartier Latin, 2006.

HUCK, H. M. *Evasão e elisão*: rotas nacionais e internacionais do planejamento tributário. São Paulo: Saraiva, 1997.

ICHIHARA, Y. *Direito tributário*. 17. ed. São Paulo: Atlas, 2011.

KELSEN, H. *Teoria pura do direito*. Trad. João Baptista Machado. 6. ed. São Paulo: Martins Fontes, 1998.

LATORRACA, N. *Legislação tributária*: uma introdução ao planejamento tributário. São Paulo: Atlas, 1982.

MACHADO, H. de B. *Curso de direito tributário*. 37. ed. São Paulo: Malheiros, 2016.

NEGRÃO, R. *Direito empresarial:* estudo unificado. 15. ed. São Paulo: Saraiva, 2014.

OLIVEIRA, G. P. de. *Contabilidade tributária*. 3. ed. São Paulo: Saraiva, 2005.

PAULSEN, L. *Direito tributário:* constituição e código tributário à luz da doutrina e da jurisprudência. 10. ed. Porto Alegre: Livraria do Advogado, 2008.

PEREIRA, F. J. de A. *Pacto federativo e guerra fiscal entre os estados*. Salto, São Paulo: Schoba, 2010.

ROCHA, V. de O. *Planejamento fiscal:* teoria e prática. São Paulo: Dialética, 1998. v. 2.

SANTANA, M. J.; PEREIRA, A. G.; RODRIGUES, A. P. N. Dividir para maximizar: a reorganização societária como estratégia de planejamento tributário. *Id on Line Revista Multidisciplinar e de Psicologia*, v. 13, n. 47, p. 156-174, out. 2019. ISSN: 1981-1179.

SABBAG, E. *Manual de direito tributário*. 8. ed. São Paulo: Saraiva, 2016.

SIGOLLO, R. Companhias buscam mais executivos tributaristas. *Valor Econômico*, mar. 2011. Disponível em: http://capitalhumano-fgv.com.br/area-tributaria-vem-ganhando-espaco-no-mercado. Acesso em: 02 ago. 2018.

SILVA, C. M. S. *Planejamento tributário*. Belo Horizonte: Fadminas, 2016.

YOUNG, L. H. B. *Planejamento tributário*. 3. ed. Curitiba: Juruá, 2008.

ZANLUCA, J. C. Planejamento tributário – luxo ou necessidade? *Portal tributário*, 2012. Disponível em: http://www.portaltributario.com.br/artigos/planejamento.htm. Acesso em: 02 ago. 2018.